LA GRANDE HISTOIRE DE L'OL

ISBN13 : 978-2-916400-07-5

Dépôt légal : novembre 2007

VINCENT DULUC

LA GRANDE HISTOIRE DE L'OL

ÉDITIONS
PROLONGATIONS

Avant-propos

Il arrive que la chronique moderne réduise l'histoire de l'Olympique Lyonnais à la seule trajectoire d'un entrepreneur. Jean-Michel Aulas est l'homme qui a bâti les triomphes de l'OL et qui en a fait le club français dominant des années 2000. Il porte en lui la vision d'un futur loin de Gerland, dans un OL Land qui verrait le jour à Décines et rapprocherait son club des ressources dont bénéficient les plus grands clubs européens.

Président de l'Olympique Lyonnais à partir du mois de mai 1987, il s'engage plus de vingt ans après vers ce déménagement qui interviendra à la fin de 2010, ou plus vraisemblablement en 2011. Ainsi se rapproche-t-il mathématiquement, si Dieu lui prête vie, d'un règne qui recouvrirait, aux alentours de 2024, la moitié de l'histoire de son club.

C'est une très longue histoire pour un homme impatient. Mais l'Olympique Lyonnais a beau être un club relativement jeune, né en 1950 quand la plupart de ses rivaux européens sont apparus avec le XXe siècle, ses conquêtes modernes ne suffisent pas à dessiner complètement ce que fut son passé, ni à rendre hommage aux grands hommes qui l'ont traversé.

Le paradoxe, ou non, vient de ce que doivent les pionniers aux héritiers : ce sont les victoires des années 2000 qui donnent du sens à leurs premiers pas. Sans Juninho, sans Grégory Coupet, on n'évoquerait peut-être pas l'incroyable destin de Camille Ninel, la naissance à Lyon de l'Union nationale des footballeurs professionnels (UNFP) sur un banc de cours de droit, la pension de famille au pied de la Croix-Rousse qui abritait Marcel Aubour, Nestor Combin et les jeunes pros au début des années 1960, ni les exploits particuliers de la défense lyonnaise la plus méchante de l'histoire, dans les années 1970, quand il fallait porter la moustache et tous ses coups pour faire peur, pendant que la télévision ne montrait pas tout.

On ne raconterait pas leurs aventures, sans doute, et ce serait dommage. Car la relative jeunesse de l'Olympique Lyonnais permet à cette histoire de se transmettre par la parole de témoins vivants, et aux narrateurs de continuer de la confronter aux souvenirs d'archives accessibles. Avant que l'OL ne finisse par passer directement au salon, au fil d'un feuilleton européen et télévisé qui le fait monter sur scène les mardis ou les mercredis de l'automne et de l'hiver, voire jusqu'au printemps en ses grandes années, il aura vécu de belles heures et de noirs tourments, qui disent ce que furent le football et les hommes d'une autre époque.

Au générique se succéderaient les profils et les modes qui dateraient l'histoire : les gros pardessus, les gilets boutonnés sous le costume et les cigares dans les salles enfumées pour entourer la naissance, au début des années 1950 ; les survêtements étroits à fermeture éclair des entraîneurs des années 1950-60 ; l'austérité sèche et passionnée de Lucien Jasseron, sa fine moustache impeccable, sa coiffure lissée par quelque brillantine ; les cheveux qui s'allongent, les pattes qui mangent les joues, les pantalons à pattes d'éléphant et les chemises avec des cols comme des pelles à tarte, pour les vainqueurs de la Coupe de France 1973, qui devaient fredonner les plus grands airs de Pierre Groscolas ; le relâchement de la mode et des habits des années 1980, pleines de couleurs et de blousons de cuir un peu courts, et la pochette à lanières sous le bras qui s'accordait au nomadisme de joueurs toujours entre deux trains, deux avions, et dont les pantalons étaient trop serrés pour qu'un portefeuille se glisse dans la poche ; les nouvelles normes des années 1990, sur le parking du centre d'entraînement de Tola-Vologe comme sur ceux des autres clubs fran-

çais et européens, des voitures sombres et racées qui rasaient le bitume ; l'évolution, avec les années 2000, vers des 4x4 aux vitres teintées s'accordant à la volonté du footballeur public d'être vu sans être reconnu, à moins que ça ne soit l'inverse, pendant que les crampons se rangent dans un sac Vuitton et que les montres à plusieurs milliers d'euros s'affichent et se comparent. C'est le paradoxe de la concurrence dans le football que de créer une norme.

L'Olympique Lyonnais est au cœur de cette évolution, en cette fin des années 2000 qui ont construit sa gloire nationale et entretenu ses impatiences d'une conquête européenne. Il est un club qui a beaucoup donné à voir en maintenant ses portes ouvertes dans ses rêves de reconnaissance, et qui a décidé de progressivement les refermer sous l'effet de la médiatisation qu'il recherchait. Mais si les six titres en suivant, de 2002 à 2007, ont laissé l'impression d'une histoire linéaire, les difficultés de l'année civile 2007 rappellent le charme paradoxal des soubresauts dans une aussi longue conquête. Et, jusqu'aux années 2000, l'OL avait connu plus de soubresauts que de conquêtes.

C'est le moment de mettre les unes et les autres en perspective. D'essayer, du moins, en racontant une histoire comme un trait d'union entre les époques et les générations. Car l'Olympique Lyonnais, né en 1950, a déjà l'âge d'avoir des souvenirs.

VINCENT DULUC

1. 1918-1950
Les pionniers sont poilus

Le geste chevaleresque de Roger Ébrard, capitaine du FC Lyon, en finale de la Coupe de France 1918.

Les réticences d'une ville pour le football.

Les tentatives noyées de professionnalisme.

Un demi-siècle à attendre.

Il y avait seulement quelques marches à monter, à deux pas des quais du Rhône, pour frapper à sa porte. Lorsqu'elle s'ouvrait, Roger Ébrard, bientôt centenaire, vous lançait : « Ça va, mon vieux ? »

L'homme qui avait donné le coup d'envoi de la finale de la Coupe de France 1993 (Paris-SG - Nantes, 3-0), à 96 ans, avait le double talent d'être le capitaine chevaleresque de la première finale, en 1918, perdue à la tête du FC Lyon face à l'Olympique de Pantin (0-3), et le dernier survivant de ce match historique.

Il n'avait plus l'âge de faire des claquettes ; il glissait, plutôt, sur le parquet de son appartement, mais il était resté assez vert pour faire gentiment rougir les infirmières qui venaient prendre le relais de son fils. Longtemps, jusqu'à ce qu'il commence à faiblir à l'approche de la centaine, il allait se promener sur le pont et les quais, avec sa canne et ses lunettes. Ce n'était pas qu'il fût bavard. Il avait juste une très longue histoire à raconter. Il suffisait de « passer au salon » ; l'expression consistait à s'asseoir à la table de la salle à manger. Sur le chemin, Roger Ébrard faisait un arrêt au buffet, en sortait une vieille boîte de biscuits métallique. À l'intérieur, il n'y avait pas de biscuits, rien que des trésors. Des souvenirs d'une vie. Des médailles, la breloque de finaliste de la première Coupe de France, des lettres, des photos, une carte postale de Norvège, souvenir d'une tournée avec l'équipe de France, en 1919, au cours de laquelle il joua deux matches qui ne comptaient pas pour une sélection, sans que l'on sache pourquoi. Il avait assez longtemps gardé en lui l'image de la lumière magnifique des fjords pour décider d'y retourner avec sa femme, afin de fêter ses noces de diamant – cinquante ans de mariage – en 1984.

L'histoire de Roger Ébrard est aussi celle de la naissance du football à Lyon. Ce qui est un hasard. Ou un destin. Il avait grandi à Saint-Malo, reçu des chaussures à crampons en cuir à l'âge de 12 ans, en récompense de son certificat d'études, et signé sa première licence à la Jeanne-d'Arc de Saint-Malo, en 1910. La Première Guerre mondiale était venue cueillir sa jeunesse. À peine sorti de l'adolescence, il était entré en enfer. Tout au bout du siècle, il en dira : « Je m'étais engagé à 17 ans et j'avais aussitôt compris que cette guerre était une affreuse idiotie. Il fallait éviter de prendre du grade, car c'est chez les officiers qu'il y avait les pertes les plus sévères. Être fait prisonnier ou être blessé étaient les seuls moyens de se soustraire à l'enfer. »

Roger Ébrard avait passé trois ans sur le front, au sein du 147e d'infanterie de Sedan. Ce régiment avait une équipe de football, avec laquelle il disputa quelques matches. Touché par un obus à Verdun, ayant reçu plusieurs éclats, la plupart dans les fesses, Roger Ébrard était parti en convalescence à Lyon. Ils étaient quinze soldats de Verdun qui partageaient une chambre à l'hôpital Saint-Luc, en ces premières semaines de 1917.

Eugène Tronchon, le président du FC Lyon, qui avait entendu parler d'un footballeur blessé, lui rendit visite au mois d'avril 1917 pour lui proposer un essai, sitôt sa guérison définitive. « J'ai effectué cet essai après avoir enlevé capote et molletières », se souvenait Roger Ébrard. Le club lui donna un maillot à damier rouge et blanc, à lui d'acheter ses chaussures : « Elles étaient en cuir chromé, coûtaient 30 francs. Je les ai gardées quatre ans. Pour me les offrir, j'ai dû travailler huit jours sur le pont Wilson à pousser des wagonnets.» Le pont Wilson, à Lyon, relie la presqu'île au quartier de la Préfecture, au-dessus du Rhône. Mais son travail régulier le menait surtout à l'hôpital militaire.

À Lyon, le foot était arrivé plus tard qu'ailleurs, au début du siècle, sous l'impulsion de quelques Suisses, Anglais et Allemands. Mais la première édition de la Coupe de France, qui commence dans les derniers jours de 1917, éveille l'intérêt de la ville.

Après un premier tour d'écrémage, un derby est organisé en seizièmes de finale entre l'AS Lyonnaise et le FC Lyon. Le tirage au sort, ce sera pour plus tard. Il faut trois matches pour départager les deux équipes. Le 4 novembre 1917, elles font match nul (2-2, a.p.) au stade de la Plaine, à l'est de la ville. Le 18 novembre, au stade des Buers, à Villeurbanne, le gel, la neige et le vent se sont invités. C'est un calvaire. Un à un, les combattants renoncent à tenter de courir après le ballon. Quand il n'en reste plus que six ou sept dans chaque équipe, on hisse le drapeau blanc, on rentre au chaud, et on annonce un match nul de principe (1-1) qui permet de rejouer une troisième fois la rencontre. Le 25 novembre, le FC Lyon domine l'AS Lyonnaise au stade des Charmilles (5-0). Il lui reste à sortir l'OM à Marseille (2-0) en huitièmes, le 2 décembre 1917, puis le Stade Rennais (2-1) en quarts, le 3 février 1918.

Deux mille personnes assistent à la demi-finale, sur une pelouse aménagée du parc de la Tête-d'Or, entre le FC Lyon et l'AS Française, laquelle est en fait formée d'une forte majorité de soldats anglais. Le 3 mars 1918, le FC Lyon bat le favori (1-0), et Roger Ébrard domine Jean Ducret, douze fois capitaine de l'équipe de France, trentenaire et stratège.

Le FC Lyon s'avance donc vers la finale de la première Coupe de France, avec un seul international, Henri Bard, l'inter gauche de l'équipe de France, surnommé «Bébé Cadum», parce qu'avec sa bouille ronde et ses oreilles décollées, il ressemble à l'enfant figurant alors sur les célèbres réclames de la marque de savon. Bien que né à Lyon, Bard ne fait que passer dans le football lyonnais. Ce n'est pas exactement un amateur : en 1913, il a fait partie des meneurs de la grève des Parisiens, comme Pierre Chayriguès ou Eugène Maës, qui refusaient de jouer en équipe de France s'ils ne touchaient pas une prime. Roger Ébrard racontera, plus de soixante-quinze ans après : « Il n'a pas beaucoup joué. Il est venu à Lyon en instance de réforme. Et il n'est pas resté longtemps. Il n'a pu faire que deux matches avec nous, la demi-finale et la finale. »

Grâce à un prêt de 1 500 francs du Comité français interfédéral (CFI), les Lyonnais partent en train la veille de la finale et couchent à Paris ce samedi 4 mai 1918. Cette finale survient au 1 373e jour de guerre. Tous les finalistes sont militaires, à l'exception du gardien lyonnais, Paul Weber, un étudiant luxembourgeois. L'Olympique de Pantin aligne des soldats belges, Lyon un Uruguayen, appelé Ritchie, ce qui n'est pas extrêmement sud-américain. Le demi gauche, Louis Allemand, arrive directement du front. Alexis Soulignac, l'ailier, est champion de France de sprint !

Mais si la plupart des équipes bénéficient de la démobilisation, il y a encore des voyages qui s'effectuent dans l'autre sens : deux défenseurs titulaires du FC Lyon, Mortier et Orvain, sont mobilisés quelques semaines avant la finale. Et le gardien argentin Mutti est mort au front avant la finale.

Ce n'est pas exactement un événement médiatique. Deux mille personnes entourent le stade de la Légion-Saint-Michel, rue Olivier-de-Serres, à Paris. Mais le lendemain, dans les journaux lyonnais, l'affaire est résumée en une phrase et deux lignes : « La finale de la Coupe Charles-Simon est revenue à l'Olympique de Pantin, qui bat le FCL 3-0. » Quelques jours plus tard, pourtant, l'écrivain Georges Rozet, envoyé spécial de *Lectures pour tous*, un journal qui est le premier sponsor de la Coupe, désigne Roger Ébrard comme le meilleur joueur de la finale.

L'histoire qui rendra célèbre le capitaine lyonnais lui paraissait parfaitement banale. Elle ne l'est pas : au cœur de la première période, l'arbitre, M. Bataille, décide d'expulser René Decoux, le gardien international belge de Pantin, pour une droite décochée au visage du Lyonnais André Weber. Roger Ébrard, qui ne veut pas jouer contre une équipe sans gardien, convainc alors l'arbitre de laisser Decoux sur le terrain. Il dira, plus tard : « Mon président, M. Tronchon, m'en a tenu rigueur quelque temps, puis il a admis qu'au fond cela n'avait rien changé. »

Chevaleresque et fidèle, Roger Ébrard portera le maillot du FC Lyon jusqu'en 1932, avant de devenir arbitre. Magnifique personnage qui, à 95 ans, croisant dans la rue un jeune homme de cinq ou six ans de moins, chantait : « Salut à vous, braves soldats du 17e ! » Il n'avait jamais fumé, avait bu la dernière goutte d'alcool de sa vie dans les années 1930 et passait quinze jours par an à Saint-Malo pour y respirer l'air marin de son enfance.

Roger Ébrard est mort à 101 ans, une journée d'octobre 1998, après avoir vu à la télé le triomphe de l'équipe de France à la Coupe du monde et reçu une lettre de Michel Platini. Il aura été le premier personnage de l'histoire du football lyonnais, qui décolle doucement dans cette première moitié du XXe siècle. Car si la pratique de ce sport se développe, la Ligue du Lyonnais passant entre 1919 et 1923 de 26 à 85 clubs, les différents clubs de la ville peinent à se hisser au plus haut niveau, le FC Lyon disputant seulement un quart de finale de Coupe de France en 1926.

Au printemps 1929, le journal *Lyon Sport* tranche : « Après les dernières rencontres de Coupe auxquelles nous avons eu l'occasion d'assister (...), plus d'un Lyonnais se demande si la place du football régional est bien celle qui correspond à sa valeur. Se basant sur le fait que, dès les éliminatoires, la plupart de nos équipes disparaissent de la compétition nationale, on en a conclu, une fois pour toutes, à la nullité de nos teams régionaux. »

Pourtant, le stade de Gerland existe déjà. Édouard Herriot, le maire, souhaitait un grand stade pour accueillir les Jeux Olympiques de 1920 ou ceux de 1924. Il n'eut ni les uns ni les autres. Seulement un stade situé dans un quartier incertain et inondable, à quelques encablures du confluent où le Rhône et la Saône se rejoignent. Le stade fut prêt en 1920, œuvre de l'architecte Tony Garnier. Les quatre portes géantes qu'il avait imaginées, aux quatre coins de l'enceinte, ont traversé le siècle et les rénovations, définitivement préservées depuis que le pourtour du stade a été classé monument historique, en 1967.

Le vélodrome a été sacrifié à la fin des années 1960, et la cendrée sur laquelle allaient voler quelques ailiers adverses trop entreprenants a disparu avec les travaux qui ont rapproché les deux tribunes latérales du terrain, dont elles sont seulement séparées par une fosse jusqu'à l'Euro 84. Lorsqu'il était jeune entraîneur de Lyon, Aimé Jacquet avait participé à la réflexion sur la rénovation, et il avait même imaginé, vu la distance entre les deux tribunes latérales, qu'il pouvait être intéressant de tracer le terrain dans le sens de la largeur. Cela faisait longtemps que les spectateurs des virages étaient condamnés aux jumelles… En 1996, soit deux ans avant la Coupe du monde 1998, les travaux commencent dans les virages et, dorénavant, à Gerland, les spectateurs pourront laisser les jumelles à la maison.

Mais en ces années pionnières, le football n'a pas toujours les honneurs de Gerland. Le maire, Édouard Herriot, favorise le sport de masse, incite à la pratique plutôt qu'au spectacle sportif, aime les grands rassemblements athlétiques, subventionne les clubs de gymnastique, laisse les clubs de foot avec leurs recettes aux guichets, et leur interdit, de fait, l'accès à Gerland; la somme réclamée par la municipalité est telle que les clubs lyonnais s'exilent dans les autres stades de la ville.

Visionnaire, ou indifférent, Herriot estime alors : « Ce serait une monstrueuse erreur que de favoriser le professionnalisme, qui reviendrait à faire de l'amateurisme l'école du premier. »

Il est soutenu par une large part du mouvement sportif lyonnais, dont l'abbé Firmin, qui a fondé en 1919 le Rhône Sportif Terreaux, et ne cesse de pourfendre le sport professionnel ou l'amateurisme marron. L'abbé Firmin assure que « le public lyonnais n'aime pas les pros » et qu'il faut « lutter contre le professionnalisme, qui tend à faire des adeptes et qui, nous en sommes sûrs, ne réserve que des déboires à ses partisans » (*Lyon Sport,* 15 janvier 1932).

Dans une étude poussée (« Le football et sa professionnalisation tardive à Lyon : de la confidentialité à la notoriété, 1918-1964 »), Élisabeth Lê-Germain et Pierre-François Gros ont démontré que le football lyonnais souffrait, d'une part, d'un problème d'identification, avec 40 % d'étrangers dans ses équipes, et, d'autre part, de l'ombre des autres sports. Car, au début des années 1930, la grande équipe de la ville est le LOU rugby, champion de France en 1931 et 1932 dans le sillage de Vincent Graule, son célèbre trois-quarts centre ; dans leur étude, les deux universitaires ont souligné que le football ne représentait que 6 % des articles des pages sportives dans la presse local, contre 26 % pour le rugby.

Mais il y a toujours des pionniers pour lutter contre le vent. Jean Mazier, entrepreneur en travaux publics, s'est battu contre des moulins dont les ailes tourneraient dans le sens inverse des aiguilles d'une montre. Lyon est une ville renfermée sur elle-même et sur son mépris du sport de compétition. Cette résistance fondamentale de la ville et de ses élus, à commencer par Édouard Herriot est symbolisée par l'absence de Lyon dans le lancement du football professionnel en France, à l'orée de la saison 1932-33.

Mais Mazier, au fond, n'a que deux ans de retard. Grâce à lui, le professionnalisme arrive à Lyon en 1933. Le président fondateur du FC Lyon veut passer la vitesse supérieure. Il est seul à essayer, et c'est comme s'il était le seul à y croire : le FC Lyon termine huitième et dernier de la Division 2, zone Sud. Il n'y a pas de descente, mais plus personne ne veut entendre parler de ce professionnalisme.

Alors en 1934, Jean Mazier s'entête avec un nouveau club, l'AS Villeurbanne. Le bilan est presque le même : le club termine à l'avant-dernière place en D2.

En 1935, poussé par un élan paradoxal, il fusionne ces deux échecs en un seul, engageant son équipe de Villeurbanne sous le nom de Lyon Olympique de Villeurbanne. Deux échecs ne conduisent pas à une réussite, c'est presque mathématique. Et c'est donc un troisième échec. Le LOV a droit au stade des Iris, pas à Gerland, et *Lyon Sport*, le 7 mai 1935, déplore : « Dimanche dernier, alors qu'au stade des Iris la foule *(s'entassait)*, là-bas, à l'autre bout de Lyon, un pauvre géant, le Stade municipal et ses 40 000 places, présentait son aspect habituel de Sahara. Ainsi, l'effort financier d'une cité, les millions engloutis sous une masse bétonnée restent improductifs (...) Et puis il y a une question de prestige. 3 000 Marseillais ont emporté une mauvaise impression. (...) 14 000 francs *(auraient été encaissés par la municipalité)* . Inclinons-nous devant ce mépris de l'argent car il indique certainement des finances prospères. »

Le flambeau de Jean Mazier est repris par Félix Louot, avec le LOU, le Lyon Olympique Universitaire, dont la section football est championne de France zone non occupée en 1945 et quart-finaliste de la Coupe la même année. Mais le LOU fait à son tour l'ascenseur. Félix Louot, né en 1872, négociant en chaussures et possédant plusieurs magasins dans la ville, va investir près de 13 millions de francs pour installer le football pro à Lyon, en 1944 et 1950. Mais le LOU est un cadre trop étroit pour une équipe de football professionnel. Il lui faut les ailes d'une entité indépendante. Félix Louot, en 1950, est un agent actif de la création de l'Olympique Lyonnais.

Il ne pouvait pas connaître la suite de l'histoire. Il ne pouvait pas deviner que Lyon serait le grand club français des années 2000. Après la Coupe du monde 1998, alors que l'OL de Jean-Michel Aulas n'avait rien gagné d'autre qu'un titre de champion de D2 en 1989, des affiches s'étaient répandues dans la ville. Elles exhibaient des personnalités lyonnaises et lançaient : « Faisons le club des années 2000. » Il faudrait presque croire ce qu'il y a sur les affiches.

Mais Lyon n'est pas une ville à en faire des tonnes. Ni pour le football ni pour quoi que ce soit d'autre. Longtemps, tout concourra à sa discrétion : des traboules, ces passages en escaliers qui font passer du rez-de-chaussée (par la façade) au quatrième étage (par le jardin), jusqu'au palmarès de l'OL, famélique. Longtemps, le football lyonnais attira les mandarins plus que les industriels, et son instabilité financière épousa l'instabilité politique d'une ville faite pour les rumeurs de coulisses et les alliances de couloirs. À partir du milieu des années 1990, la tendance s'est infléchie. C'est une ville qui a rempli son stade et qui va en construire un autre.

Jusqu'à la fin du siècle dernier, personne ne se promenait dans les rues de Lyon avec le maillot de l'OL sur le dos. Ce n'était pas seulement parce qu'il était laid et vantait, alors, une marque de saucisson ! Après sa formidable série de titres, l'OL est partout dans la ville ; ses franchises s'installent à tous les coins de rue, nourrissant la marque. Aujourd'hui, le sens de la ville et des fleuves mène à Gerland.

2. 1950-1955
La Traction du maire

Le nouvel OL fait l'ascenseur, monte en D1 en 1951, descend en 1952 et remonte en 1954 pour vingt-neuf ans.

Les joueurs mangent des grenouilles avant un derby contre Saint-Étienne.

Le maire Édouard Herriot se fait applaudir par hasard lors d'une visite à Gerland dans sa Traction.

La ferme du LOU devient la pension de famille de l'OL.

Julien Darui entraîneur de passage.

Ernie Schultz et André Lerond se révèlent.

Ce n'est pas une création *ex nihilo*, pas une fondation à partir d'une idée soudaine. L'Olympique Lyonnais naît en 1950 d'un désir d'indépendance. Il s'agit de donner un statut à part à la section football du LOU, le Lyon Olympique Universitaire, qui n'avait pas forcément vocation à entretenir un sport aussi peu olympique et aussi rarement universitaire. Il s'agit, surtout, d'en faire un nouveau club, sous un nouveau nom.

L'affaire se négocie à la hussarde, ou presque. En quelques jours, tout est réglé. La première réunion a lieu le vendredi 19 mai 1950 à 18 h 30, à la *Brasserie de la République*, chez M. et Mme Argenson.

Quatre jours plus tard, le mardi 23 mai, au *Café Neuf*, un glacier de la place Bellecour, les dirigeants annoncent la création, à 22 heures, d'un nouveau club : l'Olympique de Lyon et du Rhône. Le professeur Marcel Trillat, un chirurgien, propose que ses couleurs soient celles de la ville : le rouge et le bleu. Le premier comité directeur est formé. Président : Armand Groslevin. Secrétaire : Dr Mariès. Membres : MM. Trillat, Rochet, Daurensan, Forest, Carrel, Chavanne, Blum, Marceau et Louot.

Il s'agit d'autant moins d'une création que le patron du foot au LOU, Félix Louot, s'embarque joyeusement dans cette aventure. Le 27 mai, les statuts sont déposés et la continuité avec la section foot du LOU est illustrée par le choix de l'entraîneur : l'Alsacien Oscar Heisserer conserve son poste en passant du LOU à l'OL. Un protocole d'accord est signé avec le LOU le 5 juin. Le 6 juin, les dirigeants trouvent un local, rue de la Part-Dieu, et édictent une nouvelle règle : « Tout prêt de 25 000 francs donnera droit à une voix. » Où trouver l'argent ? Convoqué au chevet du nouveau-né, le président de la Fédération française, Emmanuel Gambardella, annonce le prix d'une telle entreprise : 15 millions. Les dirigeants listent sur une feuille de papier leurs propres promesses de dons : 1 million pour Félix Louot, autant pour le duo Forest-Rochet, 1,6 million pour Marceau qui sera, très vite, directeur sportif.

Le nouvel OL, en D2, joue la montée. Le 26 août 1950, Lyon dispute le premier match de son histoire contre le CA Paris (3-0), devant 3 000 personnes, deux buts de Dupraz et un de Calligaris. L'équipe de ce premier match est la suivante : Lergenmuller, Maschio, Grimonpont, Deligny, Azzouz, Calligaris, Stekiw, Woehl, Rolland, Dupraz, Scallon.

Oscar Heisserer, à 37 ans, rejoue à l'occasion. Physiquement, il a de beaux restes. Sa carrure s'explique par une tradition familiale : son père était l'un des meilleurs spécialistes alsaciens de poids et haltères. Oscar Heisserer, sérieusement ou non, avait l'habitude de dire qu'il devait sa petite taille (1,70 m) à sa pratique régulière de l'haltérophilie. Il s'était révélé en 1933 en devenant champion de France militaire, avec le 158e régiment d'infanterie de Strasbourg. Devenu pro au RC Strasbourg, formant une doublette en inter avec Ossi Rohr, grand-oncle de Gernot, le futur joueur et entraîneur de Bordeaux, il avait connu sa première sélection en 1936, sa quatorzième en 1940, et sa quinzième en 1945. Entre-temps, il s'était réfugié en Suisse (en 1943) pour éviter d'être incorporé, comme d'autres Alsaciens, dans la Wehrmacht. Après avoir participé comme résistant à la libération de l'Alsace, il fut le premier capitaine de l'équipe de France de l'après-guerre. Mais il avait perdu dans le conflit mondial les cinq plus belles années de sa carrière de joueur, entre 25 et 30 ans.

Après son expérience d'entraîneur, il rentrera en Alsace, à Colmar d'abord, à Strasbourg ensuite. Le jour de ses 90 ans, le 18 juillet 2004, il avoue au quotidien les *Dernières Nouvelles d'Alsace*, au sujet de son passage à Lyon comme entraîneur : « J'ai arrêté après mon expérience lyonnaise. Beaucoup de choses, de joueurs, m'ont déçu. Peut-être leur demandais-je trop. Et puis, je n'avais pas le virus. Je n'étais pas fait pour ça. » Oscar Heisserer s'éteint trois mois après, le 7 octobre 2004.

Après sa retraite, le football avait persisté à le poursuivre, même indirectement. Sa fille, Francine, épousa André Bord, le futur député de Strasbourg, ministre pendant douze ans, et président régalien du Racing au moment de son historique titre de champion de France, en 1979. Un peu plus d'un an après, à l'instant de son divorce d'avec le club alsacien, l'entraîneur Gilbert Gress reprocha son ingérence à la famille Bord tout entière, et notamment à Francine, « fille d'un ancien capitaine de l'équipe de France ».

Mais en cette saison 1950-51, Oscar Heisserer s'attache avant tout à mener l'OL à la D1. Et si son équipe, après une formidable série de neuf victoires et un nul en dix journées, finit par sérieusement tirer la langue en sortant de l'hiver, lui sait lire les règlements : en janvier, il a concédé un nul devant Cannes (0-0), qui alignait un certain Gallian, pourtant suspendu. Les Lyonnais obtiennent que le match soit rejoué et, cette fois, le gagnent (3-0). Ils s'imposent difficilement à Angers (5-4), après avoir mené 5-0, battent Troyes à Gerland (5-4) après avoir été menés 1-4, et valident leur montée en D1 en dominant Monaco (3-2), à Gerland, devant 5000 personnes.

Gerland sonne souvent le creux. Il arrive même que le stade soit fermé pour cause d'inondation, comme le 18 janvier 1951, qui voit OL-Racing se jouer au stade des Iris, à Villeurbanne.

Avec la montée du nouveau club en D1, au printemps 1951, le maire de Lyon, Édouard Herriot, finit par céder. Sur l'idéologie : « Le spectacle sportif est devenu un élément consensuel au niveau local qui efface les limites ou les luttes de classe », affirme-t-il. Sur les finances aussi : l'OL ne va pas tarder à recevoir sa première subvention municipale.

André Soulier, avocat, ancien premier adjoint du maire Francisque Collomb, proche de l'OL, connu dans le monde du football pour être le président de la commission juridique de la Ligue, analyse : « Herriot était un agrégé de lettres classiques, grec et latin, et sa génération n'était pas sportive. Il a bâti Gerland en songeant aux Jeux Olympiques, dans lesquels le football est une épreuve mineure. Charles Béraudier, qui était premier adjoint avant moi, aussi large que haut, qui ressemblait à un Louis-Philippe humaniste, me disait : "Je lui ai arraché en 1954 une subvention de 100 000 francs, une révolution !" Les batailles pour les subventions pouvaient être homériques. Béraudier, encore, racontait que sur une demande de subvention obscure où figurait la mention "peinture, deux couches", Herriot avait rayé pour écrire de sa main : "Une couche" ! Alors, à Gerland, au milieu de la piste d'athlétisme et du vélodrome, le terrain de football était prisonnier. Je ne pense pas que Herriot ait eu une profonde aversion pour le football. C'était juste un autre monde. Et comme il n'avait pas d'enfant, il n'avait pas non plus de petits-enfants qui l'auraient emmené au stade. »

La position d'Édouard Herriot à l'égard du sport professionnel a longtemps été une large partie de la réponse à la question : Lyon est-elle une ville de football ? André Soulier, encore : « J'ai amusé, un jour, le cardinal Decourtray, à l'époque où il était archevêque, en lui déclarant que Lyon était une ville de marchands et de prêtres. Ce n'est pas une ville de politiques : Édouard Herriot avait été élu pour la première fois en 1905, à l'âge de 32 ans. Il allait rester au pouvoir pendant cinquante-deux ans ! La longueur de son mandat a abattu bien des carrières. C'est donc une ville de prêtres, comme Irénée ou Potin. Herriot disait d'ailleurs que Lyon était "le foyer le plus ardent du christianisme en Gaule". Et c'est une ville de bourgeois qui a longtemps vécu comme Hong-Kong entre l'empire britannique et la Chine : comme une base de commerce. C'est donc une ville de marchands, de tardive industrialisation, mais tournée vers les nouvelles technologies, comme la chimie ou la pharmacie. À Lyon, il n'y a pas de mineurs, pas d'immigrés, pas de Polaks, pas de Ritals, et pas de phénomène, donc, comme à Sochaux ou à Saint-Étienne. Il n'y a pas de culture ouvrière. Il y a une vie ouvrière, et les syndicats ouvriers comme les mutuelles sont nés ici, mais autour des technologies modernes. Donc, Lyon n'est pas une ville de foot. Jean-Michel Aulas et l'Olympique Lyonnais sont en anachronisme. Jean-Michel Aulas est une entorse à l'histoire, du moins à l'histoire ancienne. Et voilà pourquoi, donc, Édouard Herriot ne se préoccupe pas de ce sport... »

À peine parvenu en D1, en 1951, l'OL recrute trois internationaux : Antoine Rodriguez, Pierre Flamion et André Grillon. Sa meilleure recrue, pourtant, est Gilbert Bonvin, un jeune défenseur formé à Annecy, qui fera une grande carrière à Nice. Mais si le recrutement semble prometteur, toutes les promesses ne passent pas l'hiver. Et, à 38 ans, Oscar Heisserer doit rejouer, à Sète, où il marque (2-0). La D1 reste trop haut perchée pour l'OL, qui glisse, irrésistiblement, vers l'étage en dessous.

Le club lyonnais emporte dans son retour à l'apprentissage un jeune défenseur de 21 ans, André Lerond, arrivé de Cannes le jour de Noël 1951. Il est devenu footballeur professionnel par hasard, mais sa vie, jusque-là, n'a pas été exactement un conte.

Il a 7 ans à la mort de son père, un ancien capitaine au long cours qui devint pilote sur la Seine, remontant les cargos du Havre à Villequier, et qui mourut d'une phtisie galopante (tuberculose pulmonaire), à Hauteville-Lompnès, trois mois après avoir plongé dans la Seine, en plein hiver, pour sauver un camarade tombé à l'eau. Avec son père, André Lerond avait juste eu le temps d'avoir quelques souvenirs du stade de la Cavée-Verte, au Havre, dans les années 1936-37, voyant notamment jouer Lucien Jasseron.

Après avoir perdu sa mère à l'âge de 14 ans, il grandit à Agon-Coutainville, en Normandie, où il est élevé dans l'ordre et la discipline par son grand-père, un quartier-maître qui avait fait la campagne du Pacifique, et qui était devenu lieutenant-colonel du haut de son certificat d'études.

À 16 ans, André Lerond est déjà capitaine, mais seulement de son équipe de Coutances, en Promotion d'Honneur. S'il bascule dans le football professionnel, c'est parce qu'il est en vacances à

Antibes avec son entraîneur de club, Planques, un ancien du Red Star qui lui fait jouer deux matches, un avec Monaco, un avec Cannes. « Je travaillais dans un cabinet d'expert-comptable, et il m'avait fallu l'autorisation de mon patron pour ces vacances. À Paris, sur la route, on s'était arrêtés au Parc pour voir un Racing-Lens, en nocturne. La pelouse était un billard, et avec la nuit… C'était un rêve. Arrivés à Antibes, on visitait la région. Un jour, on partit à Monaco voir le musée océanographique. J'étais avec Planques et, tout à coup, je l'entendis crier : "Oh, Elek !" C'était Elek Schwartz, l'entraîneur de Monaco. Ils avaient joué ensemble. » Schwartz, d'origine roumaine, futur entraîneur de Benfica, qui avait porté le maillot de l'OL pendant la Guerre, en 1942-43, prend André Lerond pour jouer un match amical contre Saint-Raphaël.

Mais c'est à Cannes que signe le Normand, à 20 ans. Lorsqu'il rejoint l'OL, un an plus tard, les supporters cannois rédigent en vain une pétition pour le retenir. La municipalité vote même une subvention pour qu'il puisse rester. Personne n'ose lui annoncer son transfert. C'est Lucien Troupel, alors entraîneur de Cannes, qui le fait, la mort dans l'âme : « Voilà, nous sommes obligés de nous quitter, vous allez à Lyon, vous êtes transféré… » Près de cinquante-six ans plus tard, André Lerond s'en souvient très précisément : « Lucien Troupel était en larmes. Moi, je ne pouvais rien faire. À l'époque, on appartenait aux clubs jusqu'à l'âge de 35 ans, et Pierre Poési, le président de Cannes, avait donné sa parole à l'OL. »

Catastrophé, André Lerond signe son contrat lyonnais le 25 décembre 1951. En ce jour de Noël, tous les joueurs cannois déjeunent ensemble. Le lendemain, ils sont à la gare, pour voir André Lerond s'éloigner en Micheline. « Je suis arrivé en plein brouillard, seul, à la gare. J'avais juste l'adresse du siège, où je tombe sur un homme très imposant, M. Vitalis, qui occupait les fonctions de directeur sportif, pesait plus de 140 kg, et se montrait d'une adresse diabolique aux boules comme au ping-pong. On m'a dirigé vers la rue Constantine, au restaurant tenu par M. et Mme Biol, des supporters de l'OL chez qui les célibataires de l'équipe déjeunaient. Ensuite, je me suis installé dans un hôtel près de la gare de Saint-Paul, de l'autre côté de la Saône. Le lendemain matin, j'ai suivi les gars à Gerland. J'ai fait la connaissance d'Oscar Heisserer et des autres joueurs. »

C'est une autre époque. La première mise au vert, évidemment, a lieu avant un derby face à l'AS Saint-Étienne, en 1952. Au menu, des… grenouilles. André Lerond se souvient : « Je faisais très attention à ce que je mangeais et, là, le plat ruisselait de graisse. J'étais suffoqué ! Je n'avais jamais mangé de grenouilles… » Il est un professionnel comme le football n'en fait pas encore. Il surveille notamment sa nourriture et ses plages de repos. Précurseur, il dit en 1963 : « Si je débutais dans le football, je pense que je m'orienterais beaucoup vers la musculation. »

Mais, au bout de la saison 1951-52 qu'il termine avant-dernier, l'OL retrouve la D2. André Lerond sourit à ce souvenir : « Comme disaient Camille Ninel ou Lucien Genet, "ce n'est pas avec ça qu'on va remonter nos salaires !" On touchait 200 francs par mois, sorte de Smic d'aujourd'hui. Il y avait des dissensions dans l'équipe : le clan des internationaux, le clan des Alsaciens, et nous, les porteurs de valise. Ce n'était pas une expression : on portait vraiment les valises, avec les maillots, le marteau, les tenailles, le pied en fer pour nos chaussures à crampons. On n'a pas touché beaucoup de primes, cette année-là. »

Le purgatoire est pour tout le monde. Il y a beaucoup plus de départs que d'arrivées, mais Ernest Schultz, Marcel Duval et Kaj Christiansen débarquent, ainsi que les frères Banguillot, Charles et Jean, des Guadeloupéens. Cela ressemble à un palier nécessaire, le temps de respirer et de s'organiser. La saison 1952-53 est une transition. Mais grâce notamment aux frères Banguillot, c'est une transition joyeuse. André Lerond : « On se déplaçait avec les guitares ! Sur le quai des gares, cela surprenait les gens. On a passé une année extraordinaire. »

Au sein de l'équipe lyonnaise figure également le Tchécoslovaque Antonin Tichy, qui porte les couleurs de l'OL de 1950 à 1953. Personne n'a jamais entendu reparler de lui lorsque André Lerond et le Stade Français s'envolent vers Prague, dix ans plus tard, pour disputer un match de Coupe des villes de foires, l'ancêtre de la Coupe de l'UEFA. L'ancien capitaine de l'OL et de l'équipe de France raconte la suite de cette incroyable histoire, sur fond de ce que fut le XXe siècle à l'est du mur de Berlin.

« Pendant l'échauffement, avant le match, un type vient me taper sur l'épaule. C'est mon Tichy ! Il est heureux, il me serre dans ses bras et, bien sûr, je lui demande ce qu'il fait là. Il me raconte tout : il était venu voir ses parents avec son épouse et ses enfants, mais les autorités ont confisqué son passeport et il n'a jamais pu repartir en France. En me parlant, il faisait attention à ce que personne ne l'écoute. Il éloignait même sa femme et ses enfants, parce qu'en répétant ses paroles, n'importe qui pouvait le mettre en danger. Lorsqu'on partait en déplacement dans les pays de l'Est, nos dirigeants nous donnaient de l'argent de poche dans la monnaie du pays, pour qu'on achète des souvenirs. Alors, après le match, j'ai demandé à tous mes copains du Stade s'ils étaient d'accord pour me donner leur argent, pour aider Tichy. Ils ont été épatants, ils ont tout donné. Comme il savait bricoler ses chaussures de foot, Tichy travaillait plus ou moins chez un chausseur. Le soir, j'ai demandé à mes dirigeants si on pouvait l'inviter à dîner. Il est venu avec nous. Pendant le repas, nous, les joueurs français, avons demandé du vin. Pour cela, il a fallu que le maître d'hôtel appelle le directeur de l'établissement, puis que le directeur passe un autre coup de téléphone. Et quand le vin est arrivé, Tichy m'a dit que c'était la première fois qu'il buvait une goutte de vin depuis des années. Mais il ne disait pas "goutte de vin" ; pour montrer qu'il n'avait pas oublié son français, il parlait du "litre de pinard"... » Tichy n'avait oublié ni son français, ni l'OL.

Au bout de la saison de transition, Tichy et Lyon sont prêts pour la saison de la remontée, avec dix nouveaux joueurs, dont deux étrangers, Ake Hjalmarsson (Nice) et Erik Kuld Jensen (Lille), qui signe son contrat alors que le Championnat a déjà débuté.

Au cœur d'une saison difficile, l'OL surprend et séduit par un grand retournement de situation, le 21 février 1954 contre Cannes. Alors que les Azuréens mènent 2-0, Gilbert Bonvin se blesse. À dix, l'OL réduit la marque par Jensen, égalise par Lucien Genet trente secondes avant la mi-temps, prend l'avantage par le même Genet trente secondes après la mi-temps, s'envole à 4-2 moins d'une minute plus tard, grâce à Hjalmarsson, qui marquera un cinquième but en fin de match.

Mais le genou de Lucien Genet cède définitivement cette saison-là. Il ne rejouera plus. L'époque est riche en blessures sans retour : le jeune Christian Sarrin, après 6 buts en cinq matches, a la jambe brisée par un défenseur valenciennois, le 27 décembre

1953. Il ne disputera que quelques matches en D1 la saison suivante. André Lerond n'a jamais oublié la blessure de Lucien Genet : « Elle m'a profondément marqué. Lucien avait 24 ans, à l'époque, il explosait. Et lorsqu'il s'est blessé contre Strasbourg, j'ai vu le professeur Trillat qui avait les larmes aux yeux. Il disait : “Je ne peux plus rien pour lui, je peux l'opérer dix fois, ça ne changera rien…” Cela me faisait réfléchir, déjà, à la suite d'une carrière. Je me disais : “Si on ne se sert pas du foot comme d'un tremplin, que vont devenir ces joueurs ?” » Lerond apportera une réponse, beaucoup plus tard, en étant à la base de la création de l'UNFP (Union nationale des footballeurs professionnels), imaginée à Lyon. C'est une histoire pour plus tard, pour les années 1960.

Marcel Trillat, le chirurgien co-fondateur de l'OL, celui qui en avait choisi les couleurs et, selon certains, le nom, était un grand frère pour André Lerond en ses premières années lyonnaises. « On se voyait deux ou trois fois par semaine, se souvient le défenseur. On allait jouer au billard salle Rameau, ou alors il venait dîner avec nous chez M. ou Mme Biol. Il nous a appris, aussi, à jouer au bridge. »

Marcel Trillat, comme quelques autres chirurgiens, a fait progresser son art, parfois par hasard. André Lerond raconte : « Mon beau-frère, Félicien Aylaguas, un ancien joueur du LOU et de Valenciennes, avait été un des premiers joueurs opérés du ménisque par le professeur Trillat. À l'époque, après cette opération, on plâtrait le genou. Mais mon futur beau-frère, un Espagnol remuant, était impatient, et il découpait un peu de son plâtre chaque jour. Lorsque le professeur Trillat passa dans sa chambre, quelques jours plus tard, il n'était plus là ! On le retrouva au fond du jardin, sans plâtre. Et c'est à partir de ce jour-là que le professeur Trillat a cessé de plâtrer les genoux à la suite des opérations du ménisque… »

Après l'hôtel du quartier Saint-Paul, certains joueurs lyonnais avaient pris pension dans ce qu'on appelait « la ferme du LOU », rue Francis-de-Pressencé. Pierre Flamion avait occupé le rez-de-chaussée avant d'être remplacé par deux Corses, Mattei et Marcangeli. Au premier étage, Marcel Duval, le futur entraîneur de Toulon qui ne recommanderait pas Jean Tigana vingt-cinq ans plus tard, était installé avec sa femme et ses enfants. Célibataires, André Lerond et Lucien Genet se partageaient le troisième étage.

L'OL remonte en D1 le 30 mai 1954, après sa victoire sur Alès (6-0), avec un triplé de François Konrady, l'une des dix recrues de l'été précédent, venu de Merlebach. Derrière Ernie Schultz (21 buts), l'attaque lyonnaise a inscrit 108 buts en 38 journées. Lyon termine la saison en tête de son groupe, devant Troyes, et devient champion de France de D2, comme en 1951. C'est la deuxième montée de l'OL en un peu plus de trois ans. C'est la dernière avant longtemps.

Schultz a passé la saison en D2 mais il figure dans l'équipe de France qui part disputer la phase finale du Mondial 1954, en Suisse. Il est le premier joueur de Lyon retenu en équipe de France pour une phase finale de Coupe du monde. André Lerond aurait aimé être le deuxième : « Ernie avait fait une grande saison. Il était jeune, fougueux et buteur dans l'âme. Moi, j'avais été un peu déçu de ne pas en être. On m'avait expliqué que j'étais militaire, et que je ne pouvais pas être sélectionné. »

En novembre 1954, Ernie Schultz manquera un derby à Saint-Étienne (2-4) pour un motif dessinant un autre temps et d'autres mœurs : sur le chemin de Geoffroy-Guichard, il s'était blessé à la main en aidant des supporters lyonnais qui étaient tombés en panne de voiture.

Ce qui fait le plus de bien à l'OL, en cette saison 1954-55, c'est la visite à Gerland du maire un jour de match contre Marseille (3-0). Édouard Herriot ne vient pas s'asseoir en tribune. Soit il n'en a pas le temps, soit il n'en a pas le goût. En toute humilité, il traduit sa vision du sport en faisant garer sa traction de fonction dans un virage, sur la cendrée, et en assistant au match depuis le siège passager de sa « Quinze », sa vitre ouverte pour serrer les mains de ses concitoyens. Mais c'est une journée qui ébranle ses convictions : lorsque la traction du maire entre sur la piste, Gerland se lève et fait une ovation. Herriot, qui n'a jamais été un farouche défenseur du football professionnel, salue la foule en retour.

André Soulier : « Charles Béraudier *(ancien président du conseil général du Rhône)* m'a raconté la scène. Un courtisan s'est penché vers Herriot : "Oh, Monsieur le maire, quel accueil !" Lui : "Je ne sais pas à qui sont destinés ces applaudissements, mais je vois arriver des gamins en culotte courte…" » En fait, Édouard Herriot était entré sur la piste au moment même du but de Jacky Fatton ! La coïncidence était heureuse : dans la foulée, le maire décida d'augmenter la subvention de l'OL. Il faudra attendre un peu, alors, pour que l'on se décide, autour de lui, à lui dire la vérité. Après tout, à Lyon comme ailleurs, d'autres subventions, plus grosses, ont reposé sur d'autres malentendus, plus gros…

Pour la saison du retour en D1, l'OL recrute, bien sûr : Jacky Fatton, l'international suisse, c'était une bonne idée, Pierre Sinibaldi, l'international de Reims, un peu moins ; il était né un 29 février, ce qui prédispose à l'irrégularité, laquelle était infirmée par ses 115 buts en 189 matches de D1. Mais il avait surtout, à 30 ans, un genou en bois, que l'OL n'avait pas pris le temps de tester en le faisant venir en cours de saison. Pierre Sinibaldi ne joua qu'un seul match avant de quitter Lyon, de glisser vers la D2, à Perpignan, puis vers une carrière d'entraîneur glorieuse à Anderlecht, où il sera l'un des inventeurs de la défense en ligne et de l'intelligence du footballeur, contre le marquage individuel et le simple appel à son obéissance. Grâce à Pierre Sinibaldi et à quelques autres, il y aura, dans les années 1960 et au début des années 1970, un débat quasi philosophique entre deux conceptions du jeu, entre la ligne et le béton, esquissant l'idée d'un football de gauche et d'un football de droite, un débat prolongé par l'antagonisme éditorial et profond entre le *Miroir du football* et le front uni de *L'Équipe* et de *France Football.*

Mais l'événement de l'automne 1954, pour l'OL, est le départ d'Oscar Heisserer, rongé par les critiques, gagné par le découragement et perdu pour le métier d'entraîneur.

De tout temps, les équipes ont cherché un leader, dans les moments de conflit, pour monter au front et défendre leurs intérêts, ou leur point de vue. Le 24 décembre 1954, André Lerond se jette à l'eau, poussé par ses coéquipiers : dans une interview donnée à Pierre Courtois, journaliste de *L'Équipe*, il critique les choix d'Oscar Heisserer, et pousse celui-ci à la démission.

Ce n'est pas un sujet dont André Lerond aime beaucoup parler, si longtemps après. Il appelle aujourd'hui cet épisode « un incident qui a fait que… » Nommé capitaine alors qu'il était absent tout au long de la semaine pour cause de service militaire, il prend la parole pour les autres : « La saison avait mal débuté, il y avait pas mal de tiraillements, les gars ne savaient pas quoi faire. Mais c'est délicat de parler de ça… » L'ensemble des joueurs considérait qu'Oscar Heisserer n'était plus l'homme de la situation mais, face à cette rébellion, les dirigeants convoquent André Lerond, après cette interview. « Ils m'ont annoncé : "Soit on vous transfère à Toulouse, soit vous nous garantissez que nous allons nous maintenir en D1." J'ai dit banco. Je connaissais les gars, je les avais bien en main, et, libéré par l'armée, j'ai pu finir la saison avec eux. » C'était un temps ancien où il fallait donc être démobilisé pour bien finir la saison.

Pour remplacer Oscar Heisserer, le président Armand Groslevin contacte l'ancien gardien international Julien Darui, qui signe un contrat de six mois. Mais si Darui avait révolutionné le poste de gardien en faisant de lui un onzième joueur, qui sortait loin de son but et se montrait le premier relanceur en travaillant inlassablement son dégagement au pied, il ne parvint pas à s'imposer comme entraîneur. Ni à Montpellier, qui l'avait libéré au cœur de l'été précédent en dépit d'un contrat de trois ans, ni à Lyon, l'espace de six mois. Ni plus tard.

André Lerond en garde pourtant un immense souvenir : « Darui était un très grand bonhomme. Ce qu'il nous a appris cette saison-là sur le football, c'était extraordinaire. C'était un grand entraîneur aussi, le premier que j'aie vu autant parler de tactique. Il a même rejoué un ou deux matches avec nous. On n'était pas très chauds, mais il était tellement passionné… » Il y a toujours une faille dans le système et, à Lyon comme à Montpellier, l'entourage immédiat de Julien Darui, trop bavard, n'arrangea pas ses affaires.

En cette saison 1954-55, l'Olympique Lyonnais possède déjà sa propre revue, bimensuelle. Noël Aymard l'écrit, l'illustre avec des photos du *Progrès* et la distribue lui-même en bas des marches qui mènent à la tribune présidentielle. Il signe sa rubrique de brèves « Le Père Noël ». Écrit des petites annonces loufoques, aussi, inspirées de Pierre Dac. Comme celle-ci : « On demande un bon vieux qui a la tremblote pour sucrer les fraises dans un grand restaurant. »

Pendant plus de trente ans, ce personnage distingué, toujours tiré à quatre épingles et d'une gentillesse extrême, ne quittera pas la vie de l'OL, soit au cœur même de son comité directeur, soit, après qu'il avait pris un peu de recul, depuis la cabine haut perchée du speaker de Gerland, qu'il fut de 1953 à 1986. Après avoir longtemps accueilli les personnalités au stade avec son chapeau de taupé noir – il se souviendra avoir donné un soir d'événement 600 coups de chapeau pour saluer les arrivants –, il annonçait les publicités et les compositions d'équipes avec un phrasé élégant. Tous les vieux supporters lyonnais se souviennent de cette réclame, qu'il avait rédigée lui-même, en alexandrins très approximatifs :

« Je vous ai vu, Monsieur, rue de la République /
Vers la rue Ferrandière, cette rue oblique /
Tous les passants admiraient votre distinction /
Et vous circuliez sans même y faire attention /
Le beau costume ! Vraiment, il n'est pas cher /
Ce n'est pas étonnant, Monsieur, vous sortez des Trois-Frères. »

Longtemps, Noël Aymard, également très actif dans le tennis lyonnais, avait gardé reliés tous les programmes des matches de Lyon, ainsi que tous les articles de *L'Équipe* depuis le premier match de l'OL.

Julien Darui ne devait pas, lui, garder tous les articles qui le concernaient. Car en mai 1955, l'ancien gardien de l'équipe de France, qui sera élu portier du siècle en 2000 par un jury de *L'Équipe Magazine*, devant Fabien Barthez, reçoit des journalistes le prix Citron, qui récompense l'entraîneur le moins aimable.

A-t-il des raisons de l'être ? Le 1er juin, au bout de son contrat de six mois, il est évincé après deux longues soirées de délibérations. Le 3 juin, l'OL annonce la nomination de Lucien Troupel.

Jacky Fatton est au rang des joueurs qui regrettent Julien Darui. Il a connu un destin étonnant. International suisse né en France, dans le Doubs, de parents français, Fatton avait commencé à jouer au foot à Saint-Chély-d'Apcher. Mais fuyant la Guerre, l'occupation allemande et le travail obligatoire, toute la famille s'était souvenue d'une grand-mère suisse et avait traversé la frontière, un matin de 1942, à l'aube, tombant sur un gendarme suisse compatissant qui brûla immédiatement leurs papiers français. Jacky Fatton serait suisse, joueur du Servette de Genève, international helvétique, il marquerait face au Brésil au Maracana, pendant la Coupe du monde 1950, et disputerait encore le Mondial 1954.

Mais le Championnat suisse n'est pas professionnel et, pendant la Coupe du monde 1954, à Genève, Jacky Fatton reçoit la visite de M. Marceau, le directeur sportif de l'OL. En une demi-heure,

Fatton est convaincu et signe le papier que lui tend le dirigeant lyonnais. À la fin de la journée, pendant le banquet de clôture de la Coupe du monde, le sélectionneur suisse, Karl Rappan, l'inventeur du *catenaccio*, vient lui annoncer que les dirigeants de Marseille veulent lui parler. Fatton n'ose rien dire, écoute vaguement, se rend compte que les propositions de l'OM sont nettement supérieures, mais il a déjà signé en faveur de Lyon, où il débarque au mois d'août 1954.

Son expérience lyonnaise décrit ce qu'était l'OL à cette époque. Pendant quelque temps, Fatton continue d'exploiter à Genève un salon de thé, et fait la navette. Il met six mois à comprendre le foot pro, qu'il jugera « égoïste ». Sa deuxième partie de saison est meilleure, après le remplacement d'Oscar Heisserer par Julien Darui. Lorsque l'ancien gardien des Bleus, qui finira par arrêter des penalties tirés par les spectateurs du cirque Médrano, est nommé, un jeune amateur lyonnais, Robert Monnet, lui présente Fatton : « Vous vous souvenez ? C'est lui qui vous a marqué un but du pied droit, à Lausanne, lors du dernier Suisse-France… »

Mais Darui est donc remplacé par Lucien Troupel. Dans sa biographie, Jacky Fatton tranchera au sujet du nouvel arrivant : « Il croyait bien faire en infligeant à ses joueurs une préparation physique plutôt destinée à des marathoniens. » Mais Troupel fait grandir l'OL, et André Lerond, qui l'avait eu pour entraîneur à Cannes, à ses débuts professionnels, est ravi : « Pourtant, il ne m'a pas ménagé, jamais. Après mon premier match à Cannes, où j'avais signé amateur en pensant que je ne jouerais jamais, j'avais eu le sentiment d'avoir été tellement en difficulté que, lorsque l'entraîneur des amateurs m'a demandé comment ça s'était passé, j'ai répondu que, dès le dimanche suivant, je retrouverais son équipe. J'ai été convoqué dans le bureau de Lucien Troupel : "Pour qui vous vous prenez ? Ce n'est pas à vous de décider si vous avez bien ou mal joué." Après l'entraînement collectif, il m'arrivait de revenir l'après-midi, tout seul, pour travailler ma technique et ma frappe de balle. Un jour, il m'a vu : "Alors, vous estimez que je ne vous entraîne pas assez ? Allez vous rhabiller et prendre votre douche !" »

Lucien Troupel et André Lerond sont pourtant proches. Le capitaine de l'OL est un relais, un vrai, et l'entraîneur est un soutien moral permanent pour son joueur. De ces retrouvailles avec son premier entraîneur professionnel à Cannes, André Lerond dira, dans *Football Magazine*, au début des années 1960 : « D'un regard, je comprenais ce qu'il voulait et lui me comprenait aussi. Il m'a toujours vouvoyé et je lui ai toujours dit "Monsieur". Mais nous restons comme un fils et un père. » Invité au mariage du joueur, Lucien Troupel avait réussi à le faire coucher à sept heures du soir pour qu'il puisse jouer le lendemain ; après seulement, il lui avait accordé trois jours de vacances.

Quand il est militaire, André Lerond gagne le challenge Kentish à Londres, le lendemain de son incorporation. Mais surtout, il n'échappe pas, un beau jour, à un voyage en Algérie… « Les CRS nous avaient mis dans les wagons pour partir à Marseille. Le voyage avait été agité, les gars tiraient les signaux d'alarme, descendaient aux arrêts pour aller au bistrot. On a mis quatorze heures pour aller à Marseille ! Du coup, au lieu d'aller à Oran, où tout était calme, on s'est retrouvés dans le *bled*, à Tlemcen, où ça bagarrait. Et là-bas, sur le coup de 15 heures, un gars avait allumé son transistor portatif : "Et voici, maintenant, la retransmission du match Marseille-Lyon…" J'étais à Tlemcen, et j'avais des nouvelles de l'OL ! »

3. 1955-1959 Saint-Fons ou la Martinique ?

L'OL privé d'une première finale de Coupe de France, en 1954, par un penalty oublié et un arbitre oubliable.

Le Championnat en milieu de tableau.

André Lerond héros de Suède.

L'exploit en Coupe face au grand Reims, à Oran, en 1959.

La première fessée européenne face à l'Inter Milan.

Le 2 octobre 1955, Lyon s'impose pour la première fois à Saint-Étienne (1-0), grâce à un but de Camille Ninel. Le joueur martiniquais est poussé par quelque chose qui ressemble à un destin. Il a 22 ans, déjà, quand il est repéré en Martinique, en 1950. Il quitte alors son quartier des Terres Saintville, à Fort-de-France, prend le bateau et traverse l'Atlantique. Quinze jours plus tard, il débarque au Havre, où son frère l'attend. Il lui a payé un billet pour Lyon. Camille Ninel prend un train qui va changer sa vie. Sur le quai de la gare de Perrache, il est réceptionné par Roger Vitalis, l'imposant secrétaire de l'OL, qui l'emmène déjeuner au restaurant pour la première fois de sa vie.

À l'OL, Ninel commence par jouer en Division d'Honneur, tout en continuant à pratiquer l'athlétisme ; il empile quatre titres de champion du Lyonnais en sprint, avant de s'imposer irrésistiblement dans l'équipe de foot.

Cette saison 1955-56 est presque idyllique. La plupart des joueurs sont célibataires, vivent ensemble, prennent leur repas ensemble. Lyon est compétitif en Championnat et va loin en Coupe de France. En trente-deuxièmes, les Lyonnais battent 10-0 les amateurs de Delle (DH, niveau 4), et encore Fatton a-t-il manqué un penalty ! Après avoir sorti le grand Nice en quarts à Marseille (3-0, a.p.), l'OL atteint les demi-finales face à Sedan, battu (0-1) à Colombes par le futur vainqueur sur un penalty douteux accordé par M. Bureloux, alors que Fatton avait été un peu auparavant fauché dans la surface ardennaise sans que l'arbitre ne réagisse. Cette déception profonde plonge le club lyonnais dans une dépression spectaculaire : alors qu'à cinq matches de la fin du Championnat l'OL était encore deuxième, à un seul point de Nice, futur champion, il termine à la septième place.

Au bout de la saison, Fatton a des envies d'ailleurs. L'entraînement athlétique de Troupel, qui a porté ses fruits, le lasse. Mais, si l'entraînement est difficile, Troupel n'est pas le seul responsable. Il y a celui que les joueurs surnomment « Papa Duckie », un Anglais nommé Duckworth, ancien joueur et entraîneur du Servette Genève, qui descendait en marche du métro lyonnais, à 65 ans, et qui apprend aux joueurs lyonnais un « truc » qu'André Lerond n'a jamais oublié. « À l'entraînement, il voulait que l'on mette des chaussures à pointes, comme les athlètes. Et c'est ce que l'on a fait. Il nous démontrait qu'ainsi on prenait l'habitude de courir sur la pointe des pieds, prêts à démarrer, les talons levés ! Cela a changé la carrière de Jean Djorkaeff. "Tchoulkine", quand il a débuté, à Lyon, était d'une lenteur extraordinaire ! Je l'ai connu tout jeune. Le matin, il venait m'attendre en bas de chez moi, devant la porte, et Lucien Troupel passait nous chercher en voiture pour nous emmener à l'entraînement. »

Papa Duckie est le cauchemar de Fatton. Et le « Petit Suisse », comme l'ont rapidement surnommé ses coéquipiers, pleins d'imagination, est placé sur la liste des joueurs « réfractaires », ceux qui demandaient leur transfert ou de meilleures conditions financières.

Le contrat à temps n'existant pas, les clubs ont presque tous les droits. Chaque matin, quand il arrive à l'entraînement, l'international suisse a droit à la même apostrophe de Lucien Troupel : « Vous dérangez vos camarades ! » Fatton a 31 ans. Il est temps pour lui de redevenir semi-pro, et de rentrer au Servette Genève.

Pour bien entamer la saison 1956-57, Lyon se lance dans les transferts et accueille Lucien Cossou pour 7 millions de francs de l'époque, son plus gros investissement jusqu'à la venue d'Antoine Dalla Cieca, deux ans plus tard, en 1959, pour 15 millions. Cela coûtera même un peu plus cher aux dirigeants lyonnais, qui écoperont au passage d'une amende de 1 million, pour manœuvres illicites de recrutement.

Le premier Brésilien de l'histoire du club débarque aussi. Il est né en 1929 à Rio de Janeiro, arrive de Marseille et s'appelle Constantino Pires. Il sera Constantino dans les compositions d'équipe et les comptes rendus, et il sera « Tino » pour tout le monde, à Lyon comme à Nîmes, où cet élégant à la moustache aussi fine que la technique a commencé et achèvera sa carrière française.

Mais, dans la vie lyonnaise, le parcours de l'OL, malgré la bonne intégration de Lucien Cossou, qui termine meilleur buteur de l'équipe, fait moins parler que l'élection à la mairie de Lyon de Louis Pradel, jusque-là adjoint aux sports, en avril 1957. Douzième en D1, tôt éliminé en Coupe, l'OL ne tient pas ses promesses. Et Ernie Schultz, après avoir inscrit 92 buts sous le maillot blanc, part à Toulouse.

Au cours de la saison suivante, en avril 1958, l'OL perd un autre joueur, pour une raison exclusivement politique : Abdelhamid Kermali est un des neuf joueurs de D1 qui rejoignent le FLN en Algérie.

Malgré une huitième place qui n'a pas permis à l'OL de beaucoup faire parler de lui, deux Lyonnais figurent parmi les joueurs de l'équipe de France qui s'envolent pour la Suède disputer la phase finale de la Coupe du monde 1958 : André Lerond et Robert Mouynet. Un troisième aurait pu rêver de faire partie de l'aventure, mais Camille Ninel, l'inter martiniquais, s'est blessé sérieusement en janvier, à Marseille.

La Coupe du monde n'est pas encore ouverte aux remplacements de joueurs. Pour jouer, il faut être titulaire ou rien. Ainsi, en demi-finales, lorsque Robert Jonquet sera victime d'une fracture du tibia contre le Brésil (2-5), il tentera de se placer, inutile, sur l'aile gauche, avant de renoncer et de laisser ses partenaires à dix. Lerond, lui, est un titulaire indiscutable et dispute six matches de la plus grande épopée de l'histoire de l'équipe de France jusqu'aux années 1980, écartant match après match la concurrence directe de Roger Marche. Mais Robert Mouynet, lui, n'a pas l'occasion d'échapper à sa condition de spectateur. « En fait, il avait une entorse du genou et il savait qu'il ne jouerait pas, souligne André Lerond. Mais Paul Nicolas, le directeur de l'équipe de France, avait tenu sa promesse d'emmener les joueurs qui étaient dans le groupe pour le match difficile en Belgique (0-0), avant la Coupe du monde. »

Le défenseur concède par ailleurs un regret qui a rarement accompagné la légende des Bleus de Suède, laquelle a plané sur le football français jusqu'à l'épopée des Verts, au milieu des années 1970 : « Avec le temps qui passe, c'est un sujet que l'on ose un peu plus aborder. Quand j'ai eu l'occasion, bien après la fin de ma carrière, de rencontrer Albert Batteux *(qui entraînait alors le onze tricolore)*, j'ai essayé de lui faire toucher du doigt les problèmes qu'on avait pu rencontrer. Et le problème, c'est qu'au milieu des sept ou huit Rémois, les autres, Jean-Jacques Marcel, Raymond Kaelbel, Claude Abbes ou moi, n'étions pas intégrés. Il fallait qu'on se débrouille, et je pense que Batteux ne s'est pas bien rendu compte de ça. Ses conférences étaient un régal, c'était un bonheur de l'écouter parler de foot, disséquer un match, mais il n'a pas vu que cela pouvait être difficile pour nous, au milieu des Rémois. »

Au retour de Suède, André Lerond reçoit toutes les médailles de la ville possibles et imaginables. Il est également reçu au *Progrès*, rue de la République, où l'entrée du journal se fait entre les deux caryatides qui balisent aujourd'hui l'entrée de la Fnac. Il est le nouveau héros d'une ville qui a vécu, elle aussi, au rythme de l'été suédois. Il aurait juste préféré, en guise de cadeau, avoir le plaisir de jouer dans une grande équipe de l'OL. Mais le club lyonnais s'avance vers ses dix ans d'existence sans parvenir réellement à décoller. Ses dirigeants n'ont pas les moyens de bâtir une équipe capable de jouer les premiers rôles.

Si l'OL découvre l'Europe en cette saison 1958-59, il n'a aucune raison d'en concevoir un mérite particulier. L'ancêtre de la

Coupe de l'UEFA s'appelle la Coupe des villes de Foire, et elle porte bien son nom : pour être invité, il faut avoir organisé une foire internationale. Au mérite, les Lyonnais n'auraient jamais pris l'avion un soir d'hiver pour aller jouer à Milan et prendre une sacrée fessée de la main ferme et implacable de l'Inter (0-7). « On était en plein brouillard », se souvient André Lerond. Au retour, le 14 janvier 1959, devant 3 076 spectateurs, l'OL s'en sort un peu mieux à Gerland (1-1). En marquant un but à la 19e minute, Lucien Cossou devient le premier buteur lyonnais en Coupes d'Europe.

Mais le match mythique de cette saison-là, et peut-être de cette première décennie lyonnaise déserte en trophée, est le huitième de finale de Coupe de France à Oran, face au grand Stade de Reims, le 22 février 1959. Lucien Troupel dirige une équipe solidaire et mal rasée : les Lyonnais ont décidé de faire la grève du rasoir tant qu'ils seraient qualifiés dans l'épreuve. Au stade Fouques-Duparc d'Oran, Camille Ninel promet au Champenois Just Fontaine : « Justo, vous ne toucherez pas une cannette devant nous ! » Le Rémois Robert Lamartine ouvre le score en début de seconde période, mais Antoine Dalla Cieca égalise d'un geste acrobatique, sur un centre d'Émile Antonio, et Lucien Cossou réalise un doublé pendant la prolongation (3-1, a.p.).

Au bout de la saison 1958-59, Ferdinand Maillet remplace Armand Groslevin à la présidence. Lucien Troupel part à l'Olympique de Marseille, et l'OL perd une large part de son ossature avec les départs de Lerond (Stade Français), Mouynet (Toulouse), Cossou (Monaco) et Costantino (Nîmes).

Car André Lerond a décidé de claquer la porte. On lui promet chaque année une grande équipe et, chaque année, des joueurs majeurs quittent le club. Au bout de huit saisons, il décide de ne plus croire aux promesses. Il annonce à ses dirigeants qu'il ne peut pas se permettre d'attendre que la nouvelle génération, prometteuse, arrive à maturité trois ou quatre ans plus tard. « Depuis le temps que vous me menez en bateau, je pars. Vous m'avez trompé pendant des années et des années », annonce-t-il. « J'en avais gros sur le coeur, dit-il aujourd'hui. J'étais Normand, mais Lyon était devenu ma ville. Les Lyonnais étaient froids à l'époque, mais, quand ils vous adoptaient, c'était un sentiment très fort, très profond. Et ils m'avaient adopté. Mon départ s'est passé de façon bizarre. Les dirigeants m'avaient demandé de ne pas en parler, et j'avais tenu parole. »

Il se souvient : « Chaque année on nous disait qu'on allait voir, l'année prochaine, on allait partir en tournée en Martinique, chez Camille Ninel, ou en Amérique du Sud. Et chaque année la tournée se terminait à Saint-Fons. On nous promettait chaque année une grande équipe, et chaque année on vendait des joueurs… »

4. 1960-1964 Tombés du ciel

La première génération dorée.

Jean Djorkaeff se révèle, Combin et Rambert tombent du ciel argentin, Di Nallo, un enfant de Gerland, devient petit prince.

Lerond et Njo Léa fondent le syndicat des joueurs.

Les principes défensifs de Lucien Jasseron offrent à l'OL son premier trophée : la Coupe de France 1964.

La même année, l'OL atteint les demi-finales de la Coupe des vainqueurs de Coupes.

Un fameux débat entre Lucien Jasseron et Jean Snella.

Et Nestor Combin arriva. La légende et son manager de l'époque, l'ancien joueur niçois Yeso Amalfi, un Brésilien génial et imprévisible devenu spécialiste en détection de talents et en recherches généalogiques, prétendaient que Combin avait un ancêtre français qui aurait été vu du côté du Creusot, en Saône-et-Loire, au début du siècle. C'était peut-être vrai. Peut-être pas. Son profil semblait ressortir des tréfonds de l'histoire ancienne de l'Amérique du Sud plus que d'un cousinage bourguignon. Le football de l'époque aimait à abolir les frontières. À ce jeu-là, les Italiens étaient les rois depuis longtemps, naturalisant à tour de bras une génération d'*« oriundi »* argentins auxquels ils avaient trouvé une ascendance transalpine dans les archives de la veille, voire du lendemain.

Nestor Combin racontera un jour, dans *Football Magazine* : « Le lendemain d'un match où j'avais marqué trois buts, à Rosario, en 1959, j'étais au café avec mes copains quand un type brun à moustache s'est approché pour me demander : "Voulez-vous jouer en France ?" J'ai éclaté de rire. On ne demande pas à un garçon de 18 ans d'aller à 6000 kilomètres de chez lui sans qu'il croie à une plaisanterie. "Tu ne me connais pas, mais demande à ton ami." Cet ami était un arbitre. Il m'a rassuré : "Oui, Nestor, ce monsieur, c'est Yeso Amalfi. Il a fait une grande carrière en Argentine et en France. Il cherche de bons joueurs pour certains clubs français. Tu peux avoir confiance." Mais il fallait d'abord que j'en parle à mes parents. Une demi-heure plus tard, Yeso Amalfi était chez moi et essayait de convaincre mon père et ma mère. "J'ai vu votre fils, il a des qualités, beaucoup de qualités. Je suis convaincu qu'il peut réussir en France et gagner beaucoup d'argent." Ma mère s'est d'abord opposée, parce que je ne parlais pas un mot de français, et elle a fini par se laisser convaincre. Quelques semaines plus tard, je débarquais à Lyon en compagnie de Roberto Marteleur. »

En novembre 1959, les deux Argentins découvrent Lyon et... la neige. Trois mois après, Angel Rambert, né à Rosario, arrive à son tour. Les dirigeants veulent envoyer leurs trois Sud-Américains dans une école apprendre la langue de Molière, mais Nestor a horreur de l'école. Pour le français, il préfère sa méthode : le cinéma. « J'y passais la plupart de mes après-midi et de mes soirées, racontera-t-il. Au bout de cinq à six mois, j'ai enfin réussi à demander au restaurant exactement ce que je voulais. »

Sur le terrain, l'OL traverse une mutation durable et anonyme. Le départ d'André Lerond a privé l'équipe de son capitaine et de sa boussole. Gaby Robert, qui devient entraîneur en juin 1959, ne parvient pas à soustraire son groupe d'une médiocrité qui sera relativement stable en D1, avec une seizième place en 1959-60, puis une quinzième en 1960-61. Il n'y a probablement pas de hasard : son successeur, le Stéphanois Manu Fernandez, enchaînera avec une seizième place en 1961-62. Cette constance dans l'anonymat, dès lors que la crainte d'une relégation finit par s'évanouir avec le printemps, cache un mouvement qui s'ébauche en profondeur. Des joueurs arrivent à maturité, comme Jean Djorkaeff. Et des joueurs sont arrivés tout court, comme Combin et Rambert, tombés du ciel argentin, ou comme Fleury Di Nallo, qui a grandi ici, dans le quartier ouvrier de Gerland. Si bien que, lorsque l'entraîneur Lucien Jasseron prendra l'équipe en main, à l'été 1962, tous ces joueurs-là seront prêts pour l'aventure.

Au cœur de la saison 1959-60, celui que l'on présente comme le grand attaquant que l'OL attendait n'est cependant pas Nestor Combin mais Roberto Marteleur, son compatriote, qui n'a pas, lui, la double nationalité. Mais Marteleur compte les jours plus que les buts. Il vit dans une insupportable solitude et la permanente nostalgie du pays. Il repartira en Argentine au printemps, après onze matches de D1 et seulement deux buts, un doublé contre Strasbourg (3-2) qui lui avait redonné un peu d'espoir.

Nestor Combin, lui, doit patienter : la lettre de la Fédération argentine arrive le 27 janvier 1960. Quatre jours plus tard, Gaby Robert l'aligne à Nîmes (2-2), où il marque son premier but sous les couleurs lyonnaises. Ce sera le seul d'une première saison discrète (6 matches, 1 but). Gaby Robert le couve. C'est lui qui le convainc de ne plus jouer ailier droit, mais avant-centre. Il le convainc si bien que, après une blessure d'Émile Daniel, Combin va refuser de jouer ailier droit ! Dans ses interviews, Nestor affichera toujours sa reconnaissance envers Gaby Robert : « Il s'est occupé de moi, a passé des soirées entières à m'expliquer les choses, il a même appris l'espagnol. Il a rectifié ma frappe de balle. Je la prenais par-dessous. Il m'a fait changer ça… » Cette anecdote est indirectement corroborée par cette remarque de Robert Nouzaret, trente-sept ans plus tard : « Quand Nestor est arrivé, il frappait de toutes ses forces, mais il faisait surtout peur à tous les oiseaux qui passaient dans le ciel. Et puis, tout à coup, il a commencé à cadrer. Et là… »

Le 20 avril 1960, c'est Angel Rambert qui signe. Il a 24 ans, il devient automatiquement français lui aussi. Il est gaucher, dribbleur, élégant, vif. Il débute le 18 septembre 1960 à Valenciennes (2-1), où il marque le premier but et où les dirigeants lyonnais, avant le coup d'envoi, se retrouvent avec neuf licences sur onze. Manquent celles de Rambert et de Marcel Aubour, le gardien lyonnais, qui a néanmoins son permis de conduire. Rambert n'a rien. Marcel Domergue, l'entraîneur de Valenciennes, accepte de le laisser jouer... Angel Rambert le lui fait regretter. Il va vite se faire un nom.

En ce début de saison 1960-61, l'OL a encore des problèmes d'argent. Tous les joueurs sont placés sur la liste des transferts. Pourtant, les relations avec la municipalité sont plus simples que sous l'ère Herriot. Le maire, Louis Pradel, et son adjoint aux sports, Tony Bertrand, soutiennent le club lyonnais dans la mesure de leur possible. Il faut recruter chez les jeunes, penser l'avenir autrement. Ce sera le travail de Jean Tamini, ancien joueur de Saint-Étienne et de Lyon (en 1942-43), international suisse, responsable de la section amateurs de l'OL, qui devient directeur sportif. Jean Tamini, « Zizi » pour les intimes, est également propriétaire d'une fabrique de boulons.

En 1960, Gaby Robert a une vue parcellaire des forces de son équipe. Dans un sondage de début de saison, réalisé par le mensuel *Football Magazine*, il définit ainsi les points forts de son équipe : « Une fois de plus, je compte sur la valeur de notre gardien Hugues, de notre arrière Grobarcik et sur le métier de Daniel. J'attends aussi beaucoup des Toulonnais Camilla et Roubaud. » Il aura plus de réussite au sujet des révélations : « Elles doivent venir du jeune gardien Aubour, de l'arrière central Solas et de jeunes garçons comme Desgeorges, Di Nalo et Rivoire. » Les archives confirment ce que la légende rapporte : Di Nallo est encore écrit avec un seul « l ».

Le 21 août 1960, Fleury Di Nallo dispute son premier match en Première Division. C'est un gamin de Gerland, qui est né et habite à deux cents mètres du stade, dans la cité ouvrière où se sont installés ses parents. Son père travaille dans « la chimique », comme on désignait l'ensemble des usines nouvelles implantées autour du stade et près du port Édouard-Herriot, au bout du confluent du Rhône et de la Saône.

Le jeune Fleury joue au Rhône Sportif, le club amateur le plus proche géographiquement du stade de Gerland. Il raconte : « J'avais été repéré à 14 ans et demi par Jean Tamini. Avec M. Vitalis, qui était un peu le directeur sportif de l'époque, ils étaient tous les deux venus me faire signer un contrat de non-sollicitation en faveur de l'OL. Je suis venu un an après. J'étais Cadet 2e année et j'ai eu du mal les quatre ou cinq premiers mois : cela me faisait bizarre d'être séparé de mes copains. Pendant toute la saison 1959-60, j'ai régulièrement joué avec l'équipe 3, en DH. Mais j'ai disputé la dernière journée de Championnat en CFA, avec la réserve, l'équipe 2. Quand on a repris l'entraînement, début août, Eugène Njo Léa n'était toujours pas rentré de vacances et, un mercredi, à l'entraînement, il y a eu une opposition entre les pros et l'équipe de CFA. À la fin de la séance, Gaby Robert m'a pris à part : "Tu viens avec moi samedi à Reims." Trois jours plus tard, j'ai donc joué contre Roger Piantoni, mon idole ! On a perdu 2-0, et les Rémois ont même été sifflés parce que, pour eux, à l'époque, ce n'était pas assez... »

Njo Léa va revenir, et Di Nallo retrouver le CFA, jusqu'à un déplacement à Lens (1-0), le 30 avril 1961, où il remplace Angel Rambert et inscrit le but de la victoire (1-0). Mais les résultats ne décollent pas, et l'OL termine quinzième.

Le 23 mai 1961, Gaby Robert décide de ne plus être entraîneur et de rentrer chez lui, à Hyères, dès la fin de la saison, qui n'est pas encore achevée. Il y a un supplément au programme : le 11 mai, en une rencontre décisive pour le maintien, Lyon a battu le Stade Français (2-0, buts de Combin et de Jean Djorkaeff), mais l'éclairage de Gerland a connu des pannes et, dans sa position difficile, le club parisien a porté réclamation. Du coup, Ferdinand Maillet menace de démissionner à la fois de la présidence de l'OL et de son siège à la Ligue. Maillet n'est pas un Lyonnais de souche. Il est né à Bandol, où il possède une maison. Il lui arrive, pour les vacances, de descendre le Rhône en bateau jusqu'à chez lui. Il possède une entreprise de ramonage. Malgré ses menaces, il faut rejouer le 27 mai. Il n'y a que 8 803 spectateurs à Gerland, mais l'ambiance est brûlante. Les supporters lyonnais chambrent. Ils sont venus avec des bougies, qu'ils allument et brandissent en criant, alors que le match a lieu en plein jour, à 18 heures : « Lumière ! Lumière ! » Même motif, même punition : l'OL s'impose encore (2-1).

Le printemps 1961 s'achève en gala. Le 9 juin, l'OL accueille le club brésilien de Santos et son joyau Pelé (2-6). Di Nallo se souvient : « J'avais disputé la seconde mi-temps au poste d'ailier droit. Pelé avait marqué trois buts, et Pepé avait inscrit un but extraordinaire, du milieu du terrain, ou presque. » Edson Arantes do Nascimento et Santos, c'était un peu Mick Jagger et les Stones. Spolié pendant la plupart des années 1960 par des agents sans scrupules et des associés véreux, selon les adjectifs par tradition accolés à la fonction, poursuivi par les banques et le fisc pendant la Coupe du monde 1962, Pelé finit par s'organiser différemment à la fin de la décennie : il avait obtenu de Santos que la moitié des indemnités reçues pour les matches amicaux lui reviennent. Mais il n'acceptait que le paiement en liquide ; quel que soit le pays visité, il changeait l'argent en dollars, les planquait dans une valise en attendant, au retour, de les déposer à la banque. Un jour de 1973 où il sera contrôlé à l'aéroport d'Heathrow, à Londres, un douanier découvrira dans sa valise l'équivalent en billets verts de 80 millions d'anciens francs ! L'histoire ne dit pas ce que Pelé toucha pour son récital de Gerland, en juin 1961.

Gaby Robert parti vers le sud, l'OL choisit un nouvel entraîneur, le cinquième de son histoire, Manu Fernandez. C'est un vrai Stéphanois, qui continue à vivre à Saint-Étienne, où il conserve sa bijouterie-horlogerie ; il fait les allers et retours dans sa Peugeot 203 ou, les jours de mauvais temps, en train.

Il ne fera pas mieux que Gaby Robert, avec une seizième place, due à six dernières journées sans victoire. Et après avoir été dix-huitième – et relégable – pendant trois journées, au cœur de l'hiver. Di Nallo (18 buts), Combin (13) et Rambert (10) ont pourtant fait le maximum. Mais sous Nestor perce Combin : déjà, il sort sans cesse, joue tout le temps, dort partout…

Dans *le Grand Livre du football* (Calmann-Lévy), Gérard Ernault et Jacques Thibert racontent cette étonnante histoire d'ego d'attaquant, entre Nestor Combin et l'autre pointe de l'attaque de l'OL, Eugène Njo Léa, camerounais, champion de France avec Saint-Étienne en 1957, docteur en droit et futur ambassadeur du Cameroun à Madrid (en 1965) : « Vers la fin de sa carrière, Njo Léa portait les couleurs de l'Olympique Lyonnais tandis que débutait un jeune "Indien" de la pampa argentine, Nestor Combin. Pas encore dégrossi, Nestor possédait un solide bon sens et un esprit d'observation aiguisé. Il ne fut pas sans remarquer qu'en déplacement Monsieur le futur ministre "Gégène" exigeait une chambre avec une salle de bains, ce qui n'était pas courant à l'époque. Il attendit un peu d'avoir quelque notoriété, puis exigea le même traitement que son coéquipier. Les dirigeants de l'OL eurent beau tempêter, Nestor, indigné, fut inflexible. L'histoire ne s'arrêta pas là. Njo Léa avait certains principes de diététique et acceptait rarement, tout de go, les menus proposés. Il aimait beaucoup la sole meunière, par exemple. Nestor Combin le remarqua aussi et ne manqua plus une occasion de devancer son aîné dans ses exigences. Comme il marquait des buts et ne se départissait jamais d'une communicative bonne humeur, les dirigeants glissèrent sur ce travers, lequel cessa au départ de Gégène. Nestor n'avoua que plus tard qu'il n'aimait pas la sole. »

Mais Eugène Njo Léa, qui avait fait ses études de droit à Lyon, jouera un autre rôle dans l'histoire du football français. Récupérée par un certain nombre de grands noms du football français, comme Just Fontaine, la création, en novembre 1961, de l'Union nationale des footballeurs professionnels (UNFP), le syndicat des joueurs, doit énormément au travail de l'attaquant camerounais… et de la belle-sœur d'André Lerond, Marianne Paredes, étudiante en droit. « En discutant, ma belle-sœur m'annonce un jour qu'elle doit trouver un sujet de thèse, explique André Lerond. Je lui ai répondu qu'il y avait un sujet tout trouvé, et qu'elle n'avait qu'à étudier le contrat du footballeur professionnel. Cela l'a d'autant plus intéressée qu'elle faisait ses études avec Eugène Njo Léa, qui jouait à Saint-Étienne, à l'époque. »

André Lerond avait été marqué par la grave blessure de son coéquipier Lucien Genet, mais aussi, à peu près au même moment, par les résultats de tests psychotechniques que l'ensemble de l'effectif lyonnais avait passés. « Il y avait eu des notes pour ces tests, et ensuite une synthèse. Quand on me l'a communiquée, je n'en ai pas parlé aux autres, je ne la leur ai jamais montrée. C'était d'un tel pessimisme ! L'étude disait que les joueurs, sans formation, sans instruction, n'avaient pratiquement aucun espoir de reclassement. Il y avait les promesses que l'on faisait aux joueurs quand ils étaient en pleine forme, et qu'on ne tenait jamais à la fin de leur carrière. »

Eugène Njo Léa passe donc régulièrement chez André Lerond et son épouse, et travaille sur le dossier en compagnie de la sœur de celle-ci. André Lerond s'attache à leur ouvrir des portes, les présente aux dirigeants de la Fédération et de la Ligue. Mais, pour le futur diplomate camerounais, toutes les portes ne s'ouvrent pas de la même manière. André Lerond, du bout des lèvres, avance : « Eugène avait eu du mal à me le dire, mais disons que les hommes de couleur n'étaient pas appréciés partout. Il avait fini par me dire : "Je ne peux pas. Il faut que tu viennes avec moi. Moi, on me recevra à peine, et on ne me répondra pas…" On est donc montés tous les deux à Paris rencontrer le président Germain, le patron du Stade de Reims, qui était au comité directeur de la Ligue, ou le président Dehaye, du Racing. »

Dans son vaste bureau de l'entreprise Paredes à Genas, dans la banlieue de Lyon, qu'il dirige toujours à l'âge de 77 ans, et qu'il a fait passer de 9 employés en 1963 à 653 personnes en 2007, André Lerond sort une lettre dactylographiée datée de 1961. Elle lui est adressée, porte sur la « création envisagée de l'Union des Footballeurs », et confirme que la Ligue autorise André Lerond et Eugène Njo Léa « à constituer légalement leur association », sous réserve d'apporter la preuve qu'elle réunira « la majorité des joueurs sous contrat ».

Eugène Njo Léa entre alors en rapport avec l'avocat Jean-Jacques Bertrand, « chez qui on allait travailler toutes les semaines », se souvient André Lerond. Trésorier du syndicat, l'ancien capitaine de l'OL, alors au Stade Français, constitue des fiches sur les 532 footballeurs professionnels de la saison 1961-62. Il les a toujours, dans un carton. 531 ont cotisé, et il refuse toujours, un demi-siècle plus tard, de donner le nom du 532ᵉ, qu'on devine célèbre, tout au moins connu.

Mais l'histoire de la création de l'UNFP par une volonté lyonnaise s'achève par un drame qui marquera la vie d'André Lerond et sa carrière. En août 1962, un terrible accident de voiture coûte la vie à deux de ses belles-sœurs, dont Marianne, l'étudiante en droit qui avait travaillé sur le contrat du footballeur professionnel avec Eugène Njo Léa. À 32 ans, il décide d'arrêter sa carrière à la fin de la saison en cours et de reprendre l'entreprise familiale des Paredes, à Villeurbanne. Il est alors capitaine de l'équipe de France et joueur de l'année. Il mène, en cette saison 1962-63 qui est celle du deuil dans la famille Paredes, qui l'a accueilli comme un fils, une triple vie dans laquelle l'OL et Lucien Jasseron ont leur part.

Il ne passe plus que ses week-ends à Paris pour jouer avec le Stade Français, arrivant l'avant-veille des matches. Il suit les cours du soir chez M. et Mme Pitiot, au milieu des gamins, apprend la comptabilité, s'achète une machine à écrire pour s'entraîner dans le train à taper les courriers de l'entreprise. Et, le matin, il s'entraîne avec l'OL. « Lucien Jasseron m'avait dit : "Tu fais ce que tu veux. Tu viens t'entraîner avec nous, tout seul, le stade t'est toujours ouvert." Il m'a beaucoup aidé. »

Les adieux au jeu d'André Lerond seront symboliques et beaux. Il dispute son dernier match de D1 contre Lyon (1-0), au Parc des Princes, et son dernier match international contre le Brésil de Pelé (2-3), à Colombes.

André Lerond a cité le nom de Lucien Jasseron, qu'il avait donc vu jouer au stade de la Cavée-Verte, au Havre, en 1936, en compagnie de son père. Lucien Jasseron arrive à l'OL pendant l'été 1962. Né à Saint-Leu, dans la banlieue d'Oran en Algérie, il figurait sur une photo de l'équipe de l'armée française, en 1945, avec Albert Camus, le futur joueur et entraîneur de Nîmes Kader Firoud et le futur journaliste de *L'Équipe* Victor Peroni, père de l'humoriste Jean-Jacques Peroni, coauteur des spectacles de Laurent Gerra. Jasseron avait joué à Batna et au Racing Universitaire d'Alger. Albert Camus était dans le même lycée, mais une classe devant lui. Le futur prix Nobel de littérature était gardien.

Lucien Jasseron avait joué deux fois en équipe de France, en 1944 ; il avait gagné la Coupe de France en 1945 avec le Racing de Paris, fait ses premiers pas d'entraîneur dans son Algérie natale, avant de revenir au Havre, où il était devenu le premier entraîneur à remporter la Coupe de France à la tête d'une équipe de Division 2, en 1959.

Lucien Jasseron est un pragmatique, ce qui peut être une litote pour qualifier les entraîneurs défensifs. Il aime le béton, cette tendance italienne au renforcement défensif, et plus ses joueurs offensifs sont de qualité, plus il sait qu'il pourra gagner les matches en défendant. Or il a Di Nallo et Combin en magasin. Incroyable paradoxe : c'est l'extraordinaire talent offensif de ces deux joueurs, notamment, qui va donner un sens au béton de l'entraîneur lyonnais. Di Nallo remarque : « Son truc, c'est vrai, était de jouer défensif. Mais la force de l'équipe, c'était devant. Comme derrière c'était plus léger, il avait décidé de resserrer. Devant, il nous disait : “Débrouillez-vous.” »

Devant, Lucien Jasseron a aussi Jean Djorkaeff, candidat au poste d'ailier droit (14 matches, 2 buts la saison précédente). Il va en faire un défenseur. Jean Djorkaeff, c'est une histoire. Celle d'Igor Djorkaeff, de la tribu des Kalmouks, membre des cosaques de Mongolie qui formaient le régiment d'élite du tsar Nicolas II. Après la révolution de 1917, Igor avait traversé l'Europe, pour arriver à Charvieu, à côté de Lyon, en passant par la Turquie, la Yougoslavie et la Pologne, où il avait rencontré sa femme. L'ancien cosaque du tsar était devenu ouvrier dans une usine de soie artificielle.

Son fils Jean sera footballeur et on l'appellera « Tchouki ». Il racontera pourquoi dans *les Coqs du football* (Jacques Thibert, éditions Calmann-Lévy) : « Quand j'ai fait mes débuts de footballeur à Saint-Maurice-de-Beynost, dans l'Ain, à 20 kilomètres de Lyon, mes camarades ont trouvé que mon nom était trop long et trop difficile à prononcer. Comme j'avais un type marqué et qu'un compatriote, bon footballeur, s'appelait Tchoulkine, cela m'a d'abord donné un surnom, ensuite un diminutif. Je suis resté Tchouki pour mes amis, même si ça ne correspond à rien de moi. » Aujourd'hui encore, quand il parle de lui, André Lerond prononce « Tchoulkine ».

Jean Djorkaeff a toujours été attaquant depuis ses 14 ans. Il en avait 19, en 1958, quand il quitta Saint-Maurice-de-Beynost pour l'OL. Sous la direction de Pierre Pibarot, il jouait également avant-centre en équipe de France juniors. C'était avant de devenir ailier droit, et de s'enfoncer à parts égales dans le doute et l'anonymat. Il dira, plus tard : « Je n'avais peut-être pas les qualités d'un footballeur professionnel, mais je crois surtout que j'étais écrasé par ma timidité. Je ne parlais pas, je manquais de confiance en moi, je ne prenais plus de risques. En 1962, je n'avais plus la cote à l'OL. » Avant l'arrivée de Jasseron, le club veut le transférer. Il part faire un bout d'essai, toujours comme attaquant, à Béziers, et dispute même un ou deux matches de Coupe d'été avec la formation biterroise.

Lucien Jasseron va changer sa vie en lui tenant à peu près ce langage : « Comme attaquant, je ne peux pas te garantir une place. Comme défenseur latéral, si. Tu as deux jours pour me donner ta réponse. » Jean Djorkaeff n'a pas le choix. Il accepte. Un an après, il débutera en équipe de France au poste d'arrière droit et Lucien Jasseron lui glissera à l'oreille : « Comme tu as joué là, tu en as pour dix ans… » L'entraîneur lyonnais avait raison.

Fleury Di Nallo, lui, continue de progresser. Est-ce le destin ? Quatre ans, jour pour jour, après avoir signé son contrat de non-sollicitation en faveur de l'OL, Di Nallo inscrit deux buts pour sa première sélection en équipe de France, le 11 novembre 1962, face à la Hongrie (2-3). C'est la dernière sélection de Raymond Kopa. La carrière internationale de « la Fleur », rapidement surnommé « le Petit Prince de Gerland » par un reporter de *L'Équipe*, Gérard Edelstein, sera étonnante et intermittente. Avec 8 buts en dix sélections, il présente l'une des meilleures moyennes des attaquants de l'équipe de France. Elle laisse le regret d'autres lendemains.

Avec une équipe extrêmement proche d'une année sur l'autre, Lucien Jasseron réussit son pari : si l'OL termine à la dixième place, il était encore quatrième au soir de la trentième journée… Et avec seulement quatorze joueurs à plus de quatre matches dans la saison de D1, le club lyonnais a d'autant plus épuisé ses forces qu'il lui a fallu, par bonheur, vivre l'aventure parallèle de la Coupe de France.

Car l'OL se hisse pour la première fois de son histoire en finale, en ce printemps 1963. Son ancien buteur Lucien Cossou est dans le camp d'en face, celui de Monaco. Le premier match, le 12 mai, à Colombes, s'achève sur un 0-0, pour la première fois de l'histoire de la Coupe de France. Il faut donc rejouer la finale, onze jours plus tard, au Parc des Princes.

Lucien Jasseron décide d'écarter Fleury Di Nallo pour le remake, titularisant Kurt Linder, qui sera un entraîneur globe-trotter dans les années 1970, passant notamment par Marseille. « Il m'a écarté, mais j'étais un peu blessé, tempère Di Nallo. Le 1er mai, avec Nestor, on était partis à l'armée. Direction Casablanca, tout de suite, pour les Championnats du monde militaires. On était revenus pour préparer la première finale, le 12 mai. Mais on était cuits. Moi, je n'ai pas été bon, et j'ai été victime d'une petite entorse à la cheville. Tous les deux, on est rentrés à la caserne, à Joinville, entre les deux finales, avant de rejoindre l'équipe en stage. Lucien Jasseron a hésité et, finalement, le 23 mai, je n'ai pas joué. Mais j'avais mal à la cheville. Et puis, c'était la seconde finale, l'excitation était un peu retombée, le match a eu lieu en semaine, et il y avait beaucoup moins de Lyonnais dans le stade. »

Paradoxalement, l'OL attaque davantage lors de ce second match. Seule la malchance s'attache à sa quête : après le but monégasque de Lucien Cossou (56e), Combin et Rambert tirent sur le poteau, et Polak manque le penalty de l'égalisation (70e). L'arrière de l'ASM Casolari (84e) tire le rideau sur le rêve lyonnais d'un premier trophée (0-2).

Financièrement, l'OL ne se plaint pas de cette finale rejouée. « Deux matches, deux recettes ; un coup pareil, ça n'arrive qu'une fois », dira Ferdinand Maillet plus tard. Pourtant, il n'y aura qu'une seule recrue avant la saison 1963-64. Quand l'été revient, Roberto Marteleur aussi ! L'Argentin tente de nouveau sa chance. Mais il n'attend plus, cette fois, les cartes postales et les coups de téléphone du pays pour rentrer sans avoir joué un seul match de Championnat !

L'OL grandit à sa manière. Puisque le recrutement est essentiellement régional, le club essaye de s'organiser pour assurer le gîte et le couvert de ceux qui viennent de loin ou qui sont trop jeunes pour avoir une voiture et être autonomes. Comme Angel Rambert ou quelques jeunes du club, dont Marcel Aubour, Nestor Combin habite pendant un long moment chez Jeannette Deguillaume, à la pension Chardon, rue Sainte-Catherine, aux Terreaux, au pied des pentes de la Croix-Rousse. Les footballeurs partagent la pension de la famille avec des postières, et ils font à ce point partie du paysage du quartier qu'il leur arrive de sortir dans une drôle de tenue. Jean-François Chevat, alors jeune joueur à l'OL, et qui disputera plusieurs matches de D1 en 1969-70, se souvient : « On était en robe de chambre et en pantoufles, et on descendait au ciné pour aller voir des westerns. » Aubour y accueille à l'occasion l'une de ses nombreuses sœurs, Yennette. C'est après s'être mariés, seulement, que Combin et Rambert prendront un appartement.

D'une saison à l'autre, Lucien Jasseron ne change pas de philosophie. Il continue d'allier une discipline et une dureté défensives sans faille au talent individuel de Combin, Di Nallo et Rambert. La saison 1963-64, la meilleure de l'histoire du club, lui donne raison. Champion d'automne pour la première fois grâce à sa victoire sur le Stade Français (2-0), l'OL se hisse à la quatrième place finale, son meilleur classement.

C'est une saison entre le paradis et l'enfer. Au fur et à mesure que les Lyonnais se rapprochent de leurs objectifs et entrevoient le bonheur, le rythme des matches devient de plus en plus infernal. Et, quand ils ne sont pas sur le chemin de la finale de la Coupe de France et de la demi-finale européenne qui les attendent, ils s'envolent, en janvier 1964, pour une tournée dans l'ex-Congo belge, à l'indépendance toute fraîche, via Le Bourget. Ils s'installent au *Memling Hôtel* de Léopoldville (qui deviendra Kinshasa en 1966), encore marquée par la colonisation belge : le match est déplacé du stade de la Reine-Astrid au stade du Roi-Baudouin, pris d'assaut par 50000 personnes qui assistent aux matches nuls diplomatiques (2-2) face à une sélection de Léopoldville, puis face à une sélection du Congo (4-4), alors que l'OL menait 4-1 avec un Michel Margottin déchaîné. La délégation lyonnaise est même reçue par le général Mobutu, dans sa résidence du mont Stanley.

L'Afrique les dépayse, l'Europe les attire. Dans cette Coupe des vainqueurs de Coupes (C2) qui les accueille en tant que finalistes de la Coupe de France face au champion, Monaco (0-0, 0-2), les Lyonnais vont devenir le premier club français depuis Reims à atteindre le dernier carré d'une Coupe d'Europe. Après avoir éliminé les Danois d'Odense (3-1, 3-1), ils sortent vivants d'une soirée retour assourdissante à Athènes, face à Olympiakos, Combin signant le but de la délivrance à la 89e minute (4-1, 1-2).

En quarts de finale, le Hambourg SV de Uwe Seeler ne résiste pas à l'OL (1-1, 2-0). À l'aller, au Volksparkstadion, devant 70000 spectateurs, l'Allemand Charly Dörfel inscrit un but litigieux et Lyon égalise grâce à un but historique d'Aimé Mignot, son défenseur et capitaine de toujours, son futur entraîneur aussi : cela restera le seul but de sa carrière professionnelle !

Au match retour, à Gerland, un doublé de Nestor Combin assure une qualification (2-0) que le héros du jour participe à voiler, en assommant un défenseur allemand d'un direct du droit et en écopant d'un carton rouge mérité. « Nestor la foudre » était un attaquant qui avait un peu plus que les deux pieds.

À l'aube de sa demi-finale face au Sporting Portugal, Lyon cumule les handicaps : Combin est suspendu pour le match aller, à

Gerland, et l'OL s'apprête à jouer 21 matches entre le 1er mars et le 8 juin 1964. Si les Lyonnais déçoivent à l'aller (0-0), le retour de Combin et son but en début de match leur permettent d'arracher le nul à Lisbonne (1-1). Mais les buts à l'extérieur ne comptent pas encore double...

Il faut jouer un match d'appui, pour une place en finale de la Coupe des Coupes. Il aura lieu le 5 mai, à Madrid, au stade Metropolitano, l'antre de l'Atlético, deux jours après une rencontre de D1 à Bordeaux et cinq jours avant la finale de la Coupe de France... Lyon envoie sa réserve en Gironde (0-3), parmi laquelle se trouve le jeune Yves Chauveau, gardien de 18 ans. Consciente de la pantalonnade, la Ligue annulera ce match ; et, au grand complet, un peu plus tard, l'OL perdra plus largement encore (0-4) !

À Madrid, Ferdinand Maillet profite du voyage pour visiter les installations du Real, guidé par Raimundo Saporta, le secrétaire général du club *merengue* et bras droit de Santiago Bernabeu, lequel, autant l'annoncer aux très jeunes générations, était un immense président avant d'être un très grand stade. Maillet avoue à Saporta : « Par rapport à vous, nous sommes des artisans. Comparées à vos installations, les nôtres sont celles d'un patronage. »

Les Lyonnais sont aux portes de la finale, mais ils n'ont plus l'énergie pour les pousser et forcer le passage. Épuisés, tendus à l'image de Jean Dumas qui est expulsé, ils cèdent logiquement (0-1). Fleury Di Nallo explique, plus de trente ans après : « Il nous fallait jouer le Championnat, la Coupe de France et la Coupe d'Europe avec un effectif de quinze ou seize joueurs. Moi, tout le monde me disait que j'étais surtout bon quand il y avait foule au stade. C'est vrai, j'aimais cette tension, les derbys, les grands matches. Mais c'est aussi vrai qu'on ne pouvait pas jouer toutes les compétitions à fond. Je reste persuadé que, sans notre aventure européenne, on aurait été champions de France en 1964. »

Nestor Combin n'a pas été très bon à Madrid. Il joue trop. Tout le monde le veut : l'équipe de France, les Espoirs, les militaires. Il n'arrête pas. Alors, Jasseron a pris l'habitude de le piquer au vif pour le réveiller. Trois jours après la qualification face à Hambourg, Jasseron lâche, avant le quart de finale de Coupe de France contre Lens au Parc (2-1) : « Nestor a tellement envie de s'imposer qu'il en fait trop en ce moment. Et tous ces voyages ne sont pas bons, surtout pour son estomac. Il ne sait pas se retenir et mange trop : il a grossi de trois kilos ces derniers temps. »

Mais Nestor continue de voyager. À la une de *L'Équipe*, le 17 avril 1964, Combin est allongé sur le côté, les bras croisés, la tête sur l'oreiller, les yeux clos. La légende est titrée : « Le repos du guerrier ». La photo est prise à Saint-Germain, la veille de Lyon-Valenciennes, première demi-finale de Coupe de France en nocturne et en semaine, au Parc des Princes. À quarante-huit heures de ce rendez-vous, Nestor a marqué les deux buts de l'armée française à Nantes, contre le Portugal. Et l'OL bat Valenciennes (2-0), en une demi-finale brûlante, marquée par un incident entre le Lyonnais Taberner et le Valenciennois Provelli.

Plus tard, il faudra en finir avec le Championnat. Le 31 mai 1964, l'OL bat Reims (3-1) avec un doublé de Combin et envoie le grand club rémois en Division 2. Mais l'OL tombera du podium, de fatigue, en s'inclinant lourdement à Nîmes (0-5) et à Bordeaux (0-4), à un moment où les Lyonnais rêvaient de vacances et de sieste au soleil.

Le 10 mai 1964, Lyon est au rendez-vous de la finale, à Colombes, comme la saison précédente. En face, Bordeaux a remplacé Monaco. Les deux équipes ont une réputation de forteresse.

Peu avant la finale, pendant un stage de l'équipe de France, Marcel Aubour, le gardien international de Lyon, se présente même en ces termes à la presse hongroise, venue rencontrer les Bleus : « Aubour, gardien de but d'une équipe qui bétonne. À côté de moi, *(le Girondin)* André Chorda, arrière d'une équipe qui joue à huit défenseurs devant le but ! »

Le décor de Lyon-Bordeaux est dessiné. Mais c'est l'année Combin : auteur de 8 des 12 buts lyonnais sur l'ensemble de la saison de Coupe de France, Nestor marque à chaque tour, dont un doublé en finale, dans la première demi-heure. Cela suffit à offrir à l'OL son premier trophée (2-0). Quand il rentre dans le vestiaire, il désigne la coupe et crie : « Alors, elle est là ! Je vous l'avais bien dit. » La veille du match, Lucien Jasseron lui avait fait jurer sur la Bible qu'il donnerait tout sur le terrain.

Nestor Combin a bien mérité l'oscar des oscars. Il a marqué 56 buts en 59 matches officiels avec l'OL, l'équipe de France, les Espoirs et les militaires !

Marcel Aubour est l'autre grand homme de la finale. Avec son père, qui entre sur le terrain pour le deuxième but, tel le père de Jean Boîteux se jetant tout habillé dans la piscine olympique d'Helsinki à l'arrivée du 400 m nage libre des Jeux Olympiques de 1952. Mais M. Aubour père, qui s'appelle également Marcel, se fait aussi voler 300 000 francs dans sa poche revolver ; c'était l'argent que Marcel avait emmené à Paris pour faire la fête ! Toute la soirée et une bonne partie de la nuit, ses coéquipiers se cotiseront pour lui. Marcel Aubour aura trouvé dans le football les frères qu'il n'avait pas à la maison. Mais il n'était pas exactement fils unique : M. Aubour père, qui avait toujours annoncé qu'il aurait un garçon et qu'il lui ferait faire du sport, a eu cinq filles avant que le fils n'arrive, le 17 juin 1940, une date qui ferait dire à chacun qu'il avait failli manquer à l'appel… Au total, Marcel junior, seul garçon de la fratrie, eut sept sœurs !

Ce sacré gardien aura toujours eu un faible pour la Coupe. En arrivant à Lyon, en droite ligne de Saint-Tropez, il avait vu Marcel Nowak se pencher vers lui, dans le vestiaire, pour lui lancer : « Dis, petit, ça te dirait de gagner la Coupe ? » Il s'en est souvenu. Au point de faire exactement la même chose, en janvier 1970, en arrivant à Rennes, avec le jeune Pierre Garcia. Et il gagna la Coupe un an plus tard, contre… Lyon (1-0) ! Mais c'est une autre histoire, un autre chapitre.

Dans le numéro de *Football Magazine* qui suit la finale, en juin 1964, le président lyonnais, Ferdinand Maillet, chemise blanche, cravate sombre et larges bretelles, pose à la barre de son bateau à moteur, au large de Bandol. À Lyon, on voit s'activer Mme Derail et M. Forestieri au secrétariat. Lucien Jasseron pose en haut des tribunes de Gerland et Jean Tamini est au milieu des jeunes. Dans ce mensuel créé par *L'Équipe*, Lucien Jasseron explique alors sa philosophie : « Quand je suis arrivé à Lyon, il y a deux ans, je ne m'attendais pas à trouver autant de bons joueurs en puissance, autant de possibilités. J'ai bâti une équipe pour atteindre un meilleur équilibre attaque-défense, mais aussi en fonction des éléments dont je disposais. En fonction de Thadée Polak que je connaissais bien, puisque je l'avais déjà eu au Havre avec moi. Car il faut être réaliste dans le football moderne et commencer par prendre des précautions défensives. Et le bon football repart de derrière. On peut dire ce qu'on veut de mon équipe lyonnaise, sauf qu'elle n'a pas de bons résultats. On dit que les systèmes défensifs briment les personnalités. J'ai tout fait pour que chaque joueur s'exprime totalement. » Mais il pointe également le déficit de structures : « Pour l'entraînement, il est catastrophique que nous ne puissions disposer d'un terrain gazonné. »

Le président lyonnais, Ferdinand Maillet, voit plus loin. Il avance qu'il faudrait à l'OL « un président de prestige ». Il cherche de l'argent, d'autant que la moyenne de spectateurs a été inférieure à 10 000 dans une saison réussie : « Il nous faudrait 15 000 spectateurs pour équilibrer notre budget. »

Il pousse Pierre Forest à la présidence, mais celui-là refuse sans cesse : « M. Forest est le grand patron du club et il a tout ce qu'on demande à un président : la position sociale, les moyens financiers, les relations, avec tout ce que cela représente dans une ville comme Lyon. Malheureusement, M. Forest ne veut absolument pas de cette charge. Pourtant, il faudra bien que nous y arrivions… » Un an plus tard, l'OL trouvera une autre solution : Pierre Forest restera vice-président, mais installera son beau-frère à la présidence, Édouard Rochet.

Dans les colonnes de *Football Magazine*, au bout d'une saison qui a sacré les deux voisins, les Stéphanois en D1 et l'OL en Coupe de France, s'esquisse un débat passionnant sur le jeu, entre Lucien Jasseron et Jean Snella, alors entraîneur de Saint-Étienne. Snella remarque, au sein de l'équipe lyonnaise, une absence de division du travail au milieu, estimant que Guy Hatchi en fait beaucoup, et Thadée Polak beaucoup moins. Jasseron défend son idée défensive : « Qu'on travaille bien ou mal, on nous juge sur les résultats. Il y a une part de cynisme dans ce que je dis, mais pourquoi s'en cacher ? » Snella, visionnaire : « Le fait d'être massé dans sa propre moitié de terrain se généralisera à l'avenir. Mais est-ce qu'il sera possible de laisser à des avants de pointe, qu'ils soient deux, trois ou quatre, presque les deux tiers du terrain à parcourir ? À côté de cela, certains autres joueurs n'auront qu'un tiers de terrain à occuper. Je ne crois pas que l'on trouvera toujours des éléments comme Hatchi. Je suis pour une plus grande division du travail, une répartition équitable des tâches. » Mais Snella n'a pas toujours raison : il avoue ne pas croire, alors, à la notion d'arrière offensif…

5. 1964-1967
Une passe au général

Combin part à la Juventus.

L'ère Jasseron s'achève, Aubour et Jean Djorkaeff s'en vont.

Louis Hon arrive et l'OL remporte une deuxième Coupe de France, en 1967.

Contre Angoulême, une pièce de monnaie envoie l'OL en finale.

De Gaulle renvoie un ballon de Maison, et Di Nallo lui claque une bise.

C'est le destin obligé d'un club qui a de bons joueurs mais pas d'argent : il lui faut vendre ses têtes de gondole pour continuer d'avancer, même un peu moins vite, même en donnant l'impression, soudain, de reculer un peu. Ou beaucoup. L'Europe s'est penchée, forcément, sur la saison herculéenne de Nestor Combin, en 1963-64. L'OL n'a pas cherché à le garder, seulement à le vendre le mieux possible. En juillet 1964, à 23 ans, il signe à la Juventus de Turin. Pierre Forest et Charles Frantz sont allés dans le Piémont conclure un transfert de 100 millions de lires.

Nestor Combin s'en va, et Angel Rambert se sent seul. Son jeune frère, Luis, n'a pas été retenu à l'OL après un essai. Il aura plus de chances, quelques années plus tard, avec son autre frère, Nestor (27 matches, 9 buts, en 1969-70).

En ces années 1960, Gérard Simonian est le spécialiste de l'OL au *Progrès*. Comme bon nombre de Lyonnais d'origine arménienne, il avait grandi à Saint-Maurice-de-Beynost, dans l'Ain. Son âme d'exilé perpétuel s'accordait toujours à la nostalgie des joueurs étrangers de passage, qu'il prenait sous son aile et qu'il entourait, à l'occasion, d'une certaine indulgence. Mais pas toujours. Sa plume pouvait être un scalpel et il était un polémiste que sa connaissance du jeu rendait plus redoutable encore.

Il aimait beaucoup raconter cette histoire au sujet d'Angel Rambert, son joueur préféré, son ami intime. Un jour, le Franco-Argentin, devenu international français, vint rendre visite à Gérard dans les locaux du *Progrès*, au lendemain d'un match. En traversant la salle de rédaction, il boitait si bas que Gérard l'apostropha de sa voix nasale et grave à la fois :

« Oh, Angel, tu es blessé…

– Non, non, Gérard, ça va…

– Mais tu boites, qu'est-ce qui se passe ?

– C'est-à-dire, c'est à cause de ce que j'ai dans ma poche…

– Mais qu'est-ce que tu as dans la poche ?

– C'est le journal de ce matin et, avec ce que tu as écrit sur moi, c'est lourd, vraiment lourd ! »

Robert Nouzaret, qui passa cinq saisons aux côtés de Rambert, souligne : « Angel était un milieu gauche offensif en avance sur son temps. Même quand il était en méforme, il avait une telle influence, une telle façon de se placer, qu'il te faisait toujours du bien. » Angel était également le vrai patron du vestiaire.

Angel Rambert est mort en octobre 1983, à l'âge de 47 ans, trop tôt, trop jeune. Son fils Sebastian, né en 1970, à l'époque où Angel était déjà retourné en Argentine, a perpétué son nom en signant à l'Inter de Milan, en 1995. Il venait de l'Independiente, dans la banlieue de Buenos Aires, et l'Inter le voulait tellement que le club italien avait accepté de prendre, dans le package, un inconnu répondant au nom de Javier Zanetti. Dix ans plus tard, Zanetti était toujours le capitaine de l'Inter, et Sebastian, le fils d'Angel, à la retraite… sans avoir disputé un seul match de Serie A, seulement un match de Coupe d'Italie ! Il joua par la suite à Saragosse, à Boca

Juniors, à River Plate, à Iraklis Salonique, avant de terminer en Argentine, à l'Arsenal de Sarandi.

Gérard Simonian, esprit indépendant et magnifique polémiste, fut muté à Saint-Étienne en 1967, vivant de l'intérieur – parfois comme acteur autant que comme spectateur – les vingt-cinq années les plus glorieuses et les plus agitées de l'AS Saint-Étienne. Les soirs de match, longtemps après avoir fini le travail, il fallait se pencher pour écouter sa voix qui s'éteignait dans la nuit. Sa fidélité en amitié était telle qu'à l'instant de choisir le prénom de son fils, il opta pour Bruno, pour premier prénom, parce qu'il en avait souvent parlé avec Jean Baeza et qu'il s'agissait de leur prénom préféré ; le second prénom de Bruno, qui commentera parfois les matches de l'OL sur la radio Hit and Sport et qui collaborera au journal *But*, est Angel.

Le départ de Nestor Combin laisse un vide dans l'attaque lyonnaise mais, pendant longtemps, la saison 1964-65 reste intéressante. Leader après huit journées, juste avant de perdre pied dans un derby prolifique à Saint-Étienne (0-6), l'OL est encore deuxième à la trêve, mais remporte un seul de ses six derniers matches et termine la saison à la sixième place. Ce n'est pas un immense échec, mais l'OL, même sans Combin, aurait sans doute pu se mêler plus intensément et plus durablement à la lutte pour le titre sans la dramatique blessure de son jeune ailier droit, Jean Dumas : rupture des ligaments croisés du genou, à Porto en Coupe d'Europe, au mois de septembre 1964. Jean Dumas venait d'inscrire 3 buts en trois matches de D1. Il reviendra un an plus tard, pour six matches seulement, contraint d'arrêter sa carrière à 21 ans. C'est un drame pour le jeune ailier lyonnais et une catastrophe pour son équipe.

Fleury Di Nallo reconnaît : « Après la blessure de Jean, on avait pris Stéphane Bruey comme joker. Mais il était en fin de carrière *(33 ans)* et n'était pas vraiment dans notre style offensif, qui était tout en vitesse. Jean Dumas était puissant, il allait vite et, avec lui, on aurait pu vraiment jouer le titre. » Stéphane Bruey, originaire de Belley, dans l'Ain, international, connaît une bonne période jusqu'à la trêve, inscrivant 8 buts en douze matches, d'où la deuxième place de l'OL. Mais un seul but vient égayer le reste de sa saison, ainsi que sa saison suivante.

Bruey n'est pas le seul à vivre une seconde partie de saison difficile : marqué par le départ de Combin, mais aussi par son éviction de l'équipe de France, en décembre, après une défaite au Parc face à la Belgique (0-3), Angel Rambert ne pèse pas autant qu'à l'habitude.

L'OL demeure toutefois représenté en équipe de France. Ainsi, en avril 1965, à Belgrade, lors du Yougoslavie-France (1-0) éliminatoire pour la Coupe du monde, Jean Djorkaeff est l'arrière droit des Bleus et Josip Skoblar l'ailier gauche yougoslave. Ils sont faits pour se rencontrer. Le Lyonnais met d'ailleurs les doigts dans les yeux du futur buteur de l'OM, sans le faire exprès. Skoblar s'énerve, prêt à se venger, quand Aubour surgit. Le gardien écarte Djorkaeff, fils de Kalmouk et de cosaque du tsar, et lance à Skoblar, geste à l'appui : « Lui, Mongol, te couper la tête si pas gentil ! » Djorkaeff et Skoblar se retrouveront à Marseille un an plus tard, à l'été 1966, et chacun gardera la tête sur les épaules.

Au bout d'une saison ordinaire, qui a vu Lyon perdre sa Coupe de France à Clermont dès les trente-deuxièmes de finale face à Toulon (0-1, a.p.), la présidence change en juillet 1965. Ferdinand Maillet s'efface, mais demeure au comité directeur, et Édouard Rochet devient le troisième président de l'histoire de l'OL.

Membre fondateur du club, le docteur Rochet était jusqu'alors vice-président de l'OL et président de la section amateurs. Son beau-frère, Pierre Forest – ils sont mariés à deux sœurs –, demeure l'un des trois vice-présidents, avec Ferdinand Maillet et le général Girard. Professeur à la faculté de médecine, patron de l'école des sages-femmes, Édouard Rochet est un grand médecin gynécologue de la ville. Mais le grand argentier du club, c'est Pierre Forest, aussi ancien que lui dans la vie de l'OL et l'un des plus gros industriels en soierie de la ville. C'est le patron qui ne veut pas être président. Autre temps, autres mœurs : secrétaire administratif, Robert Donguy s'occupe même de la comptabilité du club.

La saison 1965-66 sera une souffrance ordinaire. Fleury Di Nallo est toujours seul en pointe. L'OL s'est vu arracher par Lille le talent naissant d'André Guy, qui a grandi à la porte d'à côté, à Bourg-en-Bresse. En cours de saison, Lyon demandera même – en vain – à la Juve le prêt de Nestor Combin, sous le prétexte d'une crise de confiance passagère du buteur en Italie.

C'est le même scénario, toujours recommencé, comme si les Lyonnais s'arrêtaient de jouer à Noël : tranquille et neuvième à mi-Championnat, grâce aux dix buts de l'Argentin Robert Traba, l'OL s'enfonce dans l'inefficacité et dans la médiocrité. Traba ne marque plus un but, Lyon n'en inscrira que treize sur l'ensemble des matches retour et se sauvera à la dernière journée grâce à un succès sur Lens (3-2), évitant ainsi de justesse les barrages. Un joueur lensois contre son camp, Jean Djorkaeff et Jean-Pierre Teisseire auront été les buteurs du jour, le jour de la peur.

Cette saison-là, la dernière de Lucien Jasseron à la tête de l'OL, n'est pas un triomphe. Quelques semaines avant la fin du Championnat, le club lyonnais a décidé de ne pas lui renouveler son contrat. Fleury Di Nallo garde le souvenir d'une « débandade » : « À la fin de la saison, Lucien Jasseron est parti à la Coupe du monde 1966 avec l'équipe de France. Moi, je n'ai pas fait la Coupe du monde à cause de ça : Jasseron a toujours cru qu'on lui avait savonné la planche à l'OL. Ce n'était pas le cas. C'est juste qu'on n'avait plus d'équipe. »

Lucien Jasseron part donc en Angleterre diriger l'équipe de France avec Jean Snella et José Arribas. Incroyable attelage de trois entraîneurs, de trois philosophies, et d'un sélectionneur, Henri Guérin. Les Bleus disputent les trois matches du premier tour avec trois tactiques différentes et sortent de ce Mondial sans gloire. Les entraîneurs parviennent à peu près à passer entre les gouttes, mais pas Henri Guérin, lapidé à son retour. À côté de ce que la presse écrivit sur Guérin après la Coupe du monde 1966, les critiques de *L'Équipe* envers Aimé Jacquet, avant la Coupe du monde 1998, étaient dignes de *l'École des fans.*

Même si sa dernière saison a été médiocre, sans doute parce qu'il fallait plus de talent offensif pour donner un sens à autant de discipline défensive, Lucien Jasseron laisse en partant un sacré bilan : deux finales de Coupe de France, dont une gagnée, et une demi-finale de Coupe des Coupes, le tout en quatre ans. L'OL n'avait jamais connu ça.

Âgé seulement de 17 ans, Georges Prost effectue ses débuts professionnels avec Lucien Jasseron, à la fin de l'été 1965. « Au premier entraînement, j'étais là, avec mon sac. Lucien Jasseron m'a lancé : "Tu as ton sac ? Viens avec nous." Il y avait quelques blessés, et j'ai débuté à Nantes. » Le reste de la saison, il était retourné en DH, où évoluait la réserve, entraînée par Aimé Mignot. « J'avais 17 ans, j'étais capitaine, mais Aimé jouait encore avec nous, n'arrêtait pas de parler, et les arbitres me disaient : "Capitaine de Lyon, faites taire votre joueur !" Mais c'était mon entraîneur… » Deux ans plus tard, Aimé Mignot, 416 matches comme joueur, serait encore son entraîneur, mais en D1 cette fois.

Entre Lucien Jasseron et Aimé Mignot s'installe la parenthèse, qui dure deux ans, de Louis Hon. Il débarque en juin 1966. C'est un animateur, un vrai. Il revient en France après une carrière de dix ans en Espagne, à Santander, au Celta Vigo, au Betis Séville et à Saragosse. Ancien joueur du Stade Français (1946-56), avec un passage au Real Madrid (1950-53), et de l'équipe de France (12 sélections), il se dit marqué par « le football d'enthousiasme » qui se pratique en Espagne et transforme immédiatement le béton de Lucien Jasseron en un 4-3-3 plus offensif et spectaculaire. Enfin, un peu plus. Mais il découvre, aussi, les conditions précaires d'entraînement. « Le jeudi, déplore-t-il alors, nous sommes à la rue et devons travailler dans un virage du stade, car tous les autres terrains sont occupés par les scolaires. »

Après le départ de Combin, une autre mutation s'opère. Louis Hon laisse partir Marcel Aubour, Jean Djorkaeff, Stéphane Bruey, Michel Margottin, notamment. Djorkaeff est transféré à Marseille pour 300 000 francs (soit 30 millions d'anciens francs). On dit que l'OL aurait pu obtenir plus de Saint-Étienne. Mais comme c'était Saint-Étienne…

Louis Hon a une équipe de 23 ans de moyenne d'âge, dont le montant des salaires mensuels s'élève à 50 000 francs (5 millions d'anciens francs), hors primes. Le standing de l'époque ? Les joueurs voyagent en seconde classe, mais en couchettes si le voyage a lieu de nuit.

Louis Hon est le premier à demander et à obtenir la présence d'un soigneur dans tous les déplacements. Marcel Petri, au club depuis quinze ans, travaille aux abattoirs à La Mouche, à deux pas de Gerland. Il a les mains qui conviennent à son activité professionnelle. Jean-François Chevat revoit ses mains menaçantes face aux jeunes joueurs turbulents. « Il disait : "Ah, gamin, reste tranquille, sinon tu vas moucher rouge…" »

Des jeunes, justement, arrivent. Et survivent. Le recrutement est essentiellement régional. Concernant la méthode, Charles Frantz donne une indication, à l'époque, en marge des sélections de jeunes de la Ligue qui forment un vivier immédiat : « Un journal comme *France Football*, avec ses tableaux de CFA, nous rend les plus grands services et nous permet de détecter les nouveaux talents. »

Mais l'OL a une tendance profonde à la formation. Six des vainqueurs de la Coupe de France 1964 étaient issus des équipes inférieures du club (Marcel Aubour, Lucien Degeorges, Fleury Di Nallo, Jean Djorkaeff, Marcel Le Borgne et Jean Dumas), sans oublier Jean-Louis Rivoire, Roger Duffez, Marcel Nowak. En cette saison 1966-67, il faut ajouter Jacques Glycinski, Yves Chauveau et Robert Nouzaret, qui, comme Dumas, a débuté en pupilles à l'OL.

À son arrivée, Louis Hon commence par donner le brassard de capitaine à Fleury Di Nallo. « J'avais 22 ans. Louis Hon me disait : "Toi, tu restes devant !" Avec Jasseron, il fallait toujours que je revienne travailler derrière ; mais avec lui, non, il voulait que je reste en pointe. Ce qui est dommage, c'est qu'on n'avait pas vraiment d'équipe. On a souffert pour se sauver. Et, en Coupe de France, on est passés de justesse à chaque fois. »

C'est que, à Lyon, tout se passe comme d'habitude : après la seizième journée, l'OL est septième. Puis, soudain, il encaisse 11 buts en trois matches – ce qui fait perdre sa place à Chauveau, remplacé par Michel Zewulko jusqu'à la fin de la saison – et l'équipe en est réduite à s'accrocher pour se maintenir. Elle terminera à une médiocre quinzième place. Est-ce son véritable niveau ou est-ce la Coupe de France, encore, qui l'a détournée du pain quotidien ?

L'évidence est que Louis Hon, lui aussi, est un homme de coups. Il s'intéresse plus à la Coupe de France qu'au Championnat. Et, pour compenser tous les départs, il n'a pas vraiment les moyens de recruter. Ainsi veut-il absolument un défenseur, mettant à l'essai Buono, surnommé « le Tigre de Buenos Aires ». Mais le Tigre a perdu ses rayures dans l'avion et ses griffes dans le taxi. Alors, en décembre, Lyon finit par faire signer le Luxembourgeois Erwin Kuffer, son troisième étranger avec l'Italien René Rocco et l'Argentin Hector Maison. La Coupe semble s'accorder au mélange imaginé par Jasseron, et qui va être prolongé par Louis Hon : de la dureté défensive et du talent individuel en attaque.

Trois épisodes de cette Coupe de France 1967 sont entrés dans la légende ; le premier se contentera de la légende de l'OL et du derby, quand les deux autres appartiennent à celle de la Coupe tout entière.

La légende de l'OL et du derby, pour commencer. En seizièmes de finale, sur terrain neutre, à Annecy, Lyon sort Saint-Étienne (2-0) sans avoir vu le jour, ou presque, et après avoir rarement passé le milieu de terrain, sinon par inadvertance. À la fin du match, supportant difficilement l'affront fait à son équipe et à sa vision du football, Jean Snella se fait mordant : « En jouant ainsi la carotte, les Lyonnais n'iront certainement pas loin en Coupe de France. » La petite phrase est restée. Elle a une conséquence : lors du derby rhônalpin suivant, en Championnat, les supporters de l'OL déversent des bottes entières de carottes sur la pelouse du stade Geoffroy-Guichard. « J'avais marqué sur une erreur de Robert Herbin, se souvient Fleury Di Nallo à propos du match de Coupe. C'est vrai, on avait été inexistants et, à la dernière minute, Angel Rambert avait marqué en voulant centrer... »

Sauvés en huitièmes de finale par un but de Jacques Glycinski à la 88e minute, contre Rouen (1-0), les Lyonnais « écrasent » encore Angers (1-0) en quarts, avant de s'avancer vers le deuxième moment de légende de leur saison, le plus improbable : en demi-finales, contre Angoulême, après trois matches nuls sur terrain neutre et trois prolongations (3-3, 1-1, 1-1), il faut appliquer l'alinéa suivant du règlement, qui prévoit de départager les équipes au tirage au sort. Pour une place en finale, la théorie de la loterie entourant l'épreuve des tirs au but est déjà moins convaincante en regard d'un tirage au sort...

C'est la première et la dernière fois que ce règlement est appliqué. Vaguement défendu par Fernand Sastre, le futur président de la FFF et de France 98, alors président de la commission compétente, le tirage au sort sera définitivement enterré après cet épisode qui fera couler de l'encre longtemps après cette troisième demi-finale, disputée à Marseille, et même longtemps après la finale.

Fleury Di Nallo joue à l'oncle Paul et raconte cette incroyable histoire : « On avait joué le premier match contre Angoulême à Limoges, dans la Ligue du club le plus faible, comme le prévoyait le règlement. On menait 3-1, mais Angoulême était revenu à 3-3.

Au deuxième match, dans notre Ligue, à Saint-Étienne, on avait énormément souffert (1-1). Au troisième, à Marseille, on nous a refusé un but valable (1-1). À la fin de la prolongation, les deux équipes rentrent au vestiaire. On ne peut pas rejouer : on est le mardi, et la finale a lieu le dimanche. Pour effectuer le tirage au sort, le délégué choisit une salle, à côté des vestiaires. Il y a là les entraîneurs, les capitaines, le délégué, les trois arbitres. L'arbitre commence par me demander ce que je choisis : pile ou face ? Je choisis pile. Et c'est pile. Moi, je rentre immédiatement dans notre vestiaire pour crier : "C'est nous !" Mais les gars d'Angoulême, eux, au même moment, sortent sur le terrain pour remercier leurs supporters et, comme le résultat du tirage au sort n'a pas été annoncé par le speaker, tous les spectateurs croient qu'Angoulême est qualifié, et notamment les supporters lyonnais. La plupart des Lyonnais reprendront la route en pensant qu'on est éliminés. Je m'en suis rendu compte quand j'ai quitté le stade et que j'ai retrouvé mon épouse. Elle était venue au match avec les parents de Robert Nouzaret et, quand je suis arrivé vers elle, elle m'a dit : "Tant pis, ce n'est pas grave…" »

L'OL s'est qualifié grâce à une pièce de cinq francs en bronze qui est retombée du bon côté, dans un coin de vestiaire du Stade-Vélodrome, à Marseille. Fleury Di Nallo restera pour toujours le seul homme à avoir qualifié son équipe à pile ou face. Et c'est pour une finale de la Coupe de France.

Cette finale contre Sochaux est historique pour d'autres raisons encore : c'est la dernière que l'on joue dans l'ancien Parc des Princes, avant la construction du périphérique ; et c'est la cinquantième finale de l'histoire. Mais sa légende est ailleurs. Le 21 mai 1967, alors que quelques spectateurs ont scandé « Angoulême ! Angoulême ! », marqués par l'injustice d'un règlement à 5 francs, Charles de Gaulle, le président de la République, s'est installé dans la tribune officielle. Il est arrivé au Parc des Princes dans sa 404 présidentielle.

Dans les tribunes ont pris place des milliers de spectateurs lyonnais. Nombre d'entre eux se sont donné rendez-vous chez la Mamie Toutain, à la brasserie de *l'Ours Blanc*, derrière la gare de Perrache, d'où partaient souvent les joueurs et toujours les bus de supporters.

L'OL oublie ses faiblesses ordinaires du Championnat. Angel Rambert marque, Louis Leclerc égalise pour Sochaux, avant que

Maryan Wisnieski, l'ancien de Suède, ne tire sur le poteau de Michel Zewulko. Le ballon roule sur la ligne, pendant qu'Elefterios Manolios, l'ancien gardien lyonnais (1958-59), originaire de Saint-Fons, à deux kilomètres du stade de Gerland, ressasse le cauchemar de sa culpabilité sur le but de Rambert. Il avouera, après le match, son incompréhension : « J'avais mis mon maillot vert fétiche et je porte sans cesse sur moi une médaille de saint Christophe... »

Au cœur de la seconde période, voici apparaître le deuxième volet de la légende, d'autant mieux ouvert à la postérité qu'un photographe bien placé saura l'immortaliser : quand le ballon envoyé par le Lyonnais Hector Maison, naturalisé français depuis une semaine, atterrit en tribune présidentielle, le général de Gaulle le renvoie à deux mains, confirmant qu'il doit tout faire lui-même, dans ce pays. Hector Maison voulait simplement gagner du temps : il est entré dans l'histoire.

Maison va d'ailleurs réussir une seconde passe décisive, pour André Perrin, lequel offre la victoire à Lyon (81e), avant un troisième but signé Di Nallo, peut-être en position de hors jeu (3-1, 89e). Fleury Di Nallo a 23 ans, il monte à la tribune présidentielle, reçoit la coupe, claque une bise au général, et soulève le trophée. Roger Ébrard a sûrement aimé l'image et le symbole : le FC Lyon avait perdu la première finale de Coupe de France, l'Olympique Lyonnais a remporté la cinquantième.

Di Nallo remarque : « Cette finale, c'était peut-être notre meilleur match... Pourtant, Sochaux était plus fort que nous. Mais Manolios avait pris deux buts entre les jambes. C'est mon meilleur souvenir pour trois raisons. D'abord, la bise au général de Gaulle : il n'y en a pas beaucoup qui l'ont faite ! Ensuite, c'était la Coupe du cinquantenaire. Enfin, on a gagné cette Coupe de France alors qu'on n'avait pas d'équipe. En dehors de Rambert, Maison et moi... Franchement, c'était peut-être la plus mauvaise équipe de l'OL des cinquante dernières années. »

Cela n'empêche pas la fête. Le lendemain, *L'Équipe* affirme que 100000 personnes escortent les vainqueurs de la gare de Perrache jusqu'à l'hôtel de ville. Robert Nouzaret se souvient : « Le soir de la finale, on a couché à Paris. Le lendemain, on est rentrés à Lyon en Mistral, et on se passait la coupe d'un compartiment à l'autre. » Sur la chaleur de l'accueil, le milieu de terrain lyonnais tempère les souvenirs de fièvre décrite par les journaux et les autres témoins de l'époque : « J'ai trouvé plus d'enthousiasme quand je suis revenu entraîner en D2 qu'à l'époque. C'était une ville bourgeoise et froide, qui ne se réveillait que pour le derby. » À l'époque, Robert Nouzaret rencontre Louis Nicollin, élève du cours Pascal, à Lyon, par l'intermédiaire d'un ami commun, Jimmy Pistilli, un jeune joueur de l'OL. Ils vont boire un verre, à l'occasion, au *Baby Scotch*, une boîte de la rue Groslée, dans la presqu'île. L'histoire de leur amitié va être aussi longue que celle de leurs fâcheries.

Après le triomphe en Coupe de France, Fleury Di Nallo, lui, est contacté par Saint-Étienne, qui veut anticiper le départ de Rachid Mekloufi et qui ne sait pas encore que le Malien Salif Keita va descendre d'un taxi pris à Orly à l'automne suivant. « Je m'étais mis d'accord avec Roger Rocher, explique le Petit Prince de Gerland. Et puis, j'ai renoncé. J'avais reçu des menaces de mort, et des supporters avaient appelé pour dire qu'ils s'en prendraient à mon fils. » Entre Lyon et Saint-Étienne, à l'époque, la route était difficile. L'autopont de Saint-Chamond n'était qu'une passerelle au-dessus d'un gouffre.

6. 1967-1971 Le Diable de White Hart Lane

Encore un parfum d'Europe.

Le grand soir de White Hart Lane, à Tottenham.

Un match d'appui vendu à Hambourg pour 180 000 francs.

La fracture de Di Nallo, les débuts de Lacombe.

Et une finale de Coupe perdue, en 1971, dans le nuage de poussière d'un penalty fatal.

Le Championnat ? Quel Championnat ? La saison 1967-68 est presque pire qu'à l'habitude. C'est la dernière de Louis Hon, et la D1 continue d'intéresser modérément les Lyonnais, à moins qu'ils ne soient tout simplement pas taillés pour ça. La Coupe, évidemment, c'est autre chose. Enfin, pas la Coupe de France, cette saison-là, car le tenant est piteusement sorti (0-1) par Quevilly, une équipe de CFA qui va revoir sa Normandie nimbée de gloire.

Mais il y a la Coupe des vainqueurs de Coupe, dont l'OL avait atteint les demi-finales en 1964. Et, après une promenade luxembourgeoise face à Bonnevoie (3-0, 2-1), Lyon plonge dans un bain brûlant, presque irrespirable, face à Tottenham, en huitièmes de finale. Le match aller, à Gerland, remporté grâce à un but de Di Nallo (1-0), est d'une violence incroyable. André Guy et Alan Mullery sont expulsés, et *France Football* évoque « un cauchemar qui révéla toutes les gammes connues et inconnues des coups défendus ».

Di Nallo assure : « Les Anglais nous avaient pris pour des charlots. Ils étaient venus nous observer en Championnat, quand on jouait devant 6000 personnes. Je me souviens que quelqu'un de Tottenham avait dit : "Petit public, vilain vestiaire, petite équipe." Le match avait été chaud. Moi, j'avais sur le dos Dave Mackay, un rouquin terrible, à qui il manquait trois dents. »

En quittant Gerland, Alan Mullery, lui, n'avait pas toutes les siennes. Il pouvait les compter et les recompter, il en manquait toujours une. Car, à l'instant d'être priés par l'arbitre d'aller se doucher avant les copains, Guy et Mullery s'étaient doucement dirigés vers le tunnel menant aux vestiaires, à l'angle de Gerland. Pour les Anglais, quand on sort du terrain, le différend est clos. Pas pour André Guy, sanguin et redoutable puncheur qui, sitôt à l'abri des regards, assomma d'une droite le champion du monde anglais.

Alors, dans le bruit et la fureur de White Hart Lane, le match retour est dantesque. Louis Hon est un joueur de poker : il titularise Jacky Pin, mais aussi un jeune Marocain recommandé par Larbi Ben Barek – retiré des terrains depuis 1957 –, un certain Mohamed Bouassa, qui n'a encore jamais joué avec les pros et qui ne disputera que deux matches de D1 pendant toute la saison. Pour préparer son équipe au combat, l'entraîneur lyonnais lui épargne une soirée à l'hôtel tendue par l'attente et l'ennui : il l'emmène à l'autre bout de Londres, à Loftus Road, assister au match Queens Park Rangers – Blackburn (3-1). Ainsi les Lyonnais s'endorment-ils avec la certitude de ce qui les attend.

Le lendemain soir, le 13 décembre 1967, devant 60000 spectateurs, le jeune Yves Flohic a mis du coton dans ses oreilles, mais Yves Chauveau est héroïque, seulement battu par un tir de Jimmy Greaves en première période. Le début de la seconde mi-temps est complètement fou : but de Di Nallo (54e, 1-1), but de Greaves (55e, 2-1), but de Jones quarante secondes plus tard (56e, 3-1), but de Rambert (57e, 3-2). Puis l'OL craque, sur un but de Gilezea (68e, 4-2). Les Spurs sont qualifiés. Il ne reste que quelques minutes.

Celles-ci donnent un sens au choix de départ de Louis Hon : Pin déborde et centre pour la tête victorieuse de Bouassa, qui qualifie Lyon aux buts marqués à l'extérieur (4-3).

Les héros de Tottenham ? Chauveau, Kuffer, Flohic, Lhomme, Rocco, Maison, Pin, Schwinn, Di Nallo, Rambert, Bouassa.

Pour les vieux Lyonnais, qui ont écouté le match à la radio, cela reste le plus grand exploit de l'OL en Coupe d'Europe. Chauveau sera longtemps surnommé « le Diable de White Hart Lane ». Il lui en reste le souvenir d'une fureur : « Les stades anglais, c'était quelque chose. Le public était à un mètre du but, ça partait de partout... »

Yves Chauveau était devenu footballeur par hasard. Il jouait au rugby à l'US Bressane, à Bourg-en-Bresse, quand un de ses copains, Bernard Bouvard, futur entraîneur de Norcap Grenoble, vint le chercher pour un tournoi de sixte un jour où ils n'étaient que cinq et qu'il manquait un gardien. Chauveau fit un malheur, et ses copains le firent signer immédiatement au FC Bourg-Péronnas. À 15 ans, le gamin était titulaire en équipe première. Ses coéquipiers bressans, de Daniel Creuzet à Gilbert Brevet, dit « Casquette », le surnommaient « Biquet », mais Yves Chauveau était un chat, déjà. Ce n'est pas que Bourg soit loin de Lyon, une heure par la route nationale, mais, avant même que l'OL ne vienne le voir, Chauveau fait le chemin inverse : le tirage au sort de la Coupe Gambardella arrange les choses, en opposant l'OL à Bourg-Péronnas, un dimanche après-midi, à Gerland, en lever de rideau d'un Lyon-Monaco. À la fin de ce match entre Juniors, dominé par l'OL (4-0), sa vie avait basculé : il va rejoindre directement la sélection Cadets du Lyonnais et l'OL dès la saison suivante.

Prêté à Grenoble en 1965-66, Yves Chauveau revient à l'été 1966, en même temps que Michel Zewulko, qui arrive de La Mure. « Louis Hon m'a fait jouer la première moitié de saison et, vers la trêve, j'ai commencé à prendre des buts casquettes. J'étais moins fort, moins frais. Zewulko a fait les matches retour et la finale de la Coupe de France 1967, où j'étais remplaçant. »

Au début de la saison suivante, 1966-67, Yves sent son destin s'infléchir. Il n'est plus « Biquet » mais n'est pas encore devenu « Tonton », le surnom de sa deuxième partie de carrière, dû à son calme, sa gentillesse et son sens des autres. Les modalités sont celles de l'époque et dessinent une proximité joueurs-journalistes largement moins imaginable au début du siècle suivant. « Un peu avant que commence la Coupe des Coupes, en septembre 1967, Gérard Simonian m'appelle. Il me dit : "Tu devrais te tenir prêt, le Grand *(Zewulko)* commence à partir en vrille ; je pense que tu vas jouer, mais Louis Hon va commencer par te faire faire les matches à l'extérieur." Je commence à jouer à Bonnevoie, au Luxembourg. Ça marche. Puis à Metz, en Championnat. Ça marche aussi. Je ne suis plus jamais sorti de l'équipe jusqu'à la fin de mon contrat, en 1975, quand je suis parti à Monaco. Enfin si, une fois. Mais le seul qui m'ait fait sortir de l'équipe, c'est Jojo *(Prost)* : contre Valence, à l'entrée des dix-huit mètres, il était venu me percuter, j'avais fini le match sur une jambe, et j'avais manqué quatre ou cinq rencontres à cause d'une entorse au genou. »

Ainsi assuré de passer l'hiver en Coupe d'Europe, l'OL fait un détour par l'Afrique pendant la trêve. C'est une tournée en Côte d'Ivoire qui a lieu en janvier 1968, avec treize joueurs plus Aimé Mignot, le président Rochet, Noël Aymard et le docteur Astruc. Les Lyonnais sont reçus à Abidjan par le président Houphouët-Boigny.

Le 13 février 1968, la température n'est pas la même à Hambourg, dans le Nord de l'Allemagne. Malgré un Chauveau encore extraordinaire, et après deux buts refusés à Guy, l'OL est condamné par deux énormes bourdes de Bouassa, qui perd un ballon et en enlève un autre à Chauveau (0-2). Il faudra un exploit au match retour.

Deux souvenirs de cette soirée allemande se complètent, de manière à peine différente et plutôt drôle. Robert Nouzaret : « Bouassa tente de faire un râteau sur sa ligne, Seeler arrive et marque. On a tous cru qu'Angel allait l'étrangler ! » Yves Chauveau : « Uwe Seeler frappe, et j'arrête le ballon sur ma ligne. Je tenais la balle ! Mais Bouassa me l'enlève des mains, Seeler arrive et marque. J'ai cru que Dédé Guy allait l'assassiner ! » Le pauvre Bouassa, l'un des héros de White Hart Lane, a donc du mal à sortir vivant du Volksparkstadion. Il est cependant resté célèbre, lui qui n'a donc disputé que quatre matches avec l'OL, deux en D1 et deux en Coupe d'Europe.

Avant le match retour, le 13 mars 1968, Louis Hon, pendant la mise au vert à Pont-de-Chazey, montre à ses joueurs la une de

France Football après l'élimination de l'OL en Coupe de France par les amateurs de l'US Quevilly (0-1) : « MM. les Lyonnais, avez-vous de l'amour-propre ? » L'entraîneur dispose négligemment sur la table trois exemplaires de l'hebdomadaire. Il aime ça, ces matches où la tension monte, où il faut jouer avec l'orgueil de ses joueurs. S'il avait dû choisir le titre de une de *FF*, il aurait sûrement opté pour le même.

Sur le terrain, Fleury Di Nallo fait la différence. Il ouvre le score à la 18e minute et arrache, sur le fil, à la 90e minute, un match d'appui (2-0, a.p.). Mais ce que les joueurs ont conquis sur le terrain, les dirigeants lyonnais vont l'abandonner dans la coulisse. Le tirage au sort qui doit désigner le terrain du match d'appui, et qui se déroule au siège du club, à Lyon, est truqué : les deux bulletins comportent le nom de Hambourg. Pour une meilleure recette, et pour près de 200 000 francs (20 millions d'anciens francs), soit 20 % de leur budget de l'époque, les dirigeants de l'OL, mécènes du club, ont préféré l'équilibre financier au parfum de l'épopée. À Hambourg, face à cet adversaire à qui ils ont cédé l'avantage de jouer à domicile, c'est un remake du match aller : 0-2, Lyon sort de la Coupe des Coupes en quarts de finale.

Avec le temps, Yves Chauveau maintient : « Sur terrain neutre, on aurait eu une chance de passer. Là, les dirigeants nous ont donné en pâture. » Robert Nouzaret : « Ils avaient accepté de jouer à Hambourg pour récupérer 80 % de la recette. On était scandalisés. Et nous, on jouait pour 5 000 francs de prime *(50 nouveaux francs)* et on était contents… » Fleury Di Nallo : « Je me souviens de Charles Frantz disant : "Vous vous rendez compte, on a 18 millions *(180 000 nouveaux francs)* !" C'est vrai qu'à l'époque c'était énorme. Qu'est-ce qu'on pouvait faire ? On a perdu nos chances en jouant chez eux. Chez nous, on aurait pu les faire douter. »

Mais l'OL est encore dans un autre siècle. Plus tout à fait amateur, pas complètement professionnel. Son siège occupe 160 m² sur les bords de la Saône, face à la colline de Fourvière, dans l'ancien couvent des Antonins. Les joueurs passent au moins une fois par semaine, pour y disputer un tournoi de ping-pong. Et la pension Chardon, rue Sainte-Catherine, existe toujours.

Sans le savoir, l'OL vient de disputer son dernier quart de finale européen avant trente ans. Il traverse la fin des années 1960 dans la frustration ou le confort, au choix, du milieu de tableau de Division 1. Mais, après sa neuvième place en 1968-69, sa quinzième en 1969-70 (dans un Championnat à 18 clubs) l'écarte un peu trop nettement du confort recherché.

André Guy a beau devenir le meilleur buteur de D1, avec 25 buts pour 30 matches disputés, dont un quadruplé contre Bastia (8-3), l'OL ne se remet pas de l'accident de Fleury Di Nallo, le 21 septembre 1968, au Red Star (2-1), dès la quatrième journée de Championnat. Le Petit Prince de Gerland est victime d'une fracture de la jambe gauche, tibia et péroné. Le Paraguayen Carlos Monin est arrivé en retard, les deux pieds décollés. Pendant que Monin, choqué, s'effondre en larmes, le Lyonnais est évacué vers l'hôpital. Sa saison est terminée. Avec le recul, Di Nallo glisse : « Il ne l'avait pas fait exprès. Mais ça me fait sourire quand on dit que le football d'aujourd'hui est dur. Je vous assure que c'était autre chose, à l'époque. »

Di Nallo perd beaucoup avec cette blessure. Car il sort de sa meilleure période en équipe de France, où il est enfin devenu titulaire, sous la direction de Louis Dugauguez.

L'OL dispute la Coupe de l'UEFA, et André Guy est là pour marquer face à Academica Coimbra le but de l'égalité parfaite (1-0, 0-1, a.p.). Et ce qui est proprement incroyable, c'est qu'un peu plus d'un an après s'être hissé en finale de la Coupe de France 1967 grâce au tirage au sort, l'OL choisit une nouvelle fois le bon côté de la pièce au Portugal ! Cette fois, c'est Angel Rambert, capitaine en l'absence de Di Nallo, qui porte bonheur aux Lyonnais. Au même tour, le tirage au sort est défavorable à l'OM face à Izmir (0-2, 2-0, a.p.). L'épreuve des tirs au but n'apparaîtra qu'en 1971.

Mais Lyon n'a pas une équipe pour aller loin, cette fois, et expose ses faiblesses au tour suivant, en seizièmes, face aux Portugais de Vitoria Setubal (0-5, 1-2).

Fleury Di Nallo va mettre près d'un an à revenir. Il rejoue en août 1969 à Bastia (4-2), où il inscrit deux buts. Son talent et son envie sont tels qu'il enchaîne directement par un triplé face à Sedan (4-2) ! Mais ce qu'il peut réaliser sur le talent et l'envie, sa jambe gauche ne lui permet pas encore de le répéter. « Après ces deux matches, ça a été le désert complet, avoue-t-il. À tel point que j'ai voulu me faire prêter ! Jean Snella entraînait le Servette de

Genève et il me voulait déjà quand il entraînait Saint-Étienne, alors je suis allé à Genève discuter d'un prêt de six mois. Je suis parti là-bas accompagné de Robert Donguy *(secrétaire administratif de l'OL)* pour jouer un match amical avec le Servette contre Sochaux. Le problème, c'est que j'ai marqué trois buts, et que le Servette, à ce moment-là, a voulu m'acheter. Mais moi, je ne voulais pas jouer en Suisse ! Six mois, d'accord, mais après, je voulais revenir à l'OL... »

Sa traversée du désert, physique et mentale, a duré douze journées. Et puisque André Guy s'est blessé et a manqué sept matches dans cette même période, l'OL passe de la troisième place à la quinzième place, quand le Bressan revient, suivi de peu par Di Nallo.

Miraculeusement, ou non, le Petit Prince de Gerland dompte sa blessure et ses impatiences. « Je suis revenu contre Angers (2-1), j'ai marqué, et c'est reparti. J'avais trop voulu forcer, jusque-là. C'est normal de mettre du temps à revenir après une grave blessure, mais je ne voulais pas l'admettre, ça m'énervait. »

Pendant la double absence de Di Nallo et de Guy, un gamin de 17 ans débute, le 7 décembre 1969. Il s'appelle Bernard Lacombe et il vit un rêve. Enfant de Fontaines-sur-Saône, à quinze kilomètres de Gerland, il venait aux matches de l'OL avec son père, boucher aux halles. « Après, on attendait que les joueurs sortent. Je me souviens de Fleury Di Nallo quittant le stade en 404, une belle voiture pour l'époque. C'était en 1962, j'avais 10 ans. Fleury était un gone du quartier, c'était facile de s'identifier à lui. Alors, le soir, en rentrant chez moi, je disais à tout le monde : un jour, je serai l'avant-centre de l'OL. Mais je pensais que, pour jouer à l'OL, il fallait être riche ! Je jouais à Fontaines. Les jeudis après-midi, les jours de relâche à l'école, mon entraîneur était Lucien Genet, qui avait joué à l'OL. » Le fils de Lucien Genet, Guy, jouera à son tour en D1 avec Lyon au début des années 1980 ; il est l'intendant du club lyonnais depuis 1995.

À l'âge de 16 ans, Bernard Lacombe, apprenti serrurier, signe enfin à l'OL, après s'être fait remarquer avec la sélection des Cadets du Rhône, puis la sélection du Lyonnais. Évidemment, quarante ans après, il se souvient de tout, peut donner la composition des équipes, les buteurs, se souvient d'un doublé du futur Stéphanois Alain Merchadier avec le Sud-Ouest (2-2), à Cazères, et de ses partenaires : Michel Maillard, futur buteur de l'OL et de Valenciennes, et adjoint de Raymond Domenech au début des années 1990; les Grenoblois Saez et Canova; Berteas, un joueur de Rhodia. « On avait perdu la finale (1-1) aux corners contre l'Alsace, en lever de rideau de la finale de la Coupe de France 1968, Saint-Étienne - Bordeaux (2-1). Quand on est montés dans la tribune, les Bordelais étaient déjà menés 1-0. Après cette finale, j'étais déçu, mais un monsieur était venu me voir pour me parler : "C'est bien, petit. Il y a quelques années, j'ai vu un jeune débuter comme toi, Fleury Di Nallo." Ce monsieur, c'était Henri Germain, l'ancien président du grand Reims. Et il me parlait de Fleury, mon idole... » Bernard Lacombe, tout à la fois mystique, croyant et superstitieux, a toujours cru aux signes.

Il est Cadet deuxième année quand il signe à l'OL. Bien sûr, il joue en Seniors. « Tous les trois mois, j'allais à la visite médicale de double surclassement, place du Bachut. Deux coups de maillet sur les genoux, la prise de tension, et le toubib signait. Je jouais en CFA. » Mais en CFA, un jour de froid polaire, à Decize, le jeune Bernard Lacombe frôle le pire. « Le terrain était comme du béton. Un défenseur m'a fracassé pendant que j'étais en l'air et je suis retombé sur la tête. J'ai perdu connaissance, j'avais les yeux révulsés, et les autres m'ont cru mort un instant. Il y avait Thiry, Chevat, Mujica. Je suis resté quarante minutes dans le coma. À mon réveil, un dirigeant a décidé de me ramener à Lyon en ambulance, le dimanche soir, sous la neige. Quand je suis arrivé chez moi, tout le monde pensait que je m'étais cassé la jambe... Dans la nuit, mes sœurs se sont relayées pour me veiller et, lorsque j'ai commencé à vomir, on m'a emmené à l'hôpital où j'ai passé huit jours. J'ai été arrêté trois semaines. Puis, j'ai recommencé à jouer. »

L'histoire et l'OM se souviennent-ils que le jeune Bernard Lacombe a failli jouer à Marseille plutôt qu'à Lyon ? On pourrait la raconter soi-même, cette histoire, mais c'est toujours pareil, avec lui : il le fait très bien tout seul. « J'ai fait un stage de huit jours à l'OM. Il y avait Chaumeton, Guéniche, Émon, Di Caro, Bracci. Monsieur Mario Zatelli était venu me voir jouer un match de sélection Cadets contre la Franche-Comté (4-2), dont l'avant-centre était Jacquot Santini. Monsieur Zatelli était ensuite allé voir mon père à la boucherie familiale et lui a proposé de l'argent pour que je signe à Marseille. Mais ça, je ne l'ai su que bien plus tard ! Mon père ne m'en a jamais parlé. C'est seulement après sa mort, en 1978, que ma mère me l'a dit. Mon père m'avait laissé partir en stage à l'OM, mais il voulait que je signe à Lyon. Après ce stage, Lucien Genet a prévenu les dirigeants lyonnais qu'il fallait se dépêcher de me faire signer. Aimé Mignot est venu me chercher, il m'a fait rentrer dans le vestiaire des pros, ce qui représentait quelque chose d'énorme pour moi, et Fleury est venu vers moi pour me dire : "Il ne faut pas que tu ailles ailleurs, il faut que tu viennes à Lyon." »

Di Nallo, l'idole. Bernard n'a pas besoin de cela pour croire aux signes. Il a vu un autre signe, encourageant, dans un match de Cadets, en lever de rideau de Lyon-Lens, que Fontaines a gagné face à l'OL (3-2) : il a marqué les trois buts de son équipe. « À la fin du match, on rentre aux vestiaires et on croise les pros lensois qui sortent s'échauffer. L'un d'entre eux, Placzek, s'approche de moi : "Comment tu t'appelles ?" Je lui donne mon nom, et il répond : "Eh bien, on va reparler de toi…" J'avais 14 ans. Sept ans plus tard, en 1973, je suis en stage avec l'équipe de France de Kovacs et on va à Fontainebleau pour le concours du jeune footballeur. Parmi ceux qui encadraient l'épreuve, il y a Placzek, qui me lance : "Tu te rappelles ce que j'avais dit ? Je ne m'étais pas trompé…" Aujourd'hui, à chaque fois que Lyon va à Lens, on s'appelle. »

Le 7 décembre 1969, donc, un gamin de 17 ans débute an Première Division. « Je devais être remplaçant. Ma sœur Monique m'avait posé au stade des Iris, où on avait rendez-vous. À peine arrivé dans la cour, Aimé Mignot m'a dit : "Fleury est malade, prépare-toi, tu joues. Et tu vas jouer ailier gauche." Je n'aimais pas le numéro 11. Je n'aimais pas jouer ailier gauche non plus. » Évidemment, il se souvient de la composition de l'équipe : « Chauveau – Baeza, Ravanello, Popluhar, Prost – Perrin, Chiesa, A. Rambert – N. Rambert, Guy, Lacombe. »

Face au Red Star (2-0) et à Christian Laudu, Bernard Lacombe inscrit le premier de ses 255 buts en D1. « Le soir, en rentrant, je me suis arrêté à Fontaines, au siège du club. Je savais que la plupart des gens du club étaient au stade l'après-midi. Ils étaient tellement contents qu'ils commandaient des pots au mètre ! » Décryptage pour ceux qui préféreraient le thé le dimanche après-midi : les pots de beaujolais, des fines bouteilles de 50 centilitres, sont alignés les uns à côté des autres. Et on peut donc en commander un mètre. Dans les années 1970, au cœur des bouchons lyonnais, le record du monde de la longueur de Bob Beamon (8,90 m) a souvent été approché…

Avec Lacombe, l'OL prépare l'avenir. Un autre espoir s'annonce. On parle déjà de lui comme d'un prodige. Le 15 mai 1969, Serge Chiesa, international junior de l'AS Montferrand, signe à l'OL. Autour de lui le président, Édouard Rochet, Charles Frantz, et Aimé Mignot, l'entraîneur. Il va disputer quatorze saisons professionnelles avec l'OL, jusqu'au 3 juin 1983, au soir de la descente. Il va enchanter Gerland. Aujourd'hui encore, c'est un débat d'après match pour les anciens qui ont des éléments de comparaison : qui est le meilleur joueur de l'histoire de l'OL, Chiesa ou Juninho ?

La saison 1969-70, vue sous l'angle du derby, est une tempête pour les Lyonnais : Saint-Étienne s'impose 7-1 à Gerland, puis 6-0 à Geoffroy-Guichard. Yves Chauveau n'a rien oublié : « Salif Keita nous a tout fait. Dans ce cas-là, tu te dis que si tu trouves un trou de souris, tu te glisseras dedans… C'était un calvaire. » La même saison, Nantes bat Lyon 5-2, à l'aller comme au retour. L'OL connaît ses maîtres : en quatre matches, 23 buts encaissés !

Quinzième au bout de la saison, l'OL n'a plus qu'à tourner la page. Un homme va contribuer, à cet instant de l'histoire, à infléchir l'évolution du club : Pierre Pibarot est nommé directeur sportif en 1970. C'est plus qu'un directeur sportif, c'est un véritable homme de terrain, un homme de jeu.

Né en 1916 à Alès, entraîneur de l'équipe de France de 1950 à 1954, lorsque Paul Nicolas en était le responsable, entraîneur du Racing CP de 1958 à 1963, Pierre Pibarot a traversé un désert personnel, s'est retiré à Nîmes où il a monté une agence immobilière, lorsqu'il décide de revenir à la vie du football et de ne plus se demander quoi faire de ses week-ends. Il a la réputation justifiée d'être l'entraîneur qui parle le mieux de football, avec Albert Batteux. Il définit alors lui-même sa tâche : « Directeur sportif, mais pas comme on l'entendait jusqu'ici, style administratif, plutôt comme un soutien de l'entraîneur, un conseiller. »

À la fin des causeries de l'inusable Aimé Mignot, treize saisons de joueur (1955-1967), neuf saisons d'entraîneur (1968-76),

Pierre Pibarot annonçait toujours qu'il n'avait rien à ajouter à ce qu'avait dit Aimé Mignot. Puis il commençait à parler.

Yves Chauveau raconte cette anecdote : « Un jour, on prend six buts à Metz (1-6). Ces six buts, on se les met tout seuls, c'est terrible. On rentre en train, comme d'habitude. Après le match, Pierre Pibarot analyse tout dans le détail, nous dit : "Celui-là, ils n'auraient pas dû le marquer, celui-ci non plus..." Mais il est perturbé et il est tellement déçu qu'il se met dans un autre compartiment, dans un autre wagon. À l'époque, le train qui nous posait à Perrache repartait souvent vers Culoz. En arrivant à Lyon, chacun rentre chez soi. Et à trois heures du matin, Aimé Mignot reçoit un coup de téléphone de Pierre Pibarot : "Aimé, je suis à Culoz. Est-ce que tu peux venir me chercher ?" »

Aimé Mignot, l'entraîneur des pros, et Jean-Pierre Cappon, l'entraîneur des Amateurs et des Juniors, l'appellent « chef ». Pibarot a déjà en tête les centres de formation, voudrait résoudre le problème de la scolarité pour entraîner tous les jours des jeunes de 14 et 15 ans, les former physiquement (« C'est l'acquisition de l'endurance et de la résistance pour accomplir des efforts répétés durant une saison qui doit différencier le pro de l'amateur ») et techniquement : « Il faut amener le joueur à être en état de facilité dans le jeu grâce à la maîtrise du ballon. Il faut qu'il puisse réaliser sur le terrain ce que l'on conçoit hors du terrain. Et il faut avoir les yeux libres pour le jeu. » Quarante ans plus tard, on pourrait graver ces principes dans le marbre.

Fleury Di Nallo dit de cette rencontre : « C'était un maître tacticien. Il nous faisait vivre le foot. C'était un type super, un fou de ballon. » Georges Prost, avec le recul d'une vie de formateur (Monaco, Mulhouse, Marseille, Southampton) qu'il est venu achever à Lyon, en juillet 2007, développe : « Avec Lucien Jasseron et Aimé Mignot, on se mettait minables. Mais Pierre Pibarot nous a permis de pratiquer un football où on pouvait prendre du plaisir et gagner des matches. Sans renier les valeurs de Jasseron ni d'Aimé, qui avaient fait avancer le club, Pibarot a prôné un autre foot, plus pensé, plus organisé. Avant, à l'entraînement, le matin, c'était souvent les rouges contre les bleus. Quand j'ai commencé, on défendait en individuel, et les anciens disaient : "Eh, jeune, il faut y aller..." Tu étais tellement content d'être là que tu mettais tout ton cœur, et des coups à tout le monde. J'en ai envoyé quelques-uns sur la piste d'athlétisme, à Gerland. Heureusement, Pibarot nous a fait connaître autre chose. »

L'OL vivait une transition entre deux méthodes. Georges Prost, encore : « C'est l'époque qui voulait ça. Le mercredi, on était sur la piste d'athlétisme, on faisait de la vitesse, mais c'était un peu n'importe quoi. Au tout début, il n'y avait même pas deux gardiens à l'entraînement, seulement Yves Chauveau. Les dirigeants ne venaient jamais en déplacement avec nous. Mais on avait un grand respect pour ces gens-là, pour MM. Rochet et Forest, pour Gérard Nicol, le trésorier. C'étaient de grands dirigeants. Ils nous disaient : "Vous allez gagner de l'argent si le stade est plein." Mais le stade n'était pas souvent plein. On faisait des coups mais, parfois, on gagnait sans savoir pourquoi. Il n'y avait pas d'équilibre dans la semaine de travail. Tous les clubs étaient comme ça en France, à l'exception de Saint-Étienne et de Nantes. »

Quelques stars étrangères passent à l'OL. Ce n'est pas toujours une bonne pioche. Le Tchécoslovaque Jan Popluhar, finaliste de la Coupe du monde 1962 au Chili, arrive au milieu de la saison 1968-69, et repart en 1970, après 46 matches et 1 but. Il laisse le souvenir d'une rigueur et d'une éducation. Yves Chauveau : « Il était grand, près de 1,95 m, presque chauve et il avait des chevilles comme mes mollets. Mais il était en fin de carrière et avait plus de mal à se déplacer. Le jour où il est arrivé, à l'entraînement, un après-midi à Pont-de-Chazey, on lui avait donné un short, un maillot, un survêtement et des chaussures. Deux ans plus tard, au moment de partir, ce type qui avait joué trois Coupes du monde est arrivé à l'entraînement avec ce short, ce maillot et ce survêtement, pliés, repassés, pour les rendre au club. On lui a tous dit de les garder ! »

Beaucoup plus star, tant par son passé que par ses attitudes, Mario Coluna arrive le 29 juillet 1970 à l'aéroport de Lyon-Bron. Vainqueur de deux Coupes des champions avec Benfica (1961, 1962), troisième de la Coupe du monde 1966, 59 sélections en équipe du Portugal, il est le plus grand nom jamais recruté par l'OL. Mais il a 35 ans, est un peu lent, un peu à l'étroit dans le maillot, promène un profil à pousser le tablier de sapeur avec son pain. Il habite au-dessus du *Hot Jazz Club* et dort aux mêmes heures que les joueurs d'en dessous, qu'il fréquente assidûment. Il est un habitué du *Balmoral*, le restaurant italien de Sauveur Carlino. Il conduit une Morgane. Il est heureux.

« Ah, Coluna, se souvient Chauveau. On avait vu la finale Inter-Benfica *(1-0, C1 1965)* la veille d'un match à Sochaux. Il ne jouait pas très vite et il avait le même rythme en arrivant à Lyon, alors que nous, devant avec Di Nallo, Chiesa et Lacombe, ça allait à 2000 à l'heure. »

L'OL veut le tester en match amical face au Red Star. Chauveau : « Il a refusé. "Moi, un match d'essai ?" Mais les dirigeants ont dû hésiter quand même : à l'entraînement, il roulait sur le ballon ! Même à table, il était lent. On en était au fromage quand il n'avait pas encore fini l'entrée. À côté de ça, c'était un gars d'une gentillesse extraordinaire. »

Le sommet du passage de Mario Coluna à Lyon survient en janvier 1971, lors d'une tournée au Portugal, où il est une véritable idole. Chauveau : « On était trois ou quatre à être plutôt proches de lui, notamment Dédé Perrin. Un soir, il nous invite chez lui à Lisbonne. Il nous dit de demander au taxi de nous amener "chez Coluna". On a appelé un taxi, on a dit qu'on allait chez Coluna. "Coluna footballeur ?" Le taxi savait où c'était, il s'est occupé de tout. Coluna, c'était un dieu à Lisbonne. On a passé la soirée dans l'appartement d'Eusebio, qui n'était pas là mais dont la femme nous avait accueillis. Mario, quelle gentillesse… »

La tournée a été organisée par un imprésario portugais, qui a planifié deux matches en trois jours à Funchal, sur l'île de Madère. Mais il panique quand l'OL mène 3-0 après dix minutes de jeu dans le premier match. Georges Prost : « Il est immédiatement allé voir Aimé Mignot pour lui demander de ne plus marquer. "Il y a un deuxième match, si vous continuez à marquer, il n'y aura personne, et je ne pourrai pas vous payer !" Aimé nous a demandé d'arrêter, et on n'a plus marqué. En revanche, des petits ponts, il y en a eu beaucoup…

Au second match, le stade était plein, les arbitres étaient dans leur camp et, puisqu'on menait 1-0, le match ne finissait jamais. Jusqu'à ce que l'arbitre leur accorde un penalty après un dégagement au poing de… Yves Chauveau ! Mais Yves a arrêté le penalty… À la fin du match, le public nous attendait, il ne voulait pas qu'on sorte du stade… »

Si la saison 1970-71 est encore une saison tranquille, en D1, avec une septième place honorable, l'OL va retrouver la finale de la Coupe de France pour la quatrième fois depuis 1963.

En cours de route, en huitièmes de finale, les Lyonnais ont surtout renversé les Verts, vainqueurs 2-0 à Geoffroy-Guichard, mais balayés 0-3 à Gerland au retour. Raymond Domenech légende l'affaire : « À l'aller, après avoir marqué le penalty du 2-0 à dix minutes de la fin, Salif Keita avait fait un bras d'honneur à Jeannot Baeza. Avant le match retour, pendant toute la semaine, les autres joueurs stéphanois l'avaient prévenu, lui disant qu'il avait été fou de faire ça. Du coup, ils lui avaient foutu la trouille. À Gerland, Keita est entré sur le terrain avec du coton sur les épaulettes, pour faire plus costaud ! Jeannot Baeza lui a dit : "Je te préviens, je vais te casser la jambe." Je crois que Salif n'est entré qu'une fois dans la surface. »

Ce 3-0 contre Saint-Étienne est sans doute la plus grande soirée lyonnaise de la carrière de Fleury Di Nallo. Il a alors 27 ans et il est intenable. Il inscrit les trois buts lyonnais et en marque deux autres, refusés mais qui étaient valables ! « C'était un match d'exception, avoue-t-il. Et j'ai vraiment marqué cinq buts, parce que sur les deux qui m'ont été refusés, je n'étais pas hors jeu. Les Verts avaient une grande équipe, mais, ce soir-là, ils n'ont pas existé. »

En 1971, l'équipe lyonnaise s'est un peu rééquilibrée vers l'avant, mais garde, donc, ses défenseurs qui font peur. La finale de la Coupe de France contre Rennes, est une histoire bressane. L'attaquant André Guy, que l'OL a cédé à Rennes au mois de décembre précédent, a grandi à Bourg-en-Bresse, comme Yves Chauveau et Georges Prost, deux de ses adversaires du jour.

C'est la dernière finale à Colombes, qui assure la transition entre les deux Parcs des Princes. Elle sera arrêtée, pendant de longues minutes, après un but refusé à André Betta, le milieu de terrain rennais. Mécontents, les supporters bretons commencent à lancer des artichauts sur la pelouse. Pendant les palabres, Marcel Aubour, devenu rennais, mais toujours tropézien, s'amuse au jeu provençal, devant son but, en remplaçant les boules par des artichauts. L'image s'étalera dans tous les journaux.

Cette finale bascule sur un face-à-face bressan, sur penalty, à la 63e minute, entre André Guy et Yves Chauveau. André Guy habitait la maison la plus proche du stade du FC Bourg-Péronnas, mais il jouait à Saint-Denis-lès-Bourg, le club rival. Et si Guy et Chauveau avaient grandi dans la même ville, ils ne s'étaient jamais croisés avant de se retrouver à l'OL. André Guy avait marqué 6 buts en 18 matches avec l'OL dans la première partie de la saison, avant de se plaindre du ventre ; le docteur Astruc avait préconisé une opération de l'appendicite, mais un transfert à Rennes avait définitivement soulagé l'attaquant international.

Au moment où André Guy va s'élancer pour tirer le penalty, Georges Prost, le troisième Bressan sur la pelouse de Colombes, lui lance : « Dédé, fais pas le con, tu vas pas le mettre… » André Guy frappe dans la terre et, pendant que monte un nuage de poussière, le ballon trompe Chauveau, qui l'effleure de la main. Lyon s'incline (0-1).

Yves Chauveau décrit, de sa voix douce : « C'était un cauchemar. On était arrivés très en retard à Colombes, en coup de vent, on n'avait pas eu vraiment le temps de se préparer. On ne savait pas ce qu'on jouait. Les causeries, c'était toujours : "Vous allez le faire, vous devez le faire, vous pouvez le faire !" Au niveau du jeu, ce n'était pas toujours ça. Pierre Pibarot a beaucoup fait évoluer les choses à Lyon, sous cet angle. Ah, le penalty de Dédé… Il avait quitté l'OL à la trêve. Sur onze ou douze penalties, dans la saison, j'avais dû en arrêter sept. Il s'élance, tape dans la terre, un nuage se forme, je touche la balle et elle file sous la barre… Vu la frappe terrible qu'il avait, ce n'était vraiment pas là qu'il voulait la mettre. »

Ce jour-là, Raymond Domenech, 19 ans, dispute sa première finale de Coupe de France. Mais il faut la lui raconter. Il a tout oublié, se souvient seulement qu'il aurait dû aller passer son bac deux jours plus tard, mais qu'il ne s'est pas présenté. « Je vivais le foot comme on le vit à 19 ans. En jouant chaque match, sans voir la suite, et en espérant juste qu'il y en ait un autre trois jours plus tard. » Le décorum de la Coupe, la présentation des équipes à Jacques Chaban-Delmas, le Premier ministre, ont glissé sur lui : « Je ne m'en souviens même pas. De toute façon, ces présentations, c'est juste un inconvénient, un truc par lequel il faut passer avant que l'arbitre siffle. J'ai le sentiment de n'avoir pas joué ce match. Je ne me souviens d'aucune action, c'est un grand vide, j'ai l'impression qu'il ne s'est rien passé. Je ne sais même pas si j'ai vu le penalty. Alors, oui, c'était une finale de Coupe de France, cela représentait quelque chose, mais moi je n'écrivais pas les pages d'histoire, je courais après les mecs sur le terrain... »

Fleury Di Nallo fait émerger une autre explication : « La finale avait lieu à la fin du mois de juin *(le dimanche 20)*, alors qu'on avait disputé la demi-finale au début du mois de mai. Et je pense qu'Aimé Mignot avait fait un mauvais calcul : jusqu'à la finale, il a fait tourner l'équipe, il nous a reposés. Mais à force de s'économiser, quand la finale est arrivée, on n'avait plus rien dans les jambes. Et on a été nuls. »

Les Lyonnais sauront se souvenir de tout cela deux ans plus tard. En attendant, alors que la FFF avait annoncé, avant la finale, que le finaliste disputerait la Coupe de l'UEFA, nouvellement créée à la suite de la Coupe des villes de Foire, elle change subitement d'avis pour offrir le ticket européen au quatrième de Division 1, en l'occurrence Nîmes. C'est beaucoup plus logique, mais les Lyonnais s'indignent avec la même logique que le règlement ait pu changer en cours de route.

7. 1971-1973
Les lutins et les découpeurs

Une défense de fous furieux.

Domenech le dur des durs.

Une attaque de feux follets.

Un Championnat ordinaire.

Une troisième victoire en Coupe, en 1973, avec une finale gagnée haut la main.

Et Chiesa qui dit non aux Bleus.

Certains jours de poésie intense, cela pouvait être un spectacle en soi. L'« attraction avant » qu'était l'OL, nourrie par le talent de Serge Chiesa, de Fleury Di Nallo et de Bernard Lacombe, devenait une « attraction arrière ». On connaissait le nom des coupables avant même qu'ils n'accomplissent leurs méfaits ! C'était presque toujours la même défense à quatre. De droite à gauche : Raymond Domenech, Jean Baeza, Louba Mihajlovic, Bernard Lhomme. S'il en manquait un, parce qu'il était suspendu ou parce qu'il s'était blessé en tapant trop fort, Robert Cacchioni entrait en piste et c'était parfois pire, sous la discrétion angélique de ses bacchantes italiennes.

Mihajlovic était arrivé en 1970, du Partizan Belgrade, club avec lequel il avait perdu la finale de la Coupe d'Europe des clubs champions en 1966, face au Real Madrid (1-2). De tous, Bernard Lhomme était le moins méchant. Tout le monde l'appelait « Pépé », mais ce n'était pas parce qu'il faisait plus que son âge ni que sa fine moustache semblait d'un autre siècle. C'était juste parce qu'il était gaucher et qu'il avait ainsi rappelé à Angel Rambert, quelques saisons plus tôt, le gaucher dont le Franco-Argentin avait fait son idole, le Brésilien Pepe.

Bernard Lacombe, quasi admiratif, avoue : « C'étaient des fous furieux, des vrais méchants. Pépé, encore, ça allait. Mais quand, au début d'un match, tu avais devant toi Domenech, Baeza, Mihajlovic et Cacchioni... » Pour illustration de son propos, Lacombe raconte le début d'un match, comme s'il s'agissait de tous les matches. « À l'engagement, que j'effectuais avec Fleury *(Di Nallo)*, on pouvait entendre Jeannot Baeza crier à Raymond Domenech, assez fort pour que l'ailier gauche entende : "Raymond, l'ailier, il ne doit pas abîmer la pelouse de ton côté..." En face, il y avait les meilleurs ailiers gauches de la génération, Christian Sarramagna, Charly Loubet ou Pierre Lechantre. Et, sur le premier ballon, Raymond "embouchonnait" l'ailier qui allait voler sur la piste d'athlétisme. L'ailier était déjà un peu moins vaillant et, quand il revenait, il entendait Jeannot Baeza dire à Raymond : "Oh ! Raymond, tu n'es pas en forme, ce soir ? Tu es obligé de taper deux fois ?" Raymond, il ne faisait pas ça discrètement. On lui disait : "Quand tu chopes un mec, même René l'aveugle te voit..." »

Mais René Orts, dit René l'aveugle, qui suivait les matches du banc en devinant tout, entendait parfaitement ce folklore et cette intimidation.

Lacombe, encore : « Une année, on rentre d'un match en Espoirs, trois ou quatre jours avant un derby. Dans l'avion, Raymond promet à "Sarra" : "Je te préviens, au derby, je vais te choper !" Le match venu, sur le premier ballon, Sarra avait tellement peur qu'il est parti en travers vers l'extérieur du terrain. Il a marché sur la lice en fer qui délimitait la piste d'athlétisme et il s'est donné une entorse d'une cheville. Raymond n'avait même pas eu le temps de le toucher... »

Les combats de Domenech et des ailiers gauches étaient tellement connus et attendus que le public de Gerland avait pris une habitude : celle de scander « Loubet ! Loubet ! » à chaque fois qu'un ailier gauche se roulait par terre, avec ou sans raison, qu'il s'agisse ou non de l'ailier international de Nice. « Un jour, avant la trêve, Nice vient jouer un dimanche après-midi, se souvient Lacombe. Jeannot Baeza était le parrain des enfants de Charly. Avant le match, il lui donne des cadeaux pour les enfants, l'embrasse, mais il lui lance aussi : "Fais gaffe ! aujourd'hui Raymond et Louba *(Mihajlovic)* veulent te fracasser." Je ne sais pas s'il l'a dit parce que c'était vrai ou si c'était juste pour lui faire peur. Mais Charly commence par marquer, fait un bras d'honneur et se fait siffler par tout le stade. À un moment, il déborde, centre en déséquilibre et bascule dans le mouvement. Voyant que Charly est tombé, Raymond ne s'arrête pas, continue et le piétine sur tout le corps… Ce jour-là, Charly a fini par quitter le terrain avant la mi-temps. »

Auprès des autres internationaux, ce genre de joyeuse affaire ne rendait pas le défenseur lyonnais très populaire à l'instant des retrouvailles en équipe de France. « Quand tu arrivais avec Raymond au rassemblement, tout le monde te regardait de travers, sourit Lacombe. Il faut dire qu'il y avait beaucoup de Stéphanois et de Niçois à l'époque. Mais, même en stage de l'équipe de France, cela pouvait être chaud avec Raymond. Un matin, à Saint-Malo, on avait fait une opposition entre les Espoirs et les A. Et Raymond avait plié trois ailiers gauches dans la matinée : Sarramagna, Lechantre et Loubet ! Ils l'insultaient tous, c'était chaud… »

Après avoir fait l'apologie non exhaustive de la généreuse nature de son arrière droit, Bernard Lacombe a ces mots terribles : « Raymond Domenech et Jeannot Baeza étaient durs, d'accord. Mais le plus méchant, c'était Louba Mihajlovic. Lui, il tapait avec ou sans le ballon. Du côté des attaquants, il avait un vrai palmarès. Il disait : " Je vais l'opérer." »

Mais la chirurgie n'était pas très précise, ou alors elle survenait plus tard. « C'était l'époque, aussi… poursuit Lacombe. À Angoulême, un dimanche, un défenseur était venu me dire au coup d'envoi, de sa grosse voix : "Avec tes jambes, petit, je vais faire de la sciure…" Mais devant, avec Fleury et Serge, on était protégés par ceux de derrière. Comme disait Jeannot Baeza : "S'ils touchent aux trois petits, on va leur faire comprendre." »

À l'époque de ses débuts, en 1971, du haut de ses 19 ans, le déjà provocateur Raymond Domenech affirme que le Championnat de France « est trop gentil » et Pierre Pibarot le défend d'une manière étonnante quand le sujet fait débat dans *Football Magazine* : « C'est un garçon qui vient d'un milieu assez modeste et pour qui le football est le plus sûr moyen de gagner sa vie. Quand il joue, il défend son bifteck et ne veut pas perdre. D'où, bien souvent, ses interventions rigoureuses. Seulement, il ne sait pas tacler. C'est une grave lacune dans son jeu, qui lui porte le plus grand préjudice. Car je suis persuadé qu'au fond de lui-même Raymond n'est pas méchant. » Trente-six ans plus tard, l'intéressé confirme : « Il avait raison, je n'ai jamais taclé. Je n'ai jamais su, donc je ne taclais pas. J'allais au corps à corps, c'est tout. »

Jean Baeza, né à Alger, pied-noir, ancien avant-centre, disait de son jeu et de ses influences : « Je suis allé à l'école des loups. » Ou encore : « Lorsque ça castagne, on ne peut pas rendre des fleurs. » Il accorde à cette époque une interview sidérante à *Football Magazine*. Robert Vergne, un grand ancien de *L'Équipe*, lui demande s'il se considère comme dur ou méchant. Il rétorque : « Je remplacerais dur par solide, et méchant par justicier. » Et il détaille sa manière de rendre la justice : « Avec Monaco, à Bastia, en Coupe de France, j'ai donné un coup de tête à Taverny, l'avant-centre de Bastia, et le terrain a été envahi. Il ne m'avait pas fait grand-chose mais il n'avait cessé d'insulter notre jeune gardien, Heinrich. À la fin, j'en ai eu assez. »

Puis Jeannot Baeza établit son échelle de la provocation et de la réponse : « Cela dépend des coups et de la nature des insultes. Il y a des coups qui semblent très graves sur le moment parce qu'on a très mal, mais ça passe assez vite. Par contre, lorsque j'ai cassé la jambe de Metzler *(un joueur de Nice; il a longtemps été dit et écrit que Domenech était le coupable)*, c'est lui qui m'avait frappé. Pour les insultes, ça dépend. Les Espagnols deviennent fous quand on leur dit "Putain de ta mère", moi cela me laisse indifférent. Mais si on me traite d'enc..., je vois rouge. Après, je regrette toujours. C'est dans ma nature. Je me demande juste si ceux qui m'ont blessé ont aussi une pensée envers moi... »

Avec cette défense, l'OL encaisse tout de même 45 buts en 1971-72, mais arrache une belle cinquième place et une qualification européenne grâce à une série de six victoires en huit matches au début des matches retour.

Bernard Lacombe a signé son premier contrat professionnel au 7, rue Groslée, chez le trésorier, Gérard Nicol. Stagiaire, il gagnait 1 500 francs par mois : « Lors de ma première saison complète, je venais de marquer 19 buts, Fleury 17. J'étais gêné d'avoir marqué plus de buts que mon maître. »

Anticipant l'explosion de Lacombe, l'OL a accepté de laisser partir à Bastia, pendant l'été 1971, son espoir François Félix. Formé à l'ASU Lyon par Jean Fournet-Fayard, révélé au Stade Auto Lyonnais à Saint-Priest, qui lui avait obtenu une place de magasinier chez Renault, « Fanfan » Félix avait débuté à l'OL à 19 ans, en 1968-69. De janvier à juin 1971, ses 13 buts en D1 auraient pu lui permettre de s'installer durablement dans l'attaque lyonnaise. Mais, avec Lacombe et Di Nallo dans les parages, le niveau d'exigence était très élevé. Il n'y avait pas de place pour tout le monde.

Cette saison-là s'achève par un spectaculaire match de D1 entre Lyon et Marseille (3-3). L'OM est déjà champion, l'OL va se qualifier pour la Coupe de l'UEFA. Josip Skoblar, 44 buts cette saison-là, à la lutte pour le Soulier d'Or de meilleur buteur européen avec le Stéphanois Salif Keita (42 buts), veut marquer à tout prix mais Lacombe rappelle : « Il avait compris qu'il ne fallait pas ! Jeannot Baeza le lui a fait comprendre… »

L'émergence de Raymond Domenech révèle un combattant et un pur Lyonnais, né à l'Hôtel-Dieu sur la presqu'île, et qui a grandi dans un huitième arrondissement qui se développait verticalement. La famille Domenech, d'origine catalane, avait quitté le quartier de la Croix-Luizet à Villeurbanne – où elle vivait dans un appartement avec un poêle au milieu de la pièce – pour un beau HLM. « C'était le paradis, nous racontait en 2006 celui qui est devenu sélectionneur de l'équipe de France. Il y avait le chauffage central, une salle de bain, plusieurs chambres. Et la pelouse dans la cour. Le bonheur pour tous. » Albert, son frère, futur professionnel de Lyon et de Martigues, son cadet de un an et quatre jours, était son partenaire dans la cour. « On faisait des matches tous les deux. À midi, ma mère nous appelait pour déjeuner. On répondait : "On est à 27-26, on ne peut pas arrêter…" »

La cour de l'immeuble commençait à polir ce profil rapidement reconnaissable, ce goût du combat et ce refus de la défaite. Il dit de son jeune talent de footballeur : « J'avais la foi, l'âme de combattant. Rien d'autre. Je courais vite, je n'avais peur de rien. À 10 ans, j'ai taclé mon entraîneur. La honte de ma vie ! Je me suis fait engueuler, j'avais failli lui casser la jambe. Je n'y étais pas allé pour ça, juste pour lui reprendre le ballon... C'était vital. Il me le fallait, ce ballon, il était à moi ! J'ai toujours raisonné comme ça, même avec les grands. »

Le football était partout dans sa vie. Il avait décidé de redoubler « exprès » sa troisième pour faire partie de l'équipe de foot du lycée Ampère. « J'avais 11 de moyenne, il fallait 12 pour entrer à Ampère. J'ai attendu un an de plus. Et on a atteint la phase finale du Championnat de France. » C'était avec Michel Maillard, voisin du quartier, futur buteur de l'OL et de Valenciennes, futur adjoint de Raymond à Lyon. C'était avant les absences scolaires pour cause de foot, avant qu'il ne devienne l'idole du lycée en terminale, l'année où il n'avait pas passé le bac à cause de la finale de Coupe 1971 contre Rennes (0-1). « J'arrivais en voiture. La star, quoi ! *(Sourires.)* Mais j'étais discret : pendant presque un an, j'ai piqué la voiture de mes parents alors que je n'avais pas le permis. »

À 19 ans, il quitta l'appartement familial, en achetant un à Vaise. Il était devenu joueur professionnel. « Je jouais en Juniors. La star, c'était Bernard Lacombe. J'ai commencé devant. C'est Jean-Pierre Cappon qui m'a mis derrière. Je n'étais pas orienté pour faire une carrière professionnelle. J'y ai accédé grâce à une réunion de fin de saison. L'OL cherchait un arrière droit et, dans la discussion, quelqu'un a suggéré d'essayer celui des Juniors, moi. C'est comme ça que cela s'est fait. Mais en Gambardella, je jouais en défense centrale. Je suis entré dans les matches amicaux et j'ai coupé tout ce qui passait. J'ai toujours gardé le même état d'esprit : je voulais gagner, je voulais ce ballon. L'adversaire n'a pas le droit de me prendre ce ballon qui m'appartient. J'ai toujours eu du mal à accepter qu'on vienne jouer dans ma cour ! »

La naissance d'un footballeur professionnel s'accompagnait de la naissance d'une moustache. « Je ne sais plus quand elle est arrivée. À 18 ans, je ne l'avais pas encore. C'est venu un peu après. C'était la mode, avec les cheveux longs. À Lyon, je n'étais pas le seul, il y avait "Balda" *(Baldassara)*, Cacchioni, mon frère. »

Ainsi naquit le mythe, et la réalité aussi, d'un découpeur moustachu. « Si je "coupais" quelqu'un, c'est seulement parce que je me disais : “Lui, il n’a pas le droit de me passer.” C’était par instinct, pas par préméditation. Plus tard, j’ai pris conscience que je pouvais faire peur et, oui, je m’en suis servi. Mais je n’ai jamais réfléchi en fonçant sur un adversaire : c’est juste que j’allais tout droit et que je ne m’arrêtais pas. Je ne mettais pas beaucoup de coups, mais je faisais des fautes spectaculaires. Sinon, je jouais beaucoup avec les mains ; j’ai pu griffer, sans doute. J’ai vite compris que, dans un maillot, il y avait des endroits stratégiques. Je n’ai pas eu besoin qu’on m’apprenne. »

Les autres, tous les autres, ont conservé le souvenir de ses provocations. Il dit les avoir oubliées. En cherchant, un peu, il se souvient d’une soirée à Bastia : « Je m’échauffais sur le terrain. J’étais sifflé et j’ai fait des allers et retours, d’une tribune à l’autre, avec le ballon. Quand j’arrivais à dix mètres du bord de la touche, je frappais de toutes mes forces vers le panneau publicitaire. Un bonheur ! Ça faisait partie du jeu. Je crois que les gens jouaient aussi. Je ne suis pas sûr que ce soit pareil maintenant. Aujourd’hui, je ferais attention. » Sélectionneur, il distillera une autorité sans moustache mais avec des lunettes qui rappelleront que l’enfant du huitième arrondissement a toujours vu très loin.

En ce début des années 1970, il était loin du poste de sélectionneur mais très proche de tous les mauvais coups, qui semblent alors l’attirer comme un aimant. Trente-cinq ans plus tard, ses anciens coéquipiers se sont fait un plaisir de le rappeler.

Il y a, par exemple, les grenouilles de Bajka Palanka. C’est une ville en Yougoslavie, à cent kilomètres de Belgrade. En arrivant, les Lyonnais découvrent des rues et des trottoirs envahis par des centaines ou des milliers de grenouilles. Bernard Lacombe raconte : « Il y en avait partout mais, pendant que tout le monde essayait de les éviter, Raymond Domenech et deux ou trois autres commençaient à remplir les petits sacs Adidas ! Ils sont rentrés à l’hôtel et en ont mis dans les lits, cela sautait de partout ! Jeannot Baeza était comme un fou. Il est redescendu et il a lancé : “C’est toi, hein ? Espèce de con de Raymond !” Il est remonté dans sa chambre, est allé dans la salle de bain se raser et, quand il a ouvert sa trousse de toilette, d’autres grenouilles lui ont sauté au visage ! *(Rires.)* Pendant ce temps-là, dans les couloirs de l’hôtel, Pierre Pibarot essayait de taper les grenouilles avec ses chaussures… Ah ! si un joueur faisait aujourd'hui le dixième de ce que Raymond a fait… »

Il n'y avait pas que les grenouilles. Il y avait, aussi, le chien d'Aimé Mignot. « C'était un basset, se souvient Bernard Lacombe. Un jour, quelqu'un avait laissé exprès la porte ouverte et Aimé avait mis deux jours à le retrouver ! Quinze jours après, alors qu'Aimé avait attaché son chien aux pieds de son bureau, Raymond est arrivé avec trois bandes d'élasto pour que le chien soit Adidas ! Pendant qu'il cherchait à enlever l'élasto, Aimé gueulait : "Ah ! les cons !" *(Rires)* »

L'entraîneur lyonnais venait au stade en 2 CV. Un soir de match de Coupe d'Europe contre les Luxembourgeois de Differdange, des autocollants traînent dans le vestiaire. Les joueurs, dont Domenech toujours, en prennent de pleines poignées et, en passant, l'un d'entre eux en colle un sur le pare-brise de la Citroën d'Aimé Mignot. Puis deux, puis trois, jusqu'à ce que le pare-brise soit complètement bouché. « Mais il gelait cette nuit-là, rit encore Lacombe. Quand Aimé a voulu reprendre sa voiture, il a actionné les essuie-glaces et il s'est rendu compte qu'il n'y voyait rien quand même ! Impossible d'enlever les autocollants à cause du froid. Il a fallu qu'il rentre chez lui en passant la tête par la fenêtre ! »

Au début de la saison 1972-73, Pierre Pibarot laisse Aimé Mignot seul aux commandes : en septembre, il quitte le club lyonnais et rejoint l'INF Vichy, le laboratoire qui va participer au grand décollage du football français. Jean-Pierre Cappon le remplace ; Pierre Pibarot disparaîtra en 1981. Le nom de ce pionnier pédagogue et visionnaire revient encore fréquemment dans les journaux : quand un entraîneur ou un ancien joueur ressuscite ses souvenirs de l'INF Vichy, l'ancêtre de l'INF Clairefontaine ; ou lorsque la gazette décrit un entraînement de l'équipe de France à Clairefontaine, car les deux terrains que les Bleus utilisent alternativement portent les noms de Michel-Platini, en bas du château, exclusivement réservé à l'équipe de France, et celui de stade Pierre-Pibarot, en haut, avec l'éclairage et une tribune. Raymond Domenech lui rend hommage : « À Lyon, il a compté. Déjà, il a amené l'idée que la zone pouvait exister : quand on était défenseur, on courait après les mecs et il y avait un libero derrière. Surtout, il nous faisait faire beaucoup de travail individuel. Pendant les vacances ou après la séance d'entraînement, il nous prenait pendant une demi-heure. Il m'est arrivé de le maudire, il n'arrêtait jamais. Mais pour lui c'était facile, il savait que j'avais envie. Et, de sa position de directeur sportif, il savait faire passer ses messages. Il arrivait à calmer, à tempérer. »

Troisième après quatorze journées en 1972-73, l'OL se désintéresse doucement du Championnat pour revenir à ses amours élues. La Coupe de France continue de transporter les joueurs lyonnais à des hauteurs qu'ils ne parviennent pas à atteindre en D1. Mais la Coupe n'est pas la seule responsable de la plongée lyonnaise dans le ventre mou du Championnat : il y a, aussi, l'affaire du congrès de Versailles, soulevée par les premiers rebelles du football français.

Un matin de novembre 1972, l'OL fait constater par huissier l'absence de neuf joueurs à l'entraînement : Yves Chauveau, Georges Prost, Fleury Di Nallo, Jean Baeza, Serge Chiesa, Daniel Ravier, Bernard Lhomme, Bernard Lacombe et Raymond Domenech, le délégué des joueurs. Ils sont partis au congrès de l'UNFP, le syndicat des joueurs, à Versailles.

Au cœur du conflit : les modalités de l'application du contrat à temps, à durée librement déterminée, qui existe depuis 1969. Mais, alors que le premier contrat devait être de trois ans, certains dirigeants contournent et détournent l'esprit du nouveau texte en faisant signer aux jeunes joueurs des contrats beaucoup plus longs, comme à Saint-Étienne. D'autres, comme à Nice, essaient d'instaurer une indemnité de transfert pour les joueurs en fin de contrat. Roger Lœuillet, le président du Gym, appelle ça « une indemnité compensatrice pour la formation et le perfectionnement professionnels ». C'est une notion qui sera reconnue trente-cinq plus tard mais, à l'époque, il s'agit d'abord d'esquisser des rapports modernes entre les clubs et les joueurs. Et il y a du travail.

Les 27 et 28 novembre 1972, la plupart des professionnels sont présents au congrès de Versailles, à l'exception des Marseillais, absents de marque. Les rebelles, les vrais, sont les Lyonnais. Leurs dirigeants les menacent de ne pas les aligner le dimanche suivant à Bastia, en Championnat, prenant prétexte des fatigues du déplacement à Versailles et du manque d'entraînement qui va en résulter.

Neuf Lyonnais décident donc de rejoindre quand même Versailles et de s'exposer aux sanctions. Raymond Domenech est leur délégué syndical, à 19 ans. Le futur sélectionneur explique : « C'était un peu la tradition. Le syndicat n'avait pas le poids qu'il a aujourd'hui et c'était souvent le plus jeune qui était délégué. Mais j'aimais ça, j'aimais le syndicalisme. Comme souvent dans les révolutions, l'affaire est partie de pas grand-chose : on voulait aller au congrès et nos dirigeants voulaient nous l'interdire. Sauf à moi, parce que j'étais délégué. Ce jour-là, j'avais passé la soirée et la matinée au téléphone, avec Philippe Piat, Jean-Jacques Amorfini, Guy Lassalette, les gens de l'UNFP *(le syndicat des joueurs)*. En décidant d'aller à Versailles, on savait qu'on se mettait hors la loi. Tout s'est fait au dernier moment, le matin à Gerland. Fleury *(Di Nallo)* avait passé plein de coups de fil lui aussi et, finalement, on a décidé de partir en voiture à Versailles, sans savoir ce qui allait se passer. »

Tout le monde cherche alors à calmer les dirigeants lyonnais, du Groupement, l'ancêtre de la Ligue nationale, à l'UNFP. Mais ceux-ci s'arc-boutent à ce point à leur position qu'ils déclenchent une grande première : le congrès de Versailles décrète la grève générale pour la journée du 3 décembre si un seul joueur lyonnais est puni. Or, l'OL maintient sa position.

Le dimanche 3 décembre, seuls cinq matches ont lieu, dont uniquement deux dans des conditions normales : Nantes-Nîmes (2-1) et Rennes-Nice (1-0). Les grévistes auront quelques mots durs pour les nantis nantais et les honnis niçois, qui figuraient parmi les gros salaires du pays. Les trois autres matches ne ressemblent à rien. Marseille, au complet, reçoit Strasbourg qui aligne cinq joueurs de D3 et six de Promotion d'Honneur; Bastia accueille Lyon sans ses suspendus. Aimé Mignot n'a pas fait le déplacement et, pour l'essentiel, l'équipe est composée des jeunes du club et de ses joueurs étrangers, qui étaient tout aussi étrangers à cette grève. Comme le Bordeaux-Lyon de 1964, le match sera rayé des statistiques puis rejoué; ce jour-là, l'OL aligne l'étonnante équipe suivante : Chemier – Gras, Cacchioni, Mihajlovic, Garradier – Saccinto, Trivic, Thiry, Thomas – Berger, Maillard. Ce sera le seul match de Gras et de Saccinto en Première Division. Au même moment, au Parc des Princes, l'équipe de Promotion d'Honneur du Paris FC reçoit Metz au complet. Les Messins gagnent 11-0 sous les sifflets du Parc, avec 4 buts de Nestor Combin, «Nestor la foudre» devenu «Nestor le jaune».

La morale de l'histoire ? Raymond Domenech rassemble ses souvenirs : «Ce mouvement a imposé définitivement le contrat à temps. Mais je me souviens aussi, alors qu'on parle souvent aujourd'hui du droit de grève et du paiement des jours de grève, que le débat avait eu lieu à l'OL. En fait, plusieurs joueurs étaient allés voir M. Nicol pour obtenir d'être payés des jours de grève. J'étais jeune, mais je n'étais pas d'accord et je m'étais désolidarisé, je pensais qu'on devait assumer notre grève. Certains joueurs m'ont fait la gueule pour ça. Mais le pire – et je ne l'ai appris que beaucoup plus tard –, c'est qu'en tant que délégué, j'ai été payé de mes jours de grève, moi !»

En Championnat, le trio Lacombe (23 buts), Di Nallo (17) et Chiesa (7) inscrit 47 des 62 buts lyonnais. Leur moyenne de taille est impressionnante : 1,65 m pour Di Nallo ; 1,62 m pour Chiesa ; 1,71 m pour Lacombe. Di Nallo vient de boucler sa neuvième saison lyonnaise à plus de 13 buts ; il faut y ajouter deux saisons à 10 buts, plus celle qui l'a laissé hors jeu en raison de sa fracture d'une jambe. Enfin, sur les deux dernières saisons, Lacombe est le meilleur buteur de la D1 avec 42 buts, devant le Nîmois Jacky Vergnes (41). Mais les penseurs du football, à l'époque, jugent le trio complètement anachronique. L'Ajax Amsterdam est en train d'étaler son concept de football total, une révolution collective et paradoxale puisque c'est le talent d'un seul homme, Johan Cruyff, qui lui donne véritablement un sens. À tenter en vain de rattraper ce train, la France va prendre un peu plus de retard et moquer, pour un temps, les petits gabarits ou les joueurs plus techniques que physiques, qui ramèneront les Bleus vers les sommets : au hasard, Jean Tigana, Alain Giresse et, bien sûr, Michel Platini.

Mais, en ce début des années 1970, ce n'est pas dans le sens de l'histoire, ce dont convient Raymond Domenech : «C'était un autre football. C'est sûr que, quand je suis ensuite allé à Strasbourg, j'ai trouvé quelque chose de très différent. À l'OL, ces trois-là créaient un jeu plein de technique et de vitesse, un peu comme les Argentins aujourd'hui avec Saviola et Messi. Ils combinaient à une touche, ils allaient à deux cents à l'heure et, quand ça se passait bien, les autres n'avaient aucune chance de les attraper. Mais, bien sûr, sur une saison entière, c'était un jeu plus difficile à maintenir. » Est-ce une raison de l'incompréhension durable entre Serge Chiesa et l'équipe de France ? International précoce (les deux premières de ses douze sélections à 19 ans, en avril et mai 1970), l'ancien Montferrandais n'avait pas, aux yeux de Pierre Pibarot, débarqué chez les Bleus au bon moment : « À son arrivée à Lyon, à 17 ans, Serge a traîné comme un boulet ses deux sélections en équipe de France, qui le traumatisaient littéralement, ainsi que sa méconnaissance du milieu et du climat du football professionnel. »

Même s'il brille parfois sous le maillot bleu, Serge Chiesa ne goûte ni les critiques parisiennes ni l'éloignement de sa famille. Passer une semaine en stage n'est pas exactement son rêve de vie. En cette saison 1972-73 survient un premier moment de tension, avant un stage de l'équipe de France à Saint-Malo. Blessé dans le match de Championnat qui précède, Serge Chiesa prévient l'OL qu'il n'ira pas en équipe de France et part en Auvergne en week-end prolongé, sans prévenir lui-même le sélectionneur, Georges Boulogne. Or, l'OL n'a pas relayé l'information et tout le monde l'attend à Saint-Malo…

Pour Lyon, c'est une saison placée sous le sceau des grands matches face à l'OM. En Championnat, Gerland s'enflamme lors d'un sacré match nul (4-4), buts de Di Nallo (15e, 34e), de Prost (44e) et de Lacombe qui égalise (52e) alors que l'OM mène 4-3.

En Coupe, l'affaire est plus brûlante encore. Le 18 avril 1973, à Lyon, l'atmosphère est carrément électrique. Battu 0-1 en quarts de finale aller, au Stade-Vélodrome, l'OL a déjà mis dans tous ses états l'entraîneur marseillais, Mario Zatelli, qui se plaint des moyens employés par les défenseurs lyonnais. Et, avant le retour, Jean Baeza lance au sujet de Skoblar : « Comme spectateur, je l'admire. Comme adversaire, je me montrerai impitoyable. »

C'est pourtant avec Raymond Domenech que Josip Skoblar va sortir de ses gonds à Gerland. À la suite d'un tacle sévère du Lyonnais, alors que L'OL peine encore (43e), le Yougoslave de l'OM se relève, le met K.-O. d'une droite et regagne le vestiaire avant même que M. Peauger, l'arbitre, n'ait le temps de sortir son carton rouge. Dès qu'il s'aperçoit, à terre, que son arcade est ensanglantée, Raymond Domenech écarte les bras en croix. « Mon premier rôle, sourit-il. Et dans celui de la victime ! » Les contre-emplois sont souvent les mieux récompensés : « En revenant sur le terrain en seconde mi-temps, je me souviens avoir dit à Jeannot Baeza que, maintenant que Skoblar n'était plus là, on était sûrs de se qualifier. »

À onze contre dix, Lyon se qualifie effectivement sans problème (4-0). Mario Zatelli déplore : « Skoblar et Keita n'avaient pas le droit de toucher le ballon ! Si Lyon va à Nîmes au tour prochain, j'irai au stade Jean-Bouin comme on va à une corrida. Parce que si Baeza et Domenech sortent là aussi la matraque… » En écho, Raymond Domenech, qui a disputé la seconde période avec un pansement sur son arcade ouverte, lui avait rétorqué : « Il faut bien les arrêter avec les moyens qu'on possède. S'ils ne veulent pas être traités comme ça, ils n'ont qu'à faire autre chose. »

Ce sera plus facile en demi-finales, face à Avignon (0-1, 4-1), mais le match retour est marqué par une injustice qui fait s'effondrer en larmes la terreur des pelouses de Division 1 : Jean Baeza est expulsé par M. Mâchin ; par erreur. À 31 ans, au bout de sa quatorzième saison de professionnalisme, il sort du terrain en pleurant : il ne disputera jamais de finale de Coupe de France. Entre la demie et la finale, l'OL tente tout pour éviter à son défenseur la suspension automatique. Mais la commission de discipline ne risque pas de modifier son règlement pour l'un de ses plus célèbres clients.

L'erreur légendaire est légèrement amendée par une vision au ralenti de l'action incriminée : Baeza et l'Avignonnais Galateau sont à la course, s'accrochent en haut du corps et, quand il perd l'équilibre, le Lyonnais tient Galateau par le cou afin de l'emmener avec lui. Cela ne valait pas le rouge, c'est une évidence, mais Galateau, en se plaignant de Baeza sitôt relevé, n'a pas arrangé les affaires du Lyonnais aux yeux de M. Mâchin. Jean Baeza, ce terrible combattant au casier considérable, expulsé à cause de cette bricole, c'est un peu Al Capone tombant pour fraude fiscale…

L'OL est une nouvelle fois au rendez-vous de la Coupe, mais Yves Chauveau tord un peu le cou à l'idée d'une spécialisation vue exclusivement comme une qualité : « C'est surtout que la Coupe de France, pour nous, était le seul moyen de nous refaire une santé. On était tellement moyens, certaines saisons, qu'il ne nous restait que ça. » Raymond Domenech a une autre thèse : « Quand je suis arrivé chez les pros, Fleury *(Di Nallo)* m'avait tout de suite prévenu : en Championnat, il faut gagner contre Saint-Étienne, il faut faire un bon match à Paris devant les journalistes et, après, c'est tout pour la Coupe… »

Fleury Di Nallo, d'ailleurs, dispute en 1973 sa cinquième finale en dix ans. « Je sais, c'est énorme, sourit-il. On me disait : "Fleury, tu ne penses qu'à la Coupe…" Mais pour gagner le Championnat il fallait avoir une équipe plus complète, alors qu'en Coupe de France on était capables de renverser n'importe qui. Sur le sujet, c'est vrai, il est possible que j'aie eu une certaine influence… »

Sur les voitures de la région fleurissent des autocollants, à la mode de l'époque, lançant : « Allez l'OL, encore une ! » Mais pas seulement sur les autocollants. La veille de la finale, s'embarquant vers Paris depuis l'aéroport de Bron, les Lyonnais sont avantageusement moulés dans un tee-shirt près du corps, très années 1970, proclamant le même slogan comme une rengaine.

Nantes, champion de France, est favori de cette finale. Mais Lyon est un spécialiste alors que les Canaris n'ont jamais remporté l'épreuve. Toute la semaine, les Lyonnais s'agacent des commentaires qui opposent le beau jeu à la nantaise à leur statut déconsidéré de simple équipe de Coupe. C'est encore le souvenir qu'en a Raymond Domenech quand on évoque ce match : « Ah ! la finale contre les maîtres à penser du football français ? Ce n'était pas un match exceptionnel. Mais nous, on était là pour gagner. »

Georges Prost avance : « C'est comme au tarot, il faut parfois perdre un peu d'argent au début pour gagner après. Nous, on avait perdu la finale 1971. C'est ce qui nous a permis de gagner la finale 1973. Celle-là, on ne voulait pas la perdre. Avant de se changer, on était tous ensemble, sur la pelouse du Parc, quand les Nantais sont entrés à leur tour. Bernard Gardon marchait en sifflant, la casquette sur la tête, et un de nous a lancé : "Tu vas voir comme elle va voler, ta casquette…" On était tous remontés. On s'est même échauffés dans le couloir du Parc, sans sortir. On ne pouvait pas être battus. On est entrés sur le terrain comme des sauvages. On connaissait tous les Nantais. J'étais allé à l'armée avec Henri Michel et Michel Pech mais, dans le couloir, en entrant sur le terrain, on ne les a pas regardés, on ne leur a pas dit bonjour ! »

Lyon avait déjà disputé la dernière finale de l'histoire à Colombes, en 1971, face à Rennes (0-1). Cette fois, il s'agit de la dernière finale en diurne, un dimanche après-midi au Parc. À partir de 1974, les finales de Coupe de France se disputeront le samedi soir, une évolution que l'Olympique Lyonnais, à l'approche de 2008, n'a toujours pas eu l'heur de constater…

L'OL de 1973 est mûr, lui, pour ce genre de rendez-vous. La finale n'est pas belle mais Lyon transforme un penalty par Dobrivoje Trivic (29e) et Lacombe répond au but marqué du poing par Didier Couécou en… l'imitant : il s'emmène le ballon de la main et les Gones tiennent leur troisième victoire (2-1) en dix ans, une période marquée par cinq finales.

C'est la seule finale jouée ensemble par le trio formé de Fleury Di Nallo, de Serge Chiesa et de Bernard Lacombe. Ce dernier, au coup de sifflet final, avouera immédiatement son forfait : « Oui, j'ai touché le ballon de la main gauche avant de marquer le premier but. J'ai cru que l'arbitre allait siffler, mais rien. Alors je me suis débrouillé pour aller battre Bertrand-Demanes. »

La fête, au retour à Lyon, est immense. La ville froide sort dans les rues au soleil de juin ; alors que rien n'est organisé ni annoncé, le bouche à oreille envoie 10 000 supporters à la gare de Perrache pour accueillir le « Mistral » en provenance de Paris et dissémine 100 000 heureux dans les rues de la ville. Alors que la réception officielle aura lieu… le lendemain.

Bernard Lacombe : « La fête a duré huit jours. C'était le dernier match de la saison. » Il sort d'un tiroir une vieille photo : la coupe de France s'était déplacée quelques jours plus tard en Bresse, à Montracol, au mariage de Georges Prost. Le trophée s'était arrêtée au bar *L'Escale*, tenu par la mère du joueur bressan, en bas de la rue de la République, et avait fait une halte dans la plupart des bars de la rue Charles-Robin.

Georges Prost, d'ailleurs, a failli disputer une deuxième finale de rang un an plus tard avec Monaco, face à Saint-Étienne (1-2). Déçu de n'être pas titulaire – après avoir joué tous les matches précédents –, il avait refusé d'entrer en cours de jeu au moment où Ruben Bravo le lui proposait : « Refuser de jouer une finale, il faut être con !… » Mais il s'était heurté à l'Argentin, qui avait par ailleurs un étonnant tic de langage. « Il nous disait toujours : "Anémiquement, je vous sens bien !" Au bout de quelques mois, on a fini par lui expliquer que ça ne voulait rien dire… »

Bernard Lacombe pense souvent à cette finale de la Coupe 1973. « Aujourd'hui encore, à chaque fois que je prends le TGV pour aller au tirage au sort de la Coupe de France à Paris, je revois toujours l'image de notre arrivée sur le quai numéro 2 en 1973 avec le Mistral, parce qu'on ne pouvait pas descendre sur le quai numéro 1 qui était envahi. Comme disait “la Fleur” *(Di Nallo)*, on avait 5 000 spectateurs au stade et, là, ils étaient 50 000 ! »

Au Parc, Fleury Di Nallo était monté la seconde fois de sa carrière recevoir la coupe de France, du haut de ses galons de capitaine. Le Petit Prince de Gerland n'a alors plus qu'une saison pleine à jouer avec l'OL.

Mais il lui reste encore à vivre d'innombrables aventures, comme son grand retour à l'OL dans un costume de directeur sportif ou comme d'autres un peu plus sombres : une condamnation à cause d'une histoire de cartes bleues ; une grève de la faim ; puis le retour à la vie et au football à Montpellier avec la main tendue de Louis Nicollin ; et une manière de signe du destin, qui rappelait que les fées ne l'avaient jamais tout à fait oublié, quand il gagne 100 000 francs à l'émission de télé *Sacrée soirée* un jour où s'était affiché sur son écran de télévision la date de son anniversaire : le 20 avril 1943.

8. 1973-1976 Jacquet apprend le métier

La révérence de Di Nallo.

La roulette de Mariot.

Chiesa sur un petit nuage.

Un jeune entraîneur nommé Jacquet.

Deux podiums en D1.

Une autre finale de Coupe, perdue en 1976.

Il est l'heure de cueillir les fruits de la stabilité. Les milieux Georges Prost et Dobrivoje Trivic sont partis pendant l'été 1973, mais la défense et l'attaque restent, au grand complet. Les deux principales recrues sont l'Uruguayen Ildo Maneiro, qui a disputé la Coupe du monde 1970 au Mexique, ainsi que le blond gaucher Yves Mariot. Ce dernier avait emprunté à l'Argentin du Red Star José Farias une célèbre roulette qu'il exportera dans toute l'Europe au fil de l'épopée de Bastia en Coupe de l'UEFA 1977-78. Gerland pouvait ainsi varier ses refrains. Lorsqu'un joueur adverse avait tendance à se rouler par terre, c'était toujours « Loubet ! Loubet ! », en référence à une soirée difficile de l'ailier gauche niçois. Et lorsqu'un moment de silence accompagnait une chute de tension du match, il y aurait toujours un spectateur pour lancer : « Mariot, la roulette ! » Mais la roulette était pour le gaucher une distraction ponctuelle. Quitte à jouer, Yves Mariot préférait les chevaux. Pour être plus près d'eux et de l'hippodrome de Cagnes-sur-Mer, il s'installa dans le Sud de la France à la fin de sa carrière, un Sud où il s'est éteint trop tôt, en janvier 2000.

Le troisième nouveau de l'été 1973 n'est pas venu de très loin. Remis difficilement d'une sérieuse blessure, Aimé Jacquet, Stéphanois de toujours, vient chercher un peu de temps de jeu et de plaisir chez le voisin lyonnais. Sa quête est-elle satisfaite ? Au fil de quinze matches et 2 buts en 1973-74, sept matches seulement la saison suivante, le futur sélectionneur champion du monde a surtout l'occasion de se glisser progressivement dans la peau d'un entraîneur, accompagnant les jeunes de la D3 comme un grand frère.

En cette saison 1973-74, sur l'élan de la victoire en Coupe de France, c'est le moment pour l'Olympique Lyonnais de s'avancer vers la meilleure saison de l'histoire du club en Championnat de France. Malgré trois défaites, toutes à l'extérieur, au cours des cinq dernières journées, l'OL finit enfin par monter sur le podium de la D1, arrachant une troisième place qui le qualifie pour la Coupe de l'UEFA. C'est à Gerland que les Lyonnais ont construit leur saison, concédant une seule défaite, lors de la douzième journée face à Monaco (0-1). Serge Chiesa est éblouissant. Lui, le passeur, termine meilleur buteur de son équipe (15 buts).

Seule une défaite dans le derby (0-2), lors de la trente-quatrième journée, écarte les Lyonnais de la course au titre, mais leur troisième place est une promesse. Du moins semble-t-elle une promesse à l'époque, puisque le recul et la suite de l'histoire ont démontré qu'il s'agissait d'un sommet, voire d'une limite avant longtemps.

Pourtant, l'OL a encore de l'élan la saison suivante, conservant cette très belle troisième place au prix de cinq victoires lors des six dernières journées. Dans le cours de cette série, les Lyonnais ont remporté le derby face à Saint-Étienne (1-0), grâce à un but signé Yves Mariot. Les jeunes Patrick Baldassara, Michel Maillard et Bernard Ferrigno avaient disputé cette rencontre et donné l'impression, ou l'illusion, que l'OL avait su se maintenir en renouvelant en profondeur son effectif. Car la saison 1974-75 restera celle des grands départs.

À l'intersaison, déjà, Daniel Ravier et Jean Baeza avaient quitté le club. Puis, surtout, Fleury Di Nallo s'en était allé, après 489 matches et 220 buts, toutes compétitions confondues, sous le maillot lyonnais.

Curieusement, le match qui précipite son départ est un exploit dont les vieux habitués de Gerland reparlent encore. Le vendredi 13 septembre 1974, mené 0-4 par le Paris-SG après soixante-cinq minutes de jeu, hué par les 9000 spectateurs de Gerland, l'OL arrache le nul (4-4) en marquant quatre buts en neuf minutes, grâce à Bernard Lacombe (2), Yves Mariot et Raymond Domenech. C'est le 488e match de Fleury Di Nallo avec l'OL. Il n'a pas été bon, il le sait, tout le monde l'a vu. Mais cela n'explique pas complètement ce qui suit. Dans la foulée, Aimé Mignot l'écarte. Le petit prince de Gerland reviendra seulement dans l'équipe deux mois plus tard, le 20 novembre, à Strasbourg (0-2), alors que Serge Chiesa purge le premier de ses deux matches de suspension pour avoir tourné le dos à l'équipe de France. Trois jours plus tard, Fleury Di Nallo refuse de jouer face à Sochaux (1-0). Une semaine après, il signe un contrat de deux ans au Red Star et s'en va rejoindre Nestor Combin de l'autre côté de la colline.

Le temps fait dire à Fleury Di Nallo, aujourd'hui : « J'ai fait une erreur. Mais comme toujours, à un moment où ça n'allait pas, j'ai voulu aller prouver ailleurs ce que j'étais capable de faire. Je n'avais pas été bon dans ce fameux match contre le PSG et, un peu après, Roger Nicol, notre trésorier, m'avait dit : "Le Red Star te veut. Si tu veux y aller, tu y vas !" Nestor était là-bas et je suis parti. C'était une erreur. J'aurais pu rester et continuer de jouer à l'OL. Cette saison-là, en changeant de club, j'avais quand même marqué 15 buts, à 32 ans. »

Fleury Di Nallo a quitté l'OL au cœur de sa quinzième saison professionnelle sous le maillot lyonnais. C'est un autre record qui n'est pas près d'être battu.

L'air du temps est-il aux portes qui claquent ? Le 13 novembre 1974, Serge Chiesa refuse définitivement de jouer en équipe de France. La saison précédente, il a disputé sept matches d'affilée avec les Bleus. Puis Stefan Kovacs a négligé de l'appeler pour le premier match de la saison, avant de le convoquer dans la foulée de la semaine lyonnaise la plus douloureuse depuis longtemps puisque l'OL a baissé pavillon, en huit jours, face à Saint-Étienne (0-1), au Red Star (0-4) et à Mönchengladbach (2-5). Le moment semble vraiment mal choisi pour rappeler le lutin lyonnais à ses agacements anciens. Pourquoi est-il convoqué au moment où l'OL et lui-même sont au plus mal ?

Il va être celui qui dit non. Il contacte en premier lieu Fernand Sastre, le président de la Fédération française, puis le sélectionneur, et déclare : « Je prends mes responsabilités. » Il est puni de deux matches de suspension et d'une amende. Stefan Kovacs, l'ancien entraîneur roumain de l'Ajax Amsterdam, champion d'Europe en 1971, grand personnage mais sélectionneur à géométrie variable, n'a pas fait grand-chose pour convaincre le petit Lyonnais qu'il l'attendait les bras ouverts en déclarant, au sujet du style des petits gabarits de l'attaque de l'OL : « Le jeu court est dépassé. »

Il est vrai qu'il changeait souvent d'avis et qu'il parlait beaucoup, « Tonton » Stefan, l'inventeur de la « sériosité », l'homme qui, avant même de devenir sélectionneur de l'équipe de France, avait une photo de famille dans le bureau de Fernand Sastre à la FFF. En effet, son frère ayant disputé la Coupe du monde 1930 en Uruguay avec la Roumanie, il s'était embarqué sur le *Conte-Verde* avec l'équipe de France, et les équipes avaient immortalisé l'instant par une photo qui était encadrée sur le mur, derrière le fauteuil du président de la FFF.

Un soir de grâce de janvier 1975, Serge Chiesa, avec le concours de Bernard Lacombe, auteur ce jour-là d'un quadruplé, rappellera à la France du football – et accessoirement au Roumain de la France du foot – tout ce que des petits gabarits sont capables de réaliser en faisant exploser la meilleure défense de L1 : 8-1 contre Bastia.

Puisque l'OL n'a pas trop ressenti les départs de Fleury Di Nallo, de Jean Baeza ni de Daniel Ravier, le club lyonnais imagine pouvoir amortir celui d'Yves Chauveau, qui boucle sa neuvième saison en juin 1975, au moment où il rejoint Monaco. Les dirigeants lyonnais ne peuvent pas encore savoir à quel point c'est une mauvaise idée. Pourtant, les quinze dernières années, équitablement partagées entre Marcel Aubour et Yves Chauveau, auraient dû leur apprendre qu'on ne peut rien gagner sans un bon gardien. Une page se tourne. Yves Chauveau se souvient : « J'étais en fin de contrat et je sentais que personne ne me retenait, que le club comptait sur Jean-Claude Chemier et Gilles De Rocco. J'avais l'occasion de signer un bon contrat à Monaco. »

L'idée forte d'Aimé Mignot et des dirigeants lyonnais, c'est effectivement de faire la place à leurs deux jeunes gardiens. En début de saison, ils peuvent se féliciter de leur choix. Serge Chiesa est dans la forme de sa vie, il inscrit un triplé à Nantes (3-2) le 27 août et atteint un total impressisonnant de 10 buts après sept journées. Il est vrai qu'il lui faut tout faire en raison de la blessure de Bernard Lacombe, même si Michel Maillard, avec 5 buts en sept journées, a grandement contribué au départ canon des Lyonnais.

L'OL sera deuxième jusqu'au soir de la douzième journée. Puis son jeu va se déliter. Ce Championnat n'est qu'une longue descente aux enfers. Les Lyonnais sentent le souffle des flammes de la D2, avant de se sauver grâce à une ultime victoire sur Troyes (2-0), buts de Lacombe et de Maneiro. Après les matches allers, Jean-Claude Chemier a perdu sa place de gardien titulaire au profit de Gilles De Rocco, même s'il jouera encore quatre matches de D1 d'ici à la fin de saison, au gré d'une alternance qui ne rend service à personne.

Au passage de cette saison étrange, l'OL joue son dernier match de Coupe d'Europe avant l'ère Aulas, sur le terrain du FC Bruges (4-3, 0-3), en octobre 1975. Pour le suivant, il lui faudra attendre seize ans. En Belgique, Raymond Domenech est capitaine et, s'il reviendra en tant qu'entraîneur pour le match européen suivant de l'OL, contre Öster Växjö (1-0), en septembre 1991, il rentre à la douche avant les autres à Bruges, expulsé par dépit plus que par habitude. Il nous racontera : « J'avais d'abord pris un carton jaune attribué par un bon arbitre à domicile, pour une faute que Lambert avait en fait commise sur moi et qui nous avait entraînés tous les deux à terre. Puis, à un quart d'heure de la fin, alors que nous étions menés 0-2 et éliminés, j'ai taclé un joueur belge à hauteur de la taille, juste devant les bancs de touche. Je me suis relevé, ne me suis même pas retourné et suis parti vers les vestiaires. J'avais aperçu l'arbitre qui courait vers moi et je me suis dit, O.-K., n'en parlons plus... »

La dégringolade en Championnat fait une victime : Aimé Mignot, serviteur fidèle de l'OL depuis 1955, est prié de rendre son tablier d'entraîneur au soir d'une lourde défaite à Strasbourg (0-5), lors de la vingt-troisième journée. Lyon occupe encore la dixième place et, si Mignot est victime de cette série de mauvais résultats, il est aussi victime des hautes ambitions qu'il avait annoncées pendant l'été et que le début de saison avait entretenues.

En février 1976, Aimé Jacquet devient donc entraîneur de l'OL, trois ans après son arrivée au club comme joueur. Une époque qu'il nous racontera longuement un après-midi de décembre 1993 à Créteil, après un déjeuner avec des éducateurs, le lendemain de sa nomination au poste de sélectionneur de l'équipe de France. Bien avant l'implacable logique de conflit qui coupera définitivement les ponts, au printemps et à l'été 1998, entre le sélectionneur et *L'Équipe*, l'envoyé spécial du *Progrès* recevait forcément un bon accueil d'un homme qui avait passé les trente-huit premières années de sa vie dans la région. Sur l'équipe de France, ce jour-là, il est sur la défensive : « Pour l'instant, je dois la mettre en veilleuse, sous peine d'exploser. Je sais très bien que si je donne un nom, je suis mort ! » Mais lorsque Saint-Étienne et Lyon viennent sur le tapis, le regard s'éclaire et les souvenirs défilent. Voici sa trace de Lyon, commentée par lui-même ce jour-là, et parue dans les colonnes du *Progrès* du lendemain :

« Quand Aimé Jacquet débarque à l'OL, en 1973, le club lyonnais possède une des meilleures équipe de son histoire. "Fabuleux ! Di Nallo, Chiesa, Lacombe, les lutins..." Pendant deux ans et demi, l'ancien Vert va jouer au milieu d'une équipe qui ne quitte guère le premier tiers, sinon le premier quart du classement. Sans forcément regarder plus haut. "Ce qui était incroyable, c'est que cette équipe ne s'intéressait pas vraiment au Championnat. À l'époque, sous Aimé Mignot, elle aurait pourtant mérité un titre. Mais elle ne se préparait vraiment que pour la Coupe de France." En février 1976, Aimé Mignot s'efface, après un bail de douze ans. Et Aimé Jacquet enfile, pour la première fois, le costume d'entraîneur. Quatre mois plus tard, il vit sa première finale de Coupe dans son nouveau rôle. "Mais la transition a été dure, brutale. C'est là qu'on s'aperçoit que l'on n'est pas prêt, on croit qu'on l'est. Chaque joueur en est sûrement persuadé, ce n'est pas vrai. Je croyais que j'avais tout mais, une fois dans le bain, ce n'était pas pareil. À Lyon, j'ai appris mon métier." »

Ainsi parlait Jacquet en 1993. Raymond Domenech remarque, à propos de cet aveu : « Tous les entraîneurs, au bout de vingt ans de métier, se disent la même chose. Je suis sûr que c'est pareil dans tous les métiers. Je me souviens de ma première saison, à Mulhouse. J'ai fait des choses incroyables, j'étais un dangereux personnage ! Si je devais passer l'examen aujourd'hui avec ce que je faisais à l'époque, je ne me donnerais pas le diplôme ! On évolue, on progresse, c'est normal. »

Les débuts de Jacquet sont difficiles. Il commence par réveiller l'équipe, mais cinq défaites de suite font souffler le vent du boulet. Le vent se calme, le boulet passe à côté, l'OL bat Lille (3-0) avec le point de bonus pour trois buts marqués et finit, au bout de la saison, par se sauver. Le club a, il est vrai, une actualité parallèle.

Car cette équipe lyonnaise, éliminée en Coupe de l'UEFA et devenue moribonde en Championnat, se découvre des ailes en Coupe de France. Elle domine successivement Lille (2-0, 4-0), le PSG (1-1, 2-0) et Metz (2-0) en demi-finales, sur le terrain neutre de Strasbourg, se hissant ainsi en finale pour la sixième fois de son histoire. Bernard Lacombe a inscrit huit buts sur le chemin du Parc des Princes. Mais, après la demie contre Metz, *France Football* a titré : « Ce que Chiesa veut, Lyon le peut. »

À l'aube de sa dernière finale de Coupe de France, contre l'OM, Lyon s'accroche à ses forces chancelantes. Yves Mariot est blessé à un genou. Raymond Domenech a mal à un pied. Ce dernier joue quand même, mais passera plus tard une radio qui révélera une fracture du cinquième métatarse. « Je ne le savais pas, affirme-t-il. J'avais mal, mais je ne savais pas ce que c'était. J'avais passé une première radio et personne n'avait rien vu. Comme on devait jouer juste après la finale cette rencontre à Troyes pour ne pas descendre, je m'étais dit que j'avais juste deux matches à jouer, et qu'après je serais en vacances. Mais quand on a repris l'entraînement, en juillet, j'ai eu de nouveau mal. C'est là qu'une nouvelle radio a montré un trait de calcification, qui prouvait la fracture. »

Dans cette finale, c'est le grand François Bracci qui est au marquage sur Chiesa. Le Marseillais est trop grand, ou le Lyonnais trop fort. « Au bout d'une heure, j'ai cru que j'allais devoir quitter le terrain..., avouera Bracci. Chiesa avait mangé du lion. Je ne l'avais jamais vu aussi déchaîné. » Ce que Chiesa veut...

Mais, face à une équipe marseillaise qui n'est guère moins ordinaire, Lyon rate le coche dans les vingt premières minutes, laissant passer des occasions par Guy Garrigues, Bernard Lacombe et Serge Chiesa. Le coup de théâtre survient à la 67e minute, quand Raoul Nogues veut centrer et que Gilles De Rocco, mal placé, avancé, lobé, donne un coup de poing en l'air qui ne rencontre que le vide ; le ballon rentre ! Hector Yazalde appuiera là où ça fait mal à six minutes de la fin (2-0).

Ce n'est probablement pas la seule analyse à faire, mais l'évidence est que le club lyonnais a chèrement payé son problème de gardien en finale. Avec le recul, Raymond Domenech avoue que l'entraîneur qu'il est devenu n'a jamais oublié la leçon. « Je me souviens très bien de cette année où De Rocco et Chemier jouaient en alternance. C'est là que j'ai appris, à nos dépens et à ceux d'Aimé Jacquet, que chez les gardiens il faut absolument un numéro un et un numéro deux. Quand tu fais jouer une fois l'un, une fois l'autre, tu tues les deux. C'est une bonne leçon que j'ai toujours en mémoire. Cela a été un vrai problème pour nous mais, dans cette finale, on avait eu deux ou trois occasions nettes d'entrée. Ce dont je me souviens aussi, c'est que l'arbitrage de l'époque permettait de faire beaucoup de choses, des deux côtés. Les Marseillais n'avaient pas été tendres avec Serge *(Chiesa)*... »

Mais quand il se plaint du jeu dur, forcément, Raymond Domenech attire difficilement la compassion.

9. 1976-1980 Coulisses et coupables

Les années Jacquet.

Une belle saison pour commencer.

Les barrages de maintien contre Avignon pour finir.

Les caisses vides.

Transférer Domenech et Lacombe pour survivre.

La révélation Tigana.

Jacquet poussé vers Bordeaux.

Lyon n'est pas une ville de foot en ces années 1970 finissantes. Pour l'être, il faudrait déjà qu'elle possède un vrai stade de football. Ce n'est pas encore le cas. Les virages évasés, qui descendent doucement depuis les arches imaginées par l'architecte Tony Garnier, sont un perpétuel exil pour la curiosité et l'enthousiasme. Les bancs sont de pierre et font remonter le froid et l'humidité jusqu'aux os. La piste vélodrome a disparu depuis longtemps, mais il y a toujours une piste d'athlétisme, d'autant plus inutile qu'elle ne comprend que sept couloirs dans les virages. Comme dans d'autres stades de France, et comme seul Lens en présente encore la particularité au début du XXIe siècle, le chœur des supporters est concentré au niveau de la ligne médiane, au milieu de la tribune opposée à la tribune présidentielle, côté Jean-Bouin.

C'est un stade presque impossible à remplir. Les assistances inférieures à 10000 personnes sont alors majoritaires. Pourtant, à l'occasion d'un début de saison réussi, il se produit parfois un léger frémissement dans la ville endormie, et le Championnat éveille soudain un intérêt semblable à la Coupe de France.

La première véritable saison d'Aimé Jacquet parvient à susciter ce genre d'élan. À 36 ans, l'ancien milieu de terrain de Saint-Étienne a pu renforcer son secteur défensif avec les venues de Jean-François Jodar, de José Broissart et de l'Israélien Gyora Spiegel. Et Lyon continue de sortir des jeunes de son centre de formation : Patrick Paillot s'impose en défense et Jean-Paul Bernad s'affirme au milieu.

Le début de saison formidable doit beaucoup à Bernard Lacombe, auteur de 12 buts lors des quatorze premières journées. L'OL occupe la première place après onze journées et une victoire essentielle sur Nantes (2-0), avec un doublé de Serge Chiesa. Face à cette situation, Jacquet est déjà Jacquet. « Je m'occupe davantage de la qualité du match que de son résultat et de la place que nous occupons, lance-t-il. Dans le jeu de Lyon, actuellement, il y a encore des lacunes. Nous sommes loin de l'expression collective que je souhaite. Nous avons besoin de travailler. » Et il regrette : « Malheureusement, j'ai si peu de joueurs en réserve... »

Juste avant le match de Nantes, les Lyonnais ont une fois encore livré un derby brûlant à Saint-Étienne (1-1). Les Verts mènent 1-0 quand Raymond Domenech et Patrick Revelli font monter la température au fil de leur combat tendu. Et, lorsque Bernard Lacombe égalise, Raymond Domenech se plante devant les supporters stéphanois, les toisant de son goût pour la bravade et la provocation. Ces derniers n'apprécient pas, c'est le moins que l'on puisse écrire : ils se regroupent à 3000 devant les vestiaires, jetant des cailloux qui font fuir le bus de l'OL et son chauffeur. Ce soir-là, les Lyonnais quitteront le stade Geoffroy-Guichard par une autre porte, et surtout dans plusieurs fourgons de police qui les déposeront sur les hauteurs de la ville, où les attend leur car.

Sportivement, Lyon va s'essouffler car Jacquet a vu juste : le banc est un peu court. Encore deuxième à la vingt-huitième journée, au soir du derby retour perdu face à Saint-Étienne (0-2), l'OL va glisser jusqu'à une sixième position finale qui le prive d'une place européenne. Les Lyonnais ont perdu sept fois au cours des onze dernières journées.

Mais cette sixième place semble alors un camp de base idéal vers une ambition supérieure. Car, pendant ce temps-là, Aimé Jacquet participe à construire le club.

Ainsi, avec lui, l'OL commence à se doter de structures médicales. L'histoire est racontée par Georges Halatas, kiné du club pendant trente ans, patron du centre Vendôme, qui mêle soins médicaux et remise en forme, et ancien membre du conseil d'administration du club. « En 1973, j'avais été appelé par Bernard Lacombe. À Gerland, il n'y avait rien, juste une table dans un coin. Aimé Mignot n'en voyait pas vraiment la nécessité, mais cela a changé avec la nomination d'Aimé Jacquet. Un jour où il avait été blessé, il était venu se soigner au centre Vendôme et il avait vu que les soins permettaient de récupérer beaucoup plus vite d'une blessure. On a pu organiser les choses et, en même temps, j'ai demandé un médecin pour le club. J'ai mis trois ou quatre ans avant d'obtenir gain de cause. »

Georges Halatas finit par convaincre Jean Généty, médecin du sport, adjoint aux Sports, de lui proposer trois de ses élèves. Parmi eux figure Jean-Marcel Ferret. « C'est lui que j'ai choisi. Et, comme il nous fallait aussi un avis chirurgical, j'ai fait entrer Bernard Moyen. On a lancé de nouveaux types d'étirements. » Ainsi commence la carrière de Jean-Marcel Ferret dans le sport, qui le mènera jusqu'à l'équipe de France dont il sera le médecin de 1994 à 2004.

En cette saison 1976-77, un autre transfert concerne le bureau de *L'Équipe* à Lyon. Le 1er janvier 1977, Claude Chevally remplace Paul Fischer, envoyé spécial permanent depuis 1968, qui part à la retraite en Alsace, chez lui. Ami d'André Bord, le président du RC Strasbourg, qui lui a même remis l'ordre national du mérite, Paul Fischer va jouer un rôle essentiel dans le transfert de Raymond Domenech quelques mois plus tard.

En arrivant, à quelques mois des municipales qui suivent la mort du maire, Louis Pradel, Claude Chevally est plongé dans deux transitions parallèles, puisque l'ère Rochet-Forest touche à sa fin elle aussi. Beaux-frères, les deux dirigeants sont complémentaires :

Forest, un homme de l'industrie métallurgique, finance, mettant régulièrement la main à la poche afin de boucler les fins de mois d'un club en perpétuel déficit ; tandis que Rochet, chef de service à l'hôpital Grange-Blanche, préside.

Mais l'année 1977 marque un double tournant, qui va imprégner la vie de l'OL pendant plusieurs années, pratiquement dix ans, jusqu'à la prise de pouvoir de Jean-Michel Aulas. Le tournant est à la fois économique et politique, le second étant la conséquence du premier.

Le duo formé par le président Édouard Rochet et Pierre Forest ne parvient plus à assurer le train de vie grandissant du club. Président depuis 1966, Rochet voit sa gestion étouffée par les salaires. En 1976, l'OL annonçait une masse salariale de 4,9 millions de francs par an, pour un passif de 5 millions ! La subvention était passée de 800 000 francs à 1 million en 1973, mais l'affluence à Gerland ne décollait pas et les sources de financement restaient peu nombreuses.

Alors, le sentiment de gérer la crue du Rhône avec une petite cuillère, fût-elle en argent, pousse le duo à vouloir prendre du recul en ces premiers mois de 1977. Il se tourne vers l'hôtel de ville. Jusque-là, l'adjoint aux Sports de Louis Pradel, Tony Bertrand, un ancien alpiniste plus proche du rugby ou de l'athlétisme, était favorable à une répartition des subventions plutôt qu'au soutien massif et quasi exclusif du football professionnel. En 1963, au congrès de Baden-Baden, Tony Bertrand avait mené la candidature olympique de Lyon aux Jeux de 1968, finalement attribués à Mexico. Lyon avait tout de même atteint une finale à trois, avec Detroit. À l'été 2007, à 96 ans, Tony Bertrand continuait de promener sa silhouette athlétique du côté de la place Jean-Macé...

L'élection de Francisque Collomb à la mairie de Lyon, au printemps 1977, fait basculer l'OL au cœur des influences et des calculs politiques, ce dont le club ne se remettra vraiment qu'à l'arrivée de Jean-Michel Aulas, en 1987. Claude Chevally raconte : « Une fois élu, Francisque Collomb choisit Jean Génésty comme adjoint aux Sports. C'est une phase qui confirme la mainmise de l'hôtel de ville sur l'OL et sur le sport lyonnais. Autant Tony Bertrand était sportif dans l'âme, autant Jean Génésty ne l'était pas. Il aimait le sport, il était médecin du sport, mais c'était plus un intrigant du sport. Et, lorsque la mairie a cherché une solution pour l'OL, elle a pensé à Roger Michaux, un homme de la Bourse lyonnaise, un intime de Francisque Collomb. »

Roger Michaux est élu président par l'OL peu après l'avoir été par l'hôtel de ville. Amoureux du foot, Roger Michaux n'a cependant guère de connaissance du jeu ni du milieu. Il doit bâtir une équipe, mais les compromis ressemblent à ceux qui entourent la composition d'un conseil municipal. Ainsi choisit-il un président délégué, Guy Zerbib, dont il a apprécié l'entregent et le dynamisme au comité d'animation. Mais Jean Génèty, en dehors d'une certaine prévention à l'égard de Zerbib, on allait dire communautariste, veut un homme dans la place : il impose comme secrétaire général son ami Jean Perrot, qui jusque-là connaissait essentiellement le golf.

Jean Perrot explique : « André Soulier, René Perrin et Jean Génèty m'ont aidé à prendre pied à l'OL. Lorsque MM. Rochet et Forest sont venus à l'hôtel de ville annoncer qu'ils n'y arrivaient plus et qu'ils envisageaient de mettre la clé sous la porte, il y a eu une grande réunion dans le bureau du maire. Autour de Francisque Collomb, étaient présents Charles Béraudier, le premier adjoint, André Soulier, adjoint à l'Information, Jean Génèty, adjoint aux Sports, Bailly, le secrétaire du maire, et moi, qui n'étais pas élu. Le découvert à la BNP se montait à 7,5 millions de francs *(1,15 M€)*, il y avait des dettes à la Sécurité sociale et concernant les taxes sur les salaires. Francisque Collomb a lâché : "On ne peut pas laisser tomber l'OL !" À la fin de la réunion, ils m'ont dit : "On va donner une caution partielle afin que le club ne dépose pas le bilan, tu vas entrer au conseil d'administration et tu nous diras ce qui se passe." »

Finalement, c'est un groupe de six qui s'attelle à la tâche : Pierre-Yves Béné, qui sera le premier à démissionner, Jean-Claude Chuzeville, pour le marketing et Maurice Crozet, bientôt remplacé par Louis Béroud, se joignent à MM. Michaux, Zerbib et Perrot. Aucune ambiguïté n'est nécessaire : lors de la conférence de presse, au Sofitel, c'est Jean Génèty, l'adjoint aux Sports, qui présente les nouveaux hommes forts de l'OL. « Mais il n'y avait pas plus d'argent qu'avant, souligne Claude Chevally. C'est d'autant plus dommage qu'avec le recul je pense que c'était vraiment une période où il y avait moyen de faire quelque chose. Cela n'a pas été possible à cause du poids politique et des jeux d'influence, mais cela a vraiment été une occasion manquée. Le déficit était de 7 millions de francs en 1977 *(1,06 million d'euros)*, alors que le budget s'élevait à 9 MF *(1,37 M€)*. C'est aussi pour cela que la ville a voulu encadrer la gestion du club. Dans l'attelage, le seul qui connaissait le foot, Guy Zerbib, qui vendait des chemises en gros, ne pouvait pas mettre un franc. Alors il a fallu vendre… »

Concrètement, seuls Roger Michaux et Jean Perrot se portent caution à titre personnel, chacun pour 250 000 francs. Évidemment, cela ne suffit pas. En septembre 1977, le navire abandonne son capitaine : le club vend Raymond Domenech à Strasbourg, pour 900 000 francs. Bernard Lacombe se souvient : « Après un match à Bastia, on partait à Porto-Vecchio pour l'inauguration d'un stade quand Raymond m'a dit : "Je vais partir à Strasbourg…" »

Raymond Domenech nous racontera, près de trente ans plus tard, dans son bureau de sélectionneur : « J'étais arrivé au point d'usure d'un joueur de club. Je me souviens d'une discussion à ce sujet avec Serge Chiesa : quand t'es bon, c'est normal ; et quand le mec qui vient de Paimpol fait un truc, tout le monde l'applaudit. Paul Fischer, l'ancien journaliste de *L'Équipe* à Lyon, m'a appelé, et je suis allé à Strasbourg pour discuter. Je n'ai même pas parlé du salaire. Mais quand j'ai signé, j'ai réalisé que je venais de quitter Lyon. Si on m'avait rendu le contrat, je l'aurais déchiré. J'ai ressenti un vide atroce. Tout à coup, j'étais perdu. Cela a duré deux jours. La semaine d'après, j'étais à l'entraînement à Strasbourg. Et j'ai vécu une période exceptionnelle. »

Paul Fischer a donc fait le lien entre le capitaine de l'OL et Strasbourg. Lorsque Domenech s'en va, Guy Zerbib, le président délégué de l'OL, lui confie que son transfert va permettre de payer les salaires de tous les autres joueurs pendant un mois. Mais cela ne dure qu'un mois et ne suffit toujours pas.

Pour Serge Chiesa, le téléphone chauffe aussi. Le Paris-SG, Saint-Étienne et un club italien lui font la cour. Chiesa préfère la sienne, à Gerland. Même aussi entêté à ne pas changer de vie, à ne pas quitter sa maison de Bron, il est un peu déstabilisé, tout de même, pendant l'été 1977. Antoine-Denis Ferrigno, alors jeune joueur du club, se souvient d'un fameux stage de deux semaines à

Challes-les-Eaux en début de saison : « Sur les deux semaines, Serge a dû passer deux jours avec nous. Il n'arrêtait pas de faire des allers et retours au volant de sa Fiat 126. Il avait eu un rendez-vous avec Francis Borelli, le vice-président du PSG. » Finalement Chiesa était resté, pour le grand bonheur des jeunes. « Nous, on ne voulait qu'une chose : jouer avec Serge ; on voulait tous faire comme lui », se souvient Ferrigno, qui fait partie des premiers jeunes sortis du centre de formation lancé par l'OL en 1974 et dirigé par Canzio Capaldini. Avec Daniel Xuereb, Guy Genet, Dominique Marais, Patrick Paillot, Daniel Bruno et Jean-François Cornet, l'OL va « produire » plusieurs professionnels, par philosophie ou par nécessité ; les caisses sont toujours vides.

Jean Perrot affirme : « Je suis allé à Saint-Étienne voir comment le club était organisé. Nous, on n'avait rien. Le centre de formation, c'était une maison à Oullins, les vestiaires de Gerland étaient minables, il y avait à peine deux tables de massage, pas d'appareil à prendre la tension, pas vraiment de secrétariat, pas de salle de musculation. Je suis allé voir Généty pour lui dire : "On a vingt ans de retard. Si on ne change pas tout ça, on ne sortira jamais de l'ornière." Puis je suis allé voir Roger Michaux, qui m'a répondu : "Écoutez, mon petit Jean, je n'ai pas le temps, c'est Guy Zerbib qui s'occupe de tout, voyez avec lui." Guy Zerbib, lui, m'a dit que cela s'était toujours passé comme ça, que Saint-Étienne était une exception. Je me suis dit que personne n'allait m'aider. Et que j'allais devoir prendre tout en main. »

L'atmosphère est-elle viciée par le départ du capitaine ? Alors que l'OL avait ouvert la saison 1977-78 par trois victoires d'affilée, le club lyonnais ne va gagner que neuf matches de plus pendant tout le reste de la saison, glissant vers une peu glorieuse dix-septième place, et encore, grâce à une meilleure différence de buts par rapport à Lens et à Troyes. Au passage, l'OL perd un drôle de derby à Saint-Étienne (0-1), un jour où Bernard Lacombe manque un penalty et où Jean Gallice marque… Mais, alors que le ballon rebondit sur le petit filet, à l'intérieur du but, le gardien stéphanois Ivan Curkovic s'en empare comme si de rien n'était et relance. M. Konrath, l'arbitre, n'a rien vu.

Pour que l'OL puisse se renforcer, il va encore falloir vendre. En juin 1978, le club cède Bernard Lacombe à Saint-Étienne pour

2,5 millions de francs (380 000 €), le jour de France-Italie (1-2) en Coupe du monde, à Mar del Plata, où le buteur lyonnais marque dès la trente-huitième seconde. Claude Chevally, présent en Argentine pour *L'Équipe*, se souvient : « Il pleurait quand il l'a appris. Je me souviens qu'il était tellement triste qu'on est allés voir les dauphins dans le port de Mar del Plata pour qu'il se change les idées. » Vu leurs relations aujourd'hui, ils partiraient plutôt voir les requins et un seul reviendrait…

Mais si le buteur lyonnais était triste, il n'était pas surpris : « J'ai su que j'allais partir à Saint-Étienne après un match de préparation à la Coupe du monde contre la Tunisie (2-0), à Villeneuve-d'Ascq. Je faisais chambre commune avec Christian Lopez *(défenseur de Saint-Étienne)* et on l'avait chargé de m'en parler. Mais c'est après France-Italie, à l'Hindu Club, l'hôtel où on séjournait en Argentine, que le président Roger Rocher, qui était membre de la délégation française, était venu me voir pour m'annoncer : "Tu es stéphanois !" Il venait de recevoir le fax. Le transfert avait été finalisé en France, avec Guy Zerbib, Roger Michaux et, pour Saint-Étienne, Me Fieloux. »

Catastrophé, Bernard Lacombe vide son placard à Gerland pendant l'été. Claude Chevally est là, encore : « C'était vraiment touchant. Dans son placard, il y avait une photo de sa sœur décédée, des Vierges, le premier maillot qu'il avait porté et, en pliant soigneusement toutes ses affaires, il pleurait. Il n'avait jamais imaginé qu'il quitterait Lyon. Cela a permis, indirectement, de sauver l'OL, mais c'était un drôle de prix à payer. » Lacombe, en écho : « Tant que j'étais en Argentine, je ne me suis pas vraiment rendu compte. Mais en vidant mon placard, au vestiaire… J'ai payé un coup, je suis rentré chez moi. Après, à chaque fois que je prenais l'autoroute pour aller à Saint-Étienne, je longeais le Rhône et je voyais le stade où je n'allais plus jouer et où j'avais tout vécu. Et, à la cinquième journée de la saison suivante, j'ai pris la même route mais avec le car des Stéphanois. Ce derby, j'en ai un souvenir très vague ; je n'avais qu'une hâte, que le match finisse, qu'il soit 22 h 15. Comme je dis parfois à un joueur un peu discret, ce soir-là, j'ai assisté à un bon match, j'étais bien placé, j'ai tout vu… »

Lacombe s'en va mais, par bonheur, un autre grand joueur arrive. Simplement, personne ne le sait encore. Enfin, presque personne. Jean Tigana est tombé du ciel. Il est arrivé de Toulon à l'essai, à l'été 1978, précédé par une lettre terrible de Marcel Duval, son entraîneur toulonnais, ancien gardien de l'OL, qui le dépeignait comme un sale type à la mentalité calamiteuse. Duval suggérait au club lyonnais de ne pas faire confiance à Tigana et de prendre plutôt son coéquipier Baltimore…

Jean Perrot : « C'est Guy Zerbib qui est à l'origine de ce transfert. Il avait reçu un coup de fil d'un agent, Roger Brès, pour lui signaler le cas de Tigana. À l'époque, on nous avait raconté qu'il était en conflit avec son entraîneur. » La légende rapporte en effet que, lorsque Duval l'avait sorti en cours de jeu à Besançon, Tigana avait baissé son short pour lui montrer ses fesses, devant la tribune présidentielle.

Refusant le stage de quinze jours que les dirigeants lyonnais lui proposent, Tigana impose de participer à un match d'essai contre une équipe hongroise, en même temps qu'un Uruguayen oublié. C'est là que sa carrière va basculer.

Aimé Jacquet nous raconta en 1993 : « Le club avait fait venir à l'essai un Uruguayen, le présentant comme un grand joueur, et Jean Tigana, dont on m'avait dit : "Ne le prenez pas, c'est un joueur difficile." On joue. À la mi-temps, j'avais déjà viré l'Uruguayen. Et j'ai dit au président à propos de Tigana : "Celui-là, ne le laissez pas partir !" »

Jean Perrot précise : « Ce n'était pas le président, c'était moi. J'étais assis sur le banc, comme toujours à côté d'Aimé, et c'est effectivement ce qu'il a dit, tout de suite. Tigana avait été éblouissant et il se trouve que Toulon était ravi de le libérer, sous prétexte qu'il était caractériel. Ce qui était vrai ! Il a signé un contrat d'un an, renouvelable, pour un prix dérisoire. »

Personne ne l'a regretté. « Jean Tigana est un chieur, mais un chieur sympathique », disait Jacquet, qui contribuera à ce que Tigana devienne plus tard bordelais. Fleury Di Nallo, alors directeur sportif, se souvient : « Quand il est arrivé, Jean Tigana a passé des tests physiques avec Jean-Marcel Ferret. En voyant les résultats, le doc a pensé qu'il fallait les refaire, qu'il avait dû se tromper. » La VO2 maximale de Tigana surpassait toutes les autres.

Après une parenthèse de trois saisons, durant lesquelles Gilles De Rocco, Jean-Claude Chemier et Jean-Claude Gibert l'ont remplacé à tour de rôle dans le but lyonnais, Yves Chauveau revient de Monaco en 1978. Il a 33 ans, mais il lui reste encore à jouer trois saisons pleines, plus une autre comme doublure de Slobodan Topalovic.

En fait, il a rejoint l'OL quelques mois plus tôt, en cours de saison. Blessé à la hanche, il avait sollicité une entrevue auprès de Lucien Leduc, son entraîneur à Monaco, un peu avant la trêve 1977-78. Car, pendant son indisponibilité, le jeune Jean-Luc Ettori avait disputé cinq matches, pour cinq victoires. « J'avais 33 ans, j'étais en fin de contrat à Monaco, Ettori avait connu Gérard Banide, l'entraîneur de la réserve, à l'INF Vichy... À la trêve, je suis donc allé voir Lucien Leduc. Quand il a commencé à me parler, je l'ai coupé : "M. Leduc, comme vous me parlez, j'ai l'impression que cela vous arrangerait si je partais..." Je suis remonté à Lyon comme joueur promotionnel. »

Aimé Jacquet décide tout de même de le convoquer pour le stage de reprise, à Saint-Georges-de-Reneins, au mois de juillet 1978. « J'avais mis tous les atouts de mon côté. Et c'est moi qui ai joué, jusqu'à ce que Topalovic arrive en 1981, au bout de ma troisième saison du retour. J'avais 36 ans et joué 486 matches de D1 avec l'OL. »

Il lui en resterait de grands souvenirs et peu de regrets. Juste un, qui dit l'amour du gardien pour son art et le travail de chaque jour : « Je regrette de n'avoir pas connu les entraînements spécifiques. Nous, les gardiens, étions livrés à nous-mêmes à l'époque. On travaillait quand les attaquants s'entraînaient devant le but. Mais ils ne cherchaient pas à nous faire travailler, seulement à se faire plaisir, eux ! J'ai découvert les séances spécifiques à Monaco, avec Gérard Banide. Paradoxalement, Lyon a longtemps été le seul club sans gardien pour entraîner ses gardiens. Il y a eu Michel Maillard, Patrick Paillot, François Bracci, mais il a fallu attendre l'arrivée de Joël Bats pour combler ce manque. Moi, je me suis orienté vers l'assurance, et personne ne m'a rien dit, personne ne m'a rien demandé... »

Récemment devancé par Grégory Coupet au nombre de matches joués pour l'OL, Chauveau rappelle, face à l'évolution du poste et du jeu, ce qu'était la vie de gardien dans les années 1960 et 1970 : « Quand il faisait beau, on jouait à mains nues. À l'entraînement aussi. Et avec les ballons qu'on avait, bien sûr, on n'arrêtait pas de se retourner des doigts. Quand il faisait mauvais, je mettais de simples gants en laine, que j'allais moi-même acheter à Prisunic. Parfois Eugène Battmann, qui était le gardien de Sochaux, me fournissait des gants spéciaux, que les ouvriers de Peugeot utilisaient à l'usine. Les premiers gants modernes que j'ai vus étaient ceux du gardien de Mönchengladbach, en 1974-75. Lui, c'est sûr, il ne relâchait pas un ballon ! Après sont arrivés mes premiers gants Uhlsport. Ils étaient orange et, franchement, tu sentais bien le ballon… »

À l'aube de la saison 1978-79, la vie n'est pas plus simple qu'avant. Mais elle est beaucoup plus politique encore. Jean Génésty, l'adjoint aux Sports, qui n'aime pas Guy Zerbib, veut pousser Jean Perrot en première ligne, non comme un ami mais plutôt comme un pion. En revanche, Jean Perrot est un ami intime d'André Soulier, le premier adjoint de Francisque Collomb. « Dans son bureau, dans la soupente de l'hôtel de ville, Jean Génésty vous invitait et vous expliquait ses stratégies, se souvient Claude Chevally. Son but était de neutraliser Roger Michaux, homme de Francisque Collomb, d'écarter Zerbib et de pousser Perrot. »

André Soulier, ancien joueur de l'ASCEM, où il était entraîné par Joseph Fournet, le père de Jean Fournet-Fayard, futur président de la FFF, est devenu avocat en 1959 après avoir joué en fac avec un avant-centre nommé Eugène Njo Lea. Maire de Villé-Morgon, Soulier revient à Lyon en 1977 pour y être adjoint de Francisque Collomb. Sur l'OL, son influence et celle de Jean Génésty s'opposent. Il en dit : « Ma connaissance du foot était confrontée à celle, insuffisante, voire distante, de Jean Génésty. Nageur, tennisman, il ne s'éprend pas du football. Et Francisque, avec ses costumes bleu marine, ses cheveux blancs de sénateur du Sud des États-Unis, est-ce qu'il sait que le football existe ? Charles Béraudier, enfin, s'occupe des travaux, pas du foot. Il me disait : “Gone, c'est ton affaire.” C'est comme ça que je suis entré dans la vie de l'OL. »

En cette époque d'active municipalisation, les « Mazarin » de l'hôtel de ville avaient parfois plus d'influence que les dirigeants du club eux-mêmes.

Jean Perrot, lui, défend son bilan et ses premières actions : « Le stade était une passoire. Les gens passaient d'une tribune à l'autre par le haut, entraient sans billet en glissant une pièce aux contrôleurs. On a réorganisé complètement Gerland. Mais, outre la piste d'athlétisme, le vrai problème était le toit : en cas de pluie, seules 5 000 personnes étaient à l'abri. C'était un vrai problème de gestion, notamment par rapport aux cinq matches de gala annuels, pour lesquels la tarification était libre. Si le matin d'un grand match je voyais la pluie en ouvrant mes volets, je savais que, au lieu des 30 000 spectateurs qui figuraient dans le budget prévisionnel, il n'y en aurait que 5 000. Il fallait au moins couvrir les tribunes latérales. »

Dans le même temps, il s'attache à récupérer l'Hôtel des sports, un bâtiment vide à côté du terrain d'entraînement qui avait été construit sous Louis Pradel en vue d'accueillir les équipes visiteuses dans les différents sports collectifs. Jean Perrot : « Au bout de six mois de bataille, j'ai obtenu qu'on transforme le bâtiment en centre de formation, avec un centre médical et une salle de musculation. On a monté ça à trois avec Aimé Jacquet et Jean-Marcel Ferret. À l'étage, on a installé Marino Faccioli, qui était devenu le directeur administratif. Et on a confié la cuisine du centre de formation à l'ami Chaboud. »

Mais il n'y a pas que la coulisse à la lyonnaise. Il y a le terrain. En 1978-79, l'OL est septième, un bon résultat compte tenu de la vente de Lacombe ; d'ailleurs, aucun attaquant lyonnais n'atteint la barre des 10 buts, laissant le leadership à Serge Chiesa (9 buts). Jérôme Valadier (6 buts) et Daniel Xuereb (4 buts) ont du mal à passer le cap.

Au bout de la saison 1978-79, une équipe décroche et fête le titre de champion de France à Gerland, mais ce n'est pas Lyon : c'est Strasbourg, venu gagner le match du sacre (3-0) avec Raymond Domenech dans ses rangs. L'atmosphère est d'autant plus à la fête au stade que la soirée, par ricochet, torpille les espoirs de l'AS Saint-Étienne d'être à nouveau champion de France.

De retour à la maison pour arracher son premier titre de champion, Raymond Domenech avait goûté le symbole : « Pour moi, c'était extraordinaire de devenir champion à Gerland. Je ne voyais pas ça comme une vengeance mais comme un cadeau. Cela m'a donné le sentiment d'un partage. La saison précédente, à la Meinau en Championnat, on avait mené 2-0 avant d'être rejoints au score (2-2) et, au moment de notre deuxième but, j'étais presque dérangé à l'idée d'enfoncer un peu plus l'OL, qui n'était pas au mieux à ce moment-là. J'étais resté lyonnais. Mais, à Gerland, on n'avait pas pu vraiment profiter de notre titre sur le terrain, ni faire un tour d'honneur. Comme la pelouse avait été envahie, puisque tout le monde était content que Saint-Étienne ne soit pas champion, j'ai surtout vécu ça sur le moment comme un combat pour sortir de là et gagner les vestiaires. Après le match, on est allés fêter le titre chez Bocuse. On avait réservé avant ! On est rentrés en train le lendemain. À partir de Mulhouse, le train s'est arrêté dans toutes les gares et, à chaque fois, la gare était pleine pour nous accueillir ! »

En ces années-là, l'OL se structure doucement. « Avec Jean-Claude Darmon, j'ai créé OL Promotion, souligne Jean Perrot. Après Nantes, l'OL a été le premier client de Darmon, qui en a toujours été reconnaissant. En 1982, d'ailleurs, juste avant mon départ, il était venu me voir pour m'avertir : "Fais attention, à Lyon, on veut ta peau…" Gerland est le premier grand stade qu'il ait eu en gestion. En un an, il avait multiplié les rentrées financières de publicité par trois ou quatre. » Marino Faccioli a lui aussi participé activement à ce basculement vers une ère nouvelle.

Mais, sportivement, cela ne s'arrange pas. La saison 1979-80 est une longue souffrance : à partir de la quatrième journée, l'OL ne se hisse plus jamais au-dessus de la dix-septième place ! Au final, une place de dix-huitième et des barrages pour le maintien, contre Avignon, balayé à l'aller (6-0) par la fantomatique recrue yougoslave Miodrag Zivaljevic, dont ce sera le seul match vraiment réussi dans cette saison chaotique.

L'OL a même frôlé la descente directe, l'évitant de peu en battant l'OM (1-0, penalty transformé par Alain Olio après six minutes de jeu), le 18 avril à Gerland, et provoquant la relégation de cette pourtant belle équipe marseillaise composée des Marius Trésor, Didier Six, Marc Berdoll, Philippe Piette, René Charrier…

Jean Génét y, l'adjoint aux Sports, continue de mélanger les genres en lançant : « Si Lyon descend, nous garderons tout le monde. » En retour, Jean Tigana promet que, si Lyon plonge en D2 mais qu'on l'oblige à honorer son contrat, il abandonnera le professionnalisme !

Sans argent, sans horizon, les années Jacquet entraîneur s'achèvent dans une certaine incompréhension mutuelle, en juin 1980.

Jacquet possède encore un an de contrat. Cela ne sera pas un problème, pour personne. Jacquet va partir et « s'asseoir » sur sa dernière année de salaire alors que le président lyonnais, Roger Michaux, ne le retient pas, mais vraiment pas. Il lâche même, à l'heure des adieux, devant un verre de mousseux tiède, dans une salle sous la piscine derrière le stade de Gerland : « Bon vent ! Qui sait si vous ne reviendrez pas comme entraîneur à l'OL quand vous aurez acquis un peu d'expérience ?... »

Il traîne dans l'air des relents de mépris de classe qui établissent une incompatibilité durable, à cet instant de l'histoire, entre les Lyonnais de l'argent traditionnel et de l'argent nouveau mais volatile d'un fabricant de chemises (Guy Zerbib), et Aimé Jacquet, qui aura payé l'impôt sur la fortune toute sa vie mais qui était un ancien ouvrier que certains dirigeants lyonnais désignaient comme « le communiste » !

Jean Perrot affirme avoir été le principal soutien d'Aimé Jacquet, pendant longtemps : « Cette saison-là, pendant huit mois, on s'est vus tous les mardis, chez moi, avec Aimé et Jean-Marcel Ferret. Aimé avait déjà son carnet avec ses trucs écrits en rouge, en vert, en bleu, des choses soulignées, avec une page pour chaque jour et les résultats des tests qu'il chronométrait de sa propre montre. Quand on voyait comment ce type travaillait, on se disait qu'il allait forcément réussir. »

Jean Tigana racontera dans sa biographie : « Quelques jours avant de recevoir Avignon en barrages, Aimé Jacquet me convoque. Il vient d'avoir une entrevue avec les dirigeants. Lui qui jusque-là s'est efforcé de nous tenir à l'écart de tous ces remous ne peut pas dissimuler plus longtemps ses sentiments. Visiblement bouleversé par cette réunion, le regard voilé par l'émotion, il m'avoue : "J'avais demandé la confiance totale des dirigeants. Ils me l'ont refusée. Je pars." » Car, en juin 1980, Aimé Jacquet est las des ambitions abandonnées. Un à un, les meilleurs joueurs ont été vendus : « Lacombe à Saint-Étienne, Domenech à Strasbourg. Je me suis aperçu que ça n'allait pas suivre. » Il est sur le point de partir pour Metz quand Claude Bez, le président de Bordeaux, l'appelle : « Je l'ai vu dix minutes, à Paris. Il m'a dit : "On te connaît, on te donne trois ans pour être européen." J'ai été surpris. Mais nous avons été européens dès la première année ! »

La belle histoire aujourd'hui écrite de son passage de Lyon à Bordeaux, d'un club moyen de D1 à la future grande équipe française des années 1980, comme une transition inévitable et comprise par tous, ne résiste pas à la relecture de quelques articles de l'époque. Une interview accordée en août 1980 à *France Foot 2*, l'ancêtre de l'édition du vendredi de *France Football*, donne une photographie précise de ses sentiments de l'époque : « C'était une question de confiance. Après avoir passé une année terrible sur le plan sportif, je sentais une fuite perpétuelle des gens devant moi. Il n'était plus question de continuer comme ça. Il n'était plus possible de cohabiter avec des gens qui ne me faisaient plus confiance. »

À cinq journées de la fin de la saison 1979-80, il avait suggéré à Jean Perrot de demander cette confiance au comité de gestion. Il ne l'avait donc pas obtenue. « J'aurais pu partir les poches pleines. Mais j'ai quitté Lyon sans demander un rond. À quoi bon ? Il me suffisait de partir. Je savais que nous n'avions plus rien à faire ensemble et il n'était pas question que je reparte dans une aventure avec des gens qui pouvaient se poser des questions sur ma valeur. Il me semble que, par le passé, j'avais fait suffisamment la preuve de ma compétence pour qu'ils n'aient pas eu à se faire de soucis de ce côté-là... »

Sur le fond, en testament, sur le rôle de l'entraîneur à Lyon, il lâche alors, toujours dans *France Foot 2* : « Je sais bien qu'on est toujours jugé. À Lyon, les dirigeants claironnaient qu'ils voulaient jouer la Coupe d'Europe et se débarrassaient de Domenech, de Lacombe, de Jodar. Et finalement qui juge-t-on ? L'entraîneur ! »

Mais à peine arrivé à Bordeaux, il ressent une pincée d'amertume en constatant l'activité de Lyon sur le marché des transferts. « Il y a eu un changement radical dans la politique de l'OL. Cinq nouveaux joueurs, de bonne réputation, sont venus renforcer l'effectif. À moi, on retirait les bons joueurs ; là, on les recrutait... J'estime qu'à l'époque il nous a seulement manqué quelques hommes d'expérience aux postes clés. Pour le reste, nous avions tout : le fond de jeu et le courage. Je n'ai pas de regrets, mais ce recrutement, j'aurais seulement préféré qu'on le fasse avant, lorsque j'y étais. »

Soudain, en effet, l'OL cesse de vendre pour acheter. Jean-Marc Furlan, Alain Moizan et un buteur, Slima Nikolic, débarquent à

Gerland. Avec un jeune champion de France Cadets, Laurent Fournier, l'OL est de nouveau prêt à changer de dimension. Étonnant effectif, d'ailleurs, avec le recul. L'influence d'Aimé Jacquet ? Parmi les Lyonnais de ces années-là, Raymond Domenech, Bernard Lacombe, Joël Muller, Jean Tigana, Laurent Fournier, Jean-Marc Furlan entraîneront en D1. José Broissart a été formateur et adjoint. Jean-François Jodar a été entraîneur national et sélectionneur de jeunes ; et Jean Gallice également entraîneur national. Sans oublier, un peu après les années Jacquet, Albert Émon et Jean-François Domergue…

Alors, l'OL, berceau d'entraîneurs ? Bien sûr, il faudrait ajouter au fil des années tous ceux de la tribune Jean-Jaurès, les diplômés du bout du banc qui faisaient tomber les têtes et recollaient les morceaux dans le même élan. Ceux-là entraîneront en Ligue des champions. Ils n'ont pas eu de mal à s'adapter.

10. 1980-1983 La chute

La valse des présidents.

Les intrigues municipales.

Le meilleur milieu de terrain de France, Tigana-Moizan-Fournier-Chiesa.

Le départ, orageux, de Tigana.

Le millième match en D1.

L'arrivée de Robert Herbin comme entraîneur.

La descente en D2 comme une ponctuation évidente.

Et Chiesa qui vide son casier, après quatorze ans.

C'est une période qui commence par le meilleur et qui s'achève par le pire. Le meilleur, à l'attaque de l'été 1980, c'est l'arrivée d'Alain Moizan et de Sima Nikolic, puis l'installation de Jean-Pierre Destrumelle aux commandes de l'équipe.

Jean-Pierre Destrumelle est un sacré personnage. Au moment des barrages entre Lyon et Avignon devant désigner le dernier relégué en Division 2, les journalistes lyonnais, ayant appris qu'il venait superviser sa nouvelle équipe, étaient allés le voir dans la tribune pour une première prise de contact et pour une interview. Ils n'avaient pas pu faire l'interview, la convivialité du futur entraîneur lyonnais l'ayant poussé ce jour-là vers quelque légère ivresse. Mais c'est un sacré entraîneur et, au bout de trente années lyonnaises, Claude Chevally, envoyé spécial permanent de *L'Équipe*, a une tendresse pour la première saison de Jean-Pierre Destrumelle : «Sa première année, oui, a été formidable. Il avait réglé son problème d'alcool. Il était charmant, drôle, intéressant et, après les matches, on partait manger à *L'Helvétie* ou à la *Brasserie lyonnaise*, derrière Perrache. Il avait une équipe qui avait de la gueule, avec les arrivées de Moizan et de Nikolic.» Ce dernier, venu pour 800 000 francs sur les recommandations de Louba Mihajlovic, était une magnifique affaire et un grand buteur. Et l'OL était allé chercher Moizan à Monaco.

Si Fleury Di Nallo s'était un peu laissé emporter en présentant une future recrue, le Rémois Rosario Gianetta, comme «le futur ailier droit de l'équipe de France», Sima Nikolic fut une véritable réussite. Seul son contrat posa problème, rappelle Claude Chevally: «Il avait une prime s'il marquait 20 buts; alors, dès qu'il en était à 16, ses partenaires ne voyaient plus le ballon! Il tirait de quarante mètres en se disant que ça pouvait rentrer...»

Troisième à l'automne, avec son meilleur milieu de terrain du XXe siècle, Tigana-Moizan-Fournier-Chiesa, l'OL fournit de nouveau l'équipe de France, où sont appelés Tigana, Moizan et Daniel Xuereb, mais pioche un peu en fin de saison, ne prenant que trois points au cours des cinq dernières journées pour glisser vers la sixième place. C'est le résumé lapidaire d'une saison incroyablement riche en histoires.

Car, dans la coulisse, l'affaire reste toujours aussi politique. Le temps et le jeu des alliances ont dessiné une opposition grandissante entre Roger Michaux et Jean Perrot. Le premier nommé n'a nulle envie de céder la place. Ce sont les trente-six membres du conseil d'administration qui ont les clés. Le 9 janvier 1981, en sortant d'un repas au *Cintra*, place de la Bourse, Roger Michaux semble rassuré sur l'issue du vote; il est persuadé, avec l'aide de Francisque Collomb, le maire, d'avoir bétonné les dix-huit voix qui sont nécessaires à sa réélection. Mais, le soir venu, Jean Perrot demande un vote de défiance contre Roger Michaux. Entre 14 h 30 et 17 heures, Jean Perrot et Jean Générty ont fait basculer les votes. Mis en minorité, Roger Michaux quitte la présidence. Il annonce aussitôt qu'on ne le reverra pas.

Soutenu par la mairie, Jean Perrot devient le nouveau président. Noël Aymard, élu au conseil d'administration depuis 1953, a décidé de ne pas se représenter. Fleury Di Nallo, qui conseillait déjà l'OL sur le recrutement, devient le nouveau directeur sportif. André Soulier, l'influent adjoint au maire, affirme : « Pour faire mon bonheur, des amis ont foutu Roger Michaux dehors et porté Jean Perrot à la présidence. Après, tout le monde m'a appelé : "Vous devez être content..." Jean Perrot est mon ami, mais il a cru faire mon bonheur sans moi. Je suis peut-être naïf, mais je n'ai pas vu arriver le coup. Cela m'a pris des années avant de me rapprocher de Roger Michaux. Il a toujours pensé que j'étais le coupable. Roger, c'est le "gaullisme soustellien". À Lyon, à cette époque, Béraudier est le maître des travaux, sous la houlette sourcilleuse de Francisque Collomb qui, en matière de pognon, est le meilleur. Et on a l'impression que j'ai foutu en l'air le clan "gaulliste soustellien". »

Soulier dit de Perrot : « Jean est plein de qualités. Son vrai nom est Perrot de Toledo, il tient de ses ancêtres espagnols une effervescence, un bouillonnement ; il se lance au combat avec les yeux illuminés d'une Espagnole sortant de la messe. »

Près de trente ans plus tard, dévidant l'écheveau d'une histoire complexe sur la terrasse de sa villa de Sainte-Maxime, Jean Perrot se défend d'une conquête à la hussarde : « Je n'ai pas demandé un vote de défiance contre Roger Michaux. C'était un renouvellement normal du conseil d'administration et un vote simple pour la présidence. Je crois que Roger Michaux était agacé par mon activisme. Pourtant, je me tenais tranquille, je lui laissais la tribune présidentielle. Mais je me suis retrouvé en première ligne quand Guy Zerbib a dû progressivement s'effacer et j'ai géré complètement le club de 1978 à 1982. J'ai commencé à apprendre, par André Soulier et Jean Génty, que Roger Michaux disait beaucoup de mal de moi. J'étais sidéré. Je me crevais le c... depuis trois ans pour ce mec et il me tirait dans le dos. Alors que je ne voulais pas sa place, cela ne m'était pas venu à l'esprit. Mais c'est le problème Aimé Jacquet qui a changé la donne. Il était contesté et j'ai résisté tant que j'ai pu : le jour où Jean Génty m'a lâché sur le sujet, j'ai été obligé de lâcher à mon tour. Je savais que c'était une perte épouvantable pour une raison très simple : on avait tout rebâti avec lui. Je sais qu'Aimé m'en a voulu sur le moment, mais je crois qu'il a compris. C'est son départ, les mots qui l'ont entouré, ce reproche incroyable de communisme, après d'autres reproches d'un autre genre à l'égard de Darmon, qui m'ont fait décider qu'il fallait changer. Mais je n'ai jamais eu de haine à l'égard de Roger Michaux. C'était un brave type. »

Concernant le fameux renversement des voix le jour de l'élection, il affirme : « Ce n'est pas moi, c'est Jean Génety qui a tout organisé. Ce n'était pas mon monde, ces trafics d'influence. Quand j'ai été élu, j'ai éclaté en sanglots : j'étais vraiment stupéfait. Président, je n'en avais rien à faire : c'était moi qui dirigeais l'OL depuis deux ans déjà ! Et, pour finir, André Soulier a raison : il n'était vraiment pour rien dans le fait que je devienne président. »

La plus grande réussite du club en ces instants agités demeure la qualité du centre de formation. L'émergence de Laurent Fournier fournit un éclairage intéressant sur la méthode lyonnaise à l'époque. L'ancien milieu de terrain de l'OL, 260 matches en huit saisons professionnelles, nous a permis, en nous prêtant ses archives personnelles, de nous replonger sur cette part de l'histoire.

Comment la formation travaille-t-elle alors ? Dans le cas du jeune Laurent Fournier, cela commence par un échange de lettres entre Jean-François Vuillemin, l'entraîneur de l'AS Brosses Villeurbanne, et Canzio Capaldini, le formateur lyonnais. Ce dernier écrit à Vuillemin, sur un papier à en-tête de l'OL, le 7 février 1977 : « J'ai pris connaissance de la lettre que vous m'avez adressée le 25 janvier 1977 concernant votre proposition au sujet de deux joueurs opérant dans vos équipes pupilles. Je suis pleinement d'accord avec vous sur les intentions que vous manifestez à leur sujet. » Les deux joueurs sont Laurent Fournier et Gilles Constantinian. Le second jouera en D2 à l'OL. Sur la lettre, Vuillemin a ajouté de sa main, après coup : « Après rencontre, je propose que ces deux joueurs s'entraînent une fois par semaine avec l'Olympique Lyonnais. »

Survient une autre lettre, en novembre 1977, de l'AS Monaco qui propose un stage fin décembre 1977. Fournier s'y rend mais, en février 1978, Monaco ne s'engage pas et propose un autre stage à l'été 1979 pour entrer au centre de formation monégasque à la rentrée 1980. Gérard Banide écrit dans son rapport : « Compte tenu de l'expérience que nous possédons actuellement dans le domaine du recrutement et de la formation des jeunes joueurs, nous estimons que, dans le cas présent, il n'y a pas lieu de brûler les étapes. » À la rentrée 1980, au moment où Monaco l'estime enfin mûr pour entrer au centre, Laurent Fournier est déjà remplaçant en D1. Il a 16 ans.

Les relations entre l'AS Brosses Villeurbanne et l'OL se sont accélérées grâce à une lettre de Jean-François Vuillemin adressée à « Monsieur Di Nallo », le 29 mars 1978, alors que Fournier avait tout juste 13 ans et demi : « Monsieur, suite à notre entrevue du mardi 21 mars et à votre communication téléphonique du 23, veuillez trouver ci-joint, comme je vous l'avais promis, le planning du jeune joueur minime Laurent Fournier, de façon que vous puissiez le voir évoluer au sein d'une équipe de notre club. Il est bien entendu que cette lettre ne vous engage en aucune façon. »

Après quelques tests, Alain Thiry, ancien joueur du club villeurbannais, devenu recruteur du centre de formation de l'OL, tranche ainsi les cas Fournier et Constantinian, toujours par lettre : « Nous serions ravis de les voir opérer au sein de notre club la saison prochaine. » Mais Vuillemin fait monter la pression : « Les deux joueurs vous ayant donné satisfaction, nous vous demandons de nous faire à leur sujet des propositions plus concrètes. » Et, dans le même temps, il écrit à Pierre Garonnaire à Saint-Étienne, afin de solliciter un stage pour Fournier « de façon à déterminer sa réelle valeur et ses chances d'effectuer une carrière professionnelle ».

Les méthodes de recrutement sont relativement empiriques. L'AJ Auxerre est déjà offensive. Après la Coupe nationale Minimes à Thonon, Laurent Fournier rentre avec, dans sa poche, une lettre que l'AJ Auxerre a distribuée à tous les jeunes, ou presque. Auxerre n'est alors qu'un club de D2. C'est un prospectus polycopié. On peut y lire : « Vous avez pris conscience de votre valeur sur le plan du football et du travail qu'il vous reste à effectuer pour gravir les prochains échelons vers l'élite du football français. Vous voulez poursuivre des études ou apprendre un métier tout en pratiquant le football à un très bon niveau. L'AJ Auxerre, dont vous entendez parler actuellement dans la presse, à la radio, à la télévision, deuxième en D2, qualifiée pour les quarts de finale de la Coupe de France, peut vous apporter les solutions que vous recherchez.» Guy Roux avait dû reprendre les formules de démarchage de sa compagnie d'assurances.

Laurent Fournier aurait dû arriver à Lyon en 1978, mais une erreur administrative de l'OL l'oblige à rester aux Brosses, à Villeurbanne, une saison de plus pour disputer le Championnat de France Cadets 1978-79. La saison suivante, en 1979-80, il sera champion de France Cadets avec l'OL. Il peut signer son premier contrat aspirant. Son contrat stagiaire viendra en 1982, son premier contrat pro en 1983, un contrat de quatre ans avec une prime de 48 000 francs à la signature. Il se souvient : «J'ai longtemps gagné 500 francs par mois, puis 2 500, puis 3 000.»

Laurent Fournier a tout gardé. Même le règlement intérieur du centre de formation. « Les pièces devront être conservées dans un état de propreté irréprochable par les locataires.» Il y a des consignes en tout genre. Diététiques, par exemple : «Manger lentement et bien mastiquer.»

Le règlement intérieur de l'OL, à ses débuts professionnels, est remarquablement complet, presque cocasse : «Les jeux d'argent sont formellement interdits au cours des déplacements, dans les trains, les avions, les cars ou les hôtels. Les épouses ou membres de la famille des joueurs ne sont pas admis au cours des déplacements. La bonne humeur est vivement recommandée tout au long du déplacement, mais elle ne devra en aucune façon contrarier le repos des personnes étrangères au groupe.» Article 7 : «La réputation de footballeur professionnel ne se limite pas qu'aux seuls exploits du stade. Par la personnalité qu'il représente, son comportement de tous les jours, hors du champ de jeux, est soumis à une critique impitoyable, d'où l'obligation pour lui de suivre une ligne de conduite conforme aux exigences du métier. Afin de prévenir les inconvénients qui résulteraient d'un dérèglement de vie prolongé, le club pourra être amené à contrôler le comportement public des joueurs.»

Ce qui impressionne le jeune Fournier, en son début de carrière, ce sont les primes. « Ma première saison, en 1980-81, on a joué des matches en étant très bien classés, troisièmes, quatrièmes ou cinquièmes. Quand on gagnait, je touchais 3 800 francs de prime. Pour moi, c'était énorme, un truc de malade. L'argent partait directement sur un compte géré par mon père. Je ne dépensais rien, que les tickets de bus. »

À 16 ans, il a l'âge qu'on le confonde avec un ramasseur de balle. Mais il joue en Première Division, se lève à 6 heures, prend le bus 23 à Villeurbanne, direction la place Bellecour, où l'attend un autre bus pour Gerland. De 15 à 18 ans, pendant ses trois premières saisons lyonnaises, il passe une heure chaque matin dans les transports en commun, son sac de sport en bandoulière. « Parfois, un pro ou un stagiaire me déposait place Bellecour. Je n'avais plus qu'un bus à prendre comme ça. » Dans le bus, il n'est pas pris d'assaut par les demandes d'autographe. « De toute façon, j'étais au fond, bien caché. »

Il a un autre souvenir de bus. Une année où l'OL avait des difficultés financières, c'est-à-dire chaque année à cette époque, Laurent Fournier part en car à Laval avec les professionnels : « J'étais trop jeune, je ne parlais à personne. Je m'allongeais sur la banquette au fond du bus et je ne faisais que dormir. Les autres, eux, jouaient aux cartes. Ce soir-là, à Laval, j'étais remplaçant, mais j'étais resté sur le banc. Alors, pour que je puisse jouer en D3 le lendemain à Lyon, on m'a fait reprendre le train de nuit, à minuit, pendant que le reste de l'équipe dormait à Laval. Je suis arrivé à 7 heures devant la *Brasserie de l'Ours blanc*, derrière la gare de Perrache, où l'équipe avait rendez-vous. Et, à 15 heures, je jouais à Gerland ! »

Après les matches, les vocations de baby-sitter n'étaient pas nombreuses. « Lolo » rentrait à la maison. « Quand j'ai débuté en D1, Yves Chauveau avait plus de 35 ans. Il aurait pu être mon père. »

La vie de jeune joueur professionnel à Lyon, quand on vit encore chez ses parents, est celle d'un apprentissage. « J'étais très respectueux. Mes deux premières années en pros, je me changeais dans le vestiaire d'à côté, avec les stagiaires. Quand j'entrais dans le vestiaire des pros, je frappais avant d'entrer. »

Il ne reste qu'une année au centre de formation, avec José Broissart, le temps d'être champion de France Cadets, alors qu'il est encore en troisième, en section sport-études au lycée Victor-Grignard. Il se souvient « des footings avant le petit déjeuner ».

Son histoire est d'abord celle d'une incroyable précocité. Il a 15 ans quand il joue pour la première fois en D3. Il marque de la tête, contre Saint-Priest (2-1), le but de la victoire. Jean-Pierre

Destrumelle, l'entraîneur des pros, passe alors dans le vestiaire pour lui annoncer qu'il va s'entraîner avec l'équipe première. Un mois après, il effectue ses débuts.

Quand les professionnels lyonnais préparent un match à domicile, la mise au vert a lieu le plus souvent au centre de formation, plutôt que dans un hôtel de luxe de la région. Les économies, toujours. Les stagiaires sont obligés de laisser leur chambre pour la sieste des pros, qui ont mangé à la cantine du centre à l'étage.

Laurent Fournier est sur le banc pour la première fois lors du match du record, le derby contre Saint-Étienne (1-1), le 9 septembre 1980. Le record est celui de l'affluence à Gerland : 48852 spectateurs, record définitif puisque les deux versions suivantes du stade en réduiront la capacité. À quelques dizaines près, les chiffres divergent selon les sources, mais tout le monde avait tort : il y avait sans doute 55000 spectateurs ce soir-là, jusque sur les pylônes électriques, aux quatre coins du stade. Laurent Fournier, lui, est passé en trois mois du BEPC à la Division 1.

Ce record d'affluence a deux histoires parallèles. Jean Perrot explique : « C'était avant le drame du Heysel et, comme de nombreux dirigeants de l'époque, il m'est arrivé d'avoir des peurs rétrospectives. On était premiers et deuxièmes, et on a très vite vendu toutes les places. Dans les virages, on avait vendu les places assises. On s'est dit qu'on pouvait mettre les gens debout. On a sorti 10000 billets de plus. Puis 5000 de plus, pour arriver à ce chiffre de 48852. Mais il y avait 55000 personnes. Une demi-heure avant le coup d'envoi, Marino Faccioli m'a prévenu que des supporters étaient en train d'enfoncer les grilles, qu'il y avait des bousculades, des gens compressés. On a vite ouvert les grilles et 2000 ou 3000 personnes sont entrées sans billet. »

Et Jean Perrot enchaîne : « À un quart d'heure du coup d'envoi le préfet m'annonce par téléphone une alerte à la bombe ! Je lui ai répondu que c'était sa responsabilité, pas la mienne. Il m'a rétorqué : "Pas du tout ! C'est une enceinte privée, c'est votre responsabilité, nos services nous disent que c'est sérieux." Et il a raccroché. J'ai demandé à Marino s'il en avait parlé à quelqu'un. Si on avait demandé l'évacuation, cela aurait été épouvantable. J'ai pris ma responsabilité, je n'ai rien dit. Je n'ai même pas trouvé le temps long. Une fois la décision prise, vous êtes dépassé. »

Laurent Fournier est alors un petit prodige, mais il n'a pas l'âge ni le tempérament de se prendre pour un autre : « La première année, avec Tigana, Moizan et Chiesa, je récupérais le ballon et je le donnais, c'est tout… »

Cela suffit. L'OL possède avec ces joueurs son meilleur milieu de terrain du XXe siècle. Encore troisième après seize journées, l'OL ne va jamais descendre en deçà de la sixième place mais peine à remplir Gerland, toujours aussi froid et désert au cœur de l'hiver. Ainsi n'y a-t-il que 3 000 spectateurs, en novembre, lors de la venue de Metz (0-0), un match à l'issue duquel Jean-Pierre Destrumelle compare ses joueurs à des « danseuses ». C'est une époque légère, tout de même. Une époque où Daniel Lubin, dribbleur gaucher fantasque, double pléonasme, rince sa voiture avec les bouteilles d'eau d'Évian qu'il sortait du vestiaire. Une époque où Philippe Vargoz, un défenseur auquel Fleury Di Nallo croyait beaucoup, est, lui, un fan de Johnny. Il a la voiture de Johnny, les bottes de Johnny, les blousons de Johnny. Et ses cassettes, bien sûr.

C'est l'époque, aussi, où Jean Tigana entame de douloureux bras de fer avec son club, notamment avec son président, Jean Perrot. Laurent Fournier se souvient d'une tournée de fin de saison à Gosier, en Guadeloupe, avec deux matches amicaux au programme. L'équipe se délassait à l'hôtel *Holiday Inn* et Jean Tigana était cette fois en conflit avec ses dirigeants à cause d'une vieille prime qui lui manquait. Le milieu de terrain international avait menacé de ne pas jouer et d'étendre, peut-être, la contagion de sa grève. « Et un jour, raconte Fournier, Jeannot est venu nous annoncer qu'il avait enfin touché l'argent que le club lui devait. Il a ajouté : "J'ai décidé de diviser cette somme entre tous les joueurs, cela vous permettra de passer de bonnes vacances." Cela représentait 4 000 francs par personne. Moi, à mon âge, j'étais content… »

Confronté à cette histoire et à ce souvenir, Jean Perrot affirme que cette très importante somme d'argent ne pouvait pas venir de l'OL. Tigana avait-il décidé d'offrir à ses coéquipiers une partie de sa prime de signature à Bordeaux ?

Au-dessus de Jean Tigana et des dirigeants lyonnais, il y a longtemps que les nuages se sont amoncelés. Dans sa biographie, le milieu de terrain racontera avoir arraché sa liberté après une altercation avec Jean Perrot pendant le stage de préparation hivernal à Marseillan, dans sa chambre d'hôtel, contraignant le président lyonnais à consigner cet engagement par écrit.

Jean Perrot propose évidemment une autre version de l'histoire : « Au cours de l'été 1980, on était en stage dans le Beaujolais. Après une discussion d'un mois, Fleury Di Nallo arrive à faire signer à Tigana un contrat de cinq ans. Jusque-là, il était payé à coups de lance-pierres. Il est passé de 1500 à près de 9000 francs, hors primes et augmentations annuelles. À ce moment-là, je vous assure que j'étais le plus grand président de la Terre ! Aimé Jacquet, lui, était à Bordeaux ; il avait récupéré Bernard Lacombe et il savait qui était Tigana. L'hiver suivant, l'équipe est en stage à Marseillan, et Fleury m'appelle en catastrophe : "Jean Tigana fait un scandale." »

Retranché dans sa chambre, le milieu de terrain international hurle : « Je suis un esclave ! Je suis un esclave ! » Jean Perrot débarque, reçoit le joueur et demande un témoin, qui sera Marc Naville, journaliste de *Lyon Matin*. Perrot affirme : « Je n'ai rien signé, rien promis. Je lui ai dit qu'il faisait ce numéro parce que Bordeaux l'avait contacté, que je ne céderais pas et qu'on verrait ce qu'on ferait en fonction du résultat à la fin de la saison. »

La période est prometteuse sportivement. Mais cette affaire Tigana porte en elle de sombres nuages. L'OL apprend que Bordeaux propose 60000 francs (9150 euros) par mois à son milieu de terrain et sait qu'il ne pourra pas aller au-delà de 20 000 francs (3 050 €). « On sortait d'un trou de 7,5 millions de francs *(1,15 M€)* en 1976 ; j'avais désormais 2,5 MF *(380 000 €)* en compte bloqué, et on me le reprochait, avance Jean Perrot. Le 1er mai, à *L'Ours blanc*, Tigana m'a affirmé que, si on s'alignait sur Bordeaux et si on était européens, il restait. Mais à la mairie, quand je suis allé exposer l'affaire, personne ne m'a écouté... »

La fin de Championnat gâche tout le reste. « Trente ans après, je suis encore traumatisé par ces cinq derniers matches », avoue Jean Perrot. En écho, Fleury Di Nallo tranche plus nettement : « On a terminé cinquièmes mais, pour être sûr de partir, Jean Tigana nous a pourri la fin de saison. S'il ne fait pas ça, on termine européens. » Pour la dernière place qualificative en Coupe de l'UEFA, Lyon est devancé par... Bordeaux.

Malgré ces conditions pour le moins tendues, Jean Tigana, devenu international sous le maillot de l'OL, quitte le club avec l'estime et l'admiration du public de Gerland, qui lui sera toujours fidèle. Bien sûr, il s'en va fâché avec ses dirigeants, notamment avec Jean Perrot.

Très vite, une étonnante rumeur parcourt la ville : le président lyonnais, chirurgien-dentiste de son état, ce qui perpétue la tradition des carabins à la tête de l'Olympique Lyonnais depuis 1950, aurait tenté de séduire l'épouse de Jean Tigana pendant un rendez-vous à son cabinet, dans le quartier de la Part-Dieu. Une rumeur que Jean Perrot, scandalisé ou amusé selon son humeur, attribue aux « manœuvres très marseillaises de Genestar », l'agent de Tigana, pour faciliter le départ de son poulain. L'OL va recevoir 2,5 millions de francs (380000 €) pour le transfert de Tigana à Bordeaux.

Ce départ est le début de la fin d'un espoir. Pendant que Jean Perrot songe à refaire le stade, Chiesa prend de l'âge, Moizan s'impatiente et Xuereb est vendu malgré toutes les promesses qu'il suscite. On dit, alors, que Fleury Di Nallo préfère faire place nette pour Nikolic afin de valoriser son choix de recrutement et son influence. « C'est complètement faux, tranche Jean Perrot. Di Nallo a été un très bon directeur sportif, je n'ai eu qu'à me louer de ses services. Il se trouve surtout qu'à l'époque "Xu" était un fou de chasse. Il avait une part dans la Dombes, s'installait dans une passe aux canards, dans le froid, et le lendemain il ne mettait plus un pied devant l'autre. Il était inconstant. C'était notre raisonnement. »

Malgré le départ de Tigana, 1981-82 commence par une embellie. L'OL est deuxième après huit journées, grâce à 9 buts de Nikolic ! Il fête même son millième match en D1, contre Montpellier (2-0) le 21 août 1981, en occupant le fauteuil de leader. Le nouveau gardien est Slobodan Topalovic, que l'OL est allé chercher à Cologne.

Mais au fil de la saison, chacun constate que l'OL n'a plus la même équipe et plus tout à fait le même entraîneur. Jean-Pierre Destrumelle a été rattrapé par ses démons. La modification de sa vie personnelle le fait glisser sur une mauvaise pente, où coule un peu trop de bière. Appréciant beaucoup l'homme, comme la plupart de ceux qui le fréquentent, Alain Moizan passe régulièrement le chercher le matin pour être sûr qu'il arrive à l'heure. Mais à terme, ce match-là est perdu d'avance : Destrumelle a une « réserve personnelle» en face de son bureau, dans le local à ballons, où il passe plus de temps qu'il n'est nécessaire au choix des ballons pour l'entraînement du jour. C'est un gâchis monumental, alors que Destrumelle est un formidable meneur d'hommes. Il poursuivra sa carrière à Orléans. Il s'est éteint le 22 avril 2002, à l'âge de 61 ans.

La saison bascule, comme souvent, par un derby perdu. Le 12 septembre 1981, Joël Fréchet, 15 ans et 11 mois, est titularisé par Destrumelle à Saint-Étienne au marquage de Michel Platini. C'est une boucherie (0-4), même si Fréchet a fait son match. Destrumelle est démis de ses fonctions en novembre, après une série noire de sept défaites en onze journées, et remplacé par Kovacevic.

Ancien joueur d'Angers, Vladimir Kovacevic est alors entraîneur adjoint au Partizan de Belgrade. Son passage ne sera pas exactement un triomphe, pas plus que celui de Robert Herbin dans la foulée. Kovacevic sera seizième au bout de la saison 1981-82, alors que l'OL était onzième à son arrivée ; et il sera carrément dix-neuvième à égalité avec le dernier (Mulhouse) un an plus tard, à l'instant d'être remplacé par Herbin.

Par-dessus le marché, en allant chercher le Yougoslave Kovacevic, l'OL se met l'Unecatef à dos. Le syndicat des entraîneurs, lorsque Guy Roux était à sa tête et que l'Auxerrois avait des principes, partait à la poursuite des entraîneurs étrangers qui ne possédaient pas le diplôme français. Jean Perrot : « Guy Roux m'avait proposé un entraîneur, le seul diplômé qui était sans club, et je n'en voulais pas. Au téléphone, il m'avait dit : "Pourquoi ne pas le prendre ? Je vais vous faire un procès." On avait gagné en première instance, puis on avait été renvoyés dos à dos en appel, mais le verdict avait été assez favorable pour que je demande à l'Unecatef des dommages et intérêts pour dénonciation calomnieuse. » L'ex-président lyonnais ajoute, dans un sourire : « J'ai vraiment passé des moments fantastiques… »

Il y a alors un seul terrain en herbe dans le complexe Tola-Vologe, qui n'a de complexe que la difficulté de s'y entraîner dans de bonnes conditions les jours de pluie. Il y a un terrain de hockey en stabilisé, et les écoles du quartier viennent s'ébrouer là pendant les cours d'éducation physique. Le centre de formation doit traverser la rue pour s'entraîner à la Plaine des jeux de Gerland, où sont distribués des terrains de foot et de rugby.

Lorsque Jean Tigana revient à Gerland sous le maillot bordelais, cette saison-là, il est aussi applaudi qu'impressionné. Il racontera dans sa biographie : « Je me suis retrouvé face à Serge Chiesa, représentant pour moi un monument de gentillesse et de correction. Pendant le match, à un moment, j'ai été obligé de le tacler et, bien involontairement, je lui ai fait un peu mal. D'un seul coup, je me suis retrouvé complètement bloqué et paniqué à la fois, alors que Serge ne cessait de me dire : "Ne t'inquiète pas, Jeannot, ce n'est rien, vraiment rien..." » Bordeaux s'impose 5-3.

À l'entraînement, Albert Émon et Jean-Marc Furlan se battent. Émon a une dent cassée. Cette anecdote, qui est l'ordinaire des clubs, n'a de valeur que parce que les deux hommes seront un jour tous deux entraîneurs de clubs de D1. Et qu'ils se serreront la main à l'instant du protocole. D'où cette question : est-ce la main qui avait frappé ?

Mais ces épisodes sanguins et traditionnels ne sont rien en regard de la guerre que les dirigeants persistent à (se) mener. Guy Zerbib est confronté à la faillite de son entreprise, Jean Génέty perd de son influence, Jean Perrot commence à jouer sa carte personnelle et André Soulier, le premier adjoint au maire, veut régler ses comptes avec Génέty.

Mais Jean Perrot s'accroche à un projet essentiel : refaire Gerland. Claude Chevally raconte : « Un lundi, Jean Perrot m'appelle. Il me dit : "Claude, j'ai un truc extraordinaire à te montrer. Il faut que tu viennes manger à la maison ce soir." Moi, le lundi soir, c'était sacré, j'avais foot avec les copains. Je lui explique et je lui propose qu'on se voie le lendemain. "Non, demain, ce sera trop tard ! Viens à 22 heures, après ton foot." Donc, j'arrive rue Garibaldi, chez lui où, comme promis, son épouse Danielle m'a préparé une assiette de jambon. Son appartement était au dernier étage, avec une mezzanine, où était installé son bureau. Effectivement, cela valait le déplacement : il y avait un grand plan et une maquette de son projet de nouveau stade de Gerland. Il avait imaginé deux concepts : la couverture des virages, mais aussi des tribunes amovibles pour réduire la configuration du stade à 20000 spectateurs. Devant moi, et devant mon assiette de jambon et de cornichons, je voyais donc les tribunes de Gerland coulisser sur la moquette à onze heures du soir. »

À un moment où l'OL n'avait pas encore obtenu la disparition de la piste d'athlétisme, le système coulissant était relativement visionnaire : c'est le système qui sera mis en place au Stade de France en 1998.

La première rénovation du stade de Gerland, avant l'Euro 1984, est une drôle d'histoire. Président de l'OL, Jean Perrot souhaite que Lyon soit candidate à l'Euro et profite des aides de l'État pour la modernisation de Gerland. « Je me souviens de Charles Béraudier, le premier adjoint, me lançant : "Perrot, tes chèvres ont bien assez d'herbe à brouter à Gerland !" J'avais téléphoné à André Soulier qui m'avait dit : "Ne t'inquiète pas, ton stade, tu l'auras." Mais il n'a pas levé un sourcil. »

Pour monter le dossier de candidature, et faute d'avoir accès aux plans détenus par les services techniques de la ville, Jean Perrot et Jean-Marcel Ferret passent une journée à Gerland à prendre toutes les mesures, avec un double décamètre. « On a tout mesuré : le terrain, la piste d'athlétisme, les gradins, la hauteur des marches, la longueur des espaces. J'ai vu mon copain Vidal, l'architecte, il m'a demandé des dimensions supplémentaires et on a reconstitué Gerland. »

D'où la maquette et les tribunes qui coulissaient, le lundi soir, dans son salon. « Mais c'était avant qu'on persuade l'athlétisme d'abandonner l'enceinte pour un stade plus à sa mesure. Puis, un jour, en passant un pont suspendu, j'ai eu l'idée d'arrimer le toit des tribunes aux piliers, avec des câbles. Mon ami Vidal et une entreprise allemande, qui avait accepté l'idée que des entreprises françaises avaient refusée, ont mis tout ça en musique. Ensuite, on a voulu supprimer les grillages et il a fallu creuser des fossés, qui se trouvent au-dessous de la nappe phréatique du Rhône. C'est pour cela qu'on n'a pas pu abaisser la pelouse, ce qui aurait offert une meilleure visibilité aux places du bas, notamment en Jean-Jaurès, du côté des bancs. J'avais donc en main un plan qui valait le coup. »

Il restait à le présenter au ministre, au nom de la ville de Lyon qui n'était pas d'accord et qui n'était même pas au courant. « Quand j'arrive chez Jean-Pierre Soisson il m'annonce son bonheur que la ville de Lyon soit candidate… Puis je suis reçu par un polytechnicien barbu qui, lui, sait que je ne suis pas de la ville mais de l'OL, et m'avertit que si ça se passe mal, il en ira de ma responsabilité. »

Un matin, en écoutant Europe 1, le maire de Lyon, Francisque Collomb, apprend que sa ville fait partie de l'opération « Grands stades ». Jean Perrot : « Il est 8 heures, je suis à mon cabinet dentaire quand Mireille, mon assistante, passe la tête et annonce : "Monsieur le sénateur-maire..." Je pose mes instruments et je prends le téléphone. "Ici Francisque Collomb... » "Bonjour, Monsieur le maire..." J'ai pris l'engueulade de ma vie. "Perrot, vous vous prenez pour qui ? Vous vous prenez pour le maire de Lyon ? J'avais dit non et vous me mettez dans un truc impossible ? » Cela dure quatre à cinq minutes. Après avoir exposé mes arguments sur la vétusté du stade et cet investissement d'avenir, j'ai l'idée farfelue de lui annoncer que, s'il ne dit pas oui, je convoquerai les médias et je resterai allongé chez moi, barricadé, jusqu'à ce que j'obtienne une réponse positive. Derrière, j'entends murmurer. Le maire dit : "Perrot, attendez une seconde..." J'imagine le conciliabule. Et un peu après, le maire reprend le téléphone : "Perrot, vous aurez le stade..." »

Pendant que les travaux continuent, Jean Perrot ne peut pas survivre indéfiniment à la pression grandissante des critiques. Le mauvais classement et la modification des lignes de pouvoir à l'hôtel de ville l'installent en première ligne. Le 9 mai 1982, il finit par abandonner la présidence. « Je vais pouvoir m'occuper de ma famille et partir au ski », lance-t-il alors. Avec le recul, il persiste à trouver son éviction « formidablement injuste ». « J'ai pris le club avec un trou de 7,5 millions de francs *(1,15 M€)*, avec un stade vétuste, sans centre de formation véritable, sans bâtiment administratif. J'ai laissé le club avec 2,5 millions de francs *(380 000€)* en compte bloqué, un centre de formation, une rénovation de Gerland en marche. Un an après mon départ, l'OL était en D2 avec 8 millions de francs *(1,2 M€)*de dettes... »

Jean Génety, maire adjoint aux Sports, ne peut pas être président lui-même. Son idée consiste à nommer un président qui lui laisse les coudées franches. Il en trouve un insoupçonnable : un notaire, Raymond Ravet, habitué de Gerland mais aussi du stade Balmont, à la Duchère, où ont lieu les matches de D3 et où il était connu pour interpeller les pros de passage sur l'air de « trop payés ! » Forcément, devenu président, il ne pourra plus le dire, même si un rapide examen des comptes lui en apportera confirmation. Il a 69 ans, il est entré au conseil d'administration en 1954, il fut le vice-président de Rochet en 1970, mais son intérim est impuissant et effacé : souffrant, assisté dans sa vie quotidienne par une gouvernante, il ne peut pas diriger le club et n'assiste même pas à toutes les réunions. C'est une époque étrange. Des dirigeants arrivent, des dirigeants partent et de nombreux papiers disparaissent du siège, comme si certains souhaitaient effacer des traces derrière eux.

La municipalisation de l'OL est plus forte que jamais : le vrai patron du club est Jean Génèty, l'adjoint aux Sports. « C'est le système qui imposait aux municipalités d'être présentes, rappelle André Soulier. À l'époque, les clubs professionnels vivaient du "crédit municipal". C'était donc nécessaire, et il fallait si possible le faire avec habileté, ce qui, j'en conviens, n'a pas été le cas. Jean Génèty était dans le club comme le grand protecteur de Bohême-Moravie dans l'empire austro-hongrois ; il représentait la ville, il représentait l'argent. Moi, je n'ai jamais mis les pieds au conseil d'administration de l'OL. Faut-il le regretter ? Oui. J'aurais dû m'en mêler, aller sur place. Ce n'était pas du professionnalisme, c'était un système oscillant entre l'amateurisme et ce qu'on devait attendre plus tard du professionnalisme. C'était un état intermédiaire, sympathique mais improbable. J'avais une vraie passion pour l'OL. Pour Jean Génèty et ses amis, c'était juste un enjeu, pas une fin. Ils n'avaient de cesse que tenter de m'écarter. Jean, je l'ai eu comme médecin du sport. Peut-être lui ai-je manqué de sollicitude. Mais à peine avait-il un élan vers moi que ses propres amis le reprenaient. D'où cette situation confuse, qui ne servait personne. Et nous sommes passés de Charybde en Scylla, d'un président à un autre. »

Car Raymond Ravet ne fait que passer. Le 13 janvier 1983, Charles Mighirian est élu président. Il était membre du comité directeur, et ancien vice-président, de Nîmes Olympique depuis dix-huit ans. Antoine Rossi est son président délégué, Génèty assiste à la séance. Jean Fournet-Fayard aussi. Quatre jours plus tard, Mighirian négocie à l'amiable le départ de Di Nallo, directeur sportif.

Avant l'élection de Charles Mighirian, l'époque est traversée par l'affaire des 55000 francs *(8 300€)* qui disparaissent du coffre du club, au siège, à Tola-Vologe. Quatre personnes seulement avaient accès au coffre. Personne n'a jamais avoué, ni désigné le coupable. Comment Charles Mighirian est-il arrivé à la présidence ? Georges Halatas, le kiné, fondateur du centre médical, qui était entré au conseil d'administration de l'OL, avait visiblement eu la tâche de débusquer un nouveau président. « Il fallait que ce ne soit ni Roger Michaux, ni Jean Perrot, explique-t-il. Quelqu'un m'avait parlé de Charles Mighirian. Je lui téléphone et je lui demande s'il peut venir me voir. Il se vexe et c'est moi qui vais au marché-gare pour le visiter. Je lui trouve un charisme de président. C'était un bouliste connu à l'époque. Il ne voulait pas être président, mais il était d'accord pour entrer au comité de gestion. Pour la présidence, j'avais pensé à Bernard Moyen ; il avait failli basculer mais il n'avait pas assez de temps. Et une fois entré au comité de gestion, en même temps que des gens comme Jean-Michel Perret ou Antoine Rossi, Charles Mighirian a fini par accepter la présidence. Mais dans ce comité de gestion, avec Bernard Moyen, on s'est engagés dans une aventure qu'on connaissait mal. Tout le monde voulait être président. Alors, avec Bernard, au bout d'un an ou deux, on a démissionné pour se concentrer sur la commission médicale. » La présidence de Charles Mighirian, champion de France de boule lyonnaise avec Bernard Cheviet, proche du journaliste de *Lyon Matin* Marc Naville, marque un tournant et l'effacement de Jean Généty. Par dépit, l'adjoint aux Sports désigne le nouveau président comme « le marchand de bananes ». Négociant en primeurs au marché-gare, Charles Mighirian répond alors : « Je n'ai jamais vendu de bananes ! Je vends des ananas et des oranges... » Amoureux du football et honnête, Mighirian ne ment pas sur la marchandise. Seulement sur son âge, qu'il n'a jamais voulu avouer. Il a fallu très longtemps avant de découvrir que ce bouliste élégant, bronzé toute l'année, était né en 1917. Charles Mighirian a donc 65 ans quand il accède à la présidence de l'OL.

C'est le pire moment pour accepter le poste : l'OL est relégable, et le club au bord du dépôt de bilan. Mighirian se débat de toutes ses forces face à cette double menace. Il n'en évitera qu'une seule. Sur le terrain, Kovacevic peine à bâtir une équipe. Il n'a pas laissé un souvenir impérissable à ceux qui l'ont fréquenté. Laurent Fournier se souvient : « Il ne m'aimait pas. Un jour, à l'entraînement, il a formé deux groupes de chaque côté du terrain. Un avec le ballon, un sans le ballon. Il y avait les punis et les autres. J'ai fait toute la séance avec le groupe qui n'avait pas de ballon. »

Pour sauver ce qui peut l'être, Charles Mighirian convainc Robert Herbin de venir au chevet de l'OL. L'ancien entraîneur du grand Saint-Étienne débarque chez le rival régional le 22 février 1983, à treize journées de la fin. La méthode Herbin est rude. Fournier : « Quand il est arrivé, on s'est dit : "S'il peut nous sauver..." C'était la première fois que je travaillais autant. Après chaque entraînement, ou presque, je vomissais. Au menu, il y avait du saut à la corde. Je ne savais pas faire. Je ramenais la corde chez moi, pour apprendre à en faire et essayer de moins souffrir le lendemain... »

Robert Herbin, ou la rigueur en toute chose. À l'entraînement, par beau temps, torse nu, short roulé près du corps, il lui arrive de demander à ses joueurs de changer de côté pour ne pas abîmer le terrain. L'explication est ailleurs : c'est pour pouvoir bronzer de dos, après avoir bronzé de face.

Tout au long de cette fin de saison, Herbin répète : « On va forcément gagner un match à l'extérieur. Cela ne s'est jamais vu, une saison entière sans gagner au moins une fois en déplacement... » Mais cela arrive : non seulement Lyon ne remporte pas une seule victoire loin de Gerland, mais il ne décroche pas le moindre point au cours de ses sept déplacements de l'ère Herbin. L'OL descend après vingt-neuf saisons parmi l'élite. Il ne fallait pas recruter Henri Zambelli, le spécialiste des descentes, le roi des chats noirs ! Plus tard, la malédiction du défenseur cesera, et Zambelli sauvera même Brest de la relégation à la dernière journée de Championnat, en marquant un but décisif. Face à son éviction et à cette descente, Kovacevic, amer, affirme dans *L'Équipe* : « Mon successeur, considéré comme le meilleur entraîneur français, n'a pas fait mieux que moi. »

Au cœur de la saison de la descente, un coup d'œil sur le programme des matches, intitulé « Tous pour l'OL », donne une idée de l'atmosphère et des difficultés. Dans son éditorial, Charles Mighirian explique : « Menacé de relégation en Deuxième Division, notre club a vu peser sur lui la menace de sa disparition, pas moins. » Il détaille « les joueurs et salariés qui ont consenti un sacrifice financier », le « soutien financier » du sponsor, Carrefour, et « la municipalité lyonnaise qui vient de consentir une subvention exceptionnelle pour permettre au club d'éviter un dépôt de bilan aux conséquences funestes ».

Tout cela est vrai. En avril 1983, après une réunion dans le bureau du maire de la ville, Francisque Collomb, les joueurs de l'OL acceptent une baisse de salaire selon une fourchette allant de 10 % à 25 %. André Ferri déclare, solennel : « Conscients de la gravité de la situation et désireux d'éviter à tout prix le dépôt de bilan, nous avons accompli les efforts financiers qui nous étaient demandés. » C'est une drôle d'époque. Au Red Star, Roger Lemerre, entraîneur, comble de sa poche quelques fins de mois difficiles de ses joueurs.

Un autre événement survient, aussi triste que la descente. Le 23 mai 1983, Serge Chiesa vide son casier dans le vestiaire de Gerland. Il offre le champagne à ses coéquipiers et aux journalistes. À 32 ans, il boucle quatorze saisons professionnelles avec le club lyonnais. Mais il a encore quelque chose à donner : il va continuer à jouer plusieurs saisons avec Orléans et Clermont, en D2. Lyon n'a pas vraiment cherché à le faire prolonger. Certains incompétents avaient répandu, peu de temps auparavant, le bruit de son salaire de 46000 francs *(7 000 €)* en faisant croire qu'il s'agissait d'un prix exorbitant. Mais Chiesa n'avait pas de prix, et s'il en avait un, il était à coup sûr supérieur à celui que l'OL avait payé pour l'avoir en son sein de 1969 à 1983.

Il n'a pas été une star parce qu'il n'a pas cherché à l'être. Mais, techniquement, il était le chaînon manquant entre Raymond Kopa et Michel Platini, dans l'histoire des grands joueurs du football français. « Il était disponible tout en ayant beaucoup de mal à comprendre qu'on s'intéresse à lui, se souvient Claude Chevally, de *L'Équipe.* On discutait tous les jours, tranquillement, à la sortie du vestiaire sous les arches. Il avait son petit blouson, une clope au bec, et tout allait bien. Mais si on commençait à dire qu'il fallait qu'on se voie, il répondait toujours que ça pouvait attendre et que si c'était pour parler de l'équipe de France, c'était non. Aux beaux jours, il nous arrivait de jouer à la pétanque à Gerland, de déjeuner ensemble, mais une interview dans le journal, ça ne l'intéressait pas. »

Serge Chiesa n'avait jamais vraiment voulu quitter Lyon. Robert Herbin, lui, ne voudra jamais vraiment s'y installer. Même plus tard, entraîneur du Red Star, il n'acceptera pas de quitter sa maison de L'Étrat, près de Saint-Étienne, plus de trois jours par semaine. Là, il effectue les voyages entre L'Étrat et Lyon au volant de sa Scirocco, tous les jours, et séduit ses interlocuteurs. Claude Chevally, qui en avait diversement goûté le commerce à Saint-Étienne, apprécie le nouvel Herbin : « Il était très différent et on a découvert quelqu'un de très sympa. Après l'entraînement, on allait souvent boire du Pacific à l'étage, une boisson anisée sans alcool qu'un sponsor avait livrée un jour en grande quantité. Parfois, des joueurs nous rejoignaient. Moralement, il était toujours touché par la fin de l'aventure stéphanoise, mais il voulait faire un truc à Lyon, reproduire ici ce qui avait marché là-bas, en lançant des jeunes autour de deux ou trois joueurs expérimentés. C'est pour cela, après la descente, que sont arrivés les chevronnés Jean-François Larios, Félix Lacuesta et Olivier Rouyer. »

Lyon et Herbin, c'était une drôle d'association. Dix ans plus tard, après l'élimination de l'équipe de France dans la course à la Coupe du monde 1994, alors que le football français cherche un remplaçant à Gérard Houllier, son nom est cité parmi les candidats envisageables, de même que celui de Gilbert Gress et de quelques autres. C'est le bon moment pour une grande interview, que l'on effectue pour *le Progrès*. Robert Herbin est alors, avec Pierre Repellini, entraîneur du Red Star à Saint-Ouen, où on l'appelle « VSD » ; il ne passe que les fins de semaine à Paris, quittant son Étrat le jeudi matin et rentrant dans la Loire le dimanche.

Le rendez-vous est pris à Saint-Ouen. Son bureau d'entraîneur est de l'autre côté de la rue, derrière le stade Bauer. Il n'y a là aucun luxe, ce n'est pas le genre du club audonien. Lorsque l'on s'assoit, il commence par passer dix minutes à assembler des trombones entre eux et à bricoler une antenne pour son petit poste de radio, ces transistors carrés qui à l'époque éprouvaient la patience : en effleurant la molette pour changer de station, on passait directement de 91,2 à 107,9. Robert Herbin, lui, cherche France Musique. Il finit par trouver. L'interview peut commencer. Il condamne l'attitude de David Ginola lors du fameux France-Bulgarie (1-2), tient un discours de candidat plutôt fédérateur, en tous les cas intéressé. Puis on lui parle de Lyon, de son passage à l'OL. À la question peu originale de son meilleur souvenir lyonnais, il réfléchit, triture un peu l'antenne de fortune de son transistor et lâche, dans un souffle : « Un concert Hector Berlioz à l'auditorium Maurice-Ravel ! »

11. 1983-1987 La traversée du désert

Larios, Lacuesta et Rouyer sont de passage en D2.

Herbin repart.

L'OL ne remonte jamais, s'arrête aux barrages.

Les jeunes, Fournier, Durix, Nono, Fréchet, grandissent avec Nouzaret.

Jean-Michel Aulas arrive, préparé par Roger Michaux, annoncé par Tapie.

Mighirian fait de la résistance.

Ce n'est pas la descente qui peut remplir la caisse. Ni le stade de Gerland, d'ailleurs, qui atteint pourtant joliment sa version « Euro 84 ». En dehors du départ de Serge Chiesa, les deux meilleurs buteurs de la saison de la relégation, Albert Émon (12 buts) et Jean-François Domergue (8 buts), sont vendus respectivement à Toulon et à Toulouse. Domergue ne va pas s'en plaindre : en demeurant en D1 et en effectuant une belle saison, il va pouvoir devenir champion d'Europe des nations, sacré héros de la mémorable demi-finale face au Portugal (3-2, a.p.), à Marseille, grâce à ses deux précieux buts.

Dans l'idéal, la première saison de l'OL en D2 aurait dû être la dernière. Pour remonter tout de suite, les Lyonnais possèdent une équipe intéressante. C'est une recette que Robert Herbin a importée de Saint-Étienne, mais qui demeure l'idéal de n'importe quel entraîneur ne disposant pas des meilleurs joueurs du monde : quelques cadres, comme André Ferri, Slobodan Topalovic ou Sima Nikolic, entourent les jeunes joueurs formés au club. Laurent Fournier, qui a 19 ans et déjà trois saisons professionnelles derrière lui, est toujours là mais il n'est pas seul : Herbin n'hésite pas à lancer Jean-Jacques Nono, une force de la nature, en défense centrale, ou Joël Fréchet.

Le style lyonnais est relativement séduisant et l'OL de Herbin est suffisamment dans le coup pour jouer l'accession directe, dans le groupe A, jusqu'à une défaite à Marseille (0-1) sur un but inscrit par Jacques Lopez à deux minutes de la fin, un soir où Lyon est privé de Nikolic. Le Yougoslave s'est blessé deux jours plus tôt à l'entraînement, pendant une séance de jeu de tête, séance dangereuse pour le cuir chevelu et les arcades, que Robert Herbin avait déjà l'habitude d'infliger rituellement aux Verts en sa période stéphanoise.

Alors que l'OL avait un point d'avance juste avant son déplacement au Stade-Vélodrome, l'OM prend la tête et va remonter. Lyon, troisième de son groupe derrière Nice, dispute et perd le prébarrage face au Racing Club de Paris, à Colombes (1-3, a.p.). Mais Charles Mighirian est tellement convaincu d'être sur la bonne voie qu'il a prolongé le contrat de son entraîneur dès janvier 1984.

La concomitance de la descente de l'OL et de la montée de Villefranche-sur-Saône aboutit à une grande première et à un fait unique dans l'histoire de l'OL : un match de Championnat contre une autre équipe du département du Rhône. Le 21 septembre 1983, l'OL remporte ainsi son premier derby rhodanien face à Villefranche (2-1), buts de Philippe N'Dioro et de Henri Zambelli, contre un but de Guy Genet, l'ancien joueur lyonnais.

La jeune équipe de Herbin comprend quelques artistes. Même si, parfois, elle ne les comprend pas complètement puisqu'il leur arrive d'être difficiles à comprendre. Si Philippe N'Dioro enchante Gerland de son pied gauche, il lui arrive aussi de susciter quelque agacement. Éric Spadiny est un autre cas d'école. Devant le but, il est d'une adresse phénoménale. Il a un don que ne présente aucun de ses contemporains du centre de formation, dirigé par José Broissart, un centre qui jusque-là sort plus de défenseurs et de milieux que d'attaquants. C'est une tendance que l'OL renversera au début et au milieu des années 1990, avec une génération spontanée étonnante par sa densité de futurs joueurs de D1 et de D2 (notamment Florian Maurice, Frédéric Kanouté, Ludovic Giuly, Steed Malbranque, Cédric Bardon, Joseph-Désiré Job, Fabrice Fiorèse, Pascal Chavrondier et Frédéric Fouret).

En remerciement de ce don particulier, Éric Spadiny aime un peu trop une vie qui l'a tant gâté. Il fait naître des espoirs sans lendemains durables, ni statistiques intéressantes. Il se contentera de 29 buts, toutes compétitions confondues, en cinq saisons qui laisseront le goût d'un regret.

Cette saison 1983-84, marquée par une élimination empanachée en huitièmes de finale de la Coupe de France, face à Nantes (0-0, 4-4 à Gerland), rend aveugles les décideurs lyonnais, qu'il s'agisse des dirigeants, de l'entraîneur ou des observateurs influents. Le sens de l'urgence reste l'ennemi de la lucidité et, s'il est aisé de réécrire l'histoire, il est évident a posteriori que l'OL avait atteint un certain équilibre, lors de sa première saison en D2, entre l'expérience et la jeunesse. Avec un an de plus, les jeunes joueurs formés au club n'allaient pas régresser…

Robert Herbin est-il trop pressé ? Il convainc Charles Mighirian d'investir. Alors que Sima Nikolic est libéré dans un premier temps, puis rattrapé par la manche, l'OL s'offre deux internationaux, Jean-François Larios et Olivier Rouyer, ainsi que Félix Lacuesta, un des joueurs les plus doués et des moins professionnels de sa génération, quoiqu'il n'ait guère eu de concurrence en chacun de ces deux domaines.

L'équilibre est brisé dans le vestiaire comme sur le terrain. Face aux salaires des nouveaux arrivants, le discours de l'austérité nécessaire ne passe plus. Et, face à leur comportement sur le terrain, une partie de l'équipe s'interroge, quand elle ne baisse pas les bras. Larios, qui revient de blessure, ne justifiera son statut qu'en toute fin de saison, alors qu'il est trop tard. Rouyer n'est plus le feu follet nancéien qui avait fait chuter la grande Allemagne de Beckenbauer, d'une volée venue de Mars en février 1977 (1-0), au

Parc des Princes, mais au moins donne-t-il tout ce qu'il a, à commencer par son aptitude au bonheur et sa bonne humeur communicative. En revanche, Lacuesta fait l'unanimité contre lui.

Et non seulement l'OL ne joue pas la montée, mais c'est la relégation en D3 qui menace. Après un match à Grenoble (0-1), Herbin lâche : « J'ai eu honte ! » En fait, c'est son message qui ne passe plus, ou mal. Laurent Fournier, avec le recul, analyse : « On s'est dit qu'on allait monter facilement. Nous, les anciens, on n'a peut-être pas fait non plus tous les efforts qu'il fallait. On pensait que les nouveaux feraient tout, qu'on vivrait une saison de gala… » Le jeune Lyonnais vit tout cela de loin, passant ses semaines au BJ, le Bataillon de Joinville, à Fontainebleau (où les sportifs de haut niveau effectuaient leur service militaire). Il avait marqué quatre buts en trois matches de préparation, mais il doit se résoudre à une année sinusoïdale, marquée par les absences : au cœur de la saison, il s'envole au Gabon trois semaines, en charter, au milieu des tanks que la France s'apprêtait à livrer au Tchad, pour jouer un match contre les employés du groupe Total…

S'il a réclamé des joueurs d'expérience, Robert Herbin continue de lancer des jeunes. Ainsi Franck Durix débute-t-il contre Thonon (0-0), devant 5265 spectateurs. Rémi Garde, lui, dispute son premier match professionnel à Limoges (0-0). Il entre en cours de jeu, tire sur le poteau. Lui aussi a été façonné par les mains de José Broissart. Il dit de cette période et de cet apprentissage : « Je n'ai plus le même regard qu'à l'époque. Sur le moment, c'était très dur, j'ai vécu des périodes vraiment difficiles. José est un personnage assez rude. Il ne parlait pas. Il y avait zéro sentiment, zéro affection, en tous les cas c'est comme ça que je le percevais. Mais je me suis rendu compte, après, qu'il y avait de l'affection, qu'il ne la montrait pas comme j'avais envie de la percevoir, c'est tout. Aujourd'hui, je suis conscient que son attitude était quelque part réfléchie et qu'elle m'a préparé à ce que j'ai découvert après. J'ai compris, grâce à lui, qu'il allait falloir naviguer entre la nécessité du collectif et la nécessité d'être très fort individuellement au milieu de tout ça. »

Rémi Garde devra être d'autant plus fort que deux saisons blanches l'attendent, de 1985 à 1987, en raison d'une double rupture des ligaments croisés, un genou après l'autre, une faiblesse congénitale qui en fera un rescapé particulier.

Pour l'OL, cette saison 1984-85 est une longue nuit. Le 27 mars 1985, alors que l'équipe s'embourbe dans la médiocrité, Charles Mighirian annonce deux décisions spectaculaires : Félix Lacuesta est licencié pour « carences personnelles et professionnelles » ; et André Ferri, toujours joueur, va épauler Herbin en tant qu'entraîneur adjoint ou co-entraîneur. Le technicien stéphanois sait les raisons de sa disgrâce : l'OL possède seulement deux points d'avance, à la sortie de l'hiver, sur le premier relégable. Mighirian justifie la promotion de Ferri en faisant état d'« une meilleure audience que Robert Herbin auprès des joueurs pour ressouder le groupe ». Cela fonctionne : l'OL termine par sept matches sans défaite et se hisse à la septième place. Le 10 mai, Herbin annonce qu'il quitte l'OL. Il n'y avait pas vraiment de suspense.

Même en ces instants difficiles, « Papy-la-Sirène », lui, est toujours là. La plupart de ses voisins ne connaissaient même pas son vrai nom. En haut de la tribune Jean-Bouin, là où les supporters les plus chauds étaient massés, à la lensoise, avant de glisser vers les virages deux ou trois ans après l'arrivée de Jean-Michel Aulas, Joseph Dosdoghourian lançait toujours la même phrase, pour peu que le score soit encore de 0-0 après quinze ou vingt minutes de jeu : « Allez l'OL, vous êtes en retard pour le premier but ! » Puis il faisait chanter sa sirène, qu'il apportait jusqu'à sa place avec une petite batterie de douze volts. À cette époque, il n'y avait pas de fouille, pas de danger. Ses voisins lui lançaient, souvent : « Allez, papy, la sirène ! » Le sobriquet lui était resté.

Il avait commencé en 1950, non pas avec une sirène électrique mais avec une crécelle. Il avait abandonné la crécelle en 1970, en échange d'une sirène de camion américain récupérée chez un carrossier. Il avait même écrit au maire, Louis Pradel, pour demander l'autorisation, qui lui sera accordée « à la condition que cela ne soit pas de manière continue et qu'elle soit destinée exclusivement à encourager l'Olympique Lyonnais ». Parce qu'il aurait pu se tromper et encourager l'équipe adverse ?

Pour les supporters lyonnais, ces années 1980 sont difficiles. Ni Herbin ni Larios ni, bien sûr, Lacuesta ne vont entamer la troisième saison en D2. L'équipe est plus jeune que jamais, ce qui n'est pas un défaut en regard du spectacle délivré en 1984-85, même si René Bocchi et Hervé Goursat sont venus amener un peu d'expérience.

L'ensemble correspond, au fond, à la mentalité de l'entraîneur élu par Charles Mighirian : ce n'est pas André Ferri, qui redevient simple joueur, mais Robert Nouzaret. Ce dernier en dit, plus de vingt ans après : « Pour moi, c'était mon bâton de maréchal. Même en D2. C'était Lyon, quand même ! » C'était, surtout, le club de sa jeunesse et de ses plus belles années de joueur.

Robert Nouzaret, né à Marseille, était arrivé à Lyon à l'âge de 7 ans pour s'installer dans le sixième arrondissement. Ses grands-parents tenaient un restaurant place Morand ; son père, ingénieur aux Mines, était monté pour s'occuper d'une affaire de percolateurs. Il souligne : « J'ai joué à l'OL dans toutes les catégories, de l'école de foot aux professionnels. » Il garde un profond respect pour un éducateur qui a compté, René Monnet. Dans les années 1950, il est régulièrement ramasseur de balle à Gerland. Le point d'orgue de sa carrière lyonnaise est, bien sûr, la finale de la Coupe de France 1967. Il porte un regard humble sur ses qualités de joueur : « Dans chaque catégorie, il y avait toujours des gars dix fois meilleurs que moi mais, à chaque fois, ces gars-là ne passaient pas. Moi, minime, cadet, junior, j'étais toujours là. On me mettait au marquage, je courais partout, je n'arrêtais pas, j'avais un cœur gros comme ça, mais j'étais un porteur d'eau. Et j'avais l'intelligence de faire ce que je savais faire. »

Il avait connu trois entraîneurs à Lyon : Lucien Jasseron, Louis Hon, puis Aimé Mignot l'espace d'une saison. « Les joueurs de DH s'entraînent mieux aujourd'hui que nous à l'époque ! Nous, on faisait les escaliers, des abdos, des 4 contre 4. Avec Jasseron, c'était du marquage individuel. Louis Hon est le premier qui m'ait frappé : c'était la grande classe, un seigneur. Il était assez fantasque. Il aimait faire des coups ponctuels, qu'il expliquait parfois en déplaçant des pièces de monnaie sur la table. À la limite, il était plus fait pour Marseille que pour Lyon. Jasseron avait une idée fixe du jeu, Louis Hon aimait faire des coups et Aimé Mignot, en 1968, était plus sérieux, plus scientifique. »

Quand il revient à l'OL, en 1985, Robert Nouzaret a appris son métier d'entraîneur à Saint-Dié et à Montpellier. Sa première saison est intéressante. Son équipe termine troisième du groupe A et échoue encore en pré-barrages (1-2, à Mulhouse), mais il révèle certains potentiels comme celui de Franck Durix, milieu offensif fluet et efficace, meilleur buteur de la saison avec 11 buts, un de plus que l'avant-centre nominal, Pombolo Sadi Wa, qui possédait quatre fois plus de puissance que de finesse.

Franck Durix est un joueur de 63 kilos qui n'a jamais réussi à grossir, mais c'est surtout un joueur subtil, infatigable et adroit devant le but. Enfant de Belleville-sur-Saône, d'un père qui a rêvé pour lui de la carrière qu'il n'avait pas faite, il a dû attendre longtemps pour s'affranchir de cette tutelle et de sa timidité. « Quand je marquais trois buts, il disait que j'aurais dû en marquer cinq, que ça ne suffisait pas, et il me faisait courir après le match parce que cela ne suffisait pas. » Ses formateurs raconteront qu'il lui arrivait d'être débarqué de la voiture à quelques kilomètres de la maison familiale, pour rentrer en courant. Il en avait gardé une philosophie ambivalente : « D'un côté, cela m'a aidé à réussir. De l'autre, il y a eu des périodes où j'ai été totalement dégoûté. C'est décevant d'être forcé. Ma mère, elle, ne voulait pas que je fasse du foot. »

À 16 ou à 17 ans, il parvient à interdire à son père de venir au stade. Et se développe. José Broissart dira : « Sa timidité a été un handicap terrible. Il était restrictif dans son expression. Il était très adroit devant le but, il avait une qualité de course exceptionnelle mais, même quand il faisait un très bon match, on avait l'impression qu'il pouvait faire plus encore. » En écho, Durix nous avouera beaucoup plus tard, à l'heure de sa carrière cannoise, à 29 ans : « Je sentais que j'étais bloqué par mon caractère. »

Laurent Fournier continue à faire des différences, mais la D2 ne le sert pas. À 21 ans, il est maintenant dans sa sixième saison pro et, en septembre 1985, dans le programme « Tous pour l'OL » précédant Lyon-Gueugnon (2-1), il répond à une question sur son après-football : « Une chose est sûre, je ne resterai pas dans le football comme entraîneur. » Il ne faut donc jamais dire fontaine…

Dans la coulisse, à Tola-Vologe, le siège se répartit gentiment sur deux étages et n'occupe pas tous les bureaux. Marino Faccioli, plus de trente ans d'OL, est déjà là, bien sûr, de même qu'Albine Chambon, la secrétaire, qui deviendra l'assistante de Gérard Houllier en 2006, ainsi qu'un comptable, Daniel Péchet, et une hôtesse d'accueil. Gérard Drevet, toujours là lui aussi, gère déjà la vie du centre de formation et Petty, petite et pétillante Uruguayenne, lave les maillots.

En Coupe de France, l'OL est sorti au huitième tour, en janvier 1986, succombant devant une autre équipe de D2, Alès (3-4, a.p.), et surtout un quadruplé de Thierry Gudimard, un ancien Roannais, fils de journaliste, qui avait remporté le Concours du jeune footballeur. Bruno Génésio, un autre jeune formé à l'OL, marque son premier but pro ce jour-là.

À l'été 1986, déçus d'avoir manqué la montée d'un rien, Charles Mighirian et Robert Nouzaret décident de faire un effort de recrutement. La jeunesse continue de leur sembler un pari trop risqué pour les ambitions du club. Le recrutement, de fait, est plutôt spectaculaire : trois défenseurs, Yannick Bajeot, Pascal Havet et Claude Robin, un milieu de terrain, Jean-Jacques N'Domba, et trois attaquants, Jean-Pierre Orts, Franck Priou et l'Allemand Thomas Remark. Cela fait beaucoup et, très vite, un peu trop.

André Ferri, en fin de course, est définitivement écarté, ce qui permet à Pascal Fugier de s'imposer.

Franck Priou vit une soirée peu commune à l'automne 1986. Quelques minutes avant le coup d'envoi de Lyon-Gueugnon (7-1), Slobodan Topalovic a un malaise. À l'époque, il n'y a pas encore de gardien sur le banc des remplaçants. Il est donc remplacé au dernier moment par Franck Priou, qui avait déjà rempli cette fonction la saison précédente avec Istres et qui est titularisé au poste de gardien.

À l'OL, il n'est pas le premier joueur de champ à qui cela arrive, mais il est le premier à le faire dès le coup d'envoi. En cours de match, l'international suisse Jacky Fatton avait passé une mi-temps dans le but, en 1956, au Racing (2-1), après la blessure de Levon Djolakian à la 44e minute.

Personne ne peut jurer, bien sûr, qu'il y ait le moindre lien, mais ce malaise revint fatalement en mémoire lorsque tomba la triste nouvelle du décès soudain de Slobodan Topalovic sur un terrain à Belgrade, le 16 mai 1994. Après Marcel Aubour et Yves Chauveau, et avant Grégory Coupet, Topalovic, qui aura passé six saisons à l'OL (1981-87), incarnait la tradition lyonnaise des gardiens qui s'inscrivent dans la durée.

La saison 1986-87 s'achève dans une considérable agitation. Sur le terrain, l'OL possède plutôt une bonne équipe pour la D2, mais son destin sera le même que celui de ses devancières : écarté de la montée directe lors du dernier match, à Montpellier (1-3), le club lyonnais termine deuxième et prend la direction des barrages. Mais, après avoir éliminé le FC Mulhouse de l'entraîneur Raymond Domenech (4-3), l'OL échoue pour la montée face à Cannes (0-1, 1-1), crucifié au retour par l'égalisation – après un but du futur Cannois Frank Priou (33e) – de l'un de ses anciens joueurs, Albert Émon (56e).

Ce soir-là, avant le coup d'envoi, deux présidents ont fait un tour d'honneur. Ils marchent dans la même direction alors qu'ils ne font finalement que se croiser : Charles Mighirian est un président au crépuscule ; pour Jean-Michel Aulas, c'est encore l'aube.

Deux mois plus tôt, personne ne le connaissait. Enfin, presque personne. Roger Michaux, l'ancien président qui a difficilement digéré sa mise à l'écart, a vu ce jeune industriel lyonnais faire entrer son entreprise, la Cegid, au Second Marché. La Bourse est le domaine de Roger Michaux, il ne pouvait pas manquer semblable trajectoire. Or, il n'a pas une infinie tendresse, ni indulgence, pour les présidents qui lui ont succédé. Il ne lui déplairait donc pas de participer à la mise en place de celui-là.

Dans son bureau de la Cegid, un jour de juillet 2007, Jean-Michel Aulas refera la genèse d'une histoire tiraillée entre la réalité, qui fait de Roger Michaux l'acteur de son arrivée à l'OL, et la légende, qui offre un peu facilement le costume à Bernard Tapie. Dans *L'Homme qui tua Liberty Valance*, film de John Ford sorti en 1962, il est suggéré d'imprimer la légende. Mais le président de l'OL préfère dessiner sa réalité : « Roger Michaux m'avait sollicité pour être membre du Club des cent, un collège d'entrepreneurs. J'ai eu avec lui une relation plus que professionnelle, une relation d'estime. J'ai un peu été son fils spirituel. J'ai accepté d'entrer au Club des cent et, au même moment, j'avais été appelé par Bernard Tapie, via Louis Thannberger, qui était l'homme des introductions en Bourse, pour participer à l'opération de privatisation de TF1. Bernard Tapie avait été approché par Francis Bouygues. Contre toute attente (Jean-Luc Lagardère était le grand favori), Francis Bouygues et Bernard Tapie ont gagné, si bien que je suis entré non dans le capital de TF1, contrairement à ce que je croyais, mais dans le capital de Bernard Tapie Finances, comme associé. C'est après que Bernard Tapie a saisi l'opportunité de son émission *Ambitions*, à Toulon, où je n'étais même pas, pour annoncer qu'il connaissait un jeune industriel… »

La concomitance soulève un soupçon de complicité que le président lyonnais chasse dans l'instant : « Absolument pas ! Bernard Tapie m'a pris en otage et a accéléré l'affaire, mais je n'y étais pour rien. Bien avant cela, Roger Michaux avait cette idée en tête. Mais à partir de ce moment, je me suis vraiment rendu compte du pouvoir médiatique. Si c'était moi qui avais déclaré ma candidature, personne n'en aurait parlé, en tous les cas je n'aurais pas eu une page dans le *Progrès* le lendemain. » L'effet Tapie, au moins, est immédiat : Jean-Michel Aulas devient instantanément présidentiable.

Dès le lundi 2 mars, au lendemain de la phrase de Tapie rapportée par Éric Charvet, un journaliste du *Progrès*, le nom et la photo de Jean-Michel Aulas apparaissent en pleine page dans le quotidien régional. Le spécialiste de l'OL au *Progrès* est alors Olivier Blanc, futur directeur général de l'OL, chargé de la communication. Au sein du vieux quotidien lyonnais, Olivier Blanc avait pris la suite de Patrick Chêne et du regretté Bernard Puillet.

À l'instant où commence le déluge médiatique, le nom de Jean-Michel Aulas ne sort pas exactement de nulle part : il est donc déjà membre du Club des cent, dont Charles Mighirian souhaitait faire un vivier pour préparer sa succession.

Jean-Michel Aulas sait-il alors, exactement, où il va ? On va avancer que s'il le savait, il ignorait, en tous les cas, comment. « Je reconnais volontiers qu'à l'époque je n'y connaissais rien. J'aimais le foot, j'avais la passion du sponsoring, j'avais eu cette expérience avec Alain Prost pendant cinq ans, mais je n'avais pas la moindre idée de ce qu'était la gestion du football professionnel. »

Mais André Soulier est tout de même l'un des rares à qui le nom d'Aulas dise vraiment quelque chose : « Quand je suis devenu maire de Villié-Morgon, en 1969, j'ai découvert un journaliste, Michel Aulas, un poète, un homme d'une grande culture, délicieusement intelligent. » Fils de ce journaliste, Jean-Michel Aulas est également le fils d'une femme professeur de mathématiques. Soulier s'envole : « Il a hérité de sa mère cette organisation, cette minutie, et sans doute quelque part rêve-t-il d'emprunter à son père cette merveilleuse licence que se donne le poète. Alors, licence, oui, mais pour les logiciels *(rires)* ! »

Les médias offrent à la candidature de Jean-Michel Aulas une formidable caisse de résonance, mais le futur président lyonnais est spécialement rapide. Le 3 mars, son dossier s'appelle déjà « OL Europe ». Il se souvient encore de sa première réunion avec les élus de l'association, qui ont un vrai pouvoir, électoral, sur l'avenir du club. « Je suis plutôt quelqu'un qui sait s'adapter, je sais être réactif, mais, là, j'ai découvert quelque chose de complètement différent de ce que j'avais imaginé, par méconnaissance. Toute une partie souterraine m'échappait. Et les gens de l'association avaient le pouvoir de décision. Je me suis expliqué avec des idées et des mots qui étaient désynchronisés par rapport à la culture d'un club de football. Je n'étais pas préparé pour ça, et je ne l'avais pas souhaité. »

Entre Bernard Tapie et Jean-Michel Aulas, le sujet de la genèse de l'histoire lyonnaise est revenu sur la table, à l'occasion. Jean-Michel Aulas : « Évidemment, Bernard Tapie est persuadé que je suis devenu président de l'OL grâce à lui ! Moi, je lui répondais : "C'est plutôt à cause de toi !..." Ce qui est vrai, c'est qu'à cette époque j'avais suivi un peu l'OM. Je m'étais même rendu au château Ricard, à Clairefontaine, pour la préparation de la finale de Coupe de France 1986, Bordeaux-Marseille (2-1, a.p.). Alors, quand on me dit que je suis un farouche adversaire de l'OM, de Saint-Étienne ou de Bordeaux... D'ailleurs, lorsque je me suis vraiment impliqué dans le football, Claude Bez m'a beaucoup aidé. »

Le 23 mars 1987, Jean-Michel Aulas est élu au comité de gestion. Le 30 mars, il passe une manière de grand oral dans une réunion à trois avec Francisque Collomb, le maire de Lyon, et Jean-Claude Darmon, qui possède le contrat de commercialisation et de publicité de l'OL.

André Soulier, premier adjoint, lance la présidence de Jean-Michel Aulas par un tour de passe-passe budgétaire, attribuant deux subventions issues de deux budgets différents, mais à proximité immédiate. Afin de permettre à Jean-Michel Aulas de s'exprimer devant le conseil municipal, privilège réservé, une séance de commission générale va précéder le conseil. « Je me souviens lui avoir dit : "Êtes-vous prêt à venir convaincre les soixante-treize membres du conseil municipal, maire compris ? Il ne faut pas être bon, il faut être exceptionnel. Il faut nous expliquer ce que vous voulez faire dans les vingt ans qui viennent." Il s'est installé avec Marino Faccioli, a amené un rétroprojecteur et, sans lyrisme, a fait passer le rêve à travers les chiffres et le projet. Il a terminé dans un silence impressionnant. À la fin, alors que je circulais entre les groupes, j'ai demandé à Gérard Collomb *(futur maire de Lyon, PS)*, un de mes anciens colleurs d'affiche, comme Jean-Jack Queyranne *(futur président du conseil régional, PS)* : "Peut-on compter sur toi ?" Il m'a répondu : "Attends, le siège social de la Cegid est dans le cinquième arrondissement…" C'était le sien. À partir de là, le vote a permis de remettre financièrement les compteurs à zéro et l'aventure a pu commencer. »

Jean-Michel Aulas mène toujours plusieurs combats à la fois. Au moment même où il accède à la présidence du club, il lance une OPE (offre publique d'échange) sur la CCMC, le principal concurrent de la Cegid sur le marché. Il échouera en novembre, revendant toutefois ses actions avec une plus-value importante. Il attendra dix-huit ans pour enfin prendre d'assaut son concurrent, devenu CCMx. Ce qui fait dire à André Soulier : « Un jour, sur un dossier quelconque, un de ses adversaires me dit : "Il a reculé." Je lui ai répondu : "Il a reculé d'une case, mais il avait avancé de deux. Donc il a avancé d'une case." Cela a été la même chose pour la plupart de ses combats, l'entrée de l'OL en Bourse par exemple. À chaque fois, je sais comment le match va se terminer. Et on a tort de croire qu'il en conçoit la moindre gloriole. Il raisonne seulement en termes d'efficacité. Aujourd'hui, c'est la même chose pour le nouveau stade et OL Land : personne ne l'en empêchera. »

Face à la montée de ce présidentiable de 38 ans, Charles Mighirian fait un peu de résistance. Il a du mal à passer la main et à s'effacer. Mais avec un déficit de 10 millions de francs (1,5 M€) pour un budget de 17 millions de francs (2,6 M€), il lui est difficile de continuer à faire progresser le club.

Le 4 mars, dans *Lyon Matin*, le président lyonnais montre qu'il n'a pas envie qu'on lui force la main : « On m'avait averti : faites attention à ceux dont vous facilitez l'entrée au club ! Ne placez pas de la dynamite sous votre fauteuil. Nous allons revoir la candidature de M. Aulas. Personnellement, je n'y suis plus favorable. »

Ces tensions déboucheront sur la fameuse scène du tour d'honneur, avant le coup d'envoi du match de barrages face à Cannes, qui peut promouvoir l'OL en D1 mais le maintiendra, donc, en D2. En le prenant par la main sous le prétexte d'un hommage, Jean-Michel Aulas entraîne Charles Mighirian vers la sortie, comme s'il voulait s'assurer qu'il lui laisse vraiment sa place.

Jean-Michel Aulas assurera vingt ans après : « Mon seul regret, c'est de ne pas avoir su convaincre Charles de prendre l'initiative de l'opération. Il a accepté de s'effacer un peu contraint et forcé. J'aurais dû arriver à le convaincre de s'approprier ce passage de témoin. Depuis, nous avons développé une grande complicité, tous les deux. Charles est un type formidable. » Suffisamment formidable, d'ailleurs, pour passer sur tous les écrans du monde, un soir de match de Ligue des champions à Gerland, en gros plan, et rester longtemps à l'image : le réalisateur de TF 1 avait confondu l'ancien président lyonnais et ses cheveux blancs impeccables avec Mario Zagallo, l'ancien joueur et sélectionneur du Brésil.

De ce basculement vers la présidence, Jean-Michel Aulas avoue : « C'est sans doute lié à mon tempérament fonceur, mais j'ai trouvé gênante, c'est vrai, sa résistance. Non pas par rapport à mon arrivée, inéluctable, mais par rapport au mode d'organisation que je voulais mettre en place. »

Car s'il est finalement élu à la présidence le lundi 15 juin 1987, il est trop tard pour qu'il ait complètement les cartes en main, trop tard pour boucler la venue de Raymond Domenech comme entraîneur. Une venue qui avorte après la publication de l'information dans le quotidien mulhousien *l'Alsace*, par Jean-Marc Butterlin, futur journaliste à *L'Équipe*.

Sur le sujet, il faut savoir qu'un conflit quasi historique oppose, depuis le mois de mai 1987, le clan Aulas au clan Mighirian-Nouzaret, même si l'ancien bouliste a depuis longtemps abandonné le combat. Le premier a toujours reproché au second d'avoir prolongé le contrat de Robert Nouzaret juste avant de quitter son poste. Ce dernier continue de s'emporter contre cette thèse : « C'est faux ! J'avais prolongé mon contrat un an auparavant, en 1986, pas juste avant l'arrivée d'Aulas. Cela aurait été maladroit, ça, d'accord. Mais Charles Mighirian ne risquait pas de faire une chose pareille. »

Dans l'affaire, en fait, le premier n'a pas raison et le second n'est pas totalement innocent. Paradoxalement, de manière assez transparente, c'est Jean-Michel Aulas lui-même qui nous révèle l'exacte chronologie de l'affaire en juillet 2007, alors qu'on le rencontre en vue de préparer la rédaction de cet ouvrage, en faisant appel à Marino Faccioli afin que son directeur général puisse extraire une fois pour toutes la vérité du dossier Robert Nouzaret.

Le verdict tombe, de la voix de Marino Faccioli à travers le haut-parleur du téléphone présidentiel, dans le bureau de Jean-Michel Aulas à la Cegid : « Le 30 juin 1985, Robert Nouzaret signe un contrat de trois ans. Le 18 août 1986, son contrat d'entraîneur est prolongé jusqu'au 30 juin 1990. Le 27 mars 1987, il signe un avenant à son contrat qui fait de lui le manager général du club. »

La vérité est donc que Charles Mighirian n'a pas prolongé le contrat de son entraîneur juste avant que Jean-Michel Aulas n'arrive. Il l'avait fait un an plus tôt, à un moment où il avait toute liberté et toute légitimité pour le faire. Mais l'extension des prérogatives de Robert Nouzaret le 27 mars 1987 ne peut pas être non plus une initiative complètement innocente : elle survient quelques jours après l'élection de Jean-Michel Aulas au comité de gestion, et le projet « OL Europe » avait été annoncé trois semaines plus tôt. Dans cette affaire, où personne n'a complètement tort, ni raison d'ailleurs, cela n'aurait rien changé : dans tous les cas, Robert Nouzaret aurait eu du mal à durer avec un président qui ne l'avait pas choisi.

12. 1987-1989 Montez, on vous demande !

Les premiers pas de Jean-Michel Aulas.

Le rêve de « Lyon, ville européenne ».

Nouzaret, Papas, Le Borgne en une saison.

L'élan avec Domenech et Lacombe.

Le bagne en Forêt-Noire.

La remontée en D1, enfin.

Il suffisait d'y croire ? Lorsque Jean-Michel Aulas, fraîchement élu, décide que l'OL jouera avec un maillot vantant « Lyon, ville européenne », le décalage est vertigineux : Lyon est une ville européenne coincée dans une Division 2 encore à deux groupes, une ville européenne qui expose sa vitrine dans de grandes métropoles comme Le Puy, Rodez ou Montceau-les-Mines. Dans une interview accordée à Laurent Campistron, dans *France Football*, le président lyonnais expliquera plus tard : « Je n'avais aucune connaissance du milieu du football, sinon celle du café du commerce et du supporter moyen. Mais je me suis dit qu'une ville à vocation européenne comme Lyon ne pouvait décemment pas se contenter d'un club de foot évoluant en D2. J'ai donc eu l'idée de ce flocage. J'ai juste voulu dire que, si Lyon voulait retrouver un lustre, il devait s'inscrire dans une dimension européenne. Il s'agissait d'inciter la ville à se sortir d'une forme de léthargie par rapport à son équipe de foot, de lui donner une ambition car, quand on a une ambition, on se donne les moyens de la satisfaire. »

Il bouscule les habitudes, et pas seulement les habitudes. Il bouscule tout et tout le monde, au risque de l'impopularité, déjà. Dès cette époque s'ébauche un bras de fer courtois mais permanent avec les journalistes lyonnais ; sans doute a-t-il besoin de savoir, lui aussi, jusqu'où il peut aller. L'heure est à la réciproque découverte, mais sans perte de temps, sans recours aux amabilités civiles et douceâtres : la conquête n'attend pas.

Qui est réellement Jean-Michel Aulas ? Vingt ans après son accession à la présidence, et même quand on l'a côtoyé aussi régulièrement pendant cette période, c'est une question qui n'a pas une seule réponse, quand elle en a une.

Dans un reportage de Gérard Etcheverry paru dans *L'Équipe* à la fin des années 1980, Michel Aulas, son père, aujourd'hui disparu, évoquait ce fils et ses conquêtes. Ancien professeur et journaliste à Villefranche-sur-Saône, il disait de son fils : « J'étais persuadé qu'il allait faire quelque chose dans la vie, quand il avait 10-15 ans. Mais pas si gros, pas des trucs pareils ! » Puis, aussi : « À l'école, mon fils était turbulent, dissipé, impertinent. Il bougeait beaucoup... En réalité, je crois qu'il a toujours caché une réelle sensibilité. Mais le fond de son caractère, c'était de foncer. Cela m'a toujours sidéré. Quand il faisait quelque chose, c'était toujours jusqu'au bout et à fond. À skis, par exemple, il bloquait ses fixations pour ne pas déchausser. Au risque de se casser une jambe. »

En 1965, à 16 ans, Jean-Michel Aulas est immobilisé six mois à la suite d'une greffe osseuse autour d'une vertèbre flottante. Son père racontait, encore : « Le jour où on lui a enlevé le plâtre, mon fils a passé sa journée à rouler sur une mobylette, pour voir si ça tenait. »

Il crée la société « Cegi » en 1969, puis « Cegid » en mai 1983, qui deviendra le leader français des logiciels de gestion pour l'entreprise. Trois ans plus tard, il introduit son groupe en bourse, sur le Second Marché d'abord, en règlement mensuel ensuite. Vrai libéral, il se vante d'afficher parfois les salaires dans son entreprise (qui comptera 2 000 employés en 2007), pour éviter l'ambiguïté et favoriser l'émulation. Face à cette trajectoire, M. Aulas père avançait : « Son vrai bonheur, c'est d'être un conquérant, mais ce n'est pas un héritier. Là où il est, il est arrivé tout seul. »

Sa première saison de président est, sans surprise, la plus agitée. Parce qu'il ne sait pas exactement où il est, même s'il semble déjà savoir où il va, et parce qu'il n'a pas été complètement maître d'œuvre. Mais il a tout de même participé, en dégageant de nouveaux moyens financiers, à un recrutement plutôt séduisant sur le papier. L'OL est allé chercher l'international zaïrois Eugène Kabongo à Anderlecht, mais aussi l'international néerlandais Michel Valke au PSV Eindhoven. Valke, un gaucher, était déjà passé dans la région un soir de tempête en Coupe de l'UEFA à Saint-Étienne (défaite du PSV 0-6). Sur le plan français, l'OL recrute François Lemasson, le gardien doublure de Joël Bats au Paris-SG, Mario Corian, un défenseur guadeloupéen de Louhans-Cuiseaux, et la charnière centrale d'Alès (D2) – Frédéric Zago et Patrice Cabanel –, qui vient de s'illustrer en atteignant les demi-finales de la Coupe de France, battu sans perdre par Bordeaux (2-2, 0-0).

Il se trouve que les raisons d'être optimiste sont nombreuses, mais qu'elles ne passent pas l'été. Le 8 août 1987, l'OL subit un véritable accident industriel face à Sochaux (1-7), sur sa pelouse de Gerland. Le système à trois défenseurs de Robert Nouzaret vole en éclats face à ce qui reste peut-être la plus belle équipe de toute l'histoire de la D2, qui disputera cette saison-là la finale de la Coupe de France, elle aussi battue sans perdre par Metz (1-1, 4-5 t.a.b.).

L'agitation est déjà intense. Du côté des attaquants, on joue l'embrouille : Jean-Pierre Orts et Franck Priou, qui étaient déjà au club, ne sont pas spécialement ravis de l'arrivée de Kabongo et s'arrangent pour ne pas lui donner un ballon. Orts remonte Priou contre Kabongo pour lui faire oublier qu'ils sont, eux aussi, concurrents. Priou et Kabongo finissent par se battre dans le couloir du vestiaire, après cet OL-Sochaux.

Laurent Fournier se souvient : « Ce soir-là, je suis rentré chez moi, dans mon appartement à Fontaines-sur-Saône, et tous les voisins étaient à la fenêtre. J'ai dit à Béa *(son épouse)* : "Tu vas m'acheter les journaux. Moi, je ne peux pas sortir pendant trois jours..." »

Le Néerlandais Michel Valke, lui, avait une technique fine mais il était « rapide comme le 7 », vieille expression lyonnaise dont le père de Patrick Chêne, André Chêne, alors chef des sports au *Progrès*, usait et abusait à chaque fois qu'il suspectait l'un de ses collaborateurs de quelque lenteur : le « 7 » était le numéro de l'omnibus qui s'arrêtait partout et mettait trois heures à traverser la ville.

Valke savait tout faire, techniquement, dans un cadre technique collectif mais il n'était pas l'homme des différences individuelles. Du haut de son expérience, il crut bien faire, ou non, en rédigeant une lettre de trois pages après la déroute face à Sochaux afin d'y exposer les problèmes tactiques. Cette lettre tomba, au *Progrès*, dans les mains d'Olivier Blanc, le spécialiste de l'OL à l'époque, qui en publia les grandes lignes. Le lendemain, bien sûr, Robert Nouzaret était au téléphone. Il n'avait pas besoin de ça.

Car au cœur de cet été 1987 l'entraîneur lyonnais est déjà en difficulté. Le couple président-entraîneur qu'il formait avec Charles Mighirian a été brisé par l'accession de Jean-Michel Aulas à la présidence. Il se sait isolé.

Robert Nouzaret affirme qu'il n'a pas la moindre prévention contre Jean-Michel Aulas, lorsque celui-ci débarque à la tête de l'OL. « On avait déjeuné tous les trois, avec Charles Mighirian. Je m'étais dit que la jeunesse et l'expérience pouvaient faire un bon mélange. Les premiers mois, d'ailleurs, Aulas a regardé et il a accepté beaucoup de choses, notamment en ce qui concerne le recrutement. Ce que je ne savais pas mais qu'il a fini par révéler, c'est qu'il s'était déjà mis d'accord avec Raymond Domenech *(alors entraîneur de Mulhouse)* pour me remplacer. »

Raymond Domenech s'en souvient très bien mais laisse entendre que c'est l'OL qui a reculé, au dernier moment, pendant l'été 1987. « C'était presque fait, et décidé. Je ne sais pas ce qui s'est passé, ce qui a provoqué l'hésitation de Lyon. C'est vrai, il y a eu l'article de "Bubu" *(Jean-Marc Butterlin)* dans *l'Alsace*, qui a annoncé que c'était fait alors que rien n'était signé, et cela a sans doute fait bouger les choses du côté de Lyon. Je ne sais pas. De toute façon, je ne voulais rien forcer, je ne voulais prendre la place de personne. »

Jean-Marc Butterlin précise : « Je me souviens avoir eu l'info un dimanche soir. J'en parle à Raymond, qui me dit : "Fais comme tu veux, mais tu fais peut-être une connerie…" J'ai hésité jusqu'à vingt-deux heures et j'ai fait le papier, avec ce titre à la une :

“Domenech à Lyon.” C’était fait, mais c’était surtout fait entre Raymond et Lyon. André Goerig, le président de Mulhouse, n’était visiblement pas au courant et avait décrété : “Si c’est comme ça, il ne partira pas !” Mais ensuite, un peu plus tard, tout le monde s’est mis d’accord pour qu’il parte à Lyon la saison suivante. Mulhouse, de son côté, a pris très tôt des contacts avec Didier Notheaux. »

Jean-Michel Aulas complète : « Au départ, c’est vrai, je voulais Raymond Domenech. Cela n’avait pas été possible, André Goerig, son président au FC Mulhouse, ne voulant pas le lâcher. Mais ensuite j’ai vraiment joué la carte Nouzaret. C’est après qu’il a été écarté que j’ai pris contact avec Raymond en vue de la saison suivante. C’est pour cela qu’au niveau des entraîneurs j’ai opté pour des solutions à court terme, pour aller jusqu’au bout de la saison, c’est tout. »

Robert Nouzaret identifie d’autres ennemis qui lui savonnent la planche. Le Kiné Georges Halatas et l’adjoint au maire André Soulier, par exemple. « J’ai payé une chose simple : alors qu’auparavant les joueurs se soignaient chez Halatas, au centre Vendôme, ils ont commencé à se soigner chez nous, au centre médico-sportif... Après, Jean-Michel Aulas avait tout à fait le droit de vouloir faire revenir Raymond Domenech et Bernard Lacombe. J’aurais juste voulu qu’il soit clair. C’est ce que je lui reproche. »

Le président lyonnais confirme l’origine des contacts avec l’ancien capitaine de l’OL, transféré en 1977 à Strasbourg et prêt à revenir au club de son enfance et de sa première vie professionnelle dix ans plus tard. Dans *France Football*, il confie : « Pour Raymond Domenech, c’est vrai, c’est Georges Halatas qui m’a mis sur la piste. Il a eu un rôle important dans le rapprochement. Georges était le bras séculier d’André Soulier, son éminence grise opérationnelle. À l’époque, j’étais assez naïf. Il y a beaucoup de choses dont je me suis rendu compte plus tard. J’ai su après, par exemple, que Jean-Joseph Moreno, qui allait devenir mon vice-président, avait pour mentor André Soulier. Et c’est ce dernier qui a tenu un rôle d’intermédiaire, proposant que Jean-Joseph Moreno soit mon bras droit afin de m’expliquer tout ce que je ne connaissais pas dans le foot. En guise de quoi Jean-Joseph Moreno ne connaissait pas plus que moi le football professionnel de l’intérieur. En revanche, ce sont ces trois hommes, André Soulier, Georges Halatas et Jean-Joseph Moreno, qui m'ont décrit et expliqué les liens du club avec la municipalité. Et depuis, j'ai appris... »

Tout le monde avait senti le coup venir : Robert Nouzaret est limogé au lendemain d'une défaite cuisante à Orléans (0-3), le 10 octobre 1987. L'après-midi du match, un conflit a une nouvelle fois éclaté entre Kabongo et Nouzaret, qui a exclu de l'équipe le buteur zaïrois.

Dans cette affaire, deux thèses vont s'affronter. Aulas affirme que l'entraîneur lui a demandé d'intervenir et qu'il est allé voir Kabongo pour l'obliger à s'asseoir sur le banc. Nouzaret infirme : « J'ai écarté Kabongo, qui a refusé d'être remplaçant. Aulas est venu me demander de le remettre dans l'équipe. Je lui ai répondu qu'il n'en était pas question, que je n'allais pas changer d'avis. Alors cela ne pouvait pas bien finir. Les autres entraîneurs, à Lyon, sont souvent partis avec élégance. Moi, je ne peux pas partir avec élégance, je place mes principes en dessus. Et je n'ai aucun regret. »

Mais une douleur, oui. Celle d'avoir été évincé de son club, dans sa ville. « Oui, sans doute, reconnaît-il. Encore une fois, je comprends qu'un président ait son équipe en tête, c'est la loi. Mais c'est la manière qui m'a dérangé. »

Il ne fait pas beaucoup de doute, avec le recul, que le président lyonnais a instrumentalisé la bouderie de Kabongo pour déstabiliser complètement son entraîneur. Ce soir-là, à Orléans, il déclare : « Nous avons les meilleurs joueurs de D2. Aujourd'hui, ils sont traumatisés. » Si les meilleurs joueurs de D2 perdent, c'est qu'il y a un problème d'entraîneur : c'est évidemment la logique communicatrice de Jean-Michel Aulas, lequel, au lendemain du match perdu 0-3, s'entretient pendant deux heures avec les joueurs. Kabongo est là, pas Nouzaret. Après la réunion, il annonce « un conseiller pour travailler en collaboration avec Nouzaret ». Mais c'est le limogeage qui attend l'entraîneur lyonnais.

C'est Jean-Joseph Moreno, vice-président fugace et furtif, qui annonce à Robert Nouzaret son licenciement. C'est le début d'une longue procédure et d'une éternelle inimitié. À propos de son ancien entraîneur, Aulas lâchera un jour cette phrase terrible : « C'est un incompétent à qui j'ai donné un chèque de 750 000 francs *(115 000 €)* pour lui dire qu'il était incompétent. » Ils seront longtemps ennemis. Plus longtemps encore qu'on n'aurait pu le penser à ce moment-là. En 2004, lorsque l'OL cherche à arracher Didier Drogba à Guingamp, Nouzaret est le sélectionneur de la Côte d'Ivoire, et son influence ne peut pas être positive pour Aulas. Drogba rêvait trop de l'OM, peut-être, pour choisir Lyon, mais dix-sept ans après Nouzaret n'était pas particulièrement désespéré à l'idée qu'il ne choisisse pas le club de Jean-Michel Aulas.

Au moment de la rupture, le président lyonnais révèle un soi-disant double contrat (Nouzaret est entraîneur et manager général), ainsi qu'un salaire de 50000 francs (7500 €) par mois. En fait, Nouzaret touchait 40000 francs; il aurait eu 50000 francs s'il était allé au bout de son contrat en 1990.

Les relations entre Jean-Michel Aulas et Robert Nouzaret ne peuvent donc pas être idylliques si longtemps après. Le premier entraîneur de l'ère Aulas décrit, comme un post-scriptum : « Au moment des cinquante ans de l'OL, en 2000, j'avais dit que je ne viendrais pas. Puis Alain Bompard, mon président à Saint-Étienne, m'a convaincu d'y aller. Je ne le regrette pas. Aulas a été correct, j'ai passé une bonne journée mais derrière, le naturel est revenu au galop. Je ne lui pardonne pas d'avoir été actif dans l'affaire des faux passeports qui a fait descendre Saint-Étienne en D2 (en 2001). Cette affaire, elle est partie des Lyonnais. Aulas reste un président machiavélique. Quand on voit ce qu'est devenu l'OL, il faut avouer que c'est le premier qui a compris ce qu'il fallait faire : quand on est champion de France, il faut renforcer l'équipe. Alors le président est performant mais l'homme n'est pas valable. Un jour, tout le monde s'en apercevra. »

Pour remplacer Robert Nouzaret, l'OL choisit Denis Papas, qui connaît bien la D2 pour avoir été longtemps entraîneur de Louhans-Cuiseaux mais qui n'a pas réellement l'expérience d'un club à gros budget et à gros ego dans l'effectif. Jean-Michel Aulas croit tellement à cette idée que, le jour de l'intronisation de Denis Papas, il est tout simplement absent. Et l'OL ne met pas vraiment les petits plats dans les grands. Pas de trompettes, pas de présentation fastueuse, par conséquent pas de président. L'idée n'est pas de lui mais de l'un des membres du comité de gestion, Jean-Michel Péret. Vingt ans après, il tranche : « Papas, c'était une erreur. Ce n'était pas mon choix. Comme par hasard, je n'étais pas là le jour de son intronisation et, comme par hasard, depuis je n'en ai pas raté beaucoup... »

Denis Papas tombe sur un groupe miné, que quelques anciens cherchent à contrôler. Il se bat avec ses armes. Il aura longtemps promis de révéler tout ce qu'il avait inscrit dans un petit carnet qui ne le quittait jamais. Il promène un constant décalage entre son assurance et sa notoriété. Il n'est pas désagréable de travailler avec lui au quotidien, mais il s'est rendu lui-même les choses difficiles en lançant le 12 octobre, à son arrivée : « J'ai toujours fait mieux que mes prédécesseurs et que mes successeurs. » Il avait annoncé dans la foulée : « Je n'ai signé que pour neuf mois mais je suis là pour beaucoup plus longtemps. D'ailleurs, dans le milieu du football les gens disent aujourd'hui : "Enfin, Denis, tu es l'entraîneur de l'OL !" »

Quand il lui arrive de parler un peu trop, il dérape sur la question de l'héritage et hérisse Robert Nouzaret qui lui répond, par presse interposée, dans les colonnes de *But* : « Il devrait s'abstenir de faire référence au passé. Qu'il fasse preuve d'humilité : il entraîne un club au-delà de ses espérances. »

La parenthèse Denis Papas est remarquablement courte. Le 8 mars, dans *le Sport*, Olivier Blanc, devenu l'envoyé spécial permanent à Lyon du deuxième quotidien sportif de la saison 1987-88, annonce que Domenech remplacera Papas le 15 mars. Le futur sélectionneur affirme ne pas s'en souvenir : « Pour moi, il n'a jamais été question de quitter Mulhouse en cours de saison. On jouait la montée, nous aussi ! Alors peut-être que certains, comme Georges Halatas, tramaient quelque chose, mais moi je n'aurais pas bougé. Après l'éviction de Robert Nouzaret, je m'étais mis d'accord avec Jean-Michel Aulas pour la saison suivante et je n'avais pas l'intention d'accélérer les choses. S'il y a eu des bruits, ce n'était pas mon problème. Mon boulot, moi, c'était d'entraîner l'équipe de Mulhouse. »

Nouzaret avait pris 18 points en treize matches ; Papas, 14 points en douze matches. C'était moins bien, et ce n'était pas assez. Les joueurs, comme prévu, n'ont laissé aucune chance à Papas. Le papier d'Olivier Blanc est un brûlot, et ce sont les joueurs qui mettent le feu. Orts : « Il nous a déclaré qu'il ne craignait rien en cas d'échec avec l'OL, parce qu'il retrouverait son poste de professeur de gym à Limas. » Fournier : « Papas ne savait pas ce qu'était le football pro. Il croyait sans doute que c'était facile. Ce n'est pas si évident. » Nono, en conflit : « Papas a été major de sa promotion mais il ne connaît pas le milieu professionnel. C'est un médecin qui a la théorie sans la pratique. Son départ donne raison aux joueurs qui ont souligné depuis longtemps qu'il n'était pas à sa place. » Zago : « Papas baissait la tête devant ceux qui criaient plus fort que lui et il était incapable de justifier ses décisions. Quand on n'a plus confiance en son entraîneur, c'est fini. »

Denis Papas avait mal mesuré la défiance. Il était resté trop longtemps, sans doute, à Louhans-Cuiseaux, dans un contexte qui ne pouvait pas le préparer aux chausse-trappes d'un club de la taille de l'OL.

Pour gérer le cas Papas, toujours sous contrat, Jean-Michel Aulas fait comme souvent dans ces cas-là : il ment joyeusement en annonçant que son ancien entraîneur va devenir le directeur sportif de l'OL, « une certitude à 99 % ». Ce n'est pas complètement un mensonge sur le plan mathématique, puisqu'il reste 1 % d'incertitude, mais sur le plan de la sincérité c'est un bon vieux gros mensonge.

Afin de remplacer Denis Papas, Jean-Michel Aulas fait appel à son entraîneur adjoint, Marcel Le Borgne, vieux serviteur du club, 318 matches à l'OL dans les années 1960. La méthode Le Borgne est assez simple : de la bonne humeur, quelques coups de gueule, confiance aux anciens. Et une pincée de superstition : les soirs de rencontre à l'extérieur, en écoutant les matches à la radio, son épouse prépare des asperges.

C'est une saison, d'ailleurs, à être superstitieux. Beaucoup d'équipes en jaune gagnent à Gerland : Sochaux (7-1), Gueugnon (2-1), Montceau-les-Mines (2-0), Louhans-Cuiseaux (4-1). En Coupe, l'OL a un avant-goût de D1 en étant éliminé par Toulouse en seizièmes de finale (1-3, 1-0). Trois jours avant ce match, les Lyonnais jouent tout en contrôle, c'est-à-dire qu'ils ne font rien en Championnat à Ajaccio (0-0), où ils cherchent seulement à ne pas se blesser. Envoyé spécial du *Progrès*, on a la charge de mettre des notes quand même, par principe et par habitude ; les notes sont des ballons, ils sont de un à cinq et, puisque personne n'a joué, ni bien ni mal, on en offre trois à tout le monde. Puis vient le match retour contre Toulouse, une élimination honorable et le lendemain une demande d'aparté de la part d'un défenseur, qui avait joué à Ajaccio et n'avait pas été titulaire la veille face à Toulouse :

« Vincent, puis-je te parler ?

– Bien sûr...

– Je voulais savoir pourquoi tu ne m'avais mis que trois ballons à Ajaccio...

– Écoute, c'était une note collective. Vous n'avez rien fait, j'ai mis la même note à tout le monde, voilà...

– Oui, mais moi il me semble que j'ai été solide défensivement et que j'ai bien participé offensivement.

– Peut-être, oui. Je ne sais pas, mais ce n'était pas vraiment un match à faire des différences...

– Oui mais, tu comprends, si tu m'avais mis quatre ballons, Marcel, il aurait été obligé de me faire jouer contre Toulouse... »

De l'influence de la presse, ou de l'illusion de l'influence.

Au bout d'une ère Le Borgne qui rétablit la confiance, l'OL, deuxième du groupe A derrière Sochaux, accède aux barrages pour la quatrième fois en cinq saisons de Division 2, écartant d'abord Mulhouse (4-0) dont l'entraîneur, Raymond Domenech, sait déjà qu'il dirigera l'équipe lyonnaise la saison suivante. Dans le barrage pour l'accession, l'OL aurait dû gagner un an et monter face à Caen dont le prochain entraîneur... Robert Nouzaret, assiste au match retour. À l'aller, à Gerland, l'OL mène 2-0 à la mi-temps grâce à Orst et à Kabongo ; ce dernier se crée encore des occasions à la pelle mais les Normands reviennent à 2-1 par... Sima Nikolic (66e). Au match retour, dans le petit stade de Venoix, l'OL cède sur une erreur de Mario Corian qui perd un ballon devant sa surface (0-2).

Il est temps de passer à la suite. Il faut commencer par dresser l'inventaire de ceux qui restent et de ceux qui auront leur bon de sortie. Franck Durix veut partir. L'OL va perdre un joueur remarquable, qui sera passé à côté d'une grande carrière, aura inscrit 39 buts en D2 avec l'OL, avant de devenir capitaine à Cannes et d'être appelé en équipe de France, sans jouer, juste avant un exil en Chine peu compréhensible.

Durix veut partir, mais il a encore une jambe dans le plâtre. Un soir de match de Coupe de France à Chambéry, contre Grenoble (5-0) en mars 1988, les spectateurs ont entendu le craquement depuis les tribunes : dans un contact avec un défenseur grenoblois, Franck Durix a été victime d'une fracture tibia-péroné. Cannes et Jean Fernandez le veulent, même la jambe sous le bras. Il révélera quelques années plus tard : « Il fallait que j'attende la troisième année de mon nouveau contrat à Lyon pour toucher autant que ma première année cannoise. Je l'ai dit à Jean-Michel Aulas. Je me souviens de ce qu'il m'a répondu. D'ailleurs, je ne risque pas de l'oublier : "Tu as une voiture et un frigo, de quoi tu te plains ?" J'ai décidé de partir. Raymond Domenech, pourtant, voulait absolument me garder. »

Car en cette intersaison Raymond Domenech a pris la main. Il va rapidement être accompagné de Bernard Lacombe. Jean-Michel Aulas souligne : « C'est Claude Bez, le président de Bordeaux, qui m'a conseillé de faire revenir des Lyonnais, jeunes de préférence, pour relancer le club. J'avais sympathisé avec lui et il m'a expliqué beaucoup de choses. »

Bernard Lacombe est, à l'époque, entraîneur de l'équipe de D4 des Girondins. Le président moustachu, fidèle, l'a installé dans la reconversion promise, après que le buteur a mal vécu la fin de sa carrière bordelaise face à l'émergence incroyable et sans lendemain de Philippe Fargeon. Il ne s'attend pas à ce qui va suivre. Et raconte : « La première fois que j'ai parlé avec Jean-Michel Aulas, c'était au téléphone. C'est Georges Halatas qui me l'a passé. Je connaissais Georges pour avoir été un des premiers joueurs à me faire soigner au centre Vendôme, en 1976. Jean-Michel, je ne le connaissais pas mais il m'a proposé de revenir à Lyon. J'avais acheté du terrain à Bordeaux. J'en parle avec ma femme et je lui dis que c'est comme les occasions de but : il ne faut pas les rater. Je suis sûr qu'un tel club, dans une telle ville, ne peut pas rester longtemps en D2. Mais au départ, ce n'est pas évident : quand je vais chercher les enfants à l'école et que je le leur annonce, ils se mettent à pleurer. Je suis quand même monté à Lyon, j'ai rencontré le président chez Georges Halatas et on a discuté. Il m'a dit qu'il voulait former un duo d'anciens Lyonnais. »

L'influence de Georges Halatas est donc patente. Kiné et patron, il dit, avec vingt années de recul : « J'avais rencontré Jean-Michel Aulas pour la première fois en avril 1987, après une AG de l'OL, alors qu'il n'était pas encore président. J'étais tombé sur ce jeune type que je ne connaissais pas et qui ne parlait pas comme les autres : il parlait de perspectives dans le football, il voyait loin, déjà. Quelques jours plus tard, André Soulier a organisé une entrevue avec Jean-Michel. Après la révélation, j'ai eu la confirmation : c'était un type brillant qui ne parlait que d'avenir. On était en D2 et il parlait d'un OL européen. Alors, après, qu'il accède au pouvoir était un jeu d'enfant. Dès sa première réunion du conseil d'administration, il était arrivé avec un rétroprojecteur, des statistiques, des perspectives. Même ceux qui ne comprenaient rien étaient séduits. Le train était lancé. »

Sur le sujet de cette influence, son ami André Soulier vient une nouvelle fois à la barre : « Je souhaite à Jean-Michel Aulas de se souvenir du rôle de Georges Alexandre Halatas. Il n'a jamais rien demandé, a été bénévole pendant quarante ans à l'OL, sans jamais le moindre contrat, et il vient d'arrêter tristement. » Son influence et ses réseaux seraient si importants que cela ? On a l'impression qu'André Soulier pousse un peu quand il raconte : « Un jour, nous sommes sur les marches du centre Vendôme, Georges Halatas, Aimé Jacquet et moi. Georges lance à Aimé : "Tu sais, ce serait formidable si tu étais sélectionneur de l'équipe de France…" C'est Georges qui va en parler à Jean Fournet-Fayard, lequel, réticent, évasif, va se laisser convaincre. Georges connaît tout le monde, il soigne le corps et l'âme. » L'amitié a sans doute tendance à embellir l'histoire. C'est l'occasion de constater que les réseaux lyonnais sont impressionnants : quatre des six sélectionneurs en poste entre 1993 et 2007 ont entraîné Lyon avant de prendre en charge l'équipe de France *(Aimé Jacquet, Raymond Domenech, Jacques Santini)*, ou après *(Gérard Houllier)*.

Concernant l'embauche d'Aimé Jacquet comme entraîneur national par Jean Fournet-Fayard, un peu plus d'un an avant sa nomination de sélectionneur, Halatas confirme la thèse d'André Soulier : « Quand Aimé était au chômage, j'ai harcelé Fournet-Fayard, qui venait souvent au centre. Je lui disais qu'il ne pouvait pas laisser un type de cette valeur au chômage. "Débrouille-toi pour lui trouver un poste…" Un jour, Jean en a eu marre : "Appelle-le moi, ton Jacquet !" On était dans mon bureau du centre Vendôme et c'est comme cela qu'Aimé est devenu entraîneur à la DTN, puis adjoint de Gérard Houllier. Mais je n'ai jamais cherché à avoir de l'influence. J'ai simplement toujours essayé de donner un avis le plus juste possible. »

Le 28 avril 1988, l'Olympique Lyonnais officialise le retour de Bernard Lacombe à Lyon. Ce jour-là on l'appelle à son domicile, à Bordeaux. Il glisse : « C'est ma ville. J'ai toujours pensé, c'est vrai, que j'y reviendrais un jour. » Il nous dit alors que Domenech a su le relancer, lui montrer qu'il avait vraiment envie qu'il vienne, mais qu'il ne veut pas être directeur sportif tout de suite, qu'il veut encore être sur le terrain.

S'il avait eu un doute concernant sa situation personnelle, Denis Papas n'en a plus. Il avait été remercié en février, « en prévision de ses fonctions futures de directeur sportif ». Mais son contrat s'achève en juin et c'est fini. Papas est encore naïf, ou fait comme si, l'espace de quelques semaines : « C'est un problème de parole. Je retiens ce qu'on m'a dit et promis. Nous en avons souvent parlé en tête-à-tête. Dans tous les cas, c'est simplement un problème de parole d'homme. C'est au président de voir quel doit être son comportement par rapport aux engagements pris. » C'est tout vu.

Du côté des joueurs, Laurent Fournier s'apprête lui aussi à quitter le club après huit saisons professionnelles : « Je serais resté si on était monté en D1. Mais j'avais une clause qui me rendait libre si on ne montait pas. Raymond Domenech m'a appelé pour essayer de me convaincre de rester, mais je venais de passer six ans en D2, il fallait que je parte. Puis, quand tu restes aussi longtemps au même endroit et que tout ne se passe pas comme prévu, les gens voient plus tes défauts que tes qualités… » Comme de rares Lyonnais avant lui, et comme Bernard Lacombe en 1978, il prend la direction de Saint-Étienne où il va retrouver Robert Herbin.

Si jamais il a hésité, une proposition présidentielle achève de le convaincre de partir. « Un jour, je discute avec Jean-Michel Aulas. Il me fait une proposition pour que je reste. J'étais avec Alain Migliaccio, mon agent, et je lui dis de m'envoyer cette proposition à la maison, en lettre recommandée. Quand je l'ai reçue, la proposition avait baissé de 50 %. Ce n'était pas bien. Je suis donc parti. »

À cette époque, Alain Migliaccio était un jeune agent installé à Tassin-la-Demi-Lune, dans un bureau à un quart d'heure de Gerland, du moins les jours où le tunnel de Fourvière était fluide. Il avait Pascal Olmeta, Maxime Bossis, Jean-François Larios, Félix

Lacuesta sous contrat. C'était bien avant qu'il ne travaille avec Bernard Tapie, bien avant qu'il ne devienne l'agent de Zinédine Zidane et qu'il ne s'installe au soleil de l'Espagne.

Alain Migliaccio est surtout, alors, un voisin très proche géographiquement de Jean-Michel Aulas dont l'entreprise, la Cegid, est installée à deux pas. « Je l'ai rencontré, se souvient le président lyonnais. Il m'a expliqué beaucoup de choses sur le fonctionnement du football professionnel. Curieusement, on a très rarement travaillé ensemble. Son bureau était dans le même immeuble que celui de Gérard Collomb. » Le futur agent de Zidane, le futur maire de Lyon, le futur président multi-champion de France : on dirait que tout le monde a plutôt bien réussi dans le quartier.

L'été 1988 marque le point de départ de l'OL moderne, la première marche d'une longue conquête. À peine arrivé, Raymond Domenech dessine sa vision de l'autorité et de la discipline : « Parlons enfin football à Lyon. Le premier qui critique l'autre, le copain, le dirigeant ou le club, je le vire ! »

Il est jeune, il a 36 ans, mais quatre années en Alsace l'ont aidé à créer une distance nécessaire joueurs-entraîneur. « Mais cette distance est vraiment venue à Lyon, dira-t-il. À Mulhouse, j'avais été entraîneur-joueur la première saison, alors… À Lyon, je me suis mis définitivement dans la peau de celui qui construit, pas dans celle de celui qui fait. Je n'étais plus le copain, l'ancien joueur. »

La distance vient très vite, dans tous les sens du terme. Dès le premier stage, dans la Forêt-Noire en Allemagne, il y a Domenech devant et tous les autres derrière. Le bagne à Cayenne aurait eu des allures de Club Med en comparaison. Bernard Lacombe : « Le premier jour du premier stage a été terrible. Raymond courait encore, il était sec, il avait dû se préparer pendant l'été. J'avais couru, moi aussi, pour pouvoir suivre. Quand le bus est arrivé au pied du parcours, il est descendu le premier et il a commencé tout de suite à courir ! Tout le monde n'était pas encore descendu du bus. Moi, je le suivais et, au bout d'un moment, je me suis retourné : "Oh ! Raymond, attends, il n'y a personne derrière !" On s'est arrêtés dans une ligne droite et on a attendu. Le premier qui est arrivé, celui qui était le mieux préparé, c'était le doc, Jean-Marcel Ferret ! Les joueurs sont arrivés ensuite. Les anciens contrôlaient les jeunes qui, eux, auraient pu aller plus vite. »

Lacombe décrit la suite : « Raymond leur a dit : “Le footing, maintenant, ce n’est plus du footing, c’est du cross ! Si les derniers ont trop de retard sur les premiers, ils rentreront à l’hôtel par leurs propres moyens.” Et il y avait plusieurs kilomètres ! Il a expliqué aux jeunes que ce travail était mental et qu’on allait donc voir ce qu’ils valaient mentalement. Au niveau endurance, “Mouche” Bouafia était monstrueux, Rémi Garde, Bruno Génésio, Stéphane Roche aussi ; ils avaient bien travaillé avec José Broissart et ils savaient ce que c’était. Il y avait entraînement à 7 heures, à 10 heures, à 17 heures. Le troisième jour, ils ne pouvaient plus bouger. Ils se rendormaient après le petit déjeuner, ils avaient des ampoules, comme Claudio Garcia. Tous ceux qui ont fait ce stage en parlent encore aujourd’hui… »

Rémi Garde confirme à peu près tout : « Raymond et Bernard étaient partis devant mais sans dire où, ni combien de temps on allait courir. Ils ont pris cent, deux cents et bientôt cinq cents mètres d’avance. Nous, les jeunes, on était sagement derrière les cadors de l’époque, on n’osait pas les doubler. Quand on les a rejoints, Raymond a poussé une gueulante mémorable. Sur sa façon de voir l’équipe et de mettre à niveau les jeunes et les anciens, ce footing a fait plus que tous les discours… Il avait 36 ans et s’était sûrement préparé pour ce footing ; les saisons suivantes il nous a encore fait le coup, mais il se préparait surtout pour les dix premières minutes du footing… »

De manière étonnante, ou non, Raymond Domenech estime avec le recul que cela ne devait pas être si terrible que cela. « Avec Mulhouse, j’avais fait bien pire ! On était en avance, c’est tout. Jusque-là, les mecs ne travaillaient pas. On travaille sans doute mieux maintenant mais, physiquement, du coup on était costauds. Ce n’était pas très différent de ce que j’avais fait avec Gilbert Gress à Strasbourg. Bon, j’en avais peut-être rajouté un peu. Mais quand tu arrives quelque part tu dois tout mettre en place. C’est vrai, le but était un peu de les tordre, de leur montrer qu’ils étaient loin du compte et que si moi je pouvais faire physiquement ce que je leur demandais, eux devaient le faire. »

Que l’exigence et la difficulté de la préparation aient accéléré l’émergence des jeunes joueurs est une autre évidence que Domenech ne nie pas : « C’est Aimé Mignot qui m’avait appris ça.

"Quand tu veux écarter les vieux, tu fais des séances longues et dures..." Mais c'était la logique de l'époque. Le rapport des joueurs à la préparation athlétique a changé. En équipe de France, si j'avais fait une séance longue et difficile je suis sûr que bien des jeunes n'auraient pas réussi à suivre Lilian Thuram... »

Dans le management, le nouvel entraîneur provoque très tôt son effectif, dès l'arrivée à l'hôtel. « François Lemasson se plaignait de la répartition des chambres. Devant tout le monde, je lui ai dit : "Tu as cinq minutes pour installer tes affaires dans la chambre. Sinon, tu remontes tout de suite dans ce bus et tu repars !" C'était important de donner le ton du stage... » L'affaire aura donné le ton, également, de la relation assez conflictuelle entre l'entraîneur lyonnais et son gardien tout au long des deux saisons qu'ils vont passer ensemble. « C'était un conflit nécessaire pour lui et pour nous, juge Raymond Domenech. C'était un très bon gardien et, si nous sommes montés, c'est aussi grâce à lui. Mais il avait besoin d'être secoué. Parfois je cherchais des prétextes, je me demandais ce que j'allais bien pouvoir trouver dans la semaine à venir pour le mettre en colère... »

Pour le reste, sous Raymond perçait Domenech. Il fait ses choix, voilà, tant pis pour les autres. Michel Valke, un bon contrat en main, refuse d'être transféré ? Il l'oblige à venir seul au stade et à faire des tours de terrain torse nu ; le Néerlandais, le jour où il y a des photographes, roule son maillot en torsade autour du crâne, l'air d'un forçat sous le soleil de midi.

Raymond Domenech n'a ni l'envie ni le temps de composer. D'autant que le recrutement est parfait, avec les arrivées d'Ali Bouafia, de Jean-Marc Knapp (Mulhouse), de Laurent Lassagne (Bordeaux), de Jacky Colin (Sochaux) et de l'Argentin Claudio Garcia. L'OL annonce au sujet de ce dernier un transfert de 5 millions de francs (762 000 €), ainsi qu'un budget total monté à 60 millions de francs (9,15 M€). C'est peut-être vrai, peut-être pas : Jean-Michel Aulas a toujours aimé jongler avec les chiffres et les effets d'annonce.

Cette saison au paradis, linéaire et sans histoire, ramène irrésistiblement l'OL vers la D1. « Cela n'a pas été si simple, tempère Domenech. La première journée, on bat Nîmes (1-0) grâce à un but de Claudio Garcia dans les dernières minutes. La deuxième, on est menés 0-1 à Sète à la mi-temps. Mais on gagne 5-1 et c'est à la fin du match que je me suis fait mes premiers ennemis. Quand des dirigeants sont entrés dans le vestiaire avec les bouteilles de champagne, je les ai tous mis dehors, je leur ai dit que le champagne, ça serait à la fin de la saison ! Ce jour-là, ils n'ont rien dit. » Ils se sont rattrapés plus tard. « Il fallait changer le climat, devenir plus professionnels, insiste Domenech. Mais cela allait très bien à Jean-Michel Aulas, il était parfaitement d'accord, ce n'était pas un souci. »

Ce match à Sète est aussi celui des remises en question. C'est le thème du nouveau gouvernement. Joël Fréchet, champion d'Europe Juniors en 1983 avec Laurent Fournier, titularisé en D1 dans un derby avant d'avoir 16 ans, est capitaine à l'entame de la saison. Il l'est encore lors de la deuxième journée, à Sète, mais Domenech le sort à la mi-temps, à 0-1. Rémi Garde entre, Lyon écrase Sète, et Fréchet ne disputera plus que des bouts de match.

Au milieu d'un recrutement réussi, l'épanouissement de Rémi Garde, son intelligence de jeu et ses facilités techniques impressionnent. Bernard Lacombe relève : « Tout de suite, dès les premiers entraînements, on s'est dit avec Raymond : "Lui, s'il ne casse pas c'est quelque chose." On est montés sur la qualité de l'équipe et sur la mentalité des gamins qui sortaient du centre. Pour eux, tout n'avait pas été facile. Garde et Génésio avaient un contrat professionnel à 6500 francs (1000 €) par mois et, à un moment, le club avait hésité à les garder. Il avait fallu que José Broissart insiste. »

Les recrues s'imposent dans un bel ensemble. L'Argentin Claudio Garcia est généreux, parfait pour la D2, tant pis s'il manque un peu de vitesse. Jacky Colin est le capitaine de la montée, il joue juste et travaille au milieu. Sur les deux côtés de la défense, Jean-Marc Knapp et Laurent Lassagne ne sont pas exactement spectaculaires. Mais Knapp est sûr, bon technicien, et Lassagne d'une remarquable méchanceté.

Il y a enfin Ali Bouafia, dit "Mouche", qui aura travaillé avec Raymond Domenech pendant huit des neuf années durant lesquelles ce dernier sera entraîneur de club. En dehors d'une parenthèse à l'OM juste avant de signer à Lyon, Mouche aura accompagné Domenech à Mulhouse comme à Lyon. Ses feintes indolences ne lui ont pas toujours rendu service et le public lui aura reproché à l'occasion de manquer d'efficacité devant le but, un reproche juste. Mais pour aller d'un but à l'autre, dans les deux sens, il était infatigable, créant de grosses différences. «Le genre de joueur que tu rêves toujours d'avoir dans ton équipe, résume Raymond Domenech. Il ne lui a manqué qu'un peu d'ambition. On faisait un test sur 1000 m, il était deuxième; sur 400 m, il était deuxième; sur 100 m, il était deuxième. Il n'avait pas envie d'être premier. Après, sur le terrain, il était extraordinaire. C'était mon premier recrutement quand je suis arrivé à Lyon. Et si j'étais parti ailleurs, j'aurais encore essayé de le reprendre.»

Quand on refait l'historique de l'ère Domenech, il faut être clair : la qualité du recrutement de la première saison a surpassé de très loin, disons de quelques années-lumière, la qualité du recrutement des quatre étés qui ont suivi. Mais avant de s'étendre, plus en avant dans la chronologie, sur la genèse des échecs de recrutement qui l'ont fragilisé, l'entraîneur lyonnais de la remontée offre au moins une piste de réflexion : «Le seul avantage, quand tu es un jeune entraîneur qui débarque dans un nouveau club, c'est que les joueurs que tu recrutes, tu les connais vraiment. Tu as joué avec eux *(Lassagne, à Bordeaux)* ou tu les as déjà eus en club *(Bouafia et Knapp, à Mulhouse)*. Tu sais ce que tu fais…»

Quatre fois recalé en barrages avec Mulhouse, Domenech connaissait la recette pour monter : «Si tu as un gardien et un bon avant-centre, ça va. Eugène Kabongo a fait la différence, Mouche lui a donné des ballons et les jeunes ont cavalé.» Outre Garde et Génésio, d'autres joueurs formés au club s'installent : Bruno N'Gotty, «Nounours» pour le reste du vestiaire, ou Stéphane Roche.

C'est une conquête irrésistible, dont Bernard Lacombe dit : «Raymond voulait du jeu, sans cesse du jeu. Il interdisait à François Lemasson de dégager au pied. Relance à la main, c'est tout!» Avant le match de la montée contre Alès (0-0), un chiffre illustre la manière lyonnaise, celle de la jeunesse et d'une préparation physique aiguë : jusque-là, l'OL a inscrit 35 buts en seconde mi-temps contre 4 en première.

L'exigence de Domenech et de Lacombe a donc sauvé les jeunes, notamment le duo que forment Rémi Garde et Bruno Génésio. Le premier rappelle : «Sur le poster de la saison 1987-88, les pros avaient un maillot rouge. Il n'y avait que deux joueurs avec un maillot blanc, Laurent Sevcenko et moi. Cette saison-là, j'étais revenu de blessure assez tard mais j'avais joué les derniers mois de la saison en D3 avec José Broissart. C'est lui qui a insisté pour qu'on m'offre un contrat professionnel. Mais j'ai seulement eu un contrat d'un an. »

Du stage en Allemagne, il dit : « On a été surpris, quand même. Avec José, on avait travaillé dur mais on n'avait jamais fait de stage. On a senti que Raymond Domenech voulait installer un esprit commando tout de suite. Ce qui était surprenant, c'est que les anciens nous avaient toujours dit que, d'accord, c'était dur avec José mais que ce serait beaucoup plus facile quand on passerait professionnels. Et là, en pros, c'était encore plus dur ! Mais on a été agréablement surpris d'être jugés sur le jeu, sur ce qu'on faisait sur le terrain, pas sur le contrat, l'âge ou le passé. Cette volonté de faire table rase nous favorisait. »

Juste avant la montée, l'OL ramène 41 981 spectateurs à Gerland lors d'un huitième de finale retour de Coupe de France face à Sochaux (1-1). C'est la plus belle affluence des six saisons passées en D2. Souvenir partiellement personnel : après le match aller (0-1), Domenech était en colère contre le journaliste du *Progrès* que j'étais, parce que les Sochaliens ont dit avoir utilisé le titre de mon interview de Raymond (« La Coupe, on s'en fout »), affichant le journal dans leur vestiaire sur le thème : « Regardez, les gars, Domenech se fout de notre gueule ! » Le titre correspondait à une phrase, mais pas tout à fait à l'idée qu'il avait exprimée. On aurait souvent l'occasion, ensuite, d'ouvrir ce débat du titre vu comme résumé de la pensée ou extrait d'un propos, puis de le refermer sans avoir résolu le problème.

L'OL monte assez tranquillement, au bout d'une saison de plaisir. Rémi Garde : « C'était le rêve. On était à l'OL, là où on avait toujours rêvé d'être, on était entre potes, on avait la confiance absolue de l'encadrement technique et on arrivait à faire quelque chose qui était inaccessible depuis six ans : revenir en D1… »

En avril 1989, un match nul suffit à l'OL face à Alès pour retrouver la Première Division. Devant 22 668 spectateurs, qui déclenchent des « ola » jamais vues à Gerland, d'autant que la mode est récente, M. Boudin refuse tristement un but extraordinaire de Jacky Colin, pour un hors-jeu de position alors que le capitaine lyonnais avait marqué d'une volée de vingt-cinq mètres. Inconsolable, Colin

Les pionniers du FC Lyon, finaliste de la première Coupe de France, en 1918, face à l'Olympique de Pantin (0-3). De gauche à droite : Allemand, Meunier, Soulignac, Bellon, Salmson, Bard, Weber, P. Weber, Tronchon (président), Ébrard, Richard, Orvain. (Photo Presse-Sports)

En septembre 1957, le capitaine de l'OL, André Lerond (à g.), en compagnie de Lucien Troupel, son entraîneur, pose dans le vestiaire de Toulouse. Troupel avait été le premier entraîneur professionnel de Lerond, à Cannes. (Photo *L'Équipe*)

Robert Mouynet (à g.) au cours d'un seizième de finale de Coupe de France, contre Lille (2-1), en février 1958 au Parc des Princes. Mouynet participera à l'épopée des Bleus en Suède, à la Coupe du monde, mais sans entrer en jeu. (Photo *L'Équipe*)

Eugène Njo Léa, un Camerounais débarqué dans le Forez comme étudiant en droit, sera footballeur professionnel à l'AS Saint-Étienne puis à l'OL, avant de jouer un grand rôle dans la création de l'UNFP, le syndicat des joueurs. Il pose ici avec le célèbre ballon « Hungaria », en forme de scaphandre. (Photo *L'Équipe*)

Âgé de 20 ans, Fleury Di Nallo sème la panique dans la défense du Stade Français, au Parc des Princes, en janvier 1964.
Le « Petit Prince de Gerland » a toujours flambé à Paris. (Photo *L'Équipe*)

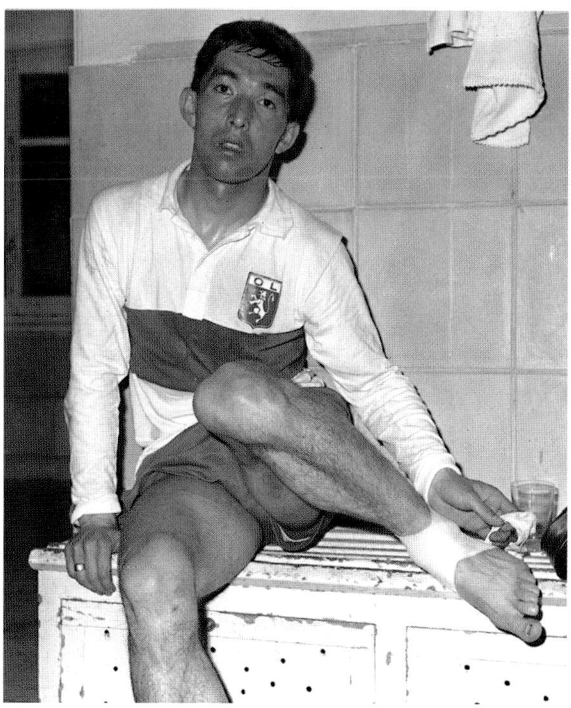

La fatigue du combat et la détresse de l'élimination se lisent sur le visage de Jean Djorkaeff, après le match d'appui perdu (0-1) en demi-finales de la Coupe des Coupes, face au Sporting Portugal, le 5 mai 1964 à Madrid. (Photo *L'Équipe*)

Pendant le lever de rideau de la finale 1964 de la Coupe de France (Lyon-Bordeaux, 2-0), Lucien Degeorges, Marcel Aubour, Nestor Combin et Fleury Di Nallo (de g. à dr.) viennent prendre la température de Colombes. La casquette était-elle officielle ? (Photo *L'Équipe*)

Visage émacié, moustache fine, l'œil passionné, Lucien Jasseron est l'entraîneur qui a rapporté ses premiers trophées à l'OL. Il ne perd rien ici de la finale 1964. (Photo *L'Équipe*)

Dans cette même finale de la Coupe de France 1964, Marcel Aubour sauve son camp d'un joli plongeon, sous les yeux de Jean Djorkaeff. Le soleil est haut, vu les ombres, du coup la casquette est restée dans le but… (Photo *L'Équipe*)

La photo légendaire du tirage au sort pour une place en finale de la Coupe de France 1967.
Après le troisième match nul après prolongation entre Lyon et Angoulême (3-3, 1-1, 1-1), c'est dans cette salle au sous-sol du Stade-Vélodrome de Marseille que la pièce en bronze de 5 francs vole en l'air. Elle va retomber sur pile, le côté choisi par Fleury Di Nallo (à dr.). On reconnaît notamment Louis Hon, les mains dans les poches, Yvon Goujon, le capitaine d'Angoulême, et l'arbitre Robert Vigliani.
(Photo *L'Équipe*)

Édouard Rochet, dirigeant depuis le premier jour, a présidé l'OL de 1965 à 1977, avec le soutien financier de son beau-frère, Pierre Forest. Gynécologue lyonnais, il est ici à son cabinet, en 1967.
(Photo *L'Équipe*)

Louis Hon bondit de son banc pendant la finale de la Coupe de France 1967, contre Sochaux (3-1), à Colombes. À sa gauche, en survêtement, Marcel Petri, le soigneur de l'OL, qui travaillait aux abattoirs à La Mouche… (Photo *L'Équipe*)

Sous le regard triste du Sochalien Claude Quittet (à g.), Fleury Di Nallo vient de recevoir la coupe de France 1967 des mains du général de Gaulle. Au fond, à hauteur de la main gauche du capitaine lyonnais, on reconnaît Fernand Sastre, futur président de la FFF, qui avait instauré le système du tirage au sort… (Photo *L'Équipe*)

Les joueurs de l'OL fêtent, en 1967, la deuxième victoire du club en Coupe de France : (en blanc, de g. à dr., debout) Rambert, Di Nallo, Rocco ; (assis ou accroupis) Glycinski, Kuffer, Le Borgne, Nouzaret, Degeorges, Perrin, Zewulko (gardien), Chauveau (remplaçant), Maison (Photo *L'Équipe*).

Dans le train Mistral qui ramène les vainqueurs de la Coupe 1967 à Lyon, Hector Maison, le milieu franco-argentin de l'OL, contemple la photo, publiée dans *L'Équipe*, du général de Gaulle renvoyant le ballon qu'il avait dégagé à ses pieds dans la tribune présidentielle ! (Photo *L'Équipe*)

André Guy (n° 9) et Fleury Di Nallo s'échauffent dans les couloirs de Gerland, quelques instants avant le coup d'envoi de Lyon-Hambourg, en mars 1968. (Photo *L'Équipe*)

L'OL en mai 1971, ou la photo métaphore d'un club qui tire sur la corde : (de g. à dr.) Aimé Mignot (entraîneur), Berger, Coluna, Félix, Chiesa, Chauveau, Baeza, Mihajlovic, Clopin, Di Nallo, Ravier, Valette, Lhomme, Prost, Pierre Pibarot (directeur sportif). (Photo *L'Équipe*)

63e minute de la finale de la Coupe de France, le 20 juin 1971, à Colombes. Deux Bressans, coéquipiers six mois plus tôt, sont face à face : André Guy tape dans la terre mais, pendant que monte un nuage de craie, le gardien lyonnais Yves Chauveau ne peut qu'effleurer le ballon. Rennes s'impose 1-0. (Photo *L'Équipe*)

Soir de derby à Geoffroy-Guichard, en 1972. Serge Chiesa, avec la barbe, échappe à Patrick Revelli, sans moustache. (Photo *L'Équipe*)

Dans la lumière de cette dernière finale de Coupe de France disputée l'après-midi, le 17 juin 1973, Yves Chauveau intervient devant le Nantais Ugo Bargas, sous l'œil de Bernard Lhomme (à dr.). Lyon gagnera 2-1. (Photo *L'Équipe*)

Fleury Di Nallo (nº 10), Bernard Lhomme (masqué par le trophée) et Bernard Lacombe (nº 9) se battent pour brandir la coupe 1973, au milieu des supporters qui ont envahi la pelouse du Parc des Princes. (Photo *L'Équipe*)

Il y a sa méchanceté naturelle et entretenue, mais il y aussi le score, peut-être : Raymond Domenech est un capitaine meurtri, en ce 5 novembre 1974, face à Mönchengladbach (2-5). (Photo *L'Équipe*)

En 1976, l'OL assure difficilement son maintien mais se qualifie pour la finale de la Coupe de France, avec un nouvel entraîneur aux manettes, Aimé Jacquet : (de g. à dr.) Bernard Lacombe, Raymond Domenech, Karim Maroc, Jean-François Jodar, Serge Chiesa, Yves Mariot et Aimé Jacquet. (Photo *L'Équipe*)

Un dimanche de l'hiver 1979, le talent naissant de Jean Tigana dans un Lyon-Bordeaux, face à Jean-Marc Furlan (à g.), sous le regard lointain de son futur complice Alain Giresse. (Photo *L'Équipe*)

Le 7 décembre 1980, Laurent Fournier est titulaire à Monaco. Il vient d'avoir 16 ans ! (Photo *L'Équipe*)

L'équipe de la remontée en D1, au printemps 1989 : (de g. à dr.) Ali Bouafia, Bruno N'Gotty, Eugène Kabongo, Pascal Fugier (masqué), François Lemasson, Frédéric Zago, Rémi Garde et Jean-Marc Knapp.
(Photo *L'Équipe* – Jackie DELORME)

Le trio de la reconstruction, en 1990 : Raymond Domenech, pour une fois en cravate, Jean-Michel Aulas et Bernard Lacombe.
(Photo *L'Équipe* – Patrick BOUTROUX)

Rémi Garde en 1990, sur un lion à l'entrée du stade de Gerland, sera le premier joueur de l'ère Aulas appelé en équipe de France. Pas le dernier.
(Photo *L'Équipe* – André LECOCQ)

En 1995, Jean Tigana dirige l'OL vers le meilleur résultat de son histoire (2e). Ici, à Bordeaux, on reconnaît sur le banc lyonnais : (de dr. à g.) François Bracci, Jean Tigana, Guy Stephan, Jean-Marcel Ferret (médecin), Jean-Louis Gayraud (intendant), Christophe Breton.
(Photo *L'Équipe* – Nicolas LUTTIAU)

Cela reste l'un des plus beaux exploits européens de l'OL. Jean-Michel Aulas, Florian Maurice, Pascal Olmeta et Guy Stephan (de g. à dr.) fêtent la qualification lyonnaise au stade olympique de Rome, face à la Lazio (2-1), en Coupe de l'UEFA.
(Photo *L'Équipe* – Didier FÈVRE)

Une image rare, tant le patron de Pathé se fait discret et fuit les photographes : Jérôme Seydoux accueille Sonny Anderson, le 28 juin 1999. Un transfert rendu possible par l'arrivée du groupe de cinéma dans le capital de l'OL. (Photo *L'Équipe* – Fred MONS)

Le premier trophée de l'ère Aulas. Les Lyonnais fêtent la conquête de la Coupe de la Ligue 2001 sur le balcon de l'Hôtel de ville : (de g. à dr.) Jérémie Bréchet, Patrick Müller, Sidney Govou, Edmilson (la coupe à bout de bras), Grégory Coupet, Sonny Anderson, Pierre Laigle et Florent Laville. (Photo *L'Équipe* – MAGEUX)

Le 4 mai 2002, l'OL conquiert son premier titre de champion de France, à Gerland contre Lens (3-1). Grégory Coupet et Jacques Santini peuvent lever le poing. (Photo *L'Équipe* – Nicolas LUTTIAU)

Lyon est sacré champion pour la deuxième fois, après un match nul à Montpellier (1-1), le 20 mai 2003. Accolade Le Guen-Dhorasoo et, à gauche, entre le maire de Lyon, Gérard Collomb, et Jacky Guieu, dirigeant de toujours et ancien prince des halles de Lyon. De dos, torse nu, Sonny Anderson. (Photo *L'Équipe* – Nicolas LUTTIAU)

La plus belle équipe de l'histoire de l'OL ? Le 28 mai 2005, bariolés de bleu, de blanc et de rouge, les Lyonnais fêtent le quatrième titre : (de g. à dr.) M. Diarra, Juninho, Bergougnoux, Idangar, Caçapa (trophée en mains), Cris, Berthod et Essien. (Photo *L'Équipe* – Stéphane MANTEY)

Brasil ! Brasil ! Nilmar, Juninho, Cris et Caçapa (de g. à dr.) s'accordent ici, en mai 2005, un tour d'honneur. Dans la prise de pouvoir de Lyon sur le football français, le poids de ses joueurs brésiliens a été décisif. (*L'Équipe* – Pierre LAHALLE)

Le moment où tout bascule : le 9 mai 2005, en salle de presse, au centre d'entraînement de Tola-Vologe, Paul Le Guen vient annoncer qu'il s'en va. En retrait, livide, Jean-Michel Aulas écoute les arguments d'une décision qu'il a apprise le matin même. (Photo *L'Équipe* – Jean-Louis FEL)

« Djilla » Diarra (de dos) dirige un « haka » joyeux et mémorable au Parc des Princes, le 16 avril 2006, après la conquête du cinquième titre : (de g. à dr.) Tiago, Wiltord, Clément, Fred, Malouda, Ben Arfa, Govou, Cris, Caçapa, Vercoutre et Abidal. (Photo *L'Équipe* – Didier FÈVRE)

Le travail obscur du tireur de coup franc : comme Platini à Nancy dans les années 1970, Juninho travaille à Lyon face à des mannequins, ici en 2007. L'attitude est caractéristique : son pied reste ouvert, et il n'enroule pas le ballon. (Photo *L'Équipe* – Alain MOUNIC)

Gérard Houllier (à dr.) fête son deuxième titre avec l'OL, en mai 2007, en posant aux côtés des quatre joueurs sacrés six fois : (de g. à dr.) Sidney Govou, Juninho, Claudio Caçapa et Grégory Coupet. (Photo *L'Équipe* – MINIER)

pleurera dans le vestiaire, mêlant ses larmes à la douche de champagne que l'OL attendait depuis six ans.

Raymond Domenech avait été barragiste quatre fois avec Mulhouse, il n'était jamais monté. Il concède ce soulagement au soir de l'accession : « C'est la preuve qu'à Mulhouse le chat noir, ce n'était pas moi ! J'ai le sentiment d'avoir balayé aujourd'hui quatre années de doute, sur des méthodes, des conceptions. » Signalons que, cette saison-là, le FC Mulhouse entraîné par Didier Notheaux finit premier de l'autre groupe et accède à la D1 en même temps que l'OL...

Rue Édouard-Herriot, le *Café des Négociants* n'est pas exactement un haut lieu du football, même si Éric Abidal en deviendra plus tard le propriétaire. Les soirs de match, aucune télévision ne diffuse l'événement aux clients. Ceux-ci arborent rarement des écharpes aux couleurs de l'OL. Mais c'est ici, entre la place des Terreaux et la place de la République, sur la presqu'île, que l'OL moderne a décollé. C'est ici, un soir d'avril 1989, une heure après avoir fait match nul contre Alès (0-0), que l'OL fête sa remontée en Division 1.

Jean-Michel Aulas, Raymond Domenech et Bernard Lacombe n'ont pas encore beaucoup de cheveux blancs. Ils dînent à la même table. Au menu : salade gourmande, queues de langoustine, tournedos Rossini, charlotte au chocolat. L'OL a réquisitionné l'endroit. Vingt ans plus tard, il faudrait un lieu trois fois plus grand pour réunir les suiveurs immédiats, même en formation réduite. Mais cet OL qui sort de l'ombre a encore une dimension humaine. Personne ne va dormir.

Jacky Colin arrive en tapis volant. Il est porté en triomphe, jusqu'à la porte, par une trentaine de supporters. C'est comme s'il n'y avait pas de chaise pour lui : il monte sur le piano blanc, imite Claude François, une écharpe de l'OL autour de la tête, pendant que Garde, Génésio, Ngotty et Stéphane Roche font les Claudettes. Droit comme un ministre, Eugène Kabongo, en costume, fume un énorme cigare. Rémi Garde et Bruno Génésio imitent Dominique Blanchard, le commentateur des matches de l'OL sur Radio France Lyon.

Avant de poursuivre dans une boîte de nuit toute proche, les joueurs lyonnais lancent des toasts à tour de rôle. Oumrane Ben

Yahia fait un discours en tunisien, sans se douter qu'il va marquer trois buts avec l'équipe réserve l'après-midi même de ce dimanche déjà entamé. Eugène Kabongo, meilleur réalisateur de l'équipe avec 22 buts, s'adresse à ses coéquipiers dans l'une des langues du Zaïre (la future République Démocratique du Congo). Claudio Garcia, qui va redevenir international argentin pour récompense d'autant de footings à contrecœur, monte sur les tables, réfléchit, prend un air solennel et crie : « *Fútbol total* ! »

À trois heures du matin, Jean-Michel Aulas fait entrer les supporters qui sont toujours sur le trottoir. C'est la première célébration de l'ère Aulas. C'était longtemps avant que cela ne devienne une habitude.

13. 1989-1991
L'Europe, l'Europe

Un sacré Irlandais qui ne fait que passer.

Du jeu, du jeu.

Le cas Cabañas.

L'Europe avec un goal-average négatif.

Les premières tensions.

Après six années passées dans une Division 2 à deux groupes et à trente-six équipes, comment se souvenir à quoi ressemble la D1 ? La question ne flotte pas très longtemps au-dessus de l'été lyonnais. La première journée de Championnat du retour dans l'élite va durablement fixer l'idée de ce qui attend les Lyonnais : l'OM est le visiteur, Chris Waddle, avec sa coupe de cheveux sortie de l'espace, effectue ses premiers pas en France, et la différence est énorme : Marseille, champion de France en titre, se balade (4-1).

C'est un apprentissage incroyablement accéléré. En un seul match, les jeunes Lyonnais ont appris tout ce que l'on pouvait faire, mais encore tout ce que surtout on ne pouvait pas faire en D1. Bernard Lacombe : « Trois buts dans la valise en une demi-heure, ils ont vu ce qui restait à accomplir. Sur la fin de la saison précédente, je leur disais de faire gaffe, parce qu'ils commençaient à moins se replacer. Je leur disais qu'ils allaient payer tout ça cash au niveau en dessus. »

En un seul match, accessoirement, Raymond Domenech a grillé deux de ses trois renforts marquants de la saison, l'Irlandais Mick

McCarthy et l'international français François Brisson. Le troisième, le gardien international ivoirien Alain Gouamené, ne sera jamais qualifié et ne jouera jamais en professionnels à l'OL.

McCarthy, qui vient du Celtic Glasgow, n'est pas adapté au Championnat de France. Il joue libero à peu près la première fois de sa vie et cela se voit. François Brisson, champion olympique en 1984 à Los Angeles, est titularisé au poste de milieu gauche. Après une demi-heure Raymond Domenech effectue un coaching brutal, fort et humiliant. Il le remplace par Pascal Fugier et réorganise son équipe. Brisson aura du mal à le digérer, mais effectuera une saison assez efficace (8 buts).

À cet instant de la saison, on ne sait pas, et lui non plus, si François Lemasson sera bien le gardien lyonnais. L'OL cherche à faire signer Alain Gouamené. Lemasson regrette alors : « J'ai lu dans la presse que ce ne serait pas un problème technique, mais mental. Je me demande comment on peut me juger alors qu'on ne m'a jamais vu jouer en D1, en dehors de cinq matches avec Saint-Étienne. J'ai lu au dernier moment qu'on ne voulait plus de moi. » C'était deux journées avant la fin du Championnat, quand même. Lemasson résume : « Je n'ai rien à perdre. Je suis l'inattendu, celui à qui on ne fait pas confiance et qui joue quand même. »

Car François Lemasson joue quand même. Et, après un nul à Nantes (0-0), survient la première victoire à l'extérieur en D1, à Metz (3-2) le 12 août 1989 ; la première depuis plus de huit ans, depuis le 28 juillet 1981 à Valenciennes (1-0), but de Sima Nikolic. La saison s'enchaîne, linéaire et tranquille, avec du jeu, toujours du jeu.

Rémi Garde est jeune, il a envie de courir, de toucher le ballon. Il va vite falloir qu'il se fasse à autre chose : « Un jour, Raymond Domemech m'annonce : "Je vais te faire jouer libero." Je lui ai répondu que je ne pouvais pas, que je n'en étais pas capable. Évidemment, il s'en foutait. Je me souviens, j'ai commencé à Brest et j'ai joué sans cesse à une touche, j'étais terrorisé. À chaque fois, j'ai joué le ballon en première intention, mais en intention lointaine... En fait, je n'ai jamais vraiment accepté l'idée de jouer définitivement derrière. Et, quand le club a pris l'Allemand Thomas Pfannkuch un an plus tard, je me suis même demandé si ce n'était pas une tactique pour me laisser derrière... »

L'indulgence de Gerland ne quitte pas les jeunes Lyonnais. Contre Sochaux, l'OL joue un football de rêve pendant une heure, manque quinze occasions et prend quatre buts en six minutes (0-4). «Et les gens chantaient “Merci l'OL!”...», se souvient Bernard Lacombe.

L'époque est novatrice. Télé Lyon Métropole, chaîne hertzienne diffusant sur Lyon et sa banlieue, commence à retransmettre les matches de l'OL le lendemain à midi. Mais, au micro, la star du moment est Dominique Blanchard, sur Radio France Lyon. Il aurait pu avoir deux noms : un pour la rigueur de ses papiers sur France Info, sobres et précis; l'autre aurait été un nom de scène...

On n'est pas là dans la grande histoire de l'OL. On est dans l'histoire autour de l'OL, au cours d'une période moderne qui ne l'était pas tant que ça : lorsque le club est remonté en D1 en 1989, Radio France Lyon était le seul moyen de suivre l'intégralité de ses matches à l'extérieur. Bien avant RMC Info, de *Luis Attaque* à *Radio Moscato*, Dominique Blanchard avait personnalisé l'affaire, disait «je», posait le casque pour manquer de se battre avec ses voisins, à Sète ou au Puy, se faisait «pourrir» à Montceau parce qu'il avait hurlé dans la tribune que la vie ne devait pas être facile dans une ville qui ne ressemblait à rien et qui avait un stade raté, s'enflammait avec une mauvaise foi de niveau olympique, cassait une vitre à Marcel-Picot, à Nancy, dans une envolée suivie d'un cri («J'ai tué quelqu'un!») parce qu'il pensait que le public était juste en dessous, alors qu'un petit toit l'avait protégé du chef d'inculpation d'attaque à l'arme blanche... Avant le Net, avant les SMS, il recevait surtout plus de courrier que les joueurs. Sur les banquettes de trains qui traversaient la France dans le sens de la largeur, il ouvrait toutes les lettres et notait les prénoms qu'il remercierait à la mi-temps; c'étaient presque toujours des prénoms féminins. Il arrivait que les cassettes audio de ses grands moments s'échangent, comme celle de cette fin de match gagné contre le Paris-SG (1-0) qui l'avait vu partir en délire autour de François Lemasson, prié de bien garder le ballon et de ne surtout pas prendre de but jusqu'à l'extinction des feux!

Dans un registre très différent, il animait aussi un débat avec les auditeurs autour de Raymond Domenech. Un soir, une auditrice avait appelé pour poser la question suivante à l'entraîneur : «Est-ce que vous pensez que vous allez rester longtemps à Lyon ? » C'était Karen, la fille de Raymond Domenech.

Entre Dominique Blanchard et Radio France Lyon, cela s'est terminé comme toutes les histoires d'amour radiophoniques : par une rupture. Radio France Lyon a fermé l'antenne au foot, plusieurs centaines de fans ont manifesté place Bellecour et, un soir de match, Dominique a fait ses adieux en un tour d'honneur, à Gerland, acclamé par le virage Nord. Il a encore travaillé à TLM par la suite, avant de filer à RMC puis à LCI, où son passé est enfoui sous la rigueur et le costume. Ses petites annonces de la mi-temps manquent sûrement à Laetitia. Mais aussi à Sandrine, Véronique, Nathalie, Leila, Ghislaine, Marion, Samia, Julie, Vanessa, Isabelle, Amandine, Charlotte, Marina, Brigitte, Sophie, Estelle, Virginie, Judith, Soraya. Et à toutes celles qu'il n'avait pas le temps de citer avant que le match reprenne.

C'est une saison étonnante et, à l'occasion, drôle. Le 28 octobre 1989, Lyon-Bordeaux (0-0) s'achève par huit minutes de non-jeu absolu. Lyon a le ballon dans son camp et le gardien a encore l'autorisation de s'en saisir à la main quand un de ses partenaires le lui donne du pied. L'OL juge ce résultat favorable, face au leader du Championnat, et il ne va rien se passer. Les Bordelais restent dans leur camp, ne pressent pas, Domenech a même bondi du banc pour pousser l'absurde jusqu'au bout du temps réglementaire.

Les déclarations de l'époque dessinent un peu de mauvaise foi et d'adroite communication. Raymond Goethals, alors entraîneur des Girondins : « Si tu défends haut, et si tu te découvres, tu risques de prendre un contre et de perdre. À toi de choisir. Moi, ça fait quarante ans que je suis dans ce métier... » Et Goethals avait déjà joué à ce « jeu », un jour, pendant quatre-vingt-dix minutes avec Anderlecht contre le Standard de Liège de Tomislav Ivic.

Bernard Lacombe, rigolard : « À la passe à dix, on a gagné ! » Sur la pelouse, Bernard Pardo demande à l'arbitre, M. Delmer, de sanctionner les Lyonnais pour anti-jeu. M. Delmer : « Jouez, vous, et allez faire jouer les Lyonnais... » À un moment, Pardo craque, demande à ses coéquipiers de remonter et Goethals bondit du banc : « Tout le monde derrière ! »

Domenech en fait une démonstration comme il les aime : « Les Bordelais nous ont permis de prouver par l'absurde que leur football est ridicule. Puis, nous avons créé l'événement. Quand j'ai vu Rémi *(Garde)* et les deux Bruno *(N'Gotty et Génésio)* se passer et se repasser le ballon, j'ai eu envie de rire. Sincèrement, je les applaudis des deux mains. Faire ça, eux des jeunes, devant le leader, devant tous les journalistes de France et 30 000 spectateurs, chapeau ! »

Raymond Domenech aime déjà les petites phrases. Il n'est pas encore sélectionneur de l'équipe de France, il peut se lâcher. Lorsque Pascal Despeyroux, le joueur de Toulouse, déclare : « Quand je vois Garde en équipe de France, ça me fait peur », il rétorque : « Moi, j'avais peur quand Despeyroux y était. »

Cette inclination pour les petites phrases nous poussera à lui ouvrir, en février 1990, une rubrique intitulée « La phrase du jour » dans les pages du *Progrès* quotidiennement réservées au derby qui s'annonce. C'était un jeu pour lui, rien qu'un jeu, une manière de désamorcer les retrouvailles régionales. Tout en conservant un petit fond de provocation naturelle ? C'est possible, c'est possible… Au hasard, on trouvait : « À l'endroit comme à l'envers, le maillot vert me donne des boutons. » Ou, le lendemain : « Nous aurons la même préparation que d'habitude. Ce n'est pas ce week-end qu'on risque de se mettre au vert. » Rien de très méchant. Ensuite, le derby a accouché de slogans bien pires.

Dans cette belle saison, Mick McCarthy, capitaine de l'équipe d'Irlande, ne fait donc que quelques apparitions. Lorsqu'il est arrivé, il venait de disputer la finale de la Coupe d'Écosse avec le Celtic et de se blesser à un genou. L'idée de Raymond Domenech se tenait : avec une jeune équipe, l'OL allait beaucoup subir en D1, et un défenseur central aussi doué pour le combat et les duels aériens devait rassurer tout le monde. Le problème pour l'Irlandais, pas pour l'OL, est que les choses ne se passèrent pas du tout comme ça. Car les jeunes Lyonnais eurent le ballon toute l'année, développant un jeu spectaculaire et entreprenant. Or, McCarthy n'était pas un immense technicien et le recul de Rémi Garde au poste de libero donna un autre élan à la construction du jeu. Dès l'automne, l'Irlandais avait perdu sa place.

Arrivé à Lyon en juillet 1989, McCarthy repart en Angleterre en février 1990, signant à Millwall afin de gagner le temps de jeu qui lui permettra de mieux préparer la Coupe du monde en Italie qu'il disputera avec l'Irlande, atteignant les quarts de finale. C'est à ce moment-là, seulement, que le public de Gerland put imaginer une partie de l'aura de McCarthy en Grande-Bretagne.

Une aura qu'on avait eu l'occasion de voir de près. Trois jours avant un derby que l'Irlandais allait disputer à Geoffroy-Guichard, une petite délégation lyonnaise s'était rendue à Dublin le récupérer au soir d'un match amical contre l'Allemagne, disputé à Lansdowne Road. L'OL avait convié deux journalistes à ce voyage en avion privé : un journaliste-cameraman de M 6 et le spécialiste de l'OL au *Progrès* que nous étions. Près de vingt ans plus tard, cela reste un souvenir fantastique. Nous avions rejoint en milieu d'après-midi l'hôtel de l'équipe d'Irlande, proche de l'aéroport de Dublin. Bernard Lacombe avait retrouvé le stoppeur irlandais David O'Leary, avec lequel il s'était battu en deux épisodes sous le maillot de l'équipe de France. En le croisant, O'Leary, qui avait fait l'essentiel de sa carrière à Arsenal, avait lancé un « Bouh ! » plein de rires qui résumait à la fois la peur qu'il pouvait susciter et celle qui lui restait, si longtemps après la « droite » de Lacombe. Jacky Charlton, le sélectionneur irlandais, avait surtout invité tout le monde à boire le thé. Cela allait au-delà des bonnes relations qu'un sélectionneur doit entretenir avec l'employeur de son capitaine. C'était une hospitalité fascinante et naturelle. Aux côtés de Jean-Michel Aulas, Bernard Lacombe et Olivier Blanc, il savait qu'il y avait deux journalistes. Il s'en fichait. Après le thé, d'ailleurs, vint l'invitation : « Puisque vous êtes les amis de Mick, vous êtes nos amis. Bien sûr, vous venez au stade avec nous, dans le bus... »

À deux heures du coup d'envoi, on grimpa dans le bus entouré de l'escorte de la police, au milieu des joueurs, en essayant de ne pas gêner, de s'asseoir après tout le monde. Visiblement, cela ne dérangeait personne. Puis, au bout de deux cents mètres, le chauffeur, un Irlandais blanchi sous le harnais et sous sa casquette, poussa une K7 dans l'autoradio. C'était une K7 de vieilles chansons irlandaises, exactement celles qu'on entend dans *l'Homme tranquille*, le film de John Ford, avec John Wayne et Maureen O'Hara. Ce jour-là, il s'agissait de versions enregistrées par le groupe The Dubliners. Mais avant l'Euro 88, les joueurs avaient enregistré les mêmes chansons pour une œuvre de charité. « Et on était restés en tête du hit-parade pendant dix semaines ! », se souvenait McCarthy.

Dans ce bus, il n'y avait pratiquement pas un seul Irlandais qui fût né sur l'île. La plupart des internationaux avaient profité de la *granny rule*, la loi de la grand-mère, devenant irlandais pour le football au gré de leur ascendance. Plus tard, Tony Cascarino, qui était dans ce bus et qui jouera à Marseille et à Nancy, apprit même au détour d'un secret de famille qu'il n'avait pas la moindre ascendance irlandaise !

Ces Irlandais possédaient des racines lointaines, mais profondes : sitôt la K7 enclenchée, ils se mirent à chanter, jusqu'à l'arrivée à Lansdowne Road, les chansons traditionnelles de l'Irlande, comme *Molly Malone*, faisant passer un incroyable frisson par leur ferveur, décuplée par l'imminence du combat, pendant qu'à l'approche du stade, les poings levés des supporters sur le passage du bus accompagnaient l'incroyable transformation mentale de ces guerriers qui, un quart d'heure plus tôt, vous demandaient si vous vouliez un nuage de lait dans votre thé. En descendant du bus, au pied de la tribune de Lansdowne Road que traverse le train, ce n'était plus un nuage, mais la foudre qu'ils promettaient.

L'Eire et ce qu'on appelait encore la RFA, à l'époque, firent match nul (1-1). Dans l'avion du retour, Mick McCarthy était discrètement fier d'avoir montré quel capitaine et quel joueur il était sous le maillot irlandais, au moment où son adaptation au jeu continental continuait à poser question. On fit un long article le surlendemain sur « la semaine verte » de McCarthy. Mais, une fois revenu en Angleterre, ce n'est pas ce papier qui lui laissa le plus de souvenirs.

L'un des tout premiers le marqua beaucoup plus profondément. Le match du retour de l'OL en D1, en juillet 1989, son premier sous le maillot lyonnais, demeura dans son esprit un tourment constant. Dans le *Progrès*, j'avais titré : « McCarthy catastrophique ». Si l'on discuta longuement dans l'avion qui revenait de Dublin, ce ne fut pas de ça, pas encore. Et Mick McCarthy fut encore un hôte parfait pendant le Mondiale 1990 en Italie, descendant de sa chambre après une courte nuit, au lendemain du quart de finale perdu à Rome face aux Italiens (0-1), pour venir me raconter la grande aventure irlandaise dans le hall de l'hôtel, ouvert à la curiosité du monde et à la fierté d'un peuple.

Il devint par la suite sélectionneur de l'Irlande et il nous arriva de nous croiser : à Gand, au tirage au sort des éliminatoires de l'Euro 2000, en janvier 1998 ; puis, un jour, dans un avion entre Glasgow et Londres, après un derby Celtic-Rangers auquel participait Stéphane Guivarc'h. À Gand, je ne l'avais pas vu depuis si longtemps qu'au moment de me poser devant lui, je me présentai afin de lui rafraîchir la mémoire. La réponse fusa, dans un rire : « "Débuts catastrophiques de McCarthy !" Comment aurais-je pu oublier ? »

Dans son autobiographie *Captain Fantastic*, Mick McCarthy est revenu sur son expérience lyonnaise, portant un regard intelligent sur un football trop différent pour un défenseur central britannique et, surtout, sur un club en construction. La langue : « Quand on est partis en stage en Allemagne, huit heures de bus, je me suis rendu compte que j'étais le seul à parler l'anglais… » La discipline : « Les gars étaient bien plus soucieux de leur corps qu'en Angleterre, faisant attention à ce qu'ils mangeaient, buvant peu. Il était rare de les voir boire un truc plus fort qu'un jus de fruit. L'approche globale était bonne. Pour les soins des joueurs, le club ne cherchait pas à faire la moindre économie et ne poussait jamais un joueur blessé à rejouer plus vite. La seule chose qui m'a énervé, c'est la simulation : il y a des attaquants qui criaient au meurtre quand on leur disait bonjour… »

Expulsé à Montpellier, McCarthy marqua les esprits en se dirigeant dignement vers le vestiaire avant même le carton rouge, sans un geste, sans une contestation. Il raconte dans son livre : « À la fin du match, Jean-Michel Aulas est venu me féliciter pour mon attitude. J'avais été expulsé et il était content ! Il m'a dit que l'arbitre n'avait jamais vu ça et qu'il allait faire un rapport favorable. Et je n'ai eu qu'un match de suspension. »

Il y avait d'autant moins d'horizon à Lyon pour Mick McCarthy que Rémi Garde, qu'il soit milieu ou libero, a très vite convaincu Michel Platini de l'appeler en équipe de France. Après avoir été remplaçant contre Chypre à Toulouse (2-0), à l'automne, il honore sa première sélection pendant la tournée au Koweït, en janvier 1990.

Jean-Michel Aulas, afin de fêter la première sélection d'un joueur lyonnais depuis son accession à la présidence, fait bien les choses : il invite les parents de Rémi à suivre la tournée, les faisant accompagner par Bernard Lacombe et Olivier Blanc. Un vrai geste, et éventuellement un calcul qui se tient : dans le voyage, au-delà de la presse régionale, il y a les quinze journalistes qui comptent dans le foot français. Mme Garde fait même de la couture, dans un bus qui traverse le désert, pour ajuster une tenue locale à la taille d'Eugène Saccomano (Europe 1), pendant que le chameau que surmonte Louis Nicollin porte plainte.

C'est une époque bénie pour les suiveurs des Bleus. Nous sommes une quinzaine, au grand maximum, à nous retrouver chaque matin sur une petite pelouse parfaite, prêtée par la Fédération koweïtienne, pendant que l'équipe de France s'entraîne sur des terrains pelés ; à accompagner les Bleus pour un méchoui dans le désert, entre le léopard du cheikh, ses faucons et ses magnifiques chevaux arabes, pendant qu'Éric Cantona s'amuse à tirer avec une kalachnikov sur des boîtes de conserve placées au sommet des dunes. L'annonce de la mort du cheikh et du bombardement de l'hôtel *Méridien*, un an plus tard pendant la guerre du Golfe, sonnera comme le faire-part d'un paradis perdu.

Rémi Garde est la révélation internationale de la saison 1989-90, avec l'Auxerrois Pascal Vahirua. Quand viendra l'été, Raymond Domenech dira de lui à l'instant d'une large revue d'effectif : « Il a toutes les qualités. Il faut seulement qu'il arrête d'être trop sérieux, qu'il vive. Le foot est important, mais la vie aussi c'est important. Rémi entame sa saison le 1er juillet et l'achève le 30 juin. Cela lui laisse environ une minute trente de repos. Il faut qu'il puisse décompresser. »

Mais la révélation de la saison lyonnaise est Alexandre Bes. C'est un footballeur tardif, venu de l'athlétisme et du triple saut, dont il conserva longtemps le record du Lyonnais. Sa puissance sur le côté gauche et sa capacité à réfléchir lui avaient rapidement permis de s'imposer. Il lui fallut travailler double, notamment afin d'adapter sa longueur de foulée au football. Il lui manqua probablement une meilleure qualité de centre. Mais quelle vitesse ! Ce fut sa seule saison pleine en D1, car le reste de sa carrière lyonnaise fut gâché par les blessures, qui s'attachaient à sa fragilité de pur-sang.

Alexandre Bes, surtout, sera fauché par un destin cruel, victime, alors sous les couleurs de Rouen, d'une rupture d'anévrisme sur le terrain le 1er juin 1997. En 1991, une jeune stagiaire du *Progrès* l'avait rencontré pour un entretien, qui figurait précieusement dans son rapport de stage et qu'on a retrouvé en fouillant quelques tiroirs pour cet ouvrage. Elle l'avait achevé par le questionnaire de Proust. À la question « Comment aimeriez-vous mourir ? », Alexandre Bes avait répondu : « En rêvant. »

Il avait rêvé en cette saison du retour en D1, une saison au cours de laquelle l'attaque lyonnaise n'a plus la même efficacité malgré les statistiques honnêtes d'Eugène Kabongo (12 buts en 26 matches). L'OL est notamment resté sans marquer pendant 471 minutes au cœur de l'hiver.

Grâce au douzième but de son avant-centre zaïrois – on ne disait pas encore congolais –, l'OL va accrocher sur le fil une huitième place, grâce notamment à une victoire de prestige lors de la dernière journée, à Marseille (1-0), où personne n'avait gagné depuis deux ans.

Mais cette huitième place n'est pas suffisante pour Jean-Michel Aulas. Il évoque dans ses interviews « la faiblesse psychologique de l'équipe : il y a un manque de maturité qui nous empêche de conserver un résultat ». Sur la manière dont l'équipe a baissé de pied après avoir assuré le maintien, il lance encore : « Il faut s'interroger pour savoir si, psychologiquement, le langage qui est tenu aux joueurs, sans être obligatoirement celui tenu à l'extérieur, a été le bon. » Raymond Domenech a sans cesse parlé des points à prendre pour se maintenir. Une fois le total atteint, il n'a évoqué rien d'autre et l'équipe s'est doucement affaissée. Son président a d'autres objectifs, d'autres impatiences.

Au passage, il a encore des problèmes de subvention municipale, se plaignant de n'avoir touché que 40 % du montant promis, soit 4 millions de francs (600 000 €), d'en avoir remboursé 1, comme prévu, et d'en avoir versé 1 autre au titre de la taxe sur les spectacles. « Pendant toute l'année, il a fallu que j'avance à l'Olympique Lyonnais 20 millions de francs (3 M€) », déplore-t-il. Aulas en demande donc plus au maire de Lyon, Michel Noir, avec un budget qui va passer de 56 à 70 millions de francs (8,5 à 10,5 M€), « le tiers de Marseille, la moitié de Bordeaux, du PSG ou de Monaco ». Il est déjà tel qu'en lui-même, dans sa logique de comparaison et de communication.

Alors, le mois de juillet 1990 est plutôt chaud. Michel Noir, par lettre recommandée, demande à Jean-Michel Aulas de ne plus parler. Le maire rend la lettre publique, après une interview à *Lyon Matin*, dans laquelle le président du club lyonnais réclame une aide et met en cause la municipalité, ce qu'il avait déjà fait dans un communiqué agressif deux semaines plus tôt.

Jean-Michel Aulas lance, surtout : « S'il y en a qui veulent se mettre en travers de la route, il faudra qu'ils en supportent les conséquences. » Michel Noir rétorque dans sa lettre : « Ceci ne me paraît plus du tout acceptable. (...) Je ne saurais tolérer un instant de plus un tel comportement verbal et de telles déclarations à la presse, et je vous fais savoir par la présente que, s'il advenait qu'une nouvelle déclaration de votre part mette en cause le niveau de la subvention accordée par la municipalité, je serais amené à reconsidérer le principe même d'une aide municipale, cela dès le budget 1989. C'est-à-dire que la subvention de 9 millions de francs (1,4 M€) serait remise en cause. J'espère avoir été suffisamment clair et, si cela vous paraissait nécessaire, je suis prêt à vous rencontrer pour mettre les "points sur les i". » Dans la presse, il poursuit : « M. Aulas doit maintenant cesser de tenir le langage qui est le sien. De qui se moque-t-on ? Il est président, je suis maire. » Jean-Michel Aulas, en écho : « Je ne dois plus parler. Est-ce un ordre ? Et si je continue à parler, que va-t-il arriver ? »

Replonger dans ces joutes permet de se souvenir du combat mené pendant vingt ans. Mais celui-ci se règle à la lyonnaise. À la fin de la saison 1990-91, Michel Noir lancera : « Auparavant, la gestion du club était floue, mais Jean-Michel Aulas a su apporter ses règles de rigueur, de chef d'entreprise, et il a su changer le climat humain à l'OL, tout en se fixant des objectifs à atteindre. »

En écho, le président lyonnais annoncera, sans rire : « Il est plus que probable que je ne renouvellerai pas mon mandat de président à son expiration, en 1993, mais que je resterai au conseil d'administration. » Comme il l'a avoué depuis, ce n'est pas qu'il ment, c'est seulement qu'il ne dit pas tout de suite la vérité.

Mais si Michel Noir se calme, c'est peut-être aussi qu'il a fini par comprendre que Jean-Michel Aulas n'avait pas l'intention de se servir de l'OL comme d'un levier pour entrer dans la carrière politique. André Soulier, l'ancien adjoint au maire, lance sur le sujet :

« Ceux qui ont cru qu'il allait s'engager en politique ont commis une erreur fatale. »

Jean-Michel Aulas avait promis l'Europe en quatre ans. Alors, à l'été 1990, il lui faut investir plus lourdement dans le recrutement. Avec le risque, bien sûr, de se tromper en proportion, c'est-à-dire plus lourdement. La réussite, la vraie, c'est la venue du gardien de but Gilles Rousset, alors remplaçant de Bruno Martini en équipe de France et qui va accomplir une saison formidable. Le pari qui aurait pu marcher, et qui ne coûtait pas cher, concernait le jeune attaquant Guillaume Masson, arrivé un an plus tard que ses anciens coéquipiers de Montceau-les-Mines, Alain Baré (un vrai talent d'attaquant fixateur gâché par les blessures), Laurent Debrosse et Jean-Philippe Forêt. En inscrivant trois buts au cours de ses cinq premiers matches lyonnais, le jeune Masson avait suscité des promesses qu'il ne sut jamais vraiment tenir.

Mais les deux plus gros investissements concernent Roberto Cabañas, l'attaquant paraguayen de Brest, et Aziz Bouderbala, l'attaquant marocain du Racing Paris 1. Face à cela, voici la phrase qu'il ne fallait pas dire, ou alors qu'il ne faut pas relire avec le temps. Avant que la saison ne débute, Raymond Domenech lance : « Si on est aussi bons sur le terrain que dans le recrutement... » Il voulait sans doute dire que l'OL avait pris des joueurs que tout le monde voulait prendre.

Avec le recul, Bernard Lacombe convient, sur le recrutement de cet été-là et de l'été suivant : « Cabañas était un peu cramé. Bouderbala, ce n'était pas pareil. Mais Milos Bursac, Alfonso Fernandez-Leal, Thomas Pfannkuch, bon... En dehors du cas Cabañas, qui avait coûté une fortune, disons qu'on recrutait avec les moyens du club mais après, dans ce domaine, c'est vrai, on ne pouvait que progresser... »

Raymond Domenech analyse a posteriori : « Dans un club bien organisé, le recrutement se prépare un ou deux ans à l'avance. Il faut engager des gens pour observer des joueurs, des gens qui ne font que ça. Notre problème, à l'époque, c'est qu'on n'avait personne pour faire ça, d'autant que Bernard *(Lacombe)* était souvent aux matches avec moi. Alors, oui, on a fait des erreurs. Mais la structure n'existait pas. Lorsque Jean Tigana est arrivé en 1993, juste après moi, il a fait exactement ce que j'avais fait en arrivant cinq ans plus tôt : il a pris des gars qu'il connaissait, avec lesquels il avait déjà joué, comme Pascal Olmeta et Manu Amoros. Ce sont des joueurs qui ont apporté tout de suite un plus. »

Roberto Cabañas, qui avait joué au Cosmos de New York mais n'a jamais laissé la moindre trace dans un club européen, était devenu célèbre pour les péripéties qui avaient entouré son transfert à Brest en 1987. Accompagné d'une amie traductrice et de deux journalistes français, Gérard Étcheverry pour *L'Équipe* et le regretté Didier Romain pour *le Sport*, le président breton, François Yvinec, avait été vaguement pris en otage par la pègre colombienne, propriétaire du joueur, alors qu'il était à Cali pour négocier son transfert.

Mais Cabañas n'est ni un meneur de jeu ni un avant-centre. Il est plutôt adroit devant le but (avec 9 buts en 27 matches, il sera de loin le meilleur buteur de l'OL), mais il est une perpétuelle source de migraine. Au bout de trois journées, il balance à l'hebdomadaire *le Sport* : « Je ne touche que deux ou trois bons ballons par match. Comment voulez-vous flamber dans ces conditions ? » Accessoirement, il n'hésite pas à se moquer du monde : « Je ne suis pas habitué à jouer comme un attaquant. À Brest, j'étais milieu de terrain, je bénéficiais d'une certaine liberté, j'étais le patron. » Il annonce même : « J'irai voir Raymond Domenech. Il n'y a que deux solutions ; soit on me place au milieu de terrain, soit je pars ! » Mais un an avant, à Brest, au bout d'une saison quelconque (un seul but, sur penalty, entre le 4 août et le 8 février) mais mieux terminée, il expliquait : « Cela va mieux, parce que j'occupe un rôle plus en pointe alors qu'avant j'étais davantage au milieu. »

La confiance de ses coéquipiers ? « Cela se conquiert mais, ici, ce sera difficile. » Fait-il les efforts ? « Évidemment ! Mais pour jouer attaquant, il faut avoir derrière soi un super technicien qui vous donne des ballons propres. » Forcément, dans le vestiaire et ailleurs, Roberto Cabañas a été tout de suite très populaire...

Dans les premiers jours de septembre, Cabañas est donc une affaire. Du coup, on pousse une petite colère dans les colonnes du *Progrès* : « Qui niera que Roberto Cabañas, au demeurant grand joueur, continue de jouer parce qu'il a été acheté 15 millions de francs (2,3 M€) ? » On ne le pensait même pas ! Qu'il ait été un grand joueur, bien sûr.

Toute la saison et au-delà, le club nous aura reproché cet assassinat. « Depuis que Raymond Domenech et Bernard Lacombe sont aux commandes du club, jamais un joueur n'a bénéficié de pareille indulgence. Comment nier que rien ne justifie le maintien de Roberto Cabañas, à part le montant de son transfert ? » C'est un monument de mauvaise foi, il faut l'avouer, avec le recul : « Roberto Cabañas mérite mieux que ça. Il mérite mieux que susciter l'indulgence ou la commisération. Il mérite de pouvoir montrer son talent. Mais on sait aujourd'hui que cela ne sera certainement pas à Lyon. Reste maintenant à officialiser ce qui est plus un échec qu'une erreur. Et c'est difficile, parce que cela coûte très cher. »

C'est ainsi que le Yougoslave Milos Bursac débarque de Toulon en octobre, pour marquer deux buts en dix-sept matches…

Pour Cabañas, cela continue ; alors que Domenech dit qu'il est absent parce qu'il a mal à une cuisse, pour le protéger ou se protéger lui-même, Cabañas rétorque à *France Soir* : « Je suis blessé, mais c'est au cœur que j'ai mal. Domenech a menti à mon sujet. Je ne sais pas pourquoi, parce qu'il ne parle jamais avec moi. C'est toujours comme ça avec lui. Je lui reproche de ne pas me parler en face. C'est quand même incroyable d'apprendre par la presse que je suis blessé alors que je suis en pleine forme. Domenech me déçoit beaucoup. » S'ensuit une réunion à trois durant laquelle Cabañas joue sur la fibre Lacombe : « Lui m'encourage sans cesse. Mais je suis détruit moralement. »

Cabañas va tout de même inscrire trois buts contre Toulouse (4-1) le 23 décembre 1990, juste avant les vacances. Lacombe lui lance dans le couloir des vestiaires : « Et dire que j'allais demander à ta femme de nous ramener le vrai Roberto en janvier ! »

Avec le Paraguayen, on frôlera l'affrontement physique un jour de match de Coupe, Vénissieux (PH)-Brest (0-2, a.p.), auquel participait Guivarc'h. Lyon venait de perdre à Marseille (0-7) et, sous l'effet de la déroute, les « ballons » du *Progrès* avaient fait l'objet d'un aménagement : deux pour Bouafia, un pour les autres ; et une innovation pour le Paraguayen, qui avait bénéficié d'une… balle de tennis. Alors ce jour-là, à Vénissieux, il s'approche, l'index sur ma poitrine : « Si tou a lé droit d'écrire n'importé quoi sour moi, yé lé droit de té dire que tou es oune Mongol ! » C'était le bon temps…

Sur le sujet, Jean-Michel Aulas est lui-même. Alors : « Qu'on laisse du temps à Roberto, il en surprendra plus d'un cette saison. L'OL est quatrième alors que toute l'équipe n'est pas au top. Alors, quand Cabañas sera à son meilleur niveau... » Le pire est que la suite lui donnera partiellement raison.

Mais l'OL traverse une saison irrationnelle. Comme lors de ce derby gagné le 15 septembre 1990 à Saint-Étienne (1-0), la première victoire à Geoffroy-Guichard depuis 1972 – dix-huit ans. À quelques minutes de la fin, Bouafia part sur son côté gauche, alors que Gilles Rousset a accumulé les exploits dans son but et que le nul est miraculeux. Domenech bondit de son banc : « Reviens, Mouche, t'es tout seul ! » Mais Bouafia fait comme d'habitude, il va au bout de son action et centre. Il n'y a pas un Lyonnais à moins de vingt mètres mais le défenseur stéphanois Sylvain Kastendeuch, seul dans la surface, dévie le centre du tibia, dans son propre but.

Irrationnelle, aussi, cette déroute à Marseille (0-7), le jour de l'arrivée de Raymond Goethals a l'OM. Entre Jean-Pierre Papin et Gilles Rousset s'est ébauchée une malédiction. Avec Sochaux, la saison précédente, Rousset a pris une fois quatre buts de Papin, dont deux penalties, au Vélodrome (1-6), puis deux au retour, à Bonal (0-2). En 1990-91, avec l'OL, il a encaissé un but à l'aller (2-2) à Gerland. Et là, en janvier, « JPP » le tourmente d'un autre quadruplé ! Soit 11 buts inscrits à Gilles Rousset en deux ans et quatre matches. Papin, à Marseille, nous dit : « Le problème, c'est qu'il s'est trouvé là à chaque fois que j'avais besoin de me refaire la santé. J'ai beau réfléchir, je ne vois pas à quel gardien j'ai pu faire autant de misères. » Rousset, au même moment : « À chaque stage de l'équipe de France, les gars me chambrent, j'aimerais bien que ça s'arrête. Quand je regarde les résumés des matches de l'OM, je vois les autres gardiens : ils ont toujours un peu de chance, la balle frappe la barre, un défenseur sauve sur la ligne. Moi, face à JPP, il n'y a jamais rien qui me sauve. Et comme on montre sans cesse ses buts, j'en ai marre de me voir et de me revoir ! »

Irrationnelle, enfin, la fin de la saison lyonnaise. Les ennuis commencent avec cinq défaites de suite en mars, dont une élimination en Coupe de France à Angers (D2, 0-2). Le seul résultat vaguement intéressant a été un nul contre Saint-Étienne (1-1), grâce au plus beau but de la carrière de Rémi Garde, une volée de 25 mètres.

Cette série, c'est le moins qu'on puisse écrire, n'a pas l'heur de plaire au président Aulas. Il reste neuf matches à jouer ? Il décrète qu'il s'agit de neuf matches à gagner. L'OL va en jouer six à Gerland, mais quand même !

Jean-Michel Aulas se sert de la presse comme d'un porte-voix, évidemment : « Même s'il n'existe qu'une chance sur cent, il faut le faire. Une place en milieu de tableau n'intéresse ni le président ni le public. » Il laisse planer des menaces financières ; lance, surtout, une énorme pierre dans le jardin de Domenech : « Quand une équipe ne gagne pas, on la change. Il y a une cohérence à avoir entre le choix effectué dans le recrutement et le choix sur le terrain. Il faut arrêter de faire des expériences. Des choix ont été faits qui ne se sont pas révélés être les bons *(à propos de Domenech et de Lacombe)*. Je leur ai toujours donné carte blanche sur tout mais, aujourd'hui, je crois que je peux leur donner des conseils, une orientation à suivre. Ils ont trop protégé les joueurs. »

Et encore : « Pour dépasser la psychose de la défaite, il faut mettre la barre très haut. Au moins, cela fera une moyenne avec ceux qui parlent de maintien. Je prétends qu'un sans-faute est possible. À eux de le prouver. » Il dira plus tard qu'à ce moment-là on lui a demandé « de faire intervenir un gourou, un psycho-machin ; j'ai été tenté de le faire, mais j'ai résisté et on a abouti ».

C'est à cette époque-là, sans doute, que monte la fâcherie, jamais exprimée sinon dans les journaux, entre Raymond Domenech et Bernard Lacombe, le premier reprochant au second certaines de ses déclarations, le second reprochant au premier de ne plus partager ses décisions ni ses réflexions comme aux débuts du binôme.

En avril 1991, Bernard Lacombe, dans les colonnes de *Lyon Matin*, reconnaît les désaccords : « Pour ce qui est du foot, je possède un vécu très important que Raymond n'a pas. J'ai eu la chance de vivre de grands moments, de grands événements. D'après certaines déclarations, il semblerait qu'il soit le seul décideur. Or j'ai personnellement autant de pouvoir que lui dans le club, et si quelqu'un doit trancher, c'est le président qui intervient en dernier ressort. « Un exemple ? » Je préfère voir Rémi Garde au milieu, Raymond en fait un libero et il ne partage pas trop… »

Plus de quinze ans après, le différend est aplani depuis longtemps. Comme s'ils avaient partagé trop de choses ensemble pour se tourner le dos vraiment. Ils sont sans doute plus proches qu'ils ne l'ont jamais été, se parlent régulièrement au téléphone. Mais ils n'ont jamais posé sur la table ce qui les avait opposés, ils l'ont juste mis de côté.

Bernard Lacombe avoue : « Ma femme me demande parfois : "Comment se fait-il que vous ne vous soyez jamais expliqués, tous les deux, dans le moment ? Aujourd'hui encore, expliquez-vous…" »

Mais les hommes préfèrent les non-dits, parfois, surtout si le problème est derrière eux. « Je ne peux même pas expliquer comment la discorde a commencé, poursuit Lacombe. On n'en a jamais parlé ensemble. » À un moment donné, il est clair que Raymond Domenech a souhaité que Bernard Lacombe s'écarte du terrain. Tant qu'il était organisé autour du jeu, le duo a été performant, même très performant. C'est lorsqu'il s'est articulé autour du pouvoir et de la recherche d'alliances que les ennuis ont commencé. Dans la volonté de Domenech d'être seul sur le terrain, il y avait de mauvaises raisons, sans doute, mais il y en avait de bonnes, aussi. Lacombe : « Il me disait que les entraîneurs étaient de passage et que moi, je devais devenir l'homme fort du club. Et ça, il me le disait dès 1988 ! Il avait dû le voir dans l'astrologie *(sourires)*… »

Raymond Domenech a autant de mal à expliquer comment le duo s'est progressivement séparé. « Plus qu'une fâcherie pour un motif précis, notre entente s'est diluée à l'époque. Peut-être parce que son poste n'était pas vraiment défini. »

À neuf journées de la fin, la pression présidentielle débouche sur un stage à Évian. Avec le recul des années, Jean-Michel Aulas relève : « Aujourd'hui, tout le club a gagné en sérénité et mon management a changé. Je suis devenu moins méchant sur le plan des échanges. Mais c'était un management, une stratégie qui correspondaient cette année-là à l'atmosphère du moment. »

Raymond Domenech resserre le groupe, emmène seulement dix-huit joueurs avec lui. Bouderbala, lui, revient de blessure au bon moment. Et le miracle s'opère. Au soir de la trentième journée, l'OL est treizième à cinq points de Montpellier après sa défaite dans l'Hérault (0-1). Mais l'OL va boucler cette irrationnelle saison par huit matches sans défaite, quatre victoires et quatre nuls, avec cinq buts dans le dernier quart d'heure, cinq retours au score et un but de la victoire signé Bruno Génésio, d'une volée incroyable, contre Caen (3-2) à deux minutes de la fin. À Lille (1-1), l'OL s'en sort grâce à un penalty de Garde à six minutes du terme, à la suite d'une faute sur Bouafia. Le dernier soir, contre Bordeaux (1-0), Lyon décroche une qualification probable pour la Coupe de l'UEFA. Mais pas acquise : les Lyonnais sont cinquièmes, ex aequo avec Cannes, avec une différence de buts négative (–4 contre +5), et doivent attendre le résultat de la Coupe de France et de son tirage au sort.

Merci Surya Bonaly ! Faut-il croire au mythe des boules chaudes ou des boules froides ? La championne de patinage tire les demi-finales dont rêvait l'OL : en regardant OM-Rodez (4-1) et Monaco-Gueugnon (5-0) à la télévision, les Lyonnais apprennent que leur cinquième place sera européenne, Marseille et Monaco occupant les deux premières places du Championnat. Jean-Michel Aulas, en 1987, avait annoncé l'Europe en quatre ans. L'affaire est tombée pile. Avec le recul, cela ressemble plus à la réussite de Madame Irma qu'au résultat d'une stratégie maîtrisée. Mais c'est aussi le pouvoir de l'ambition. Cela ne suffit pas toujours, les années suivantes vont le montrer, mais c'est une contagion que Jean-Michel Aulas est résolu à étendre.

14. 1991-1993
La nuit tombe sur Trabzon

Le crépuscule des années Domenech est douloureux.

Le recrutement calamiteux, l'attaque anémique, l'atmosphère compliquée.

L'OL retrouve l'Europe et en sort sans gloire, au bout du bout de la Turquie.

L'affaire Torben Frank.

Wenger plante Domenech.

Les années 2000 vont affirmer le savoir-faire lyonnais en matière de recrutement. Voilà le point fort de l'OL dans sa période de gloire : avoir su, globalement, renouveler son effectif sans s'affaiblir, ni modifier, dans l'ensemble, l'équilibre du vestiaire. Il faut croire, alors, la théorie qui prétend qu'avant de réussir il est essentiel de beaucoup se tromper.

Car le recrutement de l'OL, au début des années 1990, est une calamité, une source de moqueries et de ricanements.

À l'heure d'attaquer l'Europe avec Roberto Cabañas et Milos Bursac sur les bras, ce qui ne durera pas longtemps dans le cas du Paraguayen, l'OL est allé chercher Alim Ben Mabrouk et Alfonso Fernandez Leal.

Alim Ben Mabrouk signe et c'est la première – quasi la seule – signature purement présidentielle. Jean-Michel Aulas l'avait vu très bon avec Bordeaux la saison précédente et avait forcé la main de son entraîneur.

Dans un bureau de la Cegid, le président lyonnais dessine en cet été 1991 ce qui fera l'équilibre durable du club en matière de recrutement et de pouvoir de décision. « J'avais discuté avec plusieurs présidents qui estimaient que le recrutement n'était pas obligatoirement du ressort de l'entraîneur. Moi, je suis complètement contre mais, en revanche, je pense que je peux apporter une vue plus pondérée, qui dépasse la vision du besoin de l'instant, à court terme. Cette année, j'apporterai donc une voix de plus. Au lieu de décider à deux, on décidera à trois. La voix de l'entraîneur sera prépondérante, mais c'est bien de pouvoir apporter la contradiction. Jusqu'à maintenant, j'ai peut-être été trop naïf sur certaines formes de discussion. » Ainsi s'esquisse pour longtemps le fonctionnement de l'OL en matière de recrutement, une activité totalement triangulaire entre président, directeur sportif et entraîneur. Ce dernier a généralement un pouvoir de veto mais non de décision, ou rarement : pour avoir le joueur qu'il vise, il doit rallier à sa cause soit le directeur sportif, soit le président.

Mais le choix de Ben Mabrouk n'est pas payant. L'international algérien, qui aurait pu être un leader au sein de la jeune équipe lyonnaise, est de l'autre côté de la colline. Après la visite médicale, le docteur de l'OL, Jean-Marcel Ferret, avait lâché en interne : « Je refuse de m'engager sur le fait qu'il puisse disputer quinze matches... » Ben Mabrouk s'arrêtera à treize.

C'est une belle histoire, pourtant. Alim retrouve alors ses frères, qui gèrent une brasserie qu'il a achetée à Vénissieux. Il est né à Lyon. Il est venu à Gerland pour les matches de l'OL, a même séché l'école à l'occasion pour assister aux entraînements. À 19 ans, il effectue un stage à l'OL. Recalé, il devient photograveur dans une imprimerie puis part au Paris FC, rejoignant le Racing Club de Paris lors de la fusion PFC-Racing Club de France, avant de vivre l'aventure du Matra Racing et de signer à Bordeaux. Oui, son retour à Lyon aurait pu être une belle histoire.

Alfonso Fernandez Leal, c'est autre chose. Il vient de Castellon, où Raymond Domenech est allé l'observer plusieurs fois, en compagnie de Bernard Lacombe. L'entraîneur lyonnais dit alors : « De tous les joueurs que nous avons recrutés, c'est pour Alfonso que nous avons le mieux fait notre travail. Nous l'avons vu trois fois, trois semaines de suite. » Il est transféré en échange de 800 000 francs (122 000 €). C'est un joueur de 28 ans au nom espagnol et à l'accent belge, puisqu'il a passé vingt-cinq ans outre Quiévrain. Très vite, les mauvaises langues de la tribune Jean-Jaurès – le congrès des tailleurs – qui auraient presque leur place en tribune de presse, l'ont appelé « Fernandel ». À cause d'une vague ressemblance avec l'acteur ? De son patronyme Fernandez ? Ou bien en souvenir des *Rois du sport*, ce film tourné par Pierre Colombier en 1937 dans lequel Fernandel tient le rôle d'un garçon de café marseillais propulsé gardien de but au Vélodrome ?

Fernandez Leal a beaucoup de technique mais aucune puissance, ni aucun jeu long. C'est un tricoteur qui, rapidement, exaspère son entraîneur. Par-dessus le marché, il rate cinq fois le permis de conduire. Si la première saison il joue régulièrement, il est exclu, ou presque, pendant la deuxième. Il se dit alors que, pour Raymond Domenech, ce permis est devenu un test, que le coach réintégrera le joueur dans l'équipe une fois qu'il aura apporté la preuve qu'il est capable d'obtenir son permis.

Le début de saison est aussi l'occasion d'une redéfinition des domaines respectifs de Domenech et de Lacombe. L'entraîneur a obtenu de son président une répartition des rôles différente, qui écarte Bernard Lacombe du terrain. Il la décrit ainsi, alors, dans une interview à usage interne autant qu'externe : « Le président a défini les fonctions des uns et des autres. Je suis le responsable technique du club, Bernard est le responsable du recrutement, de la gestion des matches de Coupe d'Europe, de la supervision des matches, ce qui constitue un travail très prenant. De mon côté, je gère l'équipe et le club au plan technique. »

Pour mieux maîtriser cette saison du retour en Europe, il lui faudrait juste une attaque. L'OL, qui la saison précédente avait inscrit seulement 39 buts pour être européen, avec un goal-average négatif, entame l'exercice 1991-92 sur une affreuse moyenne : 2 buts réussis en cinq matches, 2 buts signés Ali Bouafia, qui n'a de surcroît pas vocation à marquer autant. L'OL a beaucoup plus d'attaquants que de buteurs, le jeune Guillaume Masson ne confirme pas et Domenech cingle : « Le mot avec lequel il devrait s'endormir, chaque soir, est "efficacité". Mais pour l'instant il y a marqué "esthétisme" sur son oreiller ! » Chacun croit pourtant en l'ascension du jeune homme. Même Jean-Pierre Papin le cite parmi les grands attaquants de demain. Tout le monde se trompe.

Au moment où l'OL peut espérer basculer vers un autre statut et s'installer durablement comme une équipe européenne, c'est cette faiblesse dans le recrutement qui l'envoie inéluctablement dans le mur. Jean-Michel Aulas atténue le constat quinze ans après : « Ce qui a coupé notre élan, en 1990, c'est d'abord le manque d'organisation du football français, qui privilégiait l'ordre établi. Il y avait peu de possibilités de construire. N'ayant pas des ressources économiques suffisantes, n'ayant pas la volonté d'accepter le déficit à outrance que Marseille et Bordeaux entretenaient, nous étions un peu enfermés dans notre logique sportive et économique sans prise de risque. N'ayant pas de moyens, on n'a pas pu recruter les joueurs que prenaient Bordeaux, l'OM ou le PSG. »

Dans l'affaire, le passage de Milos Bursac, poussé vers Lyon par Toulon et quelques intermédiaires mélangeant les genres, fait dire au président lyonnais : « J'ai découvert le mauvais côté du football, le mauvais côté des agents. Je ne connaissais rien de ce milieu sulfureux. »

Sur le fond de ce recrutement, il laisse tout de même tomber quelques gros cailloux, allez, au moins une petite pierre, dans le jardin de Raymond Domenech : « Cela ne plaide pas pour lui. Cela correspond à son tempérament, il aime prendre des risques. Il fallait trouver les solutions les moins chères, ce n'étaient pas les meilleures. Mais on ne pouvait pas lutter avec l'OM, qui avait les armes qu'on connaît, ni avec le PSG, qui avait l'argent de Canal Plus *(son actionnaire principal de 1991 à 2007)* . Pour que l'on trouve plus rapidement notre second souffle, il aurait fallu une organisation du football français différente. Il fallait remettre en ordre la Ligue nationale, d'où mon implication, afin que les décisions cessent de favoriser toujours les mêmes. On est partis, alors, pour une traversée plus longue, pas une traversée du désert mais une approche plus structurante du football professionnel français. »

En attendant, en manquant son recrutement, l'OL met le feu, année après année, à son vestiaire. Le 26 août 1991, Rémi Garde se lâche dans le *Progrès*. Il a pris son téléphone la veille pour nous appeler à la maison, au lendemain de Lyon-Caen (2-2). L'OL menait 2-0, Caen s'est mis à attaquer et, à l'OL, tout le monde n'a pas défendu. Le capitaine lyonnais exprime son dépit : « Dire tout ça en public va contre ma nature. Mais aujourd'hui, c'est à notre tour d'avoir des états d'âme, de nous révolter et de dire que cela suffit ! » Il vise les attaquants et leur travail défensif. « Où certains ont-ils vu qu'un attaquant n'avait pas à défendre ? C'est inconcevable, sauf si nous étions le Real Madrid et que nous rencontrions l'Arbresle. On ne peut pas continuer comme ça. Je suis tellement las de ces problèmes que j'ai l'impression que la saison a débuté il y a six mois... »

Dans le temps même où ils laissent entendre que leur statut et leur immense talent doivent les absoudre de leur passivité défensive, les attaquants lyonnais se plaignent de ne pas recevoir de bons ballons. « Cela me choque, enchaîne alors Garde. Je me sens agressé lorsque je lis ça. Ce n'est pas correct. » D'où la révolte : « Si on ne dit rien, on va se faire bouffer. Or, si Caen est revenu à la marque, c'est parce que les attaquants n'ont pas fait leur travail défensif en deuxième mi-temps. Moi, je vis pour le collectif. Je dois savoir que si je donne un mauvais ballon, les dix autres vont m'encourager. Actuellement, ce n'est pas le cas. On dirait l'album d'Astérix, *la Zizanie*. Il suffit qu'un ou deux débarquent pour que tout le village s'engueule... » C'est un geste de capitaine, mais aussi de relais de l'entraîneur, qui pense la même chose mais ne peut l'exprimer.

Avec le recul, Rémi Garde, qui n'en a rien oublié, commente le fond de son intervention puis son état d'esprit dans les semaines, voire les mois qui ont suivi. « En fait, on avait monté le club assez vite et les recrues, qui devaient nous renforcer et nous faire gagner en notoriété, n'avaient jamais pris le relais. L'exception, c'était Gilles Rousset, qui avait fait une grande saison en 1990-91. Je me souviens de cette interview, je t'avais appelé un dimanche... Mais après la publication de l'article, ce fut horrible ! Déjà, ce n'est pas dans ma nature d'intervenir comme ça. Ensuite, je l'avais fait pour faire bouger les choses, mais je me suis vite rendu compte que je n'avais pas fait évoluer grand-chose ! Cela avait juste tendu un peu plus les rapports dans le vestiaire. Je me suis rendu compte qu'on n'était vraiment pas sur la même longueur d'onde. Je l'avais très mal vécu et ça ne m'avait pas aidé à bien jouer le reste de la saison. »

Raymond Domenech l'avait-il poussé à cette prise de position publique ? « Non, je n'ai pas le souvenir qu'il m'ait incité à le faire. J'avais l'impression que c'était légitime, qu'en tant que capitaine je ne pouvais plus fermer les yeux. Mais je regrette de l'avoir fait maladroitement, dans les journaux, au lieu de provoquer une discussion franche. J'aurais dû commencer par ça. »

Le début de saison est tellement catastrophique (deux victoires seulement au cours des quatorze premières journées, 4 buts en neuf matches) que Raymond Domenech doit monter d'un cran dans son nouveau métier, l'essence de la vie de chaque entraîneur à un moment ou à un autre de sa carrière : avocat de son équipe et de lui-même, accessoirement. Il résume, alors : « La première année, nous sommes montés en D1 avec une équipe de jeunes. La deuxième année, nous avons terminé à la huitième place, pour notre retour en D1 ; nous aurions même pu être européens avec un peu de réussite. Enfin, la saison dernière, tout en étant un peu plus tristes que lors de la saison précédente, nous sommes devenus européens. Mais qu'est-ce qu'il faut prouver de plus ? Simplement, cette année il nous faut trouver un compromis entre ces deux dernières saisons : entre notre première année en D1, inconsciente et euphorique, et la deuxième année, consciente et calculatrice. »

Lors de la dixième journée, l'OL gagne à Rennes (2-0) et quitte sa dix-septième place, avec seulement deux joueurs de plus de 25 ans. Cabañas vient de quitter le club. Dans les premiers jours de septembre 1991, Jean-Michel Aulas reconnaît, en épitaphe : « Il est clair qu'il n'a pas apporté tout ce que nous souhaitions. Nous avons fait le maximum pour lui, à tous les échelons. Sa position au sein du club et de l'environnement générait toute une série de problèmes ; une décision s'imposait. » Bursac, qui reviendra plus tard, est momentanément envoyé en D3, pour un match à l'Abbé-Deschamps qui fait dire à José Broissart : « On a joué à dix à Auxerre. Il se moque du monde, de ses jeunes coéquipiers, de son entraîneur et du club tout entier. C'est inadmissible ! »

Et au milieu de tout cela, l'OL retrouve la Coupe d'Europe. On est loin de la Ligue des champions, de son cérémonial, de sa petite musique, de ses grands noms et de ses francs suisses. C'est la Coupe de l'UEFA, cela ne passe pas forcément à la télévision, et personne n'est capable de citer le moindre joueur des équipes adverses tirées au sort.

Quinze ans après Bruges, l'OL fait son retour sur la scène continentale face aux Suédois d'Östers Växjö, club de la ville natale de l'ancien tennisman Mats Wilander. L'apprentissage est celui d'un autre football, ou plus simplement d'une autre prononciation : voilà, il faut dire « Vékreu ». Rémi Garde marque à l'aller d'une tête plongeante (1-0) et Stéphane Roche inscrit le but de la qualification au match retour en Suède (1-1), alors que l'OL n'a pas maîtrisé grand-chose. En février 2007, avant le voyage à Rome, Jean-Michel Aulas aura ce regard sur ce déplacement préhistorique : « Ce n'était pas de la préhistoire, c'était plutôt la conquête de l'Ouest ! On était dans l'artisanat au plus haut point, on découvrait tout. Quand je me replonge dans l'époque, je revois Raymond *(Domenech)* et Bernard *(Lacombe)*, plus que les joueurs »

En ce mois de septembre 1991, Raymond Domenech possède une particularité : des vingt entraîneurs de la D1 française, il est alors celui qui a disputé le plus de matches de Coupe d'Europe comme joueur (26 rencontres, avec Lyon, Strasbourg et Bordeaux).

S'il n'y avait eu que Växjö, encore ! Mais il y a Trabzonspor, l'équipe turque de Trabzon, l'ancienne Trébizonde, à l'est de l'Orient, aux confins de la Géorgie. En novembre, le jour tombe un peu après 14 heures. Alors les matches commencent tôt. L'horaire du coup d'envoi du retour à Trabzon est historique : 11 h 30 du matin !

À l'aller, dans un stade de Gerland à moitié vide et rempli majoritairement de supporters turcs, Lyon a fait n'importe quoi (3-4). Le retour est une torture de plus (1-4) que Raymond Domenech, seize ans plus tard, ne risque pas d'avoir oubliée. « C'est la seule fois où je me suis dit : "Je ne sais pas. Le match commence dans une heure et je ne sais pas." Est-ce que je devais faire rejouer les vieux ? Est-ce que je devais prendre des risques et, en même temps, la casquette qui nous tendait les bras ? J'étais dans le doute le plus total. Je sentais les clans, les jeunes, les vieux, les recrues... Depuis, je me suis souvent servi de ce sentiment. Plus jamais ça ! Quand je sens que ça approche, que le doute arrive, je me dis : "Stop ! Ne le laisse pas t'envahir, il faut décider, et avec des arguments. " Je me souviens très bien de ce jour à Trabzon. J'ai le visuel, ce stade à midi, mais j'ai surtout cette sensation, cette boule à l'estomac. La sensation que ce n'est pas toi qui gères. Que tu es dans le bus, avec l'équipe, mais que si tu n'y étais pas, ce serait pareil. »

À l'échauffement, Alim Ben Mabrouk avait rempli ce vide en prenant les choses en main, motivant l'équipe, jouant les grands frères. Mais en rentrant dans le vestiaire pour tomber la veste de son survêtement, il avait appris qu'il ne jouerait pas. Avec le recul, Domenech dit de son management de l'époque : « Quand je ne l'avais pas encore annoncée, il m'arrivait souvent de changer l'équipe à l'échauffement, sur une impression, une attitude. C'était une connerie. Il m'est même arrivé, en voyant la tête que faisait un joueur pendant la causerie, de me dire : "Allez, pas lui..." »

Dans la foulée, le futur sélectionneur des Bleus frôle le limogeage. Après la défaite contre Nantes (0-1) en novembre, le huitième revers des matches aller, Gerland envoie des « Domenech, démission ! »

La période est brûlante. Jean-Michel Aulas avoue envisager les trois solutions : limogeage, inversion des rôles entre Raymond Domenech et Bernard Lacombe, modification des rôles. En laissant entendre qu'il verrait bien Lacombe entraîneur, Aulas divise. On réalise alors une interview de Bernard Lacombe ; il va plus loin qu'il ne voudrait aller et, mea culpa, le titre est une manière de piège qui met en évidence ce que le directeur sportif lyonnais aurait voulu avouer le moins fort : « J'aimerais prendre l'équipe. » Mais c'est le jeu. « Le problème, c'est que Raymond est solitaire, confie l'ancien avant-centre international. Depuis que nous nous sommes accrochés par presse interposée, au printemps dernier, nos rapports ne sont plus les mêmes, c'est vrai. Mais de là à tout remettre en cause... Dire qu'il faut virer Raymond m'est difficile. »

Lacombe essaie de rester constructif : « J'aimerais qu'on soit proches. On se connaît depuis les Cadets, mais j'ai encore du mal à le comprendre, le cerner. Si le président me le demande, je prendrai une décision. Si elle est bonne, je le ferai. Mais sera-ce la bonne ? »

Et si Jean-Michel Aulas lui demande d'assumer le rôle d'entraîneur ? « J'aimerais bien prendre l'équipe. Mais il faut que les choses soient claires avec Raymond. Si on me demandait de prendre l'équipe, j'essayerais de le faire avec mes qualités et mes défauts. Ce n'est pas à moi de le décider. J'étais en retrait depuis pas mal de temps mais, là, le président essaie de me mettre en première ligne. » Il ajoute cependant : « Si j'avais le choix, j'aimerais mieux travailler avec Raymond, qu'on participe tous les deux aux décisions, qu'on discute comme on doit le faire. Mais je suis d'autant plus mal à l'aise pour parler de cela que, comme moi, Raymond a appris cette possibilité par la presse. Je préférerais parler de tout ça avec Raymond. Et je ne veux pas profiter de sa situation, car sa difficulté est celle du club tout entier. »

Jean-Michel Aulas a trois solutions, donc. Mais Domenech en impose une quatrième : le statu quo. Il joue sa tête, c'est évident, à Marseille à la fin novembre 1991. La veille du match, après le dernier entraînement, il fait venir dans son bureau Gilles Rousset, alors gardien remplaçant de Bruno Martini en équipe de France, et lui lance : « Ce n'est pas toi qui joues demain ! »

Il décide de faire confiance à Christophe Breton, comme s'il lui fallait prendre une dernière décision avant de ne plus contrôler les événements. Le lendemain, les Lyonnais tiennent bon à Marseille (0-0), sur le terrain du champion de France en titre. Domenech affirme en 2007 : « Je me suis demandé à ce moment-là si cela n'aurait pas été mieux que je me fasse virer. J'aurais connu ça une fois… Mais, en même temps, je me suis toujours accroché pour le club, j'ai souvent tu les difficultés, j'ai assumé, j'ai encaissé. »

Jean-Michel Aulas, lui, dit ne plus se souvenir exactement mais assure : « Je ne pense pas que je l'aurais viré. Mais j'ai souffert et j'ai été content qu'on se sauve. »

Le mercredi 28 novembre, Domenech fait tout pour éviter une entrevue à trois dans le bureau d'Aulas. Il n'y parvient pas, et la discussion fait du bien à tout le monde. Lacombe annonce même : « Je suis beaucoup plus impliqué dans les choix tactiques. Ainsi, on fait l'équipe à deux. Et, plusieurs fois par semaine, je vais être sur le terrain à ses côtés. Raymond a tellement de choses à voir que, parfois, il peut oublier certains détails. » Mais après le nul à Marseille, Domenech glisse : « À la fin, il y en a un qui doit prendre une décision et ce sera toujours l'entraîneur. » La rumeur court d'une clause de licenciement à 6 millions de francs, que dément Aulas.

Mais la saison ne s'arrange pas. En décembre, Thomas Pfannkuch, défenseur central de la réserve de Mönchengladbach, arrive. Franchement? Franchement, c'est une catastrophe. Il est grand, lent, piètre technicien et gentil garçon : pas la moindre qualité, donc, pour faire un bon défenseur.

En février, l'OL réussit l'exploit de se faire sortir de la Coupe de France à Istres (1-1, 3-4 t.a.b.), alors que les Istréens évoluent en D2 et qu'il finissent le match à neuf. Parmi ces derniers Frédéric Hantz, le futur entraîneur du Mans et de Sochaux, avec lequel le club lyonnais aura eu des rapports difficiles tout au long de sa carrière de joueur, de Metz à Clermont; une année où Bruno Ngotty a mis deux gifles à Philippe Chanlot et où Gilles Rousset a cassé une dent à Pascal Pierre, bref une année où le football était roi, Bernard Lacombe lui a même littéralement tiré les oreilles à Hantz!

L'élimination provoque la colère de Jean-Michel Aulas, qui suspend les primes en attendant que le maintien soit assuré. Il annonce une perte de 5 millions de francs (762 000 €) en raison de cette contre-performance. L'OL va terminer à la seizième place, avec deux points d'avance seulement sur la relégation et 25 buts marqués (plus mauvaise attaque de la D1, ex æquo avec Rennes), mais 16500 spectateurs de moyenne, la troisième affluence de France.

Malgré cela, deux Lyonnais figurent dans la liste des vingt joueurs français retenus par Michel Platini pour participer à l'Euro 92, en Suède. Mais ni Gilles Rousset ni Rémi Garde ne joueront la moindre minute au cours d'un premier tour manqué dans les grandes largeurs, avec deux nuls contre la Suède (1-1) et l'Angleterre (0-0), puis une défaite face au Danemark (1-2). Arpentant le hall de l'hôtel des Bleus dans la banlieue de Stockholm, au bord d'un fjord, ils viennent distraire leur ennui à l'instant du rendez-vous avec la presse. La Coupe du monde 1998 n'est pas encore passée par là, la proximité fait partie du décor. Gilles Rousset nourrit un carnet de bord pour le *Progrès*; il aura passé l'été 1992 sur un nuage, son club de cœur, le RC Toulon, étant devenu champion de France de rugby.

Pendant ce temps-là, chaque matin ou presque, Michel Platini nous roule dans la farine lors du petit match que l'équipe de la presse (avec Alain Giresse et Jean-Michel Larqué, ce qui arrange les choses) dispute face à l'encadrement de l'équipe de France, sur un demi-terrain d'entraînement. Louis Nicollin est dans le but, Gérard Houllier arbitre et le sélectionneur, bien sûr, est prodigieux.

Un jour, après la conférence de presse que l'on s'apprête à quitter, Michel Platini est sur le palier. Nous sommes avec un confrère de *Ouest France*, Pierre Cavret, et il nous raccompagne comme un propriétaire. La discussion informelle roule sur les rapports entre les joueurs internationaux et la presse régionale. Platini a toujours eu de bonnes relations avec Marc Vautrin, le journaliste du *Républicain lorrain*, qui parfois le ramenait à Nancy le lendemain des matches de l'équipe de France à Paris. Il tranche : « Joueur, je pouvais avoir de bons rapports avec les gars de la radio ou de la télé, parce qu'ils ne "taillent" pas. Mais un joueur peut difficilement être copain avec un journaliste de la presse écrite. La seule exception, c'est la presse régionale, parce que les intérêts sont convergents. C'est logique que, pour toi, cela se passe bien avec Rémi Garde. »

Avec Garde, ce serait compliqué que cela se passe mal. Il n'a jamais fait la moindre réflexion sur les notes attribuées dans les comptes rendus d'après-match ; ou alors sur la note d'un autre. Et si le carnet de bord de l'Euro 92 est tenu par Gilles Rousset, c'est aussi parce que Rémi a déjà rempli l'office pendant la tournée de l'équipe de France au Koweït, en janvier 1990.

Au cœur de cet Euro s'ébauche le feuilleton Torben Frank, le début d'une longue histoire. Le Danois doit être le nouvel attaquant que l'OL attend, après une saison à 25 buts en trente-huit matches, avec Bouderbala (6 buts) et Bouafia (5 buts) comme meilleurs artilleurs. Alors, pendant l'Euro 92, le soir de Suède-Danemark (1-0), on attend le buteur à la sortie du vestiaire. Il a déjà été annoncé à Lyon. Ce n'est pas pour un scoop, juste pour discuter, se présenter. Frank parle tranquillement. Comme il joue avec une genouillère, on lui pose la question. Il raconte une blessure et la sensation rassurante de l'accessoire autour d'une articulation fragile. Un mois après, à Lyon en conférence de presse de présentation, un confrère lance : « Pourquoi portez-vous une genouillère ? » Mais la réponse a changé : « C'est une superstition. Un jour je l'avais, et j'ai marqué. Depuis, je la garde. » Tu parles, Charles !

En cet été 1992, à l'instant des tests médicaux, Jean-Marcel Ferret, le médecin de l'équipe professionnelle, n'est pas là. Le

Danois a juste le temps de disputer un match amical à Gerland, face au Sporting du Portugal, quand son genou explose au cours d'un test au Cybex, un appareil qui en mesure la résistance. Il ne jouera plus jamais avec l'OL.

C'est parti pour un feuilleton médico-médiatique interminable, mémorable sujet de plaisanterie à *L'Équipe* : à force de communiqués, de nouvelles informations, de rectifications, de plaintes déposées, de recours aux instances, Torben Frank a détenu le record du nombre de « Foot der » pendant deux ou trois ans. « Foot der », c'est la rubrique d'échos. Concernant Torben Frank, Claude Chevally, l'envoyé spécial permanent du quotidien sportif à Lyon, a dû en envoyer entre cent cinquante et deux cents. Et on ne compte pas *France Football*. En février 1994, le Danois, qui a rejoué au pays en D1 dans l'intervalle, portera même plainte pour coups et blessures. Torben Frank à l'OL ? Un triomphe…

En attendant, pendant cet été 1992, l'OL passe de sa plus mauvaise saison en D1 à son autre plus mauvaise saison en D1. Raymond Domenech doit déployer des trésors de gestion politique et une belle science des alliances pour survivre à la première. Il est sur le fil, manque d'en tomber, finit toujours par trouver une branche à laquelle se raccrocher. De même qu'il y a deux fleuves dans la capitale des Gaules, il y a deux courants dans la presse lyonnaise en ce début des années 1990 : *le Progrès* est plutôt favorable à Domenech ; *Lyon Matin* pointe sans cesse ses limites, ses bravades et ses incohérences. Comment fait-il, dans ce contexte, pour réussir à aller au bout de son contrat ? Lors de sa carrière de sélectionneur, de l'équipe de France Espoirs (1993-2004) puis des A à partir de 2004, la question s'est de nouveau posée régulièrement. Toujours menacé, jamais limogé. « Il faut croire que je suis costaud, analyse-t-il. C'est vrai qu'on veut souvent me virer, et que je vais quand même au bout de mes contrats. Concernant mes cinq ans à l'OL, j'avais une très bonne relation avec Jean-Michel Aulas. Je lui ai toujours expliqué les choses, je ne travaillais pas en solitaire. » Avant d'attaquer sa cinquième saison lyonnaise, il fait appel à un nouvel adjoint, Guy Stéphan, qui sort de plusieurs saisons d'entraîneur numéro un à Montceau-les-Mines et à Annecy, en D2.

Torben Frank au frigo, il faut surtout à Domenech un autre avant-centre. Aziz Bouderbala est parti, et l'OL recrute : Franck

Gava, Éric Péan, Patrice Ferri, James Debbah et Samassi Abou arrivent. On reparlera d'Abou plus tard, le personnage le mérite.

Pour l'OL, le principal enjeu, en attendant de trouver au problème Torben Frank une solution qui ne viendra jamais, c'est James Debbah, le Libérien, qui vient de passer une saison à Alès, prêté par Monaco, et qui a été recommandé à Raymond Domenech par Arsène Wenger, alors entraîneur de l'ASM. C'est le début des rapports difficiles entre Wenger et Domenech, qui s'étaient connus à Strasbourg à la fin des années 1970 et s'étaient succédé à Mulhouse. Domenech s'estime trahi. Puisqu'ils seront officiellement fâchés à la suite de la controverse sur la blessure de Thierry Henry pendant la saison 2006-07, le sélectionneur de l'équipe de France pourra avouer : « Sur ce transfert, il m'a planté. Un jour, je lui en ai reparlé : "Arsène, tu aurais pu me le dire…" Il m'a répondu qu'il défendait son club et qu'il travaillait pour son club… »

James Debbah ne fait pas une mauvaise saison. Il inscrit 8 buts, ce qui est honorable mais ne suffira pas à faire de lui le meilleur buteur de l'équipe, une couronne qui échoit à Rémi Garde (9 réalisations). Simplement, James Debbah n'est pas un avant-centre, plutôt un joueur offensif sur le côté droit.

Le Libérien, qui évoluera plus tard à Nice, à Anderlecht et au PSG, est arrêté par la police lyonnaise en décembre 1992, dans la rue qui mène au siège de l'OL, au volant d'une voiture de sport dont il ne possède pas les papiers. Il doit penser que ce n'est pas de chance. En fait, même si l'OL n'a jamais voulu le confirmer, on reste persuadé que le club lyonnais a lui-même demandé ce contrôle, afin d'éviter les problèmes en cas d'accident. Lorsque les policiers lui demandent son permis de conduire, le Libérien montre un vieux certificat de transporteur du Mali qui n'est pas valable. Une semaine plus tard, il exhibera une nouvelle équivalence.

En revanche, Franck Gava est le meilleur recrutement en D1 sous l'ère Domenech. Pendant trois à quatre saisons, jusqu'à ce que des blessures commencent à le freiner, il a fait des différences balle au pied comme peu de joueurs en D1 en ont fait autant.

Mais l'OL ne parvient pas à décoller. Après la cinquième journée, les Lyonnais réussissent l'exploit d'enchaîner quatorze matches sans défaite… mais avec onze résultats nuls ! Au moins la descente n'est-elle pas une menace. Mais sept revers au cours des neuf dernières journées font glisser le club à la quatorzième place. Et il y a cette élimination incroyable par les amateurs de Pont-Saint-Esprit (D3, 0-1) en trente-deuxièmes de finale de la Coupe de France. Dans la semaine, Domenech avait lancé : « Ce match me fait peur ! » Personne n'avait compris ce discours. Il voulait dire qu'il ne sentait pas son équipe. Il ne l'a pas sentie souvent cette saison-là.

Ces deux saisons manquées, les plus mauvaises de l'ère Aulas, laissent Rémi Garde dans un sentiment d'épuisement total. « C'est pour cela que je suis parti à Strasbourg en juin 1993. J'étais épuisé par les événements et par la manière dont je les vivais. Parce que c'était mon club, je prenais tout trop à cœur. Ces deux saisons ont été une galère. C'est pour cela que j'ai vécu aussi difficilement mes deux dernières années avec Raymond Domenech. J'avais l'impression qu'il ne me comprennait plus, que je n'avais plus son soutien. On était en conflit sur le poste, libero ou milieu, et il se refermait sur lui-même, de plus en plus provocateur. Mais même son départ ne m'a pas fait changer d'avis. Il fallait que je m'en aille. »

Rémi Garde est une des premières cessions marquantes de l'ère Aulas : il est transféré à Strasbourg pour 6 millions de francs (915 000 €). « Là encore, quand je suis allé voir Raymond pour lui en parler, il m'a conseillé d'aller à Strasbourg avec Gilbert Gress *(qui fut l'entraîneur de Domenech en 1978-79, saison du titre remporté par le Racing)*, il m'a dit que cela me correspondait. Mais j'ai mis huit mois à m'adapter à Gress et il s'est fait virer deux mois après ! Donc, j'en veux professionnellement à Raymond Domenech mais, en même temps, je me suis toujours senti proche de lui, même si je n'ai plus pris de plaisir les deux dernières saisons. Je savais, en fait, que l'environnement et le stress des résultats dégradaient nos rapports. »

Raymond Domenech est en fin de contrat, et il sait que ce dernier ne sera pas renouvelé. Les mondanités lyonnaises lui renvoient progressivement l'écho de sa disgrâce. Il est en bout de course, usé par cinq années de pouvoir à partager, ou non, avec Jean-Michel Aulas et Bernard Lacombe. Aucun autre entraîneur n'a tenu aussi longtemps ensuite. Une fois le maintien assuré, ses derniers jours de règne à Tola-Vologe sont pleins de nostalgie, même si le sentiment ne lui ressemble pas. Avant l'ultime match de la saison, son dernier en tant qu'entraîneur de l'OL, il laisse Guy Stéphan, son adjoint, faire la causerie, en récompense de sa fidélité ou pour le préparer à la suite.

Le déroulement de ce baisser de rideau devant Bordeaux (2-3), à Gerland, est une dernière blessure pour Domenech. Les Girondins jouent une place européenne, il sait que Rolland Courbis a appelé certains footballeurs lyonnais et il se demande si, en surplus des limites qui en ont fait les quatorzièmes du Championnat, ces joueurs ne font pas à l'entraîneur bordelais l'amitié de jouer tranquillement. « C'était un match très spécial, pour de multiples raisons. Après coup, quand tu apprends tout ce qui s'est passé, tu te dis que tu t'es fait bien truander et tu gardes tout ça sur l'estomac. Parce qu'on avait bien joué ce soir-là. Mais Bordeaux jouait sa place en Coupe de l'UEFA et il est évident qu'il s'est passé quelque chose. »

Lyon perd (2-3), alors que l'un de ses défenseurs a remonté le terrain quand Dugarry s'échappait dans l'autre sens et, au soir de ses cinq années à la tête de l'équipe lyonnaise, Raymond Domenech effectue au coup de sifflet final un tour d'honneur, en marchant, pour signer ses adieux. « Je voulais juste remercier le public. J'étais aux trois-quarts du terrain, cela se passait bien et, en arrivant au poteau de corner, alors que j'allais passer devant la tribune d'honneur, quelqu'un a éteint la lumière et lancé le feu d'artifice. Il paraît que cela n'a pas été fait exprès. Je ne le saurai jamais… »

Entouré de quelques proches, il noie ses regrets dans une nuit que la pluie et beaucoup d'autres liquides arrosent. Un repas rue de la Barre, un verre sur les quais de Saône, puis d'autres verres. Le jour se lève quand il traverse le pont et rejoint une autre vie. Dans deux mois, il sera nommé sélectionneur de l'équipe de France Espoirs.

Treize ans plus tard, au fil d'une longue discussion perce un aveu : « J'aurais dû aller ailleurs avant de revenir à Lyon, une étape m'a manqué. J'ai bouclé la boucle trop tôt. D'ailleurs, après Lyon je ne suis pas resté entraîneur de club, je suis parti sur autre chose… »

Dans l'histoire de l'OL, seul Aimé Mignot (1968-1976) est resté en place plus longtemps que lui au poste d'entraîneur. Pourquoi, après Raymond Domenech, aucun technicien ne s'est accroché aussi longtemps sous l'ère Aulas ? Parce qu'il est difficile de travailler avec le président lyonnais ? « Non, ce n'est pas difficile, affirme le "recordman". J'ai peut-être travaillé avec Jean-Michel Aulas à un moment différent, mais il tient surtout à ce que tu lui expliques les choses. Bien sûr, il aime influencer. Après, soit tu subis, soit tu es assez solide pour écouter ses idées, les tempérer et faire quand même passer les tiennes. Puis je n'ai pas la science infuse, et sa vision de chef d'entreprise qui a réussi m'a toujours intéressé. J'ai appris beaucoup de choses avec lui sur la gestion des gens, sur la façon d'appréhender les problèmes. Quoi qu'on en dise, j'avais une faculté à écouter. Je me sers souvent du second degré, et lui aussi. Ce n'est pas lui qui m'a posé le plus de problèmes pendant ces cinq ans, il m'a même aidé. »

Jean-Michel Aulas, en écho à ces aveux, confie : « C'est un aspect paradoxal chez Raymond. Plus je le soutenais, plus il provoquait en externe. Je n'aime pas beaucoup penser à ces périodes difficiles, je pense toujours qu'on trouve plus d'élan pour construire et avancer quand on pense aux choses positives et aux périodes fastes... Mais c'est vrai, plus je le protégeais plus il s'enferrait dans une attitude kamikaze. Je suis allé au bout avec Raymond parce que j'avais déjà la conviction qu'il faut aller au bout quand on a choisi son entraîneur. La seule fois où je ne l'ai pas fait, c'était avec Guy Stéphan. Et encore, c'est lui qui a décidé de quitter le club. Je l'avais destitué de son poste d'entraîneur mais je lui avais proposé de rester. »

Il dit encore, de cette morne avancée vers la fin du contrat de son entraîneur de la remontée : « J'ai eu peur que l'histoire se termine mal parce que je l'aurais trop fait durer. Alors qu'elle était exemplaire... Raymond m'a fait un jour le reproche de ne pas lui avoir proposé de prolongation de contrat. Mais autant je n'avais jamais envisagé de m'en séparer, autant je n'ai pas envisagé de le prolonger. Il était resté cinq ans et on se rend compte que, ensuite, aucun entraîneur n'est resté aussi longtemps. C'est là, aussi, que j'ai appris qu'un entraîneur en fin de contrat bénéficiait d'une prime de sortie quand il était resté plus de trois ans. Cela m'avait coûté 500 000 francs *(76 200 €)*... »

Jean-Michel Aulas, également devenu vice-président de la Ligue et, en 2007, du G 14 – groupement d'influence des dix-huit clubs européens les plus fortunés –, croisera dès lors régulièrement son ancien entraîneur, devenu sélectionneur de l'équipe de France. Il croisera le fer, aussi, avec lui à l'occasion de quelques conflits entre les clubs et la sélection. Cependant, en 2007, Aulas avoue : « À la fin, à Lyon, la situation était difficile, mais il y avait toujours de la complicité, même si cette complicité s'exerçait plus de mon côté que du sien… Elle a laissé place à une relation d'estime et de respect qui nous sert dans nos rôles respectifs ; dans le sandwich constitué du sélectionneur Raymond Domenech et de l'entraîneur de l'OL Gérard Houllier *(entre 2005 et 2007)*, j'étais la tranche du milieu… »

15. 1993-95 «Bonjour la presse!»

Un peu d'OM à l'OL avec Tigana, Pelé, Olmeta, Amoros, et une deuxième place.

Marcelo et le début de la filière brésilienne.

Les cris et les sketches.

Abou c'est fou.

Les victoires arrosées au château Bibian.

Jean Tigana n'avait encore entraîné nulle part, il n'était même plus dans le football, ou alors de loin. Le champion d'Europe 1984, demi-finaliste des Coupes du monde 1982 et 1986, était devenu propriétaire terrien, ayant investi une partie de sa fortune dans les vignes bordelaises, développant et commercialisant le château Bibian, qui était même devenu le château Bibian Tigana. On l'entendait encore sur les ondes en raison de ses activités de consultant. Il passait le reste de son temps dans sa propriété viticole ou à la rencontre des patrons de grandes surfaces susceptibles de distribuer son vin.

Le choix de Jean Tigana pour remplacer Raymond Domenech, à l'été 1993, apparaît comme un risque. Ses premières causeries vont d'ailleurs désarçonner une bonne partie de l'effectif : elles durent deux minutes, ou un peu plus. Jean Tigana parle à ses joueurs comme il avait envie qu'on lui parle : peu. Il a un métier à apprendre et, à l'évidence, il lui faudra quelques mois pour se sentir tout à fait à l'aise dans le costume et pour être complètement efficace dans ce nouveau rôle.

Mais il n'était nul besoin d'attendre qu'il devienne entraîneur pour savoir que Jean Tigana possède un charisme naturel, de vraies qualités de meneur et qu'il est obsédé par « la gagne », comme il ne cesse de le répéter. Au club lyonnais, il apporte tout à la fois une formidable exigence, un caractère extrême, voire insupportable dans ses bons jours, une expérience du haut niveau, une tendance naturelle à s'épanouir dans le conflit et un humour au quotidien qui module toutes ces autres qualités.

L'ex-membre du « carré magique » de l'équipe de France va remarquablement remplir son rôle en faisant franchir un palier à l'Olympique Lyonnais, dans le temps même où il va se révéler entraîneur pour un bon moment. Sous son gouvernement, personne ne va s'ennuyer. L'époque n'est pas encore aux attachés de presse, aux séances à huis clos, aux parkings interdits aux médias. Depuis que Domenech et Lacombe sont arrivés, les journalistes ne rentrent plus dans le vestiaire des joueurs à l'entraînement mais c'est la seule interdiction notable. Chaque fin d'entraînement, à Tola-Vologe, est l'occasion d'un point presse informel et prolongé, dans le vestiaire même des entraîneurs, alors installé à l'intérieur d'un préfabriqué. Pas d'Internet, les radios une fois par semaine, pas de télés ou rarement : personne ne se bouscule et la porte du vestiaire des entraîneurs est ouverte en permanence aux trois ou quatre journalistes présents chaque jour.

Jean Tigana importe à Lyon le fameux et chaleureux « Bonjour la presse ! », sa phrase fétiche qui l'a rendu célèbre à Bordeaux, à Marseille et sous le maillot de l'équipe de France. Il n'est pas venu tout seul. Il a conservé l'adjoint de Raymond Domenech, Guy Stéphan, qu'il sollicitera en vain plus tard pour qu'il le suive à Fulham, mais qu'il emmènera à Istanbul lors de son passage au Besiktas. Il a choisi également de se faire accompagner à l'OL par l'ancien défenseur international de Marseille, François Bracci, qui s'occupera notamment de l'entraînement des gardiens.

Dans le vestiaire, Tigana, du haut de son accent marseillais, entame régulièrement des sketches hilarants avec Bracci, l'adjoint, l'ami, l'objet de toutes les plaisanteries. Il l'appelle « le Lonzo » et lui joue deux grands classiques. « Hé, le Lonzo ! Moi, je t'ai vu jouer. J'étais ramasseur de balle à Marseille, au Vélodrome, quand tu montais pour centrer, le Lonzo. Je te remercie, grâce à toi j'ai travaillé mon foncier ! »

Ou encore sur le même thème, parfaitement imitée par Christian Lanier, qui suit l'OL depuis vingt ans pour le *Progrès*, cette variante : « Hé, le Lonzo, moi je t'ai vu à la finale 1976, j'étais dans les tribunes ! Tu étais au marquage de Serge Chiesa, tu criais : "Oxygène !" Et moi, je criais : "Sortez-le !" »

Avec un mélange de recul, de mémoire sélective et de reconnaissance, Jean-Michel Aulas assure en songeant à tout cela : « On s'est bien marrés. Tigana et Bracci, c'était décapant ! Avec Tigana, c'était compliqué au jour le jour, parce que Jean est un être complexe et sans doute parce que je suis moi aussi un homme complexe. Mais il m'a apporté une vision du haut niveau que je n'avais pas auparavant, par rapport à sa gestion des hommes et à son recrutement. Il a amené cette faconde pour gérer des situations pagnolesques et cette aptitude à transcender des joueurs de haut niveau pour en tirer le meilleur parti. Avec lui, on aurait pu être champions en 1995, si Nantes n'avait pas accompli une saison aussi exceptionnelle et si Carlo Molinari ne nous avait pas fait le coup de la souffleuse… »

On reviendra sur la neige de Metz, au cœur de l'hiver 1994-95.

Au départ, pour faire la transition avec l'ère Domenech, qui a donc duré cinq ans, Jean Tigana change surtout d'équipe. Il ne change pas tout. Samassi Abou, un talent difficile à maîtriser, Laurent Delamontagne, un parfait joueur d'équipe reculant sur le terrain avec l'expérience, James Debbah ou Franck Gava sont encore là. Mais Pascal Fugier, Rémi Garde, Bruno Génésio et Éric Péan sont partis.

Jean Tigana ne fait pas de paris sur l'avenir. Il prend des joueurs qu'il connaît, avec lesquels il a joué, comme les ex-Marseillais Pascal Olmeta, Manuel Amoros ou Abedi Pelé. Et Éric Roy, le fils de Serge Roy, ancien joueur de Monaco, arrive de Toulon. Comme Tigana lui-même quinze ans plus tôt.

Les deux années Tigana vont être marquées par la conjonction de cet apport extérieur, essentiel, et par l'épanouissement personnel de certains joueurs qui figuraient déjà dans un effectif dont les trois leaders seront Franck Gava, Bruno N'Gotty et Florian Maurice. Enfin, dans le courant du mois d'octobre 1993, l'OL va chercher en Amérique du Sud le deuxième joueur brésilien de son histoire, Marcelo Kiremitdjian, un « Paulista » de toujours. Né à São Paulo, Marcelo a commencé à jouer pour son club de cœur, les Corinthians, à l'âge de 14 ans et il y est resté quatorze années, avant de rejoindre l'OL du haut de quatre sélections en équipe du Brésil, deux comme titulaire, deux comme remplaçant, pour un transfert de 6 millions de francs (915 000 €).

L'équipe 1993-94, comme celle qui l'a précédée mais de manière moins spectaculaire et moins rédhibitoire, reste un peu faible devant ; il lui faut la révélation Florian Maurice (7 buts à partir de la quinzième journée) pour sortir de la médiocrité offensive où se cantonnent Debbah, qui n'est toujours pas un buteur (5 réalisations cette saison), et un décevant Abedi Pelé. Alors qu'il venait juste de remporter la finale de la Ligue des champions avec Marseille face à l'AC Milan (1-0), le Ghanéen commençait à glisser doucement de l'autre côté de la colline, affichant des gestes magiques mais une efficacité quelconque et réussissant ses dribbles de plus en plus loin du but adverse. Au cours de cette saison-là, Pelé part aux Émirats recevoir son Ballon d'Or africain pour son année 1993. Mais ce fut sa seule saison lyonnaise, les deux parties comprenant qu'il ne se rapprocherait plus des sommets atteints auparavant.

En dépit de ces problèmes offensifs, Jean Tigana réussit à hisser l'OL à la septième place, le deuxième meilleur résultat du club depuis son retour en D1. C'est un entraîneur complet qui parvient, dans le temps même où il dirige une équipe professionnelle, à continuer d'assurer la commercialisation de son vin.

Le château Bibian, le vin dont Jean Tigana était propriétaire, est au cœur du contrat que l'ancien champion d'Europe 1984 a signé avec l'OL. « La gestion de ce contrat a été compliquée, aussi, se souvient Jean-Michel Aulas. Voilà l'histoire telle que je l'ai vécue : comme Jean avait besoin de se libérer à cent pour cent de son temps, je lui avais dit qu'on ferait en sorte d'assurer la commercialisation de son vin. Ce n'était pas l'OL qui s'engageait mais moi, à titre personnel. Jean avait déjà des accords de distribution, notamment avec Casino (le sponsor historique de l'AS Saint-Étienne).

Mais on n'a pas pu en distribuer autant qu'on l'aurait voulu. Et je me suis retrouvé avec de nombreuses bouteilles sur les bras... »

La légende, qui ne doit pas être très éloignée de la réalité dans cette affaire savoureuse, fait état de plusieurs dizaines de milliers de bouteilles de château Bibian Tigana. Ces années-là, tout le monde profitera du vin de l'entraîneur lyonnais. La Cegid, société de Jean-Michel Aulas, en fera des cadeaux d'entreprise. « Dans la maison de mon père, dans le Beaujolais, j'avais meublé la cave d'innombrables cartons de château Bibian. Lui, un défenseur du beaujolais !... », sourit le président de l'OL.

Une année, Jean-Michel Aulas va même jusqu'à remplacer les traditionnelles étrennes du personnel administratif de l'OL – ce qui ne représente qu'une dizaine de personnes à l'époque – par quelques caisses du breuvage « tiganesque ». Face à l'absence de prime, le personnel grince des dents. Tigana : « D'accord, c'est vache, mais au moins c'est du bon... » Et pendant ce temps-là, François Bracci pousse le diable, mais un vrai diable, sans cornes, avec des roulettes, et des cartons de château Bibian qu'il a extraits du coffre d'une 4 L, afin de les entreposer en transit dans le vestiaire des entraîneurs.

Sur le terrain, Florian Maurice est là et Jean Tigana en a fait définitivement un avant-centre. Maurice est arrivé à l'OL à l'âge de 9 ans, détecté par René Duplessy lors d'un tournoi en salle qu'il dispute avec son équipe de Francheville. Les soirs de match, il s'installe dans la tribune nord, sous la pendule, et observe Sima Nikolic. Il perd une finale de Gambardella contre Lens (0-1) en 1992, au Mans, mais débute en D1 quelques mois plus tard, à 18 ans, le 8 août 1992 à Bordeaux (0-0). Il ne restera que deux ans au centre de formation, avec José Broissart : « La formation avec José, c'était génial. Je me suis régalé. On bossait dur physiquement et mentalement. José était intransigeant, mais j'ai adoré ces années-là. »

En vue de le protéger, Domenech ne le fait entrer que des bouts de match, souvent au milieu de terrain, où le jeune Florian se jette comme un chien fou, son jeu déserté par l'économie et le calcul. Il n'est ni grand ni puissant mais il a du flair, il se déplace bien, possède une bonne détente. Domenech dit alors de lui : « Il a cette intelligence des joueurs qui ont dû réfléchir pour compenser. »

Enfin appelé dans une sélection nationale, en Juniors, Florian Maurice est mûr pour le grand saut quand Jean Tigana arrive. « Cela a été un grand changement pour moi. Il était venu me voir au Festival Espoirs de Toulon 1993 *(réservé aux moins de 20 ans)*, où j'avais été meilleur buteur et élu meilleur joueur. Il m'a dit tout de suite : "Tu joueras attaquant." Je me suis senti en confiance. Pas protégé ni couvé, mais en confiance. Puis l'équipe évoluait. Olmeta, Amoros et Abedi Pelé avaient amené leur culture de la gagne. Cela se sentait aux entraînements. On ne s'amusait plus, on sentait déjà l'évolution. »

Si les stars de l'équipe sont connues, le véritable personnage du groupe est Samassi Abou. C'est même, probablement, le dernier vrai personnage de l'histoire moderne de l'OL, dans le sens du décalage avec les autres ou avec la réalité. Avant même qu'il ne signe à Lyon, des témoins affirmaient qu'il avait un jour tiré un penalty des deux pieds, en sautant comme un kangourou, avec la réserve de Martigues. Raymond Domenech avait convaincu Jean-Michel Aulas de mettre 2 millions de francs (305 000 €) sur lui, en juin 1992. Les anecdotes à son sujet dessinent une légende. Domenech avait dû l'écarter le jour d'un match Lyon-Marseille, à Gerland, parce qu'à l'heure du rendez-vous Abou s'était plaint de petites douleurs : « Coach, comme je me sentais un peu juste, je suis allé faire un footing de 20 kilomètres sur la route ce matin... »

On raconte, aussi, le face-à-face avec Pascal Olmeta dans un hôtel de Montpellier, pendant la mise au vert précédant le premier match de Jean Tigana en tant qu'entraîneur. Abou ne fuyait jamais, devant personne. Pas même devant Olmeta. Alors, quand le gardien corse lui fait le coup de la salière dévissée à l'heure de la soupe, Abou lui verse carrément son assiette sur la tête, avant que l'affaire ne dégénère, que les paravents protégeant l'espace lyonnais ne soient renversés par les deux hommes, pendant que Jean Tigana quitte les lieux en tonnant : « Eh bien ! Si c'est comme ça, je monte dans ma chambre... »

Leur histoire parallèle connaîtra d'autres épisodes. À la suite d'une transaction amicale mais commerciale avec Olmeta, Samassi Abou a l'impression, ou la preuve, de s'être fait berner par son coéquipier. Un peu après, devant tout le monde, dans le vestiaire, il lui donne rendez-vous à l'ancienne pour un duel à mains nues, de façon à réparer l'outrage. Personne ne pouvait avoir envie de se battre avec Olmeta. Samassi Abou, si ! Et la rumeur affirme que le gardien corse n'en est pas sorti vainqueur, sur un terrain de la Plaine des jeux de Gerland où le duel avait été fixé.

Sportivement, Abou ne décollera jamais vraiment dans le Championnat de France. Il reste de sa carrière un grand match à Marseille, aux dépens d'Éric Di Meco, auquel Abou rendit littéralement coup pour coup. Domenech lui sera assez fidèle pour l'appeler encore en équipe de France Espoirs, à l'automne 1994, alors qu'il n'a pas joué une seule minute de la saison avec l'OL. Il le justifiera ainsi : « Pour moi, c'est un des joueurs les plus doués de sa génération. S'il n'a pas joué jusqu'ici, c'est parce qu'il a des problèmes de gestion de vie et qu'il a besoin de coups de pied au cul. Franchement, je n'en ai pas vu beaucoup avec davantage de talent. Il a d'énormes qualités techniques, physiques, et c'est un travailleur, à sa façon. Récemment, au Bataillon, il est allé s'entraîner avec les athlètes : il a fait des séries de 400 m jusqu'à 23 heures… »

Si longtemps après, Raymond Domenech, devenu sélectionneur de l'équipe de France A, tient exactement le même discours : « C'était un mec exceptionnel, un talent exceptionnel. Il avait tout de l'attaquant de haut niveau. S'il arrivait aujourd'hui, à vingt ans, dans un club structuré pour le gérer, il serait international, c'est évident. Il était costaud, fort techniquement et courageux. Son problème, c'était sa vie. Je me souviens, il avait un appartement à côté de Gerland. À un moment, alors qu'il était blessé et qu'il ne pouvait pas s'entraîner, je l'ai trouvé sur un terrain de basket en bas de chez lui, en train de courir et de sauter dans tous les sens avec ses copains… »

Afin que l'évolution se poursuive, et parce qu'il lui paraît encore risqué de reporter toute la pression de son efficacité offensive sur les seules épaules de Florian Maurice, l'OL recrute pendant l'été 1994 un autre ancien international, Stéphane Paille. Élu meilleur joueur français de l'année 1989, l'ancien Sochalien a suivi une trajectoire sinusoïdale dans laquelle il s'est perdu. À Montpellier, à Porto, à Caen, il a connu des coups d'éclat, mais sa vie personnelle n'était pas suffisamment tournée vers le football pour qu'il puisse faire fructifier durablement son talent.

Son passage lyonnais ne va pas déroger à cette tendance et Stéphane Paille lui-même ne va pas échapper à ses démons. Il repart en décembre 1994, après cent quarante-huit jours passés sous le maillot lyonnais. Son bilan : 15 matches, 4 buts, 2 passes décisives. Ce n'est pas une catastrophe absolue. C'est juste que l'ancien attaquant tricolore a perdu sa vitesse et son pouvoir de décision. C'est juste que Florian Maurice est là, qu'il attend la place et qu'il la mérite. Avec Paille, pendant les matches aller le jeune Lyonnais inscrit 5 buts; sans lui, pendant les matches retour, il en marque 10.

C'est sans doute, jusqu'à présent, la plus belle année de football, en Championnat, de l'histoire de l'OL. Bruno N'Gotty accomplit une saison extraordinaire au poste de libero, Franck Gava est peut-être, alors, le joueur de D1 le plus irrésistible balle au pied, sur un côté gauche qu'il arpente inlassablement, et il ajoute 9 buts à son registre traditionnel. Reconverti dans une position basse au milieu, Stéphane Roche connaît la meilleure période de sa carrière, de même que Sylvain Deplace, qui va accéder à l'équipe de France A'. Avec le recul, d'ailleurs, c'est le constat qui domine, qui est le plus prégnant : la deuxième saison de Jean Tigana à l'OL a été la meilleure, à titre individuel, de plusieurs joueurs lyonnais. N'Gotty, en vingt ans d'une carrière professionnelle qui se poursuivait encore en 2007-08, en Angleterre à Leicester, n'a jamais été aussi fort que lors de cet exercice 1994-95.

Il restera un souvenir, cinématographique, de ces moments-là. Un extrait du film *En avoir (ou pas)*, de Laetitia Masson. Il est difficile de filmer le football ou de tourner une fiction intégrant le foot ? La réalisatrice trouve la parade en intégrant de vraies images de football à la fiction et en faisant de Gerland un décor, installant le héros (Arnaud Giovaninetti) et l'héroïne (Sandrine Kiberlain) dans la tribune Jean-Bouin un jour de match. « Moi, je serais plutôt N'Gotty », glisse le héros à l'héroïne en lui désignant le défenseur lyonnais. Cette saison-là, tout le monde a eu envie d'être N'Gotty.

« Le seul problème, c'est que Nantes n'a pas perdu un match », rappellera Florian Maurice. Car les leaders canaris tombent pour la première fois à la trente-deuxième journée, à Strasbourg (0-2). Et il n'en reste que six à jouer.

Lyon doit se contenter d'être le premier de tous les autres et d'accrocher la deuxième place, sa meilleure depuis 1950. Un temps, les Lyonnais donnent l'impression de se rapprocher du FCNA. Est-ce une simple anecdote ou un véritable tournant ? Vu le rythme nantais d'alors, vu les dix points d'écart au bout du Championnat, il est franchement difficile de céder à la seconde hypothèse. Mais, le 8 janvier 1995, l'OL mène 2-1 à Metz à une demi-heure de la fin, buts d'Amoros et de Maurice. Les caméras de Canal + sont là, la neige tombe et, petit à petit, recouvre les lignes de jeu. Il suffirait d'une souffleuse, comme tous les stades en possèdent, pour que le match aille à son terme. Mais Carlo Molinari, le président messin, saute sur l'occasion et exhibe pour toute arme un vieux balai fatigué. La rencontre est arrêtée, à la grande colère lyonnaise. Un peu plus tard, devant les caméras, le gardien du stade exhibera une souffleuse. Lorsqu'ils reviennent en Lorraine disputer à nouveau le match, les Lyonnais s'inclinent (1-2).

Mais cette saison est aussi celle de la reconnaissance. En octobre 1994, pour préparer le match des éliminatoires de l'Euro 96, France-Roumanie à Saint-Étienne, Aimé Jacquet retient Bruno N'Gotty, Franck Gava ainsi que Franck Durix, qui joue à Cannes mais a été formé à l'OL.

À 23 ans, Bruno N'Gotty dispute déjà sa huitième saison professionnelle. Il a connu sa première sélection au mois d'août, contre la République tchèque (2-2), à Bordeaux, débutant en équipe de France le même jour que Zinédine Zidane (auteur d'un doublé ce soir-là) et Lilian Thuram. José Broissart nous explique à l'automne 1994 : « Souvent, un joueur qui débute assez tôt en pro connaît un arrêt dans sa progression. Bruno, à un moment donné, j'ai trouvé son cas dramatique. J'ai pensé qu'il n'avait aucun objectif sportif alors qu'il pouvait nourrir l'ambition d'être international d'abord, puis d'avoir cinquante sélections, puis de devenir un des meilleurs joueurs d'Europe. »

N'Gotty a atteint l'un des trois objectifs, mais il sait lui-même ce que tout le monde pensait : quand il a débuté en bleu le même jour que Thuram, et au même poste (les deux hommes jouaient stoppeurs devant Laurent Blanc, libero), on aurait parié que le plus bel avenir était pour lui, pas pour Thuram. C'est une forme de morale qui s'attache au football : le talent n'est que le début de l'histoire. Pour la suite, il faut autre chose. Mais Bruno N'Gotty incarnera au fond un incroyable paradoxe : il a eu la réputation de chercher la nouvelle diététique sportive chez « McDo » et ses dérivés, et il était en train d'achever en 2007-08 l'une des plus longues carrières professionnelles de l'histoire du football français. En cet automne 1994, José Broissart avouait ainsi avoir recensé, en treize ans de formation, quatre sujets d'exception : Laurent Fournier, Bruno N'Gotty, Éric Spadiny et Philippe N'Dioro. Fournier a fait à peine moins bien que N'Gotty : il s'est arrêté à dix-neuf saisons pro, parce que Bastia lui demandait de devenir entraîneur…

Mais si cette saison 1994-95 est un magnifique moment de jeu, elle ne peut pas être calme. Cela ne ressemblerait pas forcément à l'OL et pas du tout à Jean Tigana. Le temps est même perpétuellement agité. Les rapports de l'entraîneur lyonnais avec le duo Aulas-Lacombe se détériorent régulièrement.

En fait, Jean Tigana démissionne une bonne demi-douzaine de fois cette saison-là ! Il lui arrive même, au lendemain d'un incident purement diplomatique en tribune présidentielle (on dit que certains dirigeants avaient omis de dire bonjour à l'épouse de l'entraîneur lyonnais), de réunir son effectif dans le vestiaire, un dimanche matin, de lui annoncer sa démission et d'être là tout de même le lendemain, après que les dirigeants lyonnais ont passé le dimanche après-midi à éteindre le feu et à recoller les morceaux.

Mais il avance et fait avancer l'OL. Jean-Michel Aulas analyse avec le recul : « Jean demandait une disponibilité de tous les instants. Mais depuis, j'ai rencontré d'autres cas de gestion difficile. Et malgré ces difficultés, on a vécu avec lui la meilleure année avant les titres. Quand il est parti, j'ai su qu'on pouvait un jour être champions de France. Et les difficultés dans la gestion m'ont permis aussi de montrer que j'étais un homme de conviction, de fermeté également. Quand il a fallu lui dire que je choisissais la stabilité du club en maintenant Bernard Lacombe à son poste, c'était une forme de reconnaissance envers Bernard et je crois qu'il en était conscient, mais c'était aussi une façon d'exprimer au monde du football que je ne céderais pas à quelque exigence que ce soit. Que je ne gérais pas ce club en fonction des inspirations ponctuelles dictées par l'entraîneur du moment, mais selon une stratégie à long terme. Et cela prévaut encore, des années après. »

Plusieurs entraîneurs de l'OL, avant et après lui, seront tentés par une manière de « c'est lui ou moi », autour des prérogatives de Bernard Lacombe. Jean Tigana, lui, pose carrément le problème en ces termes, ce qui certes ne changera rien.

Le conflit, qui peut être une seconde nature chez lui, atteint également le vestiaire à l'occasion. Ainsi provoque-t-il un incident avec Romarin Billong, qu'il rend responsable de l'élimination en seizièmes de la Coupe de France, à domicile face à Angers (D2, 1-3). C'est un match charnière, car Jean-Michel Aulas révélera bientôt : « Il a exprimé ce souhait le jour de notre défaite contre Angers en Coupe de France. S'il souhaite vraiment partir, il pourra venir me voir. S'il entend racheter son contrat, on verra. » Ainsi se dessine déjà un schéma qui va devenir récurrent. Et la précision financière du bout de phrase n'est pas innocente : Aulas peut accepter d'être un président que l'on quitte, même à répétition, mais pas un président qui paie à ses entraîneurs les années de contrat qu'ils ne veulent plus effectuer.

En ces instants tendus, Jean Tigana se retranche parfois dans le silence. C'est une phrase qu'il répète plusieurs fois dans une saison : « On m'appelle "Jeannot la Tombe". Je ne dis rien. Je ne parle plus à personne. » Lorsqu'il officialisera son départ, au mois de juin, il lancera : « Comme ça, on ne dira pas que je démissionne après chaque défaite. »

Ce n'est pas le seul sujet d'agitation. En réplique à la sortie de Bruno N'Gotty, qui a lancé un maladroit « Ici, on gagne des clopinettes ! » en regard de ses 40 000 francs mensuels (6 100 €), Aulas révèle le montant des primes dans *le Progrès* et déclenche la colère des joueurs : « Ceux qui ont disputé vingt et un matches ont touché 500 000 francs chacun *(76 200 €)*. Et ceux qui joueront régulièrement jusqu'à la fin de la saison auront touché entre 800 000 francs *(122 000 €)* et 1 million *(152 000 €)* en cas de qualification européenne. » Laurent Delamontagne, pas exactement un révolutionnaire, bon joueur, bon mec, accessoirement collectionneur de vinyles, répond alors : « Ce ne sont pas les vrais chiffres. Nous avons tout recalculé. Et cela fait moins. Cela nous retombera dessus à la première défaite. Ce qu'on ne dit pas, c'est qu'on ne toucherait pratiquement rien si nous étions dixièmes. »

C'est une gestion à la lyonnaise. C'est-à-dire que c'est la gestion qui compte. Face à cela, la victoire de Jean Tigana, si victoire il y a, sera d'annoncer son départ dans *L'Équipe*, à Claude Chevally : « L'OL et moi, c'est fini ! » Même s'il avait de bonnes raisons de s'en douter, Jean-Michel Aulas apprend la nouvelle dans le journal.

Au bout de ce parcours menant à la deuxième place, qui ne débouche pas encore sur la Ligue des champions, l'effectif lyonnais doit encaisser un autre choc : le transfert de Bruno N'Gotty au Paris-SG. Florian Maurice se souvient : « On n'a pas très bien vécu le départ de Tigana, mais on s'y attendait. Le pire, c'était celui de "Ngot' ". Alors qu'on avait fait une super saison, on perdait un immense défenseur, qui avait accompli une saison fabuleuse. Qu'est-ce que cela disait des ambitions du club ? » La même question allait se poser un an plus tard, au moment du départ de Florian Maurice.

16. 1995-1997
La nuit de Rome

Un exploit européen à la Lazio.

Le limogeage de Guy Stéphan, le seul des années D1.

La blessure de Florian Maurice.

Bernard Lacombe, du bureau au banc.

La découverte de l'Intertoto.

Il y a, bien sûr, la thèse éternelle des numéros 1 et des numéros 2. Elle dispose que certains entraîneurs sont faits pour la lumière quand d'autres s'épanouissent dans l'ombre, rouages essentiels mais non exposés, adjoints qui font passer un message, maintiennent la paix sociale et l'ambition dans un vestiaire. C'est une idée qui a souvent été avancée à Lyon, à propos de la mise à l'écart de Guy Stéphan en novembre 1996, après seize mois à la tête de l'équipe professionnelle. Le seul limogeage d'entraîneur par Jean-Michel Aulas en dix-huit saisons depuis que l'OL a retrouvé la D1, en 1989.

La suite de la carrière de Stéphan, une vraie carrière d'entraîneur, a balancé entre les deux tendances : il a dirigé Bordeaux, où il a été remplacé par Élie Baup, puis, beaucoup plus tard, la sélection du Sénégal ; il a été adjoint en équipe de France lors du titre européen en 2000, et encore auprès de Jean Tigana à Besiktas, en Turquie.

Mais à cette thèse, on peut confronter une autre tendance récurrente du football et des entraîneurs : si quelques techniciens exceptionnels réussissent n'importe où, n'importe quand, c'est avant tout un métier qui repose sur la difficulté d'être présent au bon endroit, au bon moment.

Pour Guy Stéphan, Lyon était peut-être le bon endroit. Il connaissait tout du club pour avoir été l'adjoint de Raymond Domenech puis de Jean Tigana. Mais ce n'était vraiment pas le bon moment. Cela ne l'était pas pour lui, cela ne l'aurait sans doute pas été pour grand monde.

D'abord parce qu'il n'était pas aisé de faire mieux, ou seulement aussi bien, que Jean Tigana et sa deuxième place en D1. Ensuite parce qu'il a fallu s'atteler à la tâche avec des armes différentes.

Les trois joueurs de base de l'équipe, la saison précédente, avaient été Bruno N'Gotty, Franck Gava et Florian Maurice. Or, N'Gotty vient d'être transféré au PSG, contre la volonté de Guy Stéphan mais selon une logique économique et bâtisseuse dont le club lyonnais ne s'est jamais écarté. Gava, touché par les blessures, ne va disputer que treize matches. Heureusement, Maurice explose (19 buts en 36 rencontres) et Ludovic Giuly s'installe dans l'équipe. Mais en Championnat, cela ne passe pas : l'OL ne se hisse jamais au-dessus de la onzième place, sa position finale. De cette transition, Florian Maurice dit : « Comme Guy était adjoint de Jeannot Tigana, on avait des relations particulières avec lui, on était très proches. Mais ce n'est plus possible d'avoir de tels rapports avec l'entraîneur numéro 1. Alors, on s'entendait bien cette saison-là, on a fait de belles choses, de l'exploit à la Lazio à la finale de la Coupe de la Ligue, mais l'ensemble est un peu morose. »

Ce qui balaie la morosité, c'est l'exploit en seizièmes de finale de la Coupe de l'UEFA : l'OL sort la Lazio Rome (2-1, 2-0). Florian Maurice et Éric Assadourian marquent au Stade Olympique de Rome, au match retour, où la star italienne Giuseppe Signori rate un penalty. En italien, Pascal Olmeta lui a dit qu'il savait où il allait le tirer. Évidemment, en lisant cette anecdote, les Marseillais regrettent tous que les joueurs de l'Étoile Rouge de Belgrade n'aient pas compris la langue de Dante en 1991, à Bari, lors de la première finale de Ligue des champions de l'OM, perdue aux tirs au but (0-0, 3-5 t.a.b.), avec Olmeta pour gardien.

La Lazio a une équipe magnifique, avec « Beppe » Signori donc, Alessandro Nesta, José Antonio Chamot, Roberto Di Matteo, Aron

Winter, Pierluigi Casiraghi, Alen Boksic. Et, au lendemain du triomphe à Rome (2-0) de la génération Maurice-Giuly, *L'Équipe* titre à la une : « Le roi Lyon. » Giuly, 19 ans, double passeur décisif, a été énorme. C'est un produit du centre de formation, comme Florian Maurice, Joseph-Désiré Job, Steed Malbranque, Florent Laville, ou Jean-Christophe Devaux et Sylvain Deplace, les deux buteurs de l'aller.

L'OL sort de l'anonymat, mais sort aussi de l'épreuve en huitièmes de finale, face à Nottingham Forest (0-1, 0-0), tombeur au tour précédent de l'AJ Auxerre (1-0, 0-0), qui allait pourtant réaliser le doublé Coupe-Championnat en cette saison 1995-96.

La première saison de Guy Stéphan à la tête de l'OL aurait fait l'objet d'une lumière différente avec une victoire en finale de la Coupe de la Ligue, au Parc des Princes, face au FC Metz. C'était la seule chance lyonnaise de se qualifier une nouvelle fois pour la Coupe de l'UEFA.

Mais au cours de la prolongation, à 0-0, l'arbitre marseillais, Marc Batta, prend la décision de refuser un but d'Éric Roy, qui a fait passer le ballon par-dessus la tête du Messin Sylvain Kastendeuch avant de battre le gardien, Jacques Songo'o. M. Batta estime que le Lyonnais, en levant le pied trop haut, s'est rendu coupable d'un geste dangereux. Ce n'est pas imaginaire, c'est juste discutable et c'est surtout une décision aux conséquences énormes : l'OL va perdre cette finale aux tirs au but (0-0, 4-5 t.a.b.), dont Pascal Olmeta n'est toujours pas un spécialiste, et regarder en rageant se former la chenille messine sur la pelouse du Parc.

Une décennie après, Jean-Michel Aulas avance sur le sujet : « J'en discute souvent avec Marc Batta *(patron des arbitres, dont il est le directeur technique national en 2007)*. Nous avons de bonnes relations, avec un respect mutuel. Même s'il ne me l'a jamais dit, je crois qu'il reconnaît aujourd'hui que sa décision est sujette à interprétation. Alors que, pendant longtemps, il a dit qu'il le referait, qu'il prendrait la même décision... »

Ce n'est pas une année à gagner les Coupes car, en Coupe de France, l'OL est sorti (0-1) à Gerland, en trente-deuxièmes de finale, par l'AJ Auxerre, le futur vainqueur de l'épreuve, après avoir touché trois fois la barre dans une séquence de jeu de dix-sept secondes, à dix minutes de la fin !

Pendant l'été 1996, l'OL retrouve son maillot avec deux bandes verticales et accueille Alain Caveglia, ou plutôt le retrouve, car l'enfant de Vénissieux, passé par le centre de formation lyonnais d'où il avait été exclu pour raisons disciplinaires, revient à l'OL par la grande porte. Il est devenu un véritable buteur de D1 au Havre et ne semble pas à des années-lumière de l'équipe de France, au sein de laquelle les avants-centres ne se bousculent pas.

Avec le retour de blessure de Gava, la progression de Giuly, l'arrivée de Caveglia et le niveau atteint par Maurice, l'OL semble posséder en attaque une véritable machine de guerre, apte à lui faire retrouver l'Europe. Après dix journées, d'ailleurs, l'OL est cinquième, ce qui se situe à peu près dans ses objectifs. Quant à la position de Guy Stéphan, il n'y a pas encore le feu.

Mais le grand basculement de la saison s'est déjà produit : le 2 septembre, à Nantes (2-2), Florian Maurice est victime d'une rupture du tendon d'Achille. Il est opéré à Lyon par le professeur Bernard Moyen. C'est l'accident qui change une large partie de la saison lyonnaise, même si Caveglia (19 buts) et Giuly (16 buts) vont accomplir beaucoup plus que leur part offensive, en son absence. C'est surtout un accident qui modifie le sens de la carrière du jeune Lyonnais. Florian Maurice raconte, un peu plus de dix ans après : « On sortait d'une saison collectivement morose. Mais pour moi, c'était une grande saison, avec 18 buts marqués. Le problème, c'est que je l'ai terminée aux Jeux Olympiques d'Atlanta... »

Il révèle, longtemps après : « Je n'aurais jamais dû y aller. Là, j'en veux un peu au staff médical de l'équipe de France Espoirs. J'étais fatigué et j'avais une grosse tendinite au tendon d'Achille. Pendant notre préparation, à Auburn en Alabama, tous les matins il me fallait dix minutes avant de pouvoir marcher. Les massages, le Voltarène, rien n'y a fait. En plus, je venais de subir une intervention au ménisque à la fin du Championnat. On voulait tellement que je fasse les Jeux ! L'opération par arthroscopie n'était pas forcément indispensable, mais le staff de l'équipe de France ne voulait pas que ce problème me gêne pendant la compétition. Alors, quand les JO ont commencé, j'étais cassé, je n'étais pas prêt et il faisait une chaleur écrasante, avec 80 % d'humidité à Miami... »

L'équipe de France Espoirs est éliminée en quarts de finale de ces Jeux Olympiques 1996, par le Portugal, sur un penalty pour le moins sévère pendant la prolongation (1-2) ; cela fait des Bleuets les premières victimes de l'histoire du but en or, et c'est la dernière campagne olympique en date du football français, absent des éditions 2000, 2004 et 2008.

Mais pour Florian Maurice, les problèmes ne sont pas terminés. Il se dessine quelque chose comme une suite logique, et fatale. Le joueur se souvient : « En rentrant des Jeux, je prends une seule semaine de vacances. Le 31 août, je fête ma première sélection en équipe de France, contre le Mexique (2-0), au Parc. C'est un samedi. Deux jours plus tard, un lundi, et je me demande encore comment on a pu disputer ce match un lundi, on joue à Nantes... »

Le 2 septembre 1996, Florian Maurice s'écroule sur la pelouse de la Beaujoire : rupture du tendon d'Achille. Sur le coup, il se fait philosophe. Avec le recul, il a souvent eu le temps de songer à tout ce qu'il avait perdu ce jour-là. « Cela aurait dû être décelé avant... Finalement, c'était normal que ça m'arrive. Mais cela a gâché ma saison, et tout le reste. » L'absence durera six mois. L'OL et Guy Stéphan vont avoir du mal à s'en remettre.

Avec le recul, il est presque étonnant de constater à quel point le destin lyonnais de Guy Stéphan a basculé en un mois. Il est cinquième après dix journées ? Les quatre résultats suivants, un nul contre Metz (0-0) à Gerland et trois défaites en déplacement, à Guingamp (0-1), au Havre (1-4) et à Auxerre (0-7), aboutissent à sa destitution. En Bourgogne, les Lyonnais encaissent 6 buts en seconde période. Les joueurs ont-ils fait sciemment leur choix ? C'est la thèse retenue par les dirigeants, qui entendent le message.

Jean-Michel Aulas déclare à Laurent Campistron, dans *France Football* : « Guy Roux, ce soir-là, a dit que les joueurs lyonnais avaient trahi leur entraîneur. J'ai bien entendu. Je suis donc monté au front et j'ai affronté la tempête. Je n'ai pas évincé Guy Stéphan. Je suis allé le voir chez lui et je lui ai expliqué que je souhaitais qu'il devienne responsable technique. C'est dans un second temps, quand il a refusé, que je n'ai eu d'autre choix que celui de m'en séparer. Vraiment, j'ai tout fait pour que ça se passe en douceur. » Le président lyonnais, dans la foulée, demande à Bernard Lacombe de monter en première ligne.

La suite, c'est Lacombe qui la raconte lui-même : « Le lendemain du match à Auxerre, on va tous au mariage de Frédéric

Patouillard *(l'un des jeunes joueurs du club)*. Guy ne sait pas où c'est; on part ensemble, on reste un peu et on laisse les gars passer tranquillement la soirée. C'est le samedi. Le dimanche, Jean-Michel Aulas m'appelle : "Peux-tu venir au siège ?" Quand j'arrive dans le bureau, les gens du comité de gestion sont là. Le président prend la parole : "Bernard, on voudrait te demander de prendre l'équipe." Je suis embêté : "Jean-Michel, appelle Guy ! J'étais à Auxerre avec lui, on était ensemble au mariage de Patouillard, je ne suis pas là pour prendre sa place..." Je lui demande de me laisser un peu de temps, il me répond qu'il faut aller vite, que l'entraînement reprend le mardi. En sortant, j'appelle Guy chez lui, à Pollionnay, pour lui raconter. Il me dit qu'il s'en doutait. J'essaie de lui expliquer que je ne suis pas là pour lui savonner la planche. Après seulement, alors, j'ai dit d'accord au président, et à condition d'avoir José Broissart à mes côtés.»

Le 28 octobre 1996, Bernard Lacombe devient le dix-neuvième entraîneur de l'Olympique Lyonnais. Guy Stéphan se sent isolé et trahi. Mais Jean-Michel Aulas semble avoir pris d'autant plus facilement la décision qu'il avait le sentiment de faire fausse route. C'est ce qu'il affirme dix ans après : « Il y avait le feu au lac. J'avais deux idées quand j'ai nommé Guy. La première était en quelque sorte inscrite dans le testament de Jean Tigana : il s'en allait et j'allais privilégier la structure de l'intérieur en nommant son second. La deuxième raison, c'est que j'effectuais une expérience en imaginant que le second pouvait devenir le premier. Et j'ai fait une erreur. Je l'ai faite par conviction, par reconnaissance envers Jean Tigana et par inexpérience. Il y a eu la Lazio et la finale de la Coupe de la Ligue, il n'y a donc pas eu que des choses négatives, mais ce n'était pas suffisant.»

Nommé au poste d'adjoint, José Broissart est alors le patron de la formation lyonnaise depuis près de vingt ans, depuis la fin de sa carrière de joueur. C'est un homme passionnant, exigeant; il dit des mots que les joueurs aujourd'hui n'ont plus l'habitude d'entendre. Sur la forme, il peut être excessif; sur le fond, il n'a pas souvent tort. Il a connu la fin des footballeurs-ouvriers à Sedan, où il est entré dans la carrière; il est passé par le grand Saint-Étienne d'Albert Batteux, il a connu l'équipe de France (10 capes) et les blessures ont abrégé sa carrière, précipitant sa réflexion sur le jeu et sur les joueurs. Personne n'a jamais perdu son temps à discuter longuement avec lui.

Bernard Lacombe forme son staff. Il en dit après coup : « J'ai passé trois ans et demi avec MM. José Broissart, Robert Duverne et Patrick Paillot. C'est vrai, je me suis heurté à Jacquot Santini *(directeur technique de l'OL de 1997 à 2000, avant d'en devenir l'entraîneur)* parce que je n'avais pas d'ancien gardien dans le staff, mais j'avais "Papaille" *(Patrick Paillot)* et je voulais aller au bout comme ça. »

Sa première grosse moitié de saison en tant qu'entraîneur lui permet de ramener l'OL à la huitième place et d'accrocher un accessit pour la Coupe Intertoto, le seul objectif que le club pouvait encore atteindre. En chemin, tout n'est pas simple. Le dernier match avant la trêve est carrément brûlant. Ou plutôt l'après-match : Lyon perd une occasion de s'approcher des places européennes en s'inclinant contre Nantes (0-1) sur un but de Jean-Michel Ferri, un Lyonnais ou presque, formé au CASCOL Oullins à deux kilomètres à vol d'oiseau de Gerland.

Ce soir-là, Pascal Olmeta sort du terrain en dernier. Afin de prendre de l'avance et de recueillir les réactions à chaud, les journalistes des radios sont descendus un peu avant la fin du match. Pascal Auclair, le correspondant d'Europe 1, est en haut du tunnel, devant les vestiaires, lorsque les joueurs passent un à un. Jean-Luc Sassus discute avec une jeune femme. C'est l'amie de Pascal Olmeta, corse et sanguin. Lorsque le gardien lyonnais parvient en haut du tunnel à son tour, il apostrophe son coéquipier : « Ça ne te fait rien, de draguer ma nana ? » Puis il lui colle une droite monumentale. Sous la violence du coup, Jean-Luc Sassus part à la renverse, sa tête heurte la rambarde et il tombe en arrière, dans un bruit sourd qui glace d'effroi tous les témoins, la lourdeur de sa chute étant accentuée par la pente descendante du tunnel. Depuis, d'ailleurs, le club lyonnais a posé de la moquette sur le chemin des joueurs… Après avoir frappé Sassus, Olmeta regagne le vestiaire. Bernard Lacombe raconte la suite : « C'est Louis Perrelle, qui s'occupait du recrutement des jeunes du centre de formation, qui vient me chercher. "Bernard, viens voir… Olmeta a mis une pêche à Sassus !" Olmeta est dans le vestiaire, il enlève tranquillement ses gants, comme si de rien n'était. Je vais au bout du couloir et je découvre Jean-Luc K.-O., les bras en croix, les yeux révulsés… »

Le club lyonnais réagit très vite. Le lendemain de l'incident, il commence à monter le dossier de la faute professionnelle, essaie de convoquer son gardien, en vain car Olmeta est parti à Las Vegas avec son amie, et contacte Grégory Coupet à Saint-Étienne.

Le 24 décembre 1996, l'OL annonce la signature de Coupet pour quatre ans et demi et 6 millions de francs (915 000 €). Le gardien stéphanois signe son nouveau contrat au siège de la Cegid en compagnie de Jean-Michel Aulas, de son agent de l'époque, Pape Diouf, et de Philippe Koehl, le président de l'AS Saint-Étienne. Coupet est alors le quinzième joueur professionnel à porter les couleurs des deux clubs rivaux.

Le 8 janvier 1997, après 148 matches avec l'OL, Olmeta est licencié sans indemnités. Me Olivier Martin, l'avocat de Saint-Étienne, accessoirement président du club de Châtillon-sur-Chalaronne, dans l'Ain, et dont le frère Stéphane, contemporain de Rémi Garde au centre de formation de l'OL, a joué en D3 sous les couleurs lyonnaises, organise la conciliation Olmeta-Sassus. La scène est étonnante, dit-on. Les deux hommes se serrent la main. « Bonne chance ! », « Bonne chance ! ». Huit jours après le licenciement de Pascal Olmeta, Jean-Luc Sassus signera à Saint-Étienne.

Post-scriptum de Bernard Lacombe : « Quand Olmeta dit que je l'ai viré, c'est faux : c'est le club qui l'a viré. Sans cet incident, il aurait terminé la saison. Parce que, quand on y réfléchit, on a fait partir le chouchou du public pour un gardien qui venait de Saint-Étienne et qui, lors de ses trois premiers matches avec nous, a pris 9 buts ! »

Mais Grégory Coupet entame une carrière prodigieuse sur les bords de la Saône, et le sprint lyonnais est peu résistible, achevé par un 8-0 historique contre l'OM, triplé de Giuly, doublés de Caveglia et de Maurice, but de Gava. En finissant à la huitième place, l'OL se hisse en Coupe Intertoto. C'est un point de départ, un camp de base pour l'ambition.

Jusque-là, les années Aulas se singularisaient par une alternance de coups de folie et de coups de moins bien. À partir de 1997, Lyon va devenir européen chaque année, sans interruption. Ce qui fait dire à son président : « On l'a su a posteriori mais Bernard entraîneur, c'était un coup de génie. Quand il prend l'équipe, nous sommes quatorzièmes. Avec lui, elle termine à la huitième place et se qualifie pour la Coupe Intertoto. Et puis nommer Bernard à la tête de l'effectif pro le mettait définitivement en face de ses responsabilités et de ses antagonismes. Il nous a sauvés et montré d'immenses qualités. »

Tout au long de cette saison, Florian Maurice s'est battu pour revenir. Son doublé face à l'OM (8-0), lors de la dernière journée, lui donne du baume au cœur. Se replongeant dans ce tournant de sa carrière, il avoue : « Je savais qu'il y avait le Tournoi de France en juin, au bout de la saison, et je voulais le jouer un an avant la Coupe du monde 1998. D'ailleurs, à cause de ça, je m'embrouillais un peu avec Bernard Lacombe. Je lui disais : "Je suis prêt !" Il me répondait : "Prends ton temps…" Jusque-là, j'étais très proche de lui, il m'invitait à manger chez lui avant les matches et, quand je ne marquais pas pendant quelques temps, il me faisait jeter du sel sur la pelouse de Gerland *(sourires)*. Mais à ce moment, c'est vrai, j'étais pressé. J'ai rejoué cinq ou six matches et cela m'a permis d'enchaîner sur le France-Brésil (1-1) du 3 juin, à Gerland. Je savais déjà que j'allais quitter Lyon. Je le savais même avant la dernière journée, quand on a battu l'OM 8 à 0… »

Car l'OL de Jean-Michel Aulas doit vendre. Dans les années 1960 ou 1970, le club transférait ses meilleurs joueurs afin d'éponger une partie de son déficit chronique. La logique « aulassienne » est très différente : il s'agit de vendre pour construire, pour grandir. Quand une offre envers un joueur est supérieure à ce qu'il estime être la valeur du marché, le président lyonnais vend sans états d'âme. L'affectif s'exprimera autrement plus tard, vis-à-vis d'un joueur à la fin de sa carrière par exemple, à l'instant de le faire revenir au club dans une fonction ou dans une autre. Ainsi Florian Maurice a-t-il en 2007 son émission, *l'Œil de Flo*, sur OLTV, un talk-show dans lequel l'ancien buteur lyonnais reçoit un joueur de l'effectif actuel, et lui arrive-t-il régulièrement d'être consultant lors des matches sur la chaîne du club, ou sur Canal +.

Mais Jean-Michel Aulas ne garde pas un joueur parce que le groupe, ou le public, ou lui-même tient à ce joueur. Si l'offre est bonne, il vend. Alors, en juin 1997, il accepte le transfert de Florian Maurice au PSG pour 41 millions de francs(6,2 M€). Le joueur raconte : « Michel Denisot m'invite au Festival de Cannes et je le rencontre là-bas. Je lui donne mon accord et, après, je n'ai plus rien à voir, ce sont les dirigeants qui règlent le transfert entre eux. Le seul problème, c'est que j'avais été expulsé en Coupe de l'UEFA contre Nottingham Forest et avais écopé de quatre matches de suspension. Comme Lyon jouait l'Intertoto, on a laissé passer quatre rencontres européennes de l'OL avant de signer le contrat. Comme ça, j'arrivais vierge de toute suspension… »

Et naïf ? La saison parisienne de Maurice sera joyeusement torpillée par Marco Simone, l'ex-Lyonnais défendant pour deux et l'Italien attaquant tout seul. Maurice analyse : « Bernard Lacombe voulait absolument que je reste. Il avait raison. Mais quand tu as 22 ans, qu'on multiplie ton salaire par quatre ou cinq et que ton nouveau club joue la Ligue des champions… Je ne suis pas sûr que tout le monde à l'OL ait cherché à me retenir mais, sur le plan de ma carrière, je n'aurais pas dû partir cette année-là, avec la Coupe du monde qui arrivait. Par rapport à l'équipe de France, j'aurais été dans une situation idéale à Lyon, assuré de jouer sans une énorme pression, et je savais que Bernard était proche d'Aimé Jacquet. Je n'ai pas été bon là-dessus. Mais quand tu as 22 ans, tu n'écoutes pas, tu t'en fous de ce qu'il dit, Bernard, tu te dis qu'il pense d'abord à lui. Tout comme un jeune aujourd'hui se foutrait des conseils de Florian Maurice qui a 33 ans… »

17. 1997-1999 Une production Pathé

La « Coupe à Toto ».

Les buts de « Cavegol ».

Jérôme Seydoux et Pathé injectent plus de 100 millions de francs (15,8 M€) dans le capital de l'OL.

Lacombe rêvait de Sonny, Aulas l'a fait.

Ce n'est pas un trophée qui compte. Sans doute parce qu'il y a trois vainqueurs et que le nom même de l'épreuve, la Coupe Intertoto, ressemble un peu trop à la « Coupe à Toto » de nos cours de récréation. Mais en remportant la Coupe Intertoto et en se qualifiant pour la Coupe de l'UEFA au cœur d'un été 1997 très voyageur, l'OL perpétue sa toute nouvelle culture européenne. C'est juste une vie un peu trop épuisante pour un groupe qui n'est pas tout à fait assez riche quand il veut tout faire très bien. L'OL réussit l'exploit de gagner à San Siro face à l'Inter de Milan (2-1), en seizièmes de finale aller de la Coupe de l'UEFA, mais l'Inter de Ronaldo et de Youri Djorkaeff, qui n'a rien à faire là et qui va remporter l'épreuve au Parc des Princes quelques mois plus tard face à la Lazio Rome (3-0), renverse la vapeur deux semaines plus tard à Gerland (3-1). C'est ainsi que le monde tourne, avant que la Ligue des champions n'accapare tous les grands d'Europe.

Dans son effort continental, l'OL a laissé des plumes et beaucoup de points en Division 1. Ensuite, tout change : « À partir du 24 octobre, on a pris autant de points que le champion de France, Lens », observe Bernard Lacombe. Cet OL, qui perd six fois à domicile, gagne huit matches à l'extérieur, se hisse à la sixième place et maintient sa permanence en Coupe de l'UEFA.

Le bilan est enjolivé par une demi-finale de Coupe de France, perdue à Lens (0-2). C'est le plus beau parcours dans cette compétition depuis 1976 mais, avant d'en arriver là, l'OL a seulement éliminé trois équipes de National (niveau 3), Saint-Denis–Saint-Leu (2-0), Angoulême (2-0), Istres (1-0, a.p.), et en quarts une formation de CFA (niveau 4), Bourg-Péronnas (1-0) à... Gerland.

C'est une période de mutation. Mutation au sens de transfert, aussi : en janvier 1998, Ludovic Giuly est vendu 42 millions de francs (6,4 M €) à l'AS Monaco. Il ne connaît pas une saison aussi efficace que la précédente (19 matches, 1 but) et, comme d'habitude, Jean-Michel Aulas n'hésite pas face à la logique du marché. Franck Gava et Florian Maurice partis au Paris-SG, l'OL doit reconstruire avec de jeunes joueurs sortis de son centre de formation et avec quelques anciens.

Les jeunes, d'abord : Cédric Bardon, Joseph-Désiré Job, Frédéric Kanouté, Frédéric Fouret et le très jeune Steed Malbranque (17 ans) apparaissent tous, plus ou moins régulièrement, cette saison-là. Même si les débuts de Kanouté sont prometteurs (18 matches, 6 buts), les jeunes sont vraiment jeunes et Alain Caveglia (10 buts) reste le cador de l'attaque. Celui que chacun voit gros comme une maison, notamment Bernard Lacombe, avant même qu'il ne débute en pros, c'est Cédric Bardon. Il est le meilleur joueur de sa catégorie en sélections de jeunes, inscrit même 24 buts en une année civile avec l'équipe de France Juniors ! Mais il ne passera pas, malgré la qualité de sa prise de balle et ses dribbles de gaucher, n'inscrivant que 10 buts en 70 matches de D1 avec l'OL avant de poursuivre sa carrière dans des clubs de moindre renommée.

C'est néanmoins une génération spontanée d'attaquants assez exceptionnelle qui sort presque en même temps du centre de formation, d'autant qu'il faut y ajouter Fabrice Fiorèse. Kanouté (West Ham, Tottenham, FC Séville), Malbranque (Fulham, Tottenham) et

Job (Middlesbrough) réussiront une vraie carrière à l'étranger, tandis que Frédéric Kanouté restera un regret pour l'équipe de France, à laquelle il aurait pu amener la subtilité de son jeu. Sa trajectoire, c'est vrai, a été freinée par de nombreuses blessures, et son premier choix de club (West Ham) n'a pas contribué à l'exposer au niveau que méritait son talent, mais d'autres joueurs sont apparus en bleu qui n'avaient pas la moitié de ses possibilités. Sans nouvelles des Bleus, et aussi par conviction personnelle, il va finalement choisir de jouer pour le Mali, lors de la saison 2003-04.

Au milieu des jeunes s'ébrouent quelques anciens. Christophe Cocard était arrivé un an plus tôt d'Auxerre et deux autres internationaux plus ou moins récents, Daniel Bravo et Reynald Pedros, l'ont rejoint. Bravo, l'ancien Parisien, est arrivé en cours de saison et repartira dès le mois de juin 1998. L'explication ne tient pas à son rendement, car le milieu de terrain défensif a conservé son souffle et son efficacité (4 buts en 14 matches) ; non, Daniel Bravo, qui a bouclé son stage d'entraîneur avec la meilleure note de tous les candidats, apparaît très vite comme une menace aux yeux de Bernard Lacombe qui le voit, et il n'est pas le seul, comme un recours envisageable en cas de trois mauvais résultats d'affilée…

De fait, même s'il se montre prudent, l'ancien Niçois glisse quelques taquets discrets à l'occasion, critiquant notamment le coaching de son entraîneur le soir de l'élimination en Coupe de France à Lens. Curieusement, alors qu'il semblait effectivement aux yeux de tous un entraîneur en puissance, Daniel Bravo ne se lancera pas dans le métier après sa carrière de joueur, se contentant de travailler avec quelques agents et de jouer aux consultants à l'occasion.

Le choix de Pedros porte infiniment plus à discussion. Moins de deux ans après avoir été titulaire en demi-finales de l'Euro 96 avec l'équipe de France face à la République tchèque (0-0, 5-6 t.a.b.), l'ancien Nantais est devenu une ombre. Au moins Lyon ne s'est-il pas encombré à son sujet d'un contrat longue durée…

Mais l'OL est une équipe qui n'est tenue ni par les anciens internationaux ni par les jeunes en devenir, mais par une génération intermédiaire qui en est le ciment et contrôle le vestiaire : Alain Caveglia, Grégory Coupet, Christophe Delmotte, Florent Laville, Philippe Violeau. Il reste à l'étoffer pour se rapprocher du titre.

En mai, l'international Espoirs Vikash Dhorasoo signe pour 29 millions de francs (4,4 M€), ce qui est alors le plus gros transfert de l'histoire de l'OL. Il vient du Havre. Il vient vraiment du Havre : il a grandi dans un quartier de la cité normande. Sa famille est d'origine mauricienne et, d'ailleurs, l'OL s'envole dans la foulée en tournée à l'île Maurice, en mai 1998. Jean-Michel Aulas emmène sa recrue et dira de ce voyage plus tard dans une interview : « Deux ans plus tôt, le PSG était parti en Concorde à l'île Maurice et je m'étais dit : "Tiens ! ça c'est une idée qui, en matière de thérapie de groupe, me semble pertinente." En plus, à l'époque, j'avais la possibilité de frapper un grand coup sur le marché des transferts en enrôlant Vikash Dhorasoo. On décide donc d'aller à l'île Maurice juste après la signature de Vikash. Je voulais remercier les joueurs de leur qualification pour la Coupe de l'UEFA. À notre arrivée à l'aéroport, il y avait au moins cinquante personnes de la famille Dhorasoo pour l'accueillir. Un truc incroyable ! Cette tournée a été une révélation. Pour la première fois, j'ai senti que l'OL était devenu un vrai club. On était en tournée à l'île Maurice et à la Réunion et, pour une fois, c'était l'institution qui tirait les joueurs, non l'inverse. »

L'OL bat 7-0 la sélection mauricienne, laquelle le lendemain partait disputer la Coupe de l'océan Indien. Le soir, pendant la réception officielle, le ministre des Sports de l'île Maurice annonce en direct à la télévision le limogeage de l'entraîneur, un Allemand…

L'autre recrue est l'attaquant international suisse de Rennes, Marco Grassi. Il ne vient pas pour rien mais il n'a pas réellement besoin du football pour vivre : son père, banquier, a racheté lui-même, un jour, un des contrats de son fils afin de lui permettre de signer où il le souhaitait. Grassi est charmant et son grand gabarit offre un point de fixation à son équipe, ainsi qu'un peu plus de liberté de mouvement à Caveglia, mais ce dernier reste le buteur essentiel et le taulier de l'équipe : avec 17 buts en 29 matches, « Cavegol » est la figure de proue d'une saison réussie qui voit l'OL accrocher la troisième place et le tour préliminaire de la Ligue des champions.

C'est une saison réussie et douloureuse. La douleur vient de la disparition, dans la nuit du 2 au 3 février 1999, du gardien remplaçant, Luc Borrelli, au volant de sa voiture sur une route de Saône-et-Loire. Tout le club et toute l'équipe, en larmes, assistent à ses funérailles le 8 février à l'église Notre-Dame-des-Neiges, à Marseille. Évidemment, tous les morts sont des types formidables. Mais l'ancien gardien de Toulon, qui fut également doublure au PSG, était vraiment un type formidable. Grégory Coupet ne l'oubliera pas, continuant de porter un tee-shirt à son nom à l'instant de célébrer les titres de champion de France.

Malgré cette douleur et ce sentiment de vide, les Lyonnais vivent un printemps sportivement réussi. Leur parcours en Coupe de l'UEFA, à l'automne, face à Blackburn (1-0 en Angleterre, 2-2), à l'Étoile Rouge de Belgrade (2-1 en Serbie, 3-2) et au FC Bruges (1-0, 4-3 en Belgique), avait été marqué par cinq victoires, dont trois à l'extérieur, en six matches. Pour son premier quart de finale européen depuis 1968, l'OL tombe sur Bologne. Plus exactement l'OL tombe à Bologne (0-3), le jour de son match le plus manqué de la saison. Ce n'était pas le jour pour ça.

Mais l'équipe développe une telle qualité de jeu en cette saison 1998-99, qui voit Dhorasoo et Caveglia ressusciter de vieux réflexes havrais, que Gerland s'enflamme lors du match retour. Les Lyonnais ne sont pas si loin du miracle, menant 2-0 au repos grâce à Caveglia et à Job, puis trouvant le poteau en seconde période. Le score ne bougera pas. Dans une position de milieu défensif qui met en évidence son endurance, ses dribbles et sa qualité technique, et tait plus facilement la faiblesse de ses statistiques offensives, Vikash Dhorasoo livre un match extraordinaire qui lui permettra, dans la foulée, de rejoindre l'équipe de France.

C'est encore une époque où les Lyonnais en bleu sont rares. Du reste, après l'arrêt Bosman et la victoire au Mondial 98, la plupart des internationaux évolueront à l'étranger. Les futurs soucis du milieu de terrain lyonnais, tant à l'OL qu'en équipe de France au crépuscule de sa carrière internationale, lors de la Coupe du monde 2006 en Allemagne, sont déjà résumés dans son entrée en matière avec les Bleus à la fin de cette saison 1998-99.

Dhorasoo racontera deux histoires sur le sujet, qui assombriront son avenir international jusqu'à l'arrivée de Raymond Domenech au poste de sélectionneur. La première, à l'entraînement : deux petits ponts, deux crimes de lèse-majesté, dès la première séance, dont un sur Marcel Desailly. La seconde, en réponse à Emmanuel

Petit lui conseillant de ne pas rester dans son monde : « Je préfère mon monde au vôtre ! » Or, à l'époque, l'équipe de France est une sélection qui fonctionne aussi par cooptation...

Pour l'OL, 1999 est surtout l'année de la révolution. Le 29 avril, Pathé entre officiellement dans le capital et met 100 millions de francs (15,2 M€) dans la corbeille de mariage. Jérôme Seydoux nous racontera dans son bureau de Pathé, un jour de mars 2006 : « J'ai rencontré Jean-Michel Aulas presque par hasard. Il avait chargé Deloitte et Touche de trouver un partenaire. C'était presque une petite annonce, une rencontre par agence matrimoniale. Ce n'était pas un bal où on se rencontre et tout, c'était un mariage arrangé. J'ai tout de suite dit que je voulais d'abord voir si on pouvait s'entendre. On ne s'est pas trompés. »

Mais les premiers contacts ne sont pas pour autant idylliques. Dans *Olympique Lyonnais, les coulisses d'une réussite* (Calmann-Lévy), de Nicolas Delage et Richard Place, Jérôme Seydoux avouait : « Ça se passait mal lors des premiers échanges, la négociation a été assez longue. Jean-Michel Aulas défendait très bien son bifteck et nous ne voulions bien entrer dans le capital que sous certaines conditions. Je lui ai dit : "Si on a des désaccords, il vaut mieux les avoir maintenant car, ensuite, il faut que ça fonctionne." Si Aulas ne nous respectait pas, il n'y avait pas grand intérêt à se lancer dans l'aventure. Franchement, qu'est-ce qu'on foutait là ? Moi, je venais pour lui donner un coup de main, pas pour l'emmerder. Mais c'était tout de même un travail à deux. Le jour où vous vous connaissez, c'est fluide, mais au début on se méfie de l'autre. C'est humain. »

La méfiance ne dure pas. Jérôme Seydoux, patron de Pathé, aîné du clan Seydoux, petit-fils de Marcel Schlumberger, le fondateur de l'empire familial, s'installe en douceur dans son rôle de partenaire privilégié. Il ne s'est pas borné à investir 15,8 millions d'euros pour s'offrir 34 % du club lyonnais. Jean-Michel Aulas ne prend pas de grande décision sans le consulter. Les candidats au poste d'entraîneur, notamment, savent qu'il leur faudra passer un grand oral auprès de cet homme grand, sec et au regard bleu acier.

Des domaines respectifs de Jean-Michel Aulas et du sien propre, Jérôme Seydoux dit : « Il n'y en a pas. On se parle de ce qu'on trouve important, ou pas. Ce n'est pas compliqué : il a confiance en moi, j'ai confiance en lui, point à la ligne. Il faut qu'il y ait un seul patron et c'est Jean-Michel Aulas. Moi, je suis la mouche du coche. Elle a son utilité. J'ai un avantage, c'est que j'ai passé l'âge de certaines ambitions. J'atteins à un certain degré de sagesse. Alors j'aide Jean-Michel quand c'est utile. Je ne réussis pas toujours : je n'ai pas réussi à retenir Paul Le Guen, par exemple. Mon privilège est d'être arrivé à un âge où je peux faire des choses qui m'amusent. L'OL fait partie de ces privilèges. Je ne cherche ni la gloire ni à faire fortune. Mais je déteste perdre, je veux gagner chaque match. Il y a une autre victoire qui m'importe, c'est de démontrer qu'on peut faire une belle carrière dans le football en ayant des pratiques normales. »

L'ironie, mais pas pour tout le monde, vient de ce que Jérôme Seydoux ait racheté Pathé en 1990 pour 1 milliard de francs (152 M€), beaucoup moins que la somme engloutie par Robert Louis-Dreyfus dans l'Olympique de Marseille.

La venue de Jérôme Seydoux est un élément déclencheur de la grande conquête nationale qui s'annonce. Son entrée dans le capital va permettre à l'OL de changer de dimension, l'histoire est connue, en allant chercher Sonny Anderson au FC Barcelone.

Le 6 mai 1999, Bernard Lacombe passe un coup de fil à l'ancien joueur de Marseille (1993-94) et de Monaco (1994-97). L'entraîneur lyonnais a dressé une liste d'attaquants en vue de renforcer l'OL, à la demande de Jean-Michel Aulas et de Jérôme Seydoux : Alen Boksic (Lazio), Tore Andre Flo (Chelsea), Victor Ikpeba (Monaco) et Anderson. C'est ce dernier qui plaît le plus à Lacombe.

Le transfert va se monter à 120 millions de francs (18,3 M€) : 117 millions de francs pour Barcelone, 3 millions de francs pour Anderson. Jean-Michel Aulas n'a pas encore l'habitude de négocier à des hauteurs pareilles avec des clubs de cette stature. Il n'a surtout pas beaucoup de marge dans la négociation : il veut Anderson et ne peut pas faire croire le contraire à Barcelone. Les discussions avec le président Nunez, à Barcelone, durent près de cinq heures. Le 18 juin, Sonny Anderson est présenté à Lyon. Il va marquer 94 buts en 148 matches avec l'OL. Plus de 1 million de francs (152 000 €) le but ? Il faut aller au-delà de ce calcul trop facile, on allait dire « à deux francs ». Parce qu'au ratio buts-millions, la plupart des recrues coûtent beaucoup plus cher. Parce que le Brésilien a permis tout simplement à l'OL de changer de dimension. Depuis deux ans, depuis 1997, l'OL se qualifiait pour une Coupe d'Europe chaque année. Avec Anderson, il va prendre durablement la direction de la Ligue des champions.

Jean-Michel Aulas, à l'instant de fêter ses vingt ans de présidence en 2007, reconnaîtra dans *France Football* : « Dans ce dossier, deux hommes ont joué un grand rôle. Le premier, c'est Jérôme Seydoux ; le deuxième, c'est Bernard Lacombe, qui a cette idée de génie de faire de Sonny Anderson la priorité de son recrutement. D'un côté, donc, Jérôme Seydoux nous donne la possibilité de grandir au niveau du budget ; de l'autre, Bernard cible parfaitement ses besoins. Viennent ensuite des négociations extrêmement âpres avec les dirigeants de Barcelone. À l'époque, je n'étais pas encore au G 14, j'étais même plutôt insignifiant. Résultat, la férocité des agents et du président du Barça m'a contraint à dépenser beaucoup plus d'argent que prévu. Après la signature, je peux vous dire que j'étais très inquiet. On se demande forcément si ce n'est pas la connerie de trop. En plus, c'est toujours à ce moment-là qu'on croise certains collègues de foot avec ce petit sourire en coin sous-entendant qu'ils espèrent qu'on va se rétamer. Il se trouve pourtant que c'était la bonne décision. Sonny nous a permis de franchir un palier décisif. »

Au même moment, pour un prix jumeau de 120 millions de francs (18,3 M€), le Stade Rennais se trompe lourdement en faisant venir l'attaquant de l'équipe olympique du Brésil, Severino Lucas, un jeune joueur sans expérience de l'Europe. La famille Seydoux a eu un peu plus de réussite avec ses investissements dans le football que la famille Pinault.

Bernard Lacombe se souvient : « C'était un lundi. On mangeait au restaurant du club, à l'époque au rez-de-chaussée du siège. Nous étions quatre, Jean-Michel Aulas, Jérôme Seydoux, José Broissart et moi. J'avais une liste, avec les numéros de portable. Il y avait six joueurs : Anderson, Boksic, Flo, Ikpeba, Loko et Marlet. Mais on saura vite, par Auxerre, que Steve Marlet est encore intransférable. Ce premier soir, j'appelle Sonny, qui rentre tard de soins après un claquage du quadriceps à Bilbao : "Sonny, c'est Bernard Lacombe. Est-ce que venir chez nous pourrait t'intéresser ? Je vois que tu ne joues pas beaucoup au Barça et, ici, il y a des choses qu'on peut faire." Je n'évoque pas un seul instant le côté financier ; ça, c'est le président. Mais je me souviens que je lui vante Gerland en lui expliquant que c'est un stade où un grand attaquant a beaucoup de sensations. "Ici, tous les attaquants ont beaucoup marqué..." Il me dit qu'il me rappelle, qu'il doit d'abord en parler avec Louis Van Gaal, son entraîneur. »

L'entraîneur néerlandais Louis Van Gaal, champion d'Europe en 1995 avec l'Ajax, n'a pas une réputation de grand démocrate. Il nous souvient pourtant d'une interview pour *L'Équipe* dans son bureau du stade De Meer, à Amsterdam en 1995, l'année de son sacre. Au mur de son bureau figurait un calendrier avec les anniversaires de ses joueurs actuels et de quelques anciens, ainsi que de leurs femmes. À chacun et à chacune, Van Gaal écrivait un petit mot ou faisait envoyer des fleurs. Mais ce matin-là, à Barcelone, les fleurs ne sont pas pour Sonny Anderson. Lorsque le Brésilien lui demande s'il compte vraiment sur lui, et comment il pourrait considérer un transfert, Van Gaal lui répond : « Si le président a une bonne opportunité, pourquoi pas ? »

Pendant ce temps-là, Bernard Lacombe pousse le bouchon un peu plus loin auprès de Jean-Michel Aulas : « Jean-Michel, ces joueurs-là font des choses qui leur appartiennent, ils font basculer les matches. Ils savent qu'ils auront deux ou trois opportunités par match, et ils savent les saisir. »

Un lundi, un autre lundi, puisque le lundi est le jour des comités de gestion et des conseils d'administration, Bernard Lacombe discute avec Jacques Santini quand arrive Jérôme Seydoux :

« Bernard, l'année prochaine, vous avez besoin de quoi ?

– Je voudrais un grand attaquant. Je sais qu'à la fin de vos réunions vous parlez un peu de foot...

– Je poserai la question à Jean-Michel... »

À la fin de la réunion, comme promis, Jérôme Seydoux prend la parole :

« Et Bernard Lacombe, qui veut-il recruter ?

– Un grand attaquant », répond Jean-Michel Aulas.

« Eh bien ! Il faut le lui acheter... »

Maintenant, il faut aller négocier à Barcelone. Et arracher, pour 120 millions de francs, un attaquant qui est blessé à une cuisse. Les nuits de Bernard Lacombe, en cet été 1999, seront agitées.

18. 1999-2001
La couronne

Le déclic Anderson.

La claque à Maribor.

Santini au pouvoir.

Le marché au Brésil, avec Marcelo, Caçapa, Edmilson, Juninho.

Le premier titre au sprint.

L'équilibre d'un vestiaire passe souvent par celui des salaires et celui des statuts. Du moins entre les leaders naturels du groupe et les joueurs qui sont supposés faire la différence. Pendant l'été 1999, Alain Caveglia est un buteur et un capitaine de l'OL qui voit arriver Sonny Anderson dans sa cour. « Cavegol » vient d'inscrire 17 buts en D1, dont 11 au cours des matches retour, et il est fondé à éprouver des sentiments ambivalents à l'égard de pareil renfort. Il a 31 ans, il est décisif, populaire. Lorsque Sonny Anderson, revenant de blessure, évite les premières séances et se contente d'un footing autour du terrain, Alain Caveglia attire les rieurs de son côté en moquant : « Les gars, regardez 120 millions qui courent... »

Le capitaine lyonnais n'est pas le seul à éprouver quelque vertige face à un chiffre pareil (l'équivalent de 18,3 millions d'euros). Longtemps après, Bernard Lacombe fait l'aveu de ses nuits courtes : « J'étais quand même celui qui avait fait faire cette folie au club. Et Sonny sortait de neuf semaines d'inactivité. Alors, quand il est arrivé à Tignes où nous étions en stage, il a fait du VTT, un peu de footing. Et même des raquettes sur la neige, au glacier. Il devait se dire : "C'est un club omnisports, ici, on ne joue jamais au foot?" (Rires.) Les patrons du vestiaire étaient Christophe Delmotte, Patrice Carteron, Florent Laville, Grégory Coupet et Pierre Laigle. Mais Sonny s'est mis tout de suite dans les chantiers de cartes et là, j'ai su que c'était bon. »

Il savait que l'intégration sociale du Brésilien précéderait inévitablement son intégration sportive. Or, Anderson est assez malin pour prendre les tauliers du vestiaire dans le sens du poil : c'est un buteur, tout de même. Puis le Brésilien est devenu « européen » dans son comportement, depuis le temps qu'il évolue sur le Vieux Continent. Avant de débarquer en Suisse, sa première destination européenne, en 1992, il avait même appris l'allemand pour gagner du temps : personne ne lui avait dit que le Servette de Genève était situé en Suisse francophone...

Mais si le parallèle entre l'entrée dans le capital de Pathé pour plus de 100 millions de francs (15,8 M €) et le montant du transfert d'Anderson (120 millions de francs, soit 18,3 M €) invite à personnaliser le changement de statut de l'OL, le club lyonnais recrute beaucoup plus largement que cela à l'été 1999, en accueillant deux internationaux français : Pierre Laigle (Sampdoria de Gênes) et Tony Vairelles (Lens).

Il s'agit d'être à la hauteur de la Ligue des champions, dans le viseur pour la première fois. Pour son entrée au troisième tour qualificatif, l'OL est tête de série et se voit proposer les modestes Slovènes de Maribor Teatanic. La chute est d'autant plus retentissante et incompréhensible (0-1, 0-2). Le retour à Maribor n'est pas exactement un piège. Il y a deux petites tribunes latérales, une piste d'athlétisme qui éloigne le public et même, dans un virage, des jeux de boule lyonnaise qui auraient dû composer un décor familier. Il y a aussi dans l'hôtel de la délégation lyonnaise, où on se retrouve à jouer au tarot dans l'après-midi du match, en compagnie notamment de Jacques Santini et d'Alain Thiry, un défilé de mannequins d'élite, avec ou sans majuscule.

La montée en puissance n'est donc pas celle attendue. Et si l'OL est reversé en Coupe de l'UEFA, passant deux tours contre les Finlandais de l'HJK Helsinki (1-0, 5-1) puis les Écossais du Celtic Glasgow (1-0, 1-0), sa saison européenne s'achève par une nouvelle gifle : après un match aller parfait (3-0) à Gerland face aux Allemands du Werder Brême, les Lyonnais s'enfoncent dans leur pire cauchemar au match retour (0-4). En ce mois de novembre, Bernard Lacombe traverse ses moments les plus difficiles d'entraîneur. L'hiver sera rude. L'enchaînement d'une défaite contre Troyes (1-3) à Gerland puis, trois jours plus tard, de l'élimination à Brême le fragilise. En même temps que le cas Caveglia. Contre Troyes, le public lyonnais a scandé « Lacombe, démission ! » Alors, après la catastrophe de Brême, l'entraîneur lyonnais va voir son président et lui lance : « J'arrête ! Débrouillez-vous... »

Jean-Michel Aulas refuse sa démission : « Non, il faut continuer ! » Lacombe lui demande d'intervenir devant les joueurs, à Tola-Vologe. « Il est venu, se souvient l'entraîneur lyonnais. On a pris six points au cours des deux matches suivants et on a fini la saison à la troisième place. »

Dans la foulée, surtout, le club lyonnais règle le cas difficile d'Alain Caveglia, 1 but en treize matches, meurtri de sa remise en cause après avoir été si souvent le sauveur du club : il est transféré à Nantes pour 11 MF (1,7 M€), en décembre 1999. Bernard Lacombe avoue : « Contre Troyes (1-3), cela avait été le problème. "Cavé", c'était un mec important et populaire. » Invité à revenir sur cette période en février 2007, dans une interview pour *L'Équipe*, Jean-Michel Aulas n'en avait rien oublié : « Après le 3-0 de l'aller contre le Werder, on était l'équipe parfaite, je me souviens des titres des journaux. On était passés de ça à ce 4-0 qui nous disqualifiait. Mais, entre-temps, on avait eu des soucis énormes en Championnat et des soucis énormes dans le groupe avec l'affaire Caveglia. Là, je me mets plus en cause que les joueurs ou l'entraîneur. Nous étions tous responsables du naufrage, mais je l'étais spécialement dans la gestion de cette période. J'assume. Depuis, on a progressé. »

Depuis, il est probable que le président lyonnais aurait été amené à trancher plus tôt. Mais il ne faut pas non plus prétendre que la situation avait plombé le début de saison. Ce serait amnésique et mensonger : juste avant l'enchaînement de trois grosses défaites de suite, à Bastia (0-3), contre Troyes (1-3) et à Brême (0-4), l'OL occupait la tête du classement de D1...

Les dirigeants ont vite un autre cas individuel à régler. Entre Frédéric Kanouté et Bernard Lacombe, les rapports sont devenus compliqués. En janvier 2000, le jeune attaquant lyonnais, 22 ans, refuse d'être remplaçant et de faire le déplacement à Nancy. Il est mis à pied et prêté à West Ham, en Angleterre, où il sera finalement transféré à la fin de la saison pour 44 millions de francs (6,7 M €). Une bonne affaire à relativiser puisque, dans le même temps, l'OL offrira au club londonien 66 millions de francs (10 M €) pour s'attacher les services de l'international camerounais Marc-Vivien Foe.

À propos de Kanouté, Bernard Lacombe maintient aujourd'hui : « C'est l'arrivée de Vairelles qui a compliqué les choses. J'étais à Saint-Tropez en train de jouer à la pétanque, pendant l'intersaison, quand on m'a annoncé que Vairelles venait chez nous. Le matin même, *L'Équipe* avait annoncé qu'il avait signé au Paris-SG ! Moi, dans ma tête, j'étais plutôt parti avec Anderson, Caveglia, Kanouté et Job. Les deux jeunes, je comptais sur eux. Puis il y avait de la réserve : à un moment, en CFA, l'attaque c'était Kanouté-Bardon-Job. Remplaçants, Fouret et Fiorèse ! »

Évidemment, tous les entraîneurs qui lui ont succédé à ce poste estimeront que Bernard Lacombe a payé, cette saison-là, pour tous les joueurs que le futur « conseiller du président » leur imposera par la suite… Mais le recrutement de Vairelles n'est effectivement pas un triomphe. L'attaquant livre statistiquement une saison insuffisante (33 matches, 6 buts, dont 3 lors des deux premières journées) et il est même l'un des rares exemples de joueurs qui, dans l'ère moderne, auront perdu leur statut international en signant à Lyon, avec Benoît Pedretti plus tard et, à un degré moindre, Alou Diarra.

Sur un plan similaire, Bernard Lacombe est confronté à un genre d'ingérence que quelques entraîneurs lui reprocheront plus tard : Jean-Michel Aulas tente de lui imposer un attaquant chilien, Hector Tapia. L'histoire est édifiante, certes de la pression dirigeante concernant le recrutement mais aussi de l'acceptation par le président du droit de veto des entraîneurs. Plus tard, beaucoup plus tard, en janvier 2005, Paul Le Guen refusera la venue de Fernando Morientes. En janvier 2007, Gérard Houllier obtiendra les signatures de Milan Baros et de Fabio Santos. À chaque fois, si les dirigeants avaient eu le choix, ils n'auraient probablement pas effectué celui-là.

Donc, voici l'affaire Tapia, en janvier 1999. Bernard Lacombe raconte : « Après notre élimination en trente-deuxièmes de finale de la Coupe de France, à Châteauroux (D2, 0-1), le président me dit : "On devrait prendre un joueur." Moi, je ne voulais prendre personne et je m'y étais engagé devant les joueurs, en leur disant que je comptais sur ce groupe, et seulement sur ce groupe. Mais ce que le président ne me dit pas, c'est qu'il a déjà fait venir Hector Tapia au *Novotel* de Gerland, sous la pression de l'agent Omar Da Fonseca, qui travaille avec Frédéric Dobraje. Après le président, c'est au tour de Jacquot Santini de m'appeler : "Bernard, tu as eu le président ? Il ne t'a pas dit ? Hector Tapia est à Lyon." Eh bien ! le fameux Hector Tapia, Guy Genet avait déjà préparé ses affaires mais il est resté dans sa chambre d'hôtel, il n'est jamais venu jusqu'à Tola-Vologe !... »

À Lyon, sous l'ère Aulas, l'entraîneur ne décide donc jamais de tout, et jamais tout seul. Mais il a régulièrement le pouvoir de dire non. Et toujours celui de s'effacer en fin de saison, rôti par la pression. Lorsqu'il annonce, le 12 mai 1999, qu'il cède sa place d'entraîneur, après 173 matches sur le banc (94 victoires, 29 nuls, 50 défaites), Bernard Lacombe peut rappeler qu'il a installé l'OL sur le podium en trois saisons au pouvoir (8e, 3e, 3e), mais il n'en peut plus. Ce qu'il reconnaît : « J'étais usé, vraiment. Un jour, j'ai déjeuné avec Paul Le Guen. Il m'a dit : "Toi, tu es passé par là, tu sais..." C'est vrai, c'est une pression terrible. »

Jean-Michel Aulas, l'homme qui est le principal responsable de cette pression sur ses entraîneurs, tresse aujourd'hui des lauriers à l'homme qui est redevenu, durant l'été 2000, son conseiller, tout en justifiant la nécessité du changement, alors : « Bernard a montré d'une part ses immenses qualités, d'autre part que la gestion intuitive avait ses limites. À la fin, je lui ai sauvé la mise. Il était lessivé. Mais cela a éclairé l'avenir de l'OL. Puis il faut souligner que c'était déjà lui, avant, qui avait choisi Jean Tigana. » La légende, pourtant, prétendait que le président lyonnais avait été conquis par Tigana lors d'une intervention commerciale du champion d'Europe 1984 dans la région. Il rétorque : « C'est faux ! C'est Bernard qui l'avait choisi. Et c'est lui, ensuite, qui m'a fait connaître Jacques Santini et qui m'a poussé à l'engager comme directeur technique. »

Car Jacques Santini, l'ancien entraîneur de Toulouse, de Lille, de Saint-Étienne et de Sochaux, notamment, est en ce printemps

1999 un salarié du club lyonnais depuis deux ans. Dans ce rôle intermédiaire, mi-dirigeant, mi-technicien, il fait l'unanimité pour sa capacité de travail, mais aussi sur le plan humain. Pour Jean-Michel Aulas, il est un recours évident à l'instant de chercher un remplaçant à Bernard Lacombe.

Et, pendant qu'il construit son club, le président lyonnais s'attache à étendre son pouvoir jusqu'à la Ligue nationale (LNF), qui n'est pas encore devenue la Ligue du football professionnel (LFP). Après l'épisode chaotique de la présidence très personnelle de l'Auxerrois Gérard Bourgoin, l'ancien pape du poulet, marqué par l'ambiguïté de leur relation et la rébellion de Bourgoin à l'égard de celui ou de ceux qui l'avaient installé, Jean-Michel Aulas rêve de voir son ami André Soulier à la tête de la Ligue nationale. Finalement, c'est un autre avocat, Frédéric Thiriez, qui est élu.

Longtemps après, une question demeure : André Soulier a-t-il été trahi par certains présidents qui lui avaient promis leur vote ? Et si oui, l'a-t-il été par Jean-Michel Aulas ? André Soulier revisite ce mystère : « Je n'étais pas candidat. J'étais encore à la mairie quand Jean-Michel est venu me chercher. Il m'a dit : "Il faut être candidat, Gervais Martel *(président de Lens)* est d'accord, Jean-Louis Campora *(président de Monaco)* aussi." On me dit également de ne surtout pas faire campagne, sous prétexte que je suis connu. Mais je vais découvrir que je suis connu parce qu'on dit que je suis l'homme d'Aulas. Le clan Le Graët se coalise : j'ai un bloc face à moi et un deuxième va se constituer, ceux qui estiment que le pouvoir de Jean-Michel Aulas est déjà assez important. Je suis battu de deux voix à cause de ça. Je suis battu parce que, dans les couloirs, Bourgoin et deux ou trois autres ont affolé les présidents. Mais Jean-Michel ne joue pas contre moi : il passe lui-même de justesse au conseil d'administration, pour deux voix ! Alors les mêmes qui avaient ourdi le complot contre moi sont allés dire qu'il m'avait trahi ; je n'ai jamais cru ça un instant. Nous n'en avons jamais reparlé ensemble. Il n'y avait aucune raison de parler de quelque chose que je considère comme méprisable, qui est indigne, et pour lui et pour moi. »

Treize ans après son arrivée au club, Jean-Michel Aulas n'a toujours rien gagné, en dehors du titre de champion de France de D2 en 1989. Il n'est encore qu'un perdant qui prend beaucoup de place. Ses « amis » du milieu moquent l'écart entre ses déclarations et son palmarès, Luis Fernandez notamment : « Oui, je me souviens, avoue le président lyonnais aujourd'hui. On disait que j'étais Poulidor. Cela me touchait. Mais est-ce que cela remettait en question ma crédibilité ? Je ne crois pas. J'ai toujours expliqué qu'on se rapprochait inexorablement des titres et du succès sportif. Le discours que j'avais sur le Championnat de France, à l'époque, est celui que je tiendrai ensuite sur la Ligue des champions. J'ai toujours tenu le discours de la stabilité. »

Concernant le recrutement, à l'été 2000 c'est surtout l'ambition lyonnaise qui est stable : Steve Marlet arrive enfin d'Auxerre, Marc-Vivien Foé de West Ham et l'international suisse Patrick Müller débarque pour un transfert de 51 millions de francs (7,8 M€) qu'il a fallu régler à la Juventus, à laquelle il appartient mais où il n'a jamais joué.

Au-delà du recrutement, il y a une autre manière de montrer que l'Olympique Lyonnais grandit : tous les anciens du club, ou presque, sont touchés par la fête du cinquantenaire organisée par Jean-Michel Aulas et l'OL, le 21 juillet à Gerland, à l'occasion d'un match amical contre Benfica (1-1). Les anciens se retrouvent, jouent en lever de rideau, sont présentés au public et reçoivent l'hommage des modernes. Ainsi s'esquisse quelque chose comme une continuité, tissant un lien entre les époques. Comme si, pour avancer plus loin, il fallait aussi afficher sa mémoire.

Mais le club lyonnais cherche un autre défenseur central que Patrick Müller, plutôt recruté comme milieu défensif polyvalent au départ. Et Bernard Lacombe prend l'avion vers le Brésil. C'est le premier voyage d'une longue série qui va participer à la construction de l'équipe qui dominera outrageusement le football français dans les années 2000.

Brasil, Brasil... Il suffit d'ouvrir les guillemets. Bernard Lacombe raconte : « Quand on regarde en arrière, c'est vrai que notre recrutement au début des années 1990 n'a pas toujours été très performant. Mais j'étais directeur sportif et, en devenant entraîneur à mon tour, j'ai ressenti les choses de manière différente. Tu as une autre idée, une autre vision de ce qui ferait du bien à l'équipe. Et tu te dis beaucoup plus précisément que tu aurais bien aimé tel joueur, avec tel profil.

« La piste brésilienne est venue du recrutement de Marcelo, en 1995. Avec Lucien Muller *(international français, ancien joueur de Reims, du Real Madrid et de Barcelone, ancien entraîneur de Monaco)*, on était partis voir un autre défenseur central, Valber, à São Paulo. Mais il avait une mentalité limite, il était un peu fou. Et il y avait le problème de son prix. Quand on a posé la question à São Paulo, les dirigeants nous ont répondu :

“C'est trois millions...

– Ah ?...

– De dollars !

– Oh !...”

« Puis, au même moment, on voit un autre défenseur, pas très rapide mais avec de vraies qualités d'anticipation, intelligent, avec une bonne mentalité. C'était Marcelo. Pour lui, c'était aussi 3 millions, mais de francs *(450 000 €)*. On apprend beaucoup sur un joueur à l'entraînement. En le regardant jouer, bien sûr, mais aussi en écoutant ce que les gens disent de lui, les habitués qui sont derrière la main-courante, les papys avec la casquette qui voient défiler les joueurs depuis quarante ans. Et là, les anciens disaient de bonnes choses sur Marcelo, on sentait une reconnaissance sur le plan humain. Sur le côté, il y avait un gamin qui faisait des trucs incroyables. J'ai demandé à Lucien Muller qui c'était. “C'est un jeune d'un petit club, qui vient de leur prêter deux joueurs. Il s'appelle Rivaldo.” L'autre, c'était Ze Elias !

« Donc, Marcelo est venu chez nous. Il est resté trois saisons et, quand il est reparti, il m'a dit : “Bernard, si un jour tu as besoin de renseignements sur un joueur, tu peux m'appeler.”

« La filière brésilienne démarre vraiment avec le départ de Hubert Fournier, en 2000, pour Mönchengladbach. On cherchait un défenseur central, bon relanceur, afin que le jeu reparte plus vite et plus proprement de l'arrière. Pendant le stage de Tignes, en juillet, Jacquot Santini me dit : “Vois le Brésil...” J'ai appelé Marcelo et il m'a dressé une liste de cinq joueurs. Avec le recul, sa liste est impressionnante : Lucio, Edmilson, Juan, Roque Junior et Cris...

« Je pars au Brésil voir le match São Paulo - Flamengo, au stade Morumbi. Je me souviens, à la mi-temps j'essaie de demander à mes voisins de tribune qui est le numéro 9 de Flamengo. Personne n'a l'air de savoir. J'appelle Marcelo, à Belo Horizonte, pour savoir qui c'est, parce que le match passe à la télé. "C'est un jeune joueur. Il y a des blessés, des suspendus, c'est pour ça qu'il joue. Il s'appelle Adriano."

« Mais j'observe surtout Juan et Edmilson. Pour bien sortir le ballon, Edmilson peut être parfait. C'est ce que je dis à Jacquot Santini : "C'est Laurent Blanc avec dix ans de moins, en plus rapide. Mais il va nous foutre le trac, de temps en temps..." Dans les années 1970, Louba Mihajlovic nous en avait fait, lui aussi...

« Je regarde deux ou trois matches d'Edmilson et je finis par le rencontrer. Je fais venir sa copine. J'ai gardé ça de Claude Bez, à Bordeaux. Il disait : "Bernard, tu viens avec ta femme..." Lui venait avec la sienne et sa femme jugeait la tienne. Comme ça, il avait une idée complète du joueur et de son environnement. On discute donc avec Edmilson et c'est Marcelo qui traduit. Son agent, jusque-là, était Alemão, l'ancien milieu de terrain du Brésil, mais Claudio Guadanio lui a pris le joueur. Et l'agent d'Edmilson, c'est lui.

« Pour nous, Edmilson c'est un gros investissement. Il signe et dispute son premier match avec nous à Saint-Étienne (2-2), le derby. Ce soir-là, Jacquot m'a envoyé à Nantes observer Nantes-Bordeaux (0-5), le premier match en France de Pauleta, qui inscrit trois buts. À la fin de la rencontre, j'ai le président au téléphone qui me glisse : "Oui, Edmilson est un grand joueur. C'est déjà beaucoup moins cher."

« Ah ! le plaisir de voir Edmilson le matin, à l'entraînement... Notre premier vrai transfert brésilien, c'est lui, parce que Sonny était déjà un joueur européen quand on l'a fait venir. D'ailleurs, entre Edmilson et Sonny, il n'y a pas vraiment de clan brésilien, parce que Sonny est la star de l'équipe et parce qu'il est déjà très intégré. »

Cette fois, sous la direction de Jacques Santini, Lyon brise la malédiction du troisième tour qualificatif de la C1, face à l'Inter Bratislava (2-1, 2-1), franchit même le premier tour de poules de la Ligue des champions, qui n'était pas inaccessible (Valence, Olympiakos, Heerenven), en terminant deuxième derrière Valence et s'approche des portes des quarts de finale pendant la seconde phase de poules. Sidney Govou se révèle en inscrivant 2 buts extraordinaires à Oliver Kahn et au Bayern Munich (3-0), mais le nul arraché à Arsenal par une tête d'Edmilson (1-1) n'efface pas la défaite à Gerland devant les Gunners (0-1), ni à Moscou : au soir de la sixième journée et de leur quatorzième match européen de la saison, les Lyonnais manquent le coche en concédant le nul face au Spartak (1-1). Personne ne s'explique ce soir-là le choix de Santini d'une défense à trois, qui noie Edmilson et provoque le but russe, alors que la défense lyonnaise a joué à quatre toute l'année. Et Govou qui manque une occasion énorme dans les dernières minutes… L'OL est troisième, derrière le Bayern et à égalité de points avec Arsenal.

C'est en ce printemps 2001 que naît le schisme historique entre Grégory Coupet et Vikash Dhorasoo. À la mi-temps du match aller contre l'équipe d'Arsène Wenger, à Gerland, le gardien lyonnais reprend vertement le milieu de terrain, lui reprochant son replacement défensif. Réplique de Dhorasoo : « Tu n'es pas mon entraîneur… » Le ton monte, il faut séparer les deux hommes, qui mettront deux ou trois ans à aplanir un différend qui prenait un tour étonnant certains jours à l'entraînement, lorsque Coupet mettait ses mains derrière son dos sur les tirs de Dhorasoo…

Face à la pression, au sein du club lyonnais plus personne ne reconnaît Jacques Santini. C'est comme si la paranoïa ordinaire d'un entraîneur subissait une croissance exponentielle à l'OL. Très vite, Jacques Santini ressent l'isolement, dû à parts égales à la nature du poste et au fonctionnement lyonnais. Il se referme sur lui-même et sur ses rancunes. La théorie semble glisser sur Jean-Michel Aulas : « La paranoïa d'un entraîneur est au carré ou au cube pour un président ! Ce qui est précieux et indispensable, c'est d'avoir un autre métier à côté, qui équilibre et pondère. Il faut simplement se souvenir que la vraie vie, elle est à côté. Ce n'est pas celle des médias, du terrain de foot et du café du commerce. »

Mais tout est tendu autour de Jacques Santini, comme tout était tendu entre 1993 et 1995 autour de Jean Tigana. Il y a cette anecdote révélatrice de la paranoïa ordinaire et du repli sur soi, à Moscou au stade Loujniki, après l'entraînement, la veille du fameux match décisif contre le Spartak. À cette époque, Jacques Santini ne parle plus à OL Télé, la chaîne du club. Alors, après l'entraînement les journalistes de la chaîne interpellent l'adjoint de Santini, Joël Bats, l'entraîneur des gardiens, pour lui poser deux questions banales et traditionnelles sur l'état des troupes et sur le décor monumental du stade Loujniki, feu le stade Lénine. Nous sommes quelques-uns à écouter distraitement lorsque Jacques Santini passe, s'arrête, se plante derrière Joël Bats et apostrophe les journalistes de la chaîne du club : « Alors, vous êtes en train d'interviewer le futur entraîneur de l'Olympique Lyonnais ? »

Mais si son option tactique à Moscou était surprenante, et pas exactement payante, Santini sait organiser une équipe. Il gère parfaitement son affaire pendant que naît la réputation, justifiée, des sprints de l'OL en fin de Championnat et de la qualité de la préparation physique de Robert Duverne. Alors que les Lyonnais sont dixièmes à la fin des matches aller, ils se hissent à la deuxième place finale après avoir remporté leurs sept dernières rencontres. Simplement le champion, Nantes, qui marche sur l'eau, termine par huit victoires !

Dans l'intervalle, un autre Brésilien est arrivé. Le premier match de Claudio Caçapa avec l'OL, en seizièmes de la Coupe de France 2001 contre Saint-Étienne (1-1, 4-3 t.a.b.), est carrément inquiétant. En pleine affaire des faux passeports, qui va précipiter les Verts en D2, la plaisanterie du jour en tribune de presse consiste à prétendre que Caçapa a lui aussi un faux passeport, qu'il n'est pas vraiment brésilien. Pardon, Claudio ! Il va « seulement » remporter une Coupe de la Ligue et six titres de champion en sept saisons lyonnaises, en plus de se montrer un type formidable.

Pour le faire venir, Bernard Lacombe est retourné au Brésil : « Après la blessure contre Valence de Flo Laville, victime d'une rupture des ligaments croisés du genou, il nous fallait un défenseur supplémentaire. Jacquot Santini me propose deux noms, le regretté Di Tomaso et Saveljic. Mais Saveljic a joué avec Bordeaux en Ligue des champions et il ne pourrait pas disputer la Coupe d'Europe avec nous. Alors on active de nouveau la piste brésilienne. On fait d'abord venir Emerson : il s'entraîne, fait quelques longueurs mais il souffre d'une déchirure de l'aponévrose, et on ne le prend pas. Il ne jouera jamais en Europe, d'ailleurs. Je retourne donc au Brésil au cœur de l'hiver.

Un dimanche après-midi à Bel Horizonte, j'assiste à Atlético Mineiro-Santos. Sur le terrain il y a Celio Silva, l'ancien défenseur de Caen. Et Claudio Caçapa, qui est au duel avec l'avant-centre de Santos, Dodu. Claudio va très vite, il est fort dans les un contre un. Marcelo le confirme : “Il est rapide et il a une super mentalité.” On le contacte mais il ne veut pas partir tout de suite, il a un truc à faire avec des copains ! C’est le président d’Atlético Mineiro qui intervient : “Tu pars tout de suite !” Et c’est comme ça que Claudio Caçapa arrive chez nous, en janvier 2001, pour un prêt de six mois.

Ce premier match avec nous, à Gerland contre Saint-Étienne, est quelconque. Je me dis qu’il allait vite quand je l’ai vu, que ce n’est pas possible… Au départ, il n’est pas toujours titulaire. Il joue, il ne joue pas. Mais un matin il vient me voir, s’assoit devant moi, dans mon bureau, et me lance :

“Bernard, à partir de demain matin, à chaque entraînement ça sera comme si c’était le dernier match de ma carrière !

– Claudio, ne blesse personne…

– Non, jamais je ne blesserais un copain ! Mais le coach, lui, il va voir qui c’est, Caçapa…”

Alors sa carrière lyonnaise démarre vraiment, et c’est lui qui inscrira le premier but en finale de la Coupe de la Ligue, face à Monaco (2-1, a.p.). Avec Edmilson, Claudio forme une charnière centrale contrastée. C’est l’association des contraires, le chaud et le froid. Le chaud, on sait qui c’est. Le froid, on sait aussi qui c’est ! *(Rires.)* »

En ce printemps 2001, l’OL trouve matière à relativiser la déception de son élimination européenne. Deuxième de la D1, donc, en laissant traîner comme une menace la rumeur de ses sprints dévastateurs, l’OL décroche le premier trophée de l’ère Aulas le 5 mai 2001, au Stade de France, en remportant la finale de la Coupe de la Ligue contre Monaco (2-1, a.p.). Caçapa (35e) a ouvert le score et la vision de son but rappelle irrésistiblement quelque chose : monté en attaque, servi en profondeur, il est arrivé devant Stéphane Porato et a fait passer le ballon par-dessus la tête du gardien monégasque, l’exacte réplique du geste technique et du but refusé cinq ans plus tôt à Éric Roy, également en finale de la Coupe de la Ligue, au Parc des Princes face à Metz (0-0, 4-5 t.a.b.).

Due à l’égalisation de Shabani Nonda (56e), la prolongation basculera sur un but de Patrick Müller (118e), un but d’avant-centre inscrit par un autre joueur défensif mais un but sur lequel Sonny

Anderson a fait toute la différence en cassant les reins de Julien Rodriguez sur le côté gauche.

Jacques Santini a ainsi mené la plus belle saison de l'histoire du club : deuxième du Championnat, vainqueur de la Coupe de la Ligue, resté à la porte des quarts de finale de la Ligue des champions à la différence de buts. Le retour à Lyon, au lendemain de la victoire en Coupe de la Ligue, rappelle aux anciens la victoire en Coupe de France 1973.

Mais après la liesse, les travaux continuent. Dans le bureau de Jacques Santini comme dans celui de Bernard Lacombe circule une cassette d'un joueur brésilien. Il s'appelle Augusto Antonio Reis, on l'appelle Juninho. C'est une cassette sur laquelle figure, notamment, un but marqué de trente-cinq mètres en demi-finales de la Copa Libertadores (la « Ligue des champions » de l'Amérique du Sud) avec son club, Vasco de Gama.

Bernard Lacombe se souvient : « Ah, Juninho ! Le phénomène. Mais c'est l'un de ceux que j'ai le moins vus jouer ! J'ai vu un seul match de lui et il jouait au milieu, dans l'axe, un peu comme Paul Le Guen l'a fait jouer plus tard. Quand on s'intéresse à lui, Marcelo me prévient : "Il est en bisbille avec Vasco de Gama. Si on lui fait une proposition, ça peut l'intéresser." Ce qui l'a fait venir, c'est une cassette. Je l'ai toujours (il se lève, va la chercher sur son bureau) ; un soir on la regarde ensemble, au club, tout le monde est là, M. Seydoux aussi. Je leur parle d'un joueur intéressant, très fort, qui marque beaucoup de buts sur coups de pied arrêtés, qui me rappelle Safet Susic. Et voilà comment Juninho est arrivé. »

Quand l'OL se penche sur son cas, cela fait six mois que Juninho ne joue plus. Comme d'autres joueurs brésiliens, il a entamé un bras de fer avec son club afin d'arracher la liberté à laquelle il estime avoir droit contractuellement. Le procès avec Eurico Miranda, le président de Vasco de Gama, va durer longtemps. Mais la Fédération brésilienne accepte de délivrer la lettre de sortie. Le 21 juin, l'OL annonce sa signature. Elle est effective quatre jours plus tard, pour un contrat de cinq ans. Juninho arrive à Lyon, part en stage à Tignes puis repart au Brésil disputer la Copa América avec la sélection brésilienne.

La renommée du numéro 8 lyonnais n'est pas instantanée. Sa première saison est cahoteuse, entre la circonspection de Jacques

Santini à son sujet et la première année d'adaptation à l'Europe qui est parfois difficile pour les Brésiliens. Santini est assez peu enclin à le placer sur un côté dans son 4-4-2 dogmatique et le laisse carrément sur le banc lors du premier match de Ligue des champions, face à Leverkusen (0-1) en septembre 2001. Le Brésilien est tellement énervé qu'à peine entré en jeu, il reçoit un carton rouge...

Mais très vite émerge la magie de ses coups de pied arrêtés. Il nous en dira un jour : « C'est un don que j'avais au départ et que j'ai appris à développer un peu plus tard. Le coup franc, je l'ai toujours eu en moi. Quand j'étais au pays, à Vasco de Gama, c'est un exercice que je répétais tous les jours à l'entraînement avec un autre spécialiste du genre, également droitier, qui s'appelait Ramon. À chaque séance, on en tapait vingt chacun aux abords de la surface de réparation ; dix du côté gauche et dix du côté droit, en essayant de ne jamais poser le ballon au même endroit du terrain et à la même distance du but. »

Le plus surprenant, dans ses coups francs, vient du fait que le ballon ne tourne pas sur lui-même et retombe au dernier moment. L'explication du maître : « En général, j'essaie de frapper assez fort de l'intérieur du pied et de faire en sorte que le ballon lobe ou contourne le mur, avant de plonger très vite dans le but. Après, c'est le travail, la répétition du geste. Mon ancien entraîneur à Vasco de Gama, Antônio Lopes, nous obligeait aussi à frapper des coups de pied arrêtés de chaque côté de la surface, comme des mini corners. Mais il nous empêchait d'envoyer des ballons sortants. Il disait que c'était trop facile pour les défenseurs de les dégager. Lui, il voulait qu'on les frappe fort en essayant de faire retomber le ballon entre le premier défenseur et le gardien de but. C'était un challenge permanent auquel je dois sans doute la trajectoire plongeante de mes coups francs. »

Juninho émarge au rang fourni des stars du football brésilien qui ont commencé par le football en salle. Par nécessité : « Je n'avais pas le choix. À Recife, ma ville, seul le football en salle était organisé pour les jeunes. J'y ai joué jusqu'à l'âge de 16 ans. Le club me payait le ticket de bus, un repas après le match, des chaussures. Mon père ne pouvait pas m'offrir tout ça. Pour jouer sur les grands terrains, il fallait tout acheter, on ne te donnait même pas de bouteilles d'eau ! Mais ça ne m'empêchait pas de rêver. J'arrivais toujours deux heures avant mon entraînement pour jouer avec les pros de Recife. Puis un jour, à 16 ans, j'ai fait un test avec eux. Deux ans plus tard, je débutais en pros. Mais le football en salle m'a appris à travailler techniquement, à contrôler et à combiner dans de petits espaces. »

Les premiers jours de compétition sont tendus à Lyon en cet été 2001, car Jacques Santini comprend très vite que ses dirigeants vont vendre sans scrupules, et très cher (100 millions de francs, soit 15,2 M€), Steve Marlet à Fulham. Mais l'OL ne quitte pas les premières places.

L'affaire est plus compliquée en Ligue des champions. Elle s'accompagne d'un drame pour le monde et d'un bien cruel deuil personnel pour Jacques Santini, qui apprendra la mort de son père à Istanbul dans les minutes qui suivent la victoire face à Fenerbahçe (1-0).

Le mardi 11 septembre 2001, la délégation lyonnaise est dans les airs, entre Lyon et Barcelone, au moment où se produisent les attentats au World Trade Center de New York. Dirigeants, joueurs et journalistes lyonnais apprennent la nouvelle devant leurs bagages, en allumant leurs téléphones portables peu après l'atterrissage, comme toujours. Tous les portables bipent. Plus personne ne parle du match du lendemain. Chacun passera l'après-midi devant la télévision, pendant que les deux tours s'effondrent l'une après l'autre. Les matches du mardi soir ont lieu en Ligue des champions mais pas ceux du mercredi, annulés en signe de deuil, enfin. L'OL va donc repartir de Barcelone sans jouer.

Les Lyonnais reviendront plus tard en Catalogne, où Grégory Coupet effectuera l'un des plus beaux arrêts de sa carrière, mais ils sont impuissants à sortir d'une poule particulièrement relevée (avec le Bayer Leverkusen, futur finaliste, le FC Barcelone et Fenerbahçe). Troisième du groupe derrière les Espagnols et les Allemands, avec pourtant le même nombre de points que l'année précédente (9), l'OL est reversé en Coupe de l'UEFA, se défait du FC Bruges grâce à un fantastique Sonny Anderson, auteur d'un triplé lors du match retour (1-4, 3-0), et tombe de manière quasi ridicule à Prague en huitièmes de finale, face à Liberec (1-1, 1-4).

L'OL continue de promener ses inconstances en Europe et elles ne le quittent pas toujours à l'échelle de la Division 1. Ni en Coupe de France : après une facile victoire 6-0 à Saint-Malo (CFA 2, niveau 5), l'OL trébuche (0-2) devant Châteauroux (D2) à Gerland, et Jacques Santini lâche : « S'il faut un coupable… » Mais dans la foulée, après l'élimination à Liberec, Jean-Michel Aulas l'a assuré de sa confiance. À Lyon, ce genre de petite phrase n'est pas un piège présidentiel. Le piège est ailleurs, mais pas là : à chaque moment difficile, Jean-Michel Aulas soutient son entraîneur, par sincérité ou par principe, les deux peut-être dans ses bons jours. Mais à ce moment précis, au sein du club lyonnais, Jacques Santini n'est pas l'entraîneur le plus populaire du monde. Ni au sein des médias. Ses conférences de presse se limitent à peu de chose, sous le saule à droite en sortant du terrain d'entraînement. Il parle longuement à deux journalistes en lesquels il a confiance et ne jette que des miettes aux autres.

Il se sent attaqué, il a parfois raison. Alors que l'OL n'a que 3 points de retard sur Lens, le leader à la trêve, l'écart se transforme bientôt en 8 points au fil des journées et des matches reportés. Au matin de Lyon - Paris-SG (3-0), comptant pour la 26e journée, on annonce dans *L'Équipe* que l'OL a décidé de ne pas garder Jacques Santini comme entraîneur la saison suivante. Le club dément, crie à la déstabilisation avant un match important. Mais tout est vrai.

Avec le recul, il y a deux manières de lire cette information et ses conséquences : en mai 2002, parce qu'il ne pouvait plus évincer un entraîneur champion de France, Jean-Michel Aulas a démenti l'information, de fait, en proposant à Jacques Santini de demeurer l'entraîneur du club ; mais, en dehors du fait que Santini ne ressentait plus sa confiance depuis longtemps et qu'il était intelligent de partir sur un tel triomphe, c'est aussi parce qu'il savait que tout était vrai que Jacques Santini a refusé la proposition présidentielle.

D'ailleurs, au printemps, Jean-Michel Aulas était tellement persuadé que Jacques Santini allait mener l'OL au titre tout seul… qu'il avait fait appel à Daniel Costantini, l'entraîneur double champion du monde de handball avec l'équipe de France ! Le président lyonnais en dira dans *France Football* : « On avait vraiment une chance de remporter notre premier titre de champion de France. Je me suis dit qu'il fallait trouver le truc en plus pour que ça marche. Pour avoir joué au hand, je connaissais Daniel Costantini. Je me suis dit que si Jacques Santini acceptait de cohabiter quelque temps avec lui, ça pouvait être un bon cocktail. Ils sont donc partis en stage à Clairefontaine, avant les dernières échéances de la saison. Costantini et Santini se sont parfaitement entendus. Daniel a raconté son histoire aux joueurs. Une histoire forte, de meneur d'hommes. Il leur a communiqué son envie et la meilleure façon de tirer le meilleur d'eux-mêmes. Je n'avais pas souhaité assister à son discours, mais je connaissais son histoire. J'avais déjà fait deux ou trois animations de groupe avec lui et je l'avais également fait intervenir à la Cegid *(l'entreprise de Jean-Michel Aulas)*. Il a toujours été remarquable. Son truc a marché aussi avec l'OL puisqu'on n'a plus perdu de la saison. Je ne dis pas que c'est Costantini qui nous a fait gagner le titre mais, après son passage, tout le monde s'est senti investi d'une mission supérieure. »

La fin de saison, notamment le match du titre face à Lens, montrera plutôt un Jacques Santini désireux de garder le contrôle. Friable à l'extérieur (8 défaites), les Lyonnais sont intenables à Gerland (14 victoires, 3 nuls). Mais c'est à l'extérieur qu'ils font basculer leur saison, grâce à un but tardif de Sidney Govou à Auxerre (1-0) et un d'Anderson à Bordeaux (1-0) : au matin du 4 mai, au moment d'accueillir Lens dans une véritable finale du Championnat, l'OL n'a plus que 1 point de retard.

Gerland, lieu du sacre, est devenu un véritable stade de football. Depuis son inauguration, en 1926, l'enceinte néo-classique a bien changé. Elle a perdu depuis longtemps la pendule haut perchée que semblaient viser les attaquants maladroits. L'Euro 84 a supprimé la piste en cendrée. La Coupe du monde 1998 lui a donné un nouveau visage. Gerland, ses lions, ses grilles anciennes, ses arches de Tony Garnier, ses 42 000 places, le couloir voûté de ses vestiaires, ne sera plus un stade de football pour très longtemps encore car OL Land est en marche. Mais l'OL y aura passé soixante ans et ceux qui y ont vécu des matches de D1 à la fin des années 1970, dans les virages évasés, froids et lointains, s'en souviennent comme de moments de grande solitude.

Ce 4 mai est une fête à Gerland. Jacques Santini veut garder la main ? Pour le grand duel de l'année, il décide de ne pas retenir Edmilson dans le groupe, de placer Éric Carrière sur le banc et de titulariser David Linarès. Il a, à l'évidence, envie de gagner avec ses idées, accessoirement contre le reste du monde. Mais l'OL ne peut pas perdre, et Lens a perdu depuis trop longtemps son élan. Pierre Laigle est le joueur du match, le gardien lensois Guillaume Warmuz n'est pas dans un grand jour, et l'OL remporte son premier titre de champion de France (3-1), avant une fête gigantesque, sur le terrain d'abord puis sur une péniche amarrée sur les quais du Rhône.

Le 7 mai, alors que Jean-Michel Aulas a annoncé qu'il souhaitait le voir prolonger son contrat d'entraîneur à la tête de l'équipe, Jacques Santini annonce qu'il arrête. Il ne quitte pas le club : il est toujours sous contrat en tant que directeur technique. Mais si cela devait durer, il y aurait forcément des ambiguïtés à lever ; quand Jacques Santini occupait cette fonction, Bernard Lacombe était entraîneur, pas directeur sportif ou conseiller du président.

Cela ne dure pas. Le 19 juillet, Jacques Santini est nommé sélectionneur de l'équipe de France. Pour lui aussi, Lyon-Lens a fait toute la différence. Mais nul n'ignore, non plus, que Jean-Michel Aulas a usé de toute son influence à la FFF et à la Ligue pour que son ancien entraîneur, encore sous contrat et dont la collaboration avec Bernard Lacombe n'aurait pas été aisée, prenne la tête des Bleus.

Alors que d'autres titres sont venus, avec d'autres entraîneurs, le président lyonnais glisse à propos de l'homme qui lui a amené ses premiers trophées : « C'était un bon choix, qui est resté à jamais gravé dans l'histoire du club. Avec lui, on a gagné la Coupe de la Ligue, notre premier titre de champion et, derrière, il est devenu le sélectionneur de l'équipe de France. » Jean-Michel Aulas aurait pu dire que c'était un bon entraîneur. Il a dit que c'était un bon choix. Mais on est peut-être tout seul à déceler une nuance, parce qu'on a l'esprit mal tourné.

19. 2002-2005
Un rêve passe

Trois titres de plus.

Les années Le Guen.

La plus belle équipe de l'OL ?

L'injustice Nilmar à Eindhoven.

Les coups francs de Juninho.

Et Cris, Cris, Cris.

Lorsque Paul Le Guen signe un contrat de deux ans, plus une année automatique en cas de qualification pour la Ligue des champions, le 21 mai 2002, le nouvel entraîneur lyonnais sait déjà qu'il ne sera que de passage. Il sort de trois saisons à Rennes, où il a vécu sa première expérience d'entraîneur, et d'une année sabbatique. En Bretagne, il a pris ses premières claques, aussi. Il en a tiré une certaine vision du métier, notamment la volonté de ne plus jamais s'installer. Dans toutes ses interviews, il évoque des cycles de trois ans, pas au-delà. Et sans doute pressent-il déjà que trois années à l'OL seront épuisantes, à la mesure de l'exigence présidentielle.

Mais ses interviews sont rares, du moins en tête-à-tête : en trois ans de travail aussi courtois qu'intéressant à son contact, il ne nous souvient pas lui avoir arraché plus de deux entretiens particuliers. Et aucun, c'est acquis, au cours de sa troisième et dernière saison.

Dans la conversation informelle, la langue de bois du Breton s'efface. Mais ses points-presse la veille des matches, qui se tiennent généralement sur le parking de Tola-Vologe, pour peu qu'il ne pleuve pas et qu'il n'ait pas à pousser jusqu'à la salle de presse, sont une façon de sommet de contrôle, de concision et de phrases soigneusement enrubannées.

Dans cet exercice, cette langue de bois est longuement polie par l'habitude, patinée par la nostalgie de ses années parisiennes et de l'art absolu de son ancien coach Artur Jorge dans ce domaine. Mais il s'y mêle aussi un langage du corps qui résume ses prudences et ses envies profondes. En gros, l'assistance médiatique a droit à trois ou quatre questions, hors actualité essentielle, jusqu'au moment où, à l'énoncé de la question suivante, Paul Le Guen marque un premier mouvement de recul. Il répond en amorçant son demi-tour, indiquant la fin des réjouissances, et il lui arrive d'ajouter une phrase en se retournant alors qu'il a déjà parcouru dix mètres en direction de son vestiaire.

Le sentiment de ne pas arriver en terrain conquis, à l'origine, a pu rejoindre sa nature profonde à l'instant de se méfier d'une phrase qui dépasse et puisse le mettre en danger, vis-à-vis du vestiaire ou de l'environnement du club. Car, lorsque Paul Le Guen débarque à l'OL, la situation est piégeuse. Parce qu'il s'agit de remplacer un entraîneur qui vient d'offrir au club le premier titre de champion de France de son histoire, et parce que sa marge de manœuvre n'est pas considérable.

Ainsi a-t-il obtenu qu'Yves Colleu, son adjoint, vienne avec lui, mais pas dans le rôle qu'il aurait souhaité lui confier. Colleu est présent aux entraînements mais le véritable adjoint, celui qui s'assied sur le banc, c'est toujours Dominique Cuperly, le numéro deux de Jacques Santini auquel « Cup » reste très lié. À tort ou à raison, Le Guen se sent parfois en territoire hostile. Il sait que Cuperly et Santini continuent à beaucoup se parler. Il sait que, dans le vestiaire, Philippe Violeau, qu'il n'a pas forcément envie de garder et qu'il souhaite remettre en cause face à l'émergence de Mahamadou Diarra, n'est pas exactement un appui.

Deux ans plus tard, il nous en avait dit, alors qu'on lui demandait si sa griffe avait été plus importante sur le deuxième titre que sur le premier : « Je ne crois pas. La première année, c'est vrai, je suis arrivé pour reprendre une équipe championne de France, à la tête d'un staff existant. Mais c'est aussi montrer des capacités d'adaptation que de travailler dans ce contexte-là. La saison dernière, je suis arrivé avec la volonté de respecter ce qui avait été fait et d'amener mes propres idées. Cette fois, j'ai décidé qu'Yves Colleu serait à mes côtés, ainsi que Rémi Garde, qui a rejoint notre staff. Et avec ce titre, je suis très content pour Yves, car c'était peut-être lui le plus exposé cette année… » Une allusion à la nécessité de conserver le titre après avoir obtenu la mise à l'écart de Cuperly.

En Ligue des champions, cela ne passe toujours pas pour l'OL. Malgré un formidable exploit à Milan contre l'Inter (2-1) et un match de feu au retour (3-3), l'OL ne franchit pas le premier tour de poules parce que Sonny Anderson se voit refuser un but valable contre l'Ajax (0-2), le but du 1-1 qui qualifiait alors Lyon, le 30 octobre 2002. Et aussi parce que l'attaquant brésilien manque une occasion énorme de la tête à la dernière minute du dernier match de poules à Rosenborg (1-1), qu'il fallait gagner pour passer. Comme à Moscou deux ans plus tôt.

Et l'hiver est rude. Reversé en Coupe de l'UEFA, Lyon est sorti par les Turcs de Denizlispor contre toute attente, contre toute logique. Autant les Lyonnais sont pauvres au match aller (0-0) en Turquie, endormis par les langueurs de l'Orient à l'heure de la sieste, autant ils font un sacré match au retour à Gerland. Qu'ils l'aient perdu (0-1), après avoir frappé plus de 50 fois au but, cadré 37 tirs (!) et avoir accumulé les actions de classe, est un mystère du football, un de plus. Cette défaite-là n'est franchement pas rationnelle. Elle n'a rien à voir, d'ailleurs, avec l'échec retentissant de l'OL en Coupe de France : les champions sont éliminés d'entrée (0-1) à Libourne-Saint-Seurin (CFA, niveau 4) et, ce jour-là, les oreilles de Paul Le Guen peuvent siffler.

Les commentaires sur son travail, depuis le début de la saison, ne sont d'ailleurs pas très positifs. Mais Jean-Michel Aulas l'appelle alors pour le conforter. Par profonde conviction ou par simple principe ? C'est la même question, toujours reformulée. On va dire que, face à la pression médiatique et populaire qui entoure ses entraîneurs dans un moment difficile, le président lyonnais monte au créneau pour les soutenir parce qu'il est convaincu qu'il s'agit d'un bon principe. Il racontera à Laurent Campistron, dans *France Football* : « Même s'il m'arrive de trancher dans le vif, j'essaie toujours de protéger l'entraîneur parce que j'ai toujours considéré que c'était l'homme le plus important du club. Le président est important à long terme mais, à court terme, c'est l'entraîneur. Je n'étais pas à Libourne le jour de l'élimination, j'étais en vacances à l'île Maurice. J'ai estimé que Paul n'avait pas, sur ce match-là, des responsabilités aussi grandes qu'on voulait bien le dire. Ce n'était ni un abandon, ni une déroute. J'ai donc appelé Paul malgré le décalage horaire, pour lui dire qu'il avait toute ma confiance et que je savais qu'il allait redresser cette situation. J'ai eu raison de croire en lui puisqu'il a réussi à conserver le titre. Personnellement, depuis Bernard Lacombe, j'ai toujours eu confiance en mes entraîneurs. La structure de Lyon est différente de celle de l'OM ou du PSG. Ici, l'actionnaire principal est le patron opérationnel. J'assume tout. Si j'ai la conviction que les entraîneurs sont de qualité, je le dis et je les protège, même si on m'en dit du mal par ailleurs. Moi, je suis fondamentalement convaincu qu'un entraîneur qui se sait en difficulté prendra de lui-même la décision de partir. »

En Championnat, alors qu'il n'était pas au mieux à la sortie de l'hiver, après deux victoires en sept journées et une défaite en Principauté (0-2) au soir de la vingt-sixième journée, l'OL finit par trouver la formule. Paul Le Guen ébauche un 4-2-3-1 d'autant plus gagnant que Sonny Anderson, longtemps blessé, revient à point nommé au cœur du sprint.

Dans la foulée du but du titre, ou presque, à Bordeaux (1-0), le Brésilien fête sa réussite en se déhanchant de manière étrange tout en se frottant les mains : c'est un geste vers un jeune duo lyonnais, « Les deux autres », formé de Thierry Marconnet et Olivier Pariset, que le buteur de l'OL est allé voir deux fois en spectacle et auxquels il avait promis ce clin d'œil, rappelant leur sketch, *la Leçon de politesse.*

Les Lyonnais remportent six victoires de suite et sont champions à une journée de la fin, grâce à un nul obtenu le 20 mai 2003 à Montpellier (1-1), avec le treizième but de la saison de Juninho, meilleur marqueur du club. La seconde mi-temps, au moins, n'a ressemblé à rien : Montpellier voulait un point pour son maintien et personne n'a joué. Le seul risque, pour l'OL ou pour Montpellier, aurait été que son adversaire marque par hasard, sans le faire exprès. Mais même ce risque-là, personne ne l'a couru, au fur et à mesure qu'arrivait de Guingamp la nouvelle de la défaite des rivaux monégasques (3-1).

Le titre n'est pas mathématique, car Monaco est à trois points, mais il est définitif en raison d'une différence de buts stratosphérique. Ce soir-là, les Lyonnais font la fête. Ils ont bien fait de prendre de l'avance. Une semaine plus tard, Didier Drogba et Florent Malouda les punissent en offrant une belle victoire à Guingamp (4-1), dans un «baisser de rideau» manqué dans les grandes largeurs. Et par tout le monde : le public n'est pas exactement au top ce soir-là, sifflant Éric Carrière et Jérémy Berthod, notamment, au moment des changements effectués par Paul Le Guen.

L'OL, qui n'est toujours pas le favori des sondages de début de saison, grandit sur tous les plans. Le club lyonnais développe et décline sa marque : OL coiffure, OL taxi, OL voyages, OL beauté, l'OL partout dans la ville. Jean-Michel Aulas expliquera un jour : «J'avais compris depuis longtemps que les succès sportifs permettraient de développer la marque du club. Le plus dur était de se créer un palmarès. Développer la marque, ensuite, a permis au club d'augmenter ses ressources. Qu'on le veuille ou non, la puissance économique permet quand même d'avoir les meilleurs joueurs. Quand on accroît d'année en année le budget du club, ce n'est pas pour se faire plaisir ni pour paraître prétentieux ou tout-puissant, mais pour pouvoir exister dans un monde professionnel où les meilleurs joueurs sont ceux qui sont les mieux payés. Or, pour payer les bons joueurs, soit vous bénéficiez de régimes sociaux et fiscaux favorables, ce qui n'est pas le cas en France, soit vous bâtissez une puissance économique qui vous permet de les attraper. Plus on est fort économiquement, plus on est stable et plus on peut faire venir des joueurs. C'est un cercle vertueux. L'OL ne gagne pas ses titres parce que les autres sont plus faibles. Il les gagne parce qu'il est de plus en plus fort chaque année.»

L'été 2003 est celui du départ de Sonny Anderson, qui rejoint Villarreal d'abord, les Émirats arabes unis ensuite. C'est un départ qui doit à des raisons personnelles autant qu'à des raisons sportives. Car le Brésilien se dirige vers un divorce difficile d'avec sa femme : tous les divorces sont difficiles mais, financièrement, celui-ci est vraiment particulier dès lors que son homme d'affaires est également son beau-père. Ce sera la raison essentielle de son exil aux Émirats.

Les footballeurs vieillissants ont parfois besoin d'un peu de sable pour se renflouer.

Mais l'été 2003 est surtout celui d'un drame et d'une infinie douleur. Le 26 juin, à la 72e minute d'un match de la Coupe des Confédérations, Cameroun-Colombie, Marc-Vivien Foe s'effondre sur la pelouse de Gerland près du rond central. Il a quitté l'OL un an plus tôt, pour Manchester City. Il gît à terre, ses yeux sont révulsés, et les secours sont lents. Aucune ambulance n'entre sur le terrain, Marc-Vivien Foe est évacué sur une civière par deux sapeurs-pompiers et deux membres de l'encadrement camerounais, qui peinent à le transporter puisque l'un d'eux vient même à glisser. À cet instant, le joueur respire encore et le médecin responsable ce soir-là du site de Gerland affirmera que son pouls était normal. Mais Marc-Vivien Foe décède dix minutes plus tard, avant d'avoir rejoint l'hôpital où il devait être transporté.

La piste de la rupture d'anévrisme, évoquée au soir de l'accident, sera écartée par l'autopsie qui révélera que Foe souffrait « d'une hypertrophie cardiaque congénitale du ventricule gauche et d'une hypertrophie du ventricule droit, associée à une insuffisance de développement de la pointe du cœur ».

Sur la pelouse de Gerland, où il avait participé à la conquête du premier titre de champion de France en 2001-02, Marc-Vivien Foe est mort d'une crise cardiaque parce qu'il avait un cœur trop gros. Alors, la finale de la Coupe des Confédérations, que l'équipe de France remporte face au Cameroun (1-0, a.p.), est un instant de recueillement avant d'être un match. Steve Marlet, très proche du Camerounais, est dans l'incapacité de jouer.

En hommage trois clubs, depuis, ont retiré le numéro que le Camerounais portait sous leurs couleurs : l'OL et Lens le numéro 17, Manchester City le 23. Au stade Bollaert une fresque rappelle son souvenir, avec cette inscription : « Un lion ne meurt jamais, il se repose. »

Cette phrase, le public de Gerland l'inscrit sur les banderoles qu'il brandit longuement à la reprise du Championnat, en l'été 2003 finissant. L'OL s'élance à la poursuite d'un troisième titre, avec Michael Essien (acheté 7,9 M€ à Bastia) et Anthony Réveillère (venu du club espagnol de Valence pour 5,5 M€). Le transfert d'Essien est si compliqué, il implique tant de dirigeants corses qui ne devraient pas figurer dans la transaction qu'il vaudra au club lyonnais des visites d'enquêteurs. Bastia aurait préféré que son milieu de terrain signe au Paris-SG. Pour avoir le choix, ne pas être en Corse et se trouver obligé de signer à Paris sous la contrainte, Essien s'est réfugié au Ghana, chez sa mère, jusqu'à ce que le club bastiais s'entende avec Lyon.

Et si Anderson est parti, la marque brésilienne est de plus en plus profonde : Caçapa, Edmilson et Juninho ont été rejoints par Giovane Elber, le buteur du Bayern Munich. Ce n'était pas une mauvaise idée et Elber aura livré quelques bons matches, notamment en Ligue des champions à... Munich (2-1), en inscrivant le but de la victoire sous l'hommage vibrant et émouvant de son ancien public. Mais il n'était plus l'attaquant de niveau mondial que l'OL attendait pour franchir un cap.

Malgré tout, en C1, Lyon franchit enfin le tour de poules, avec cette fameuse victoire sur la pelouse du Bayern (2-1), grâce également à un coup franc extraordinaire de Juninho, avec surtout cette victoire décisive sur le Celtic Glasgow (3-2) à Gerland, grâce à deux buts de Juninho dont un penalty à quatre minutes de la fin.

Le match aller, à Celtic Park, restera une soirée de rêve pour tous ceux qui l'ont vécue. Pas tellement sur le plan technique, non, les Écossais profitant des largesses du duo Deflandre-Edmilson pour s'imposer (2-0) dans un match d'un niveau moyen. Mais l'atmosphère, la plus belle du football européen, a donné des frissons à tous les spectateurs. Ce soir-là, pour prix de sa fidélité et de ses voyages chantants et chaleureux de la saison précédente en Coupe de l'UEFA, le public de Celtic Park avait reçu le trophée de meilleur public d'Europe, offert par l'UEFA. C'était juste avant que les deux équipes n'entrent sur le terrain. À l'instant où elles étaient en rang, se redressant en attendant l'hymne de la Ligue des champions, pendant que des gamins juste derrière avaient l'air de secouer la nappe en étirant l'emblème de l'épreuve dans le rond central, le public de Celtic Park se mit à rugir, debout, couvrant complètement la musique. Le vacarme, assourdissant et bouleversant, provoqua une réaction dans les rangs lyonnais : les joueurs se regardèrent, souriant parfois, tout autant par pur bonheur de se trouver là qu'en signe d'incompréhension, comme s'ils se demandaient où ils se trouvaient vraiment.

Le match retour sera un autre genre de fête. Il a lieu le 9 décembre 2003, le lendemain de la Fête des lumières à Lyon, qui déverse des centaines de milliers de personnes dans les rues de la ville pour remercier la Vierge de l'avoir protégée de la peste au Moyen Âge. Pendant deux jours, les Écossais sont également dans la cité, à remercier la Vierge et tous ses saints de laisser les pubs ouverts aussi tard le soir. La veille du match, on croise ainsi Paul Thompson, le milieu de terrain du Celtic, suspendu le lendemain, incrédule devant semblable largesse sur les horaires au cœur de l'hiver. Il a passé une vie à entendre la cloche de onze heures ou de minuit, dans les grands jours, annoncer *« last order ! »*, la dernière commande. Cette nuit-là, la seule cloche ayant retenti sur les quais de la Saône annonçait l'aube.

En huitièmes de finale, l'OL ne souffre pas vraiment face à la Real Sociedad de Raynald Denoueix (1-0, 1-0). Mais les Lyonnais sont trop prudents en quarts de finale, à Porto (0-2), où leur organisation semble déséquilibrée. Le retour est une mission impossible, parce qu'un but valable est refusé d'entrée à Peguy Luyindula et parce que le Porto de José Mourinho exporte une discipline rare et deux buts magnifiques de Maniche (2-2). Des observateurs portugais jugeront, quand même, qu'aucune autre équipe n'avait à ce point bougé Porto cette saison-là que ce Lyon qui sait, désormais, accorder une haute intensité à ses soirées européennes. Mais les regrets sont lyonnais.

Les choix de Paul Le Guen, au match aller, ont été mis en cause. Il a aligné Florent Malouda au poste d'arrière gauche, densifié le milieu, ce qui correspond, il est vrai, à son effectif. Quelques joueurs parlent. Luyindula regrette : « On a joué sans grande ambition. » Et Juninho tranche : « Notre effectif n'est pas assez équilibré. »

Mais en Ligue 1, les Lyonnais ont lancé le sprint, comme d'habitude. Ils sont juste partis de plus loin encore qu'à l'habitude. Leur défaite à Monaco (0-3), le 9 janvier 2004, les relègue à dix points des Monégasques après vingt journées. Mais ils reprennent déjà six points à Monaco au cours des trois journées suivantes. C'est bien avant la Coupe d'Europe. Bien avant la Coupe de France, encore, qui les voit revenir à Monaco et subir en huitièmes de finale une punition (1-4) bien plus extrême qu'en Championnat. Autant les Lyonnais avaient montré quelque chose en L1, autant ils étaient ailleurs en Coupe. En trois ans de gouvernement Le Guen, on n'aura pas vu souvent le technicien breton s'avancer devant les micros et dire tout le mal qu'il pense de ce qu'il a vu, et de ses joueurs. Ce soir-là, si : « J'ai du mal à encaisser. Demain, il faudra repartir mais je veux repartir avec ceux qui sont prêts à partir de manière claire au combat. » Lorsqu'on lui demande s'il s'agit de sa plus grosse déception lyonnaise, il avoue : « Oui, peut-être. Je n'ai pas vu venir ça. Pour réagir, il faut avoir un bon comportement, un comportement vraiment tourné vers le groupe. Parce que s'il y a quelque chose qui dévie... »

À Monaco, il y avait quelque chose qui déviait. Deux jours plus tard, le vendredi 14 février 2004, Paul Le Guen prend la décision d'exclure Vikash Dhorasoo du groupe professionnel, avant le déplacement à Auxerre. Élément déclencheur ou complémentaire ? Le milieu de terrain lyonnais, mécontent de son statut de remplaçant à Monaco, s'est échauffé les mains dans les poches. C'est un tournant de la saison lyonnaise : l'OL gagne à Auxerre (2-1), sort de la crise, et Dhorasoo va réintégrer le groupe, au point de livrer une fin de saison sensationnelle, l'une de ses meilleures périodes sous le maillot lyonnais. Paul Le Guen dira plus tard : « Il s'agissait seulement de respecter un bon fonctionnement. Mais, quand je suis parti à Auxerre sans lui, je savais qu'on se passait d'un bon joueur. » Tant pis si le public n'avait pas toutes les clés pour comprendre : « Je n'avais pas besoin d'expliquer. Ce que j'ai dit était suffisant à mes yeux, je n'avais pas besoin de me faire comprendre de l'extérieur. »

Plus rien, et surtout pas Monaco qui s'envole vers la finale de la Ligue des champions et, par conséquent, vers l'épuisement domestique, ne peut freiner l'OL sur le chemin de son troisième titre d'affilée, joyeusement validé un soir de défaite au Parc des Princes face au PSG (0-1), pendant que Rennes s'imposait lourdement au stade Louis-II (4-1).

Au bout de cette saison-là, Peguy Luyindula (16 buts en L1, contre 10 pour Elber) aurait probablement mérité de partir à l'Euro au Portugal, où Sidney Govou, l'éternel invité de dernière minute, rejoindra les Bleus et Grégory Coupet.

Au bout de cette saison-là, l'OL a surtout besoin de rééquilibrer son effectif, d'alléger un milieu de terrain au sein duquel Mahamadou Diarra et Michael Essien ont pris une dimension énorme, aux côtés de Juninho, ce qui a touché le temps de jeu et l'ego de Vikash Dhorasoo ou ceux d'Éric Carrière. Le Guen explique alors : « Je sais que c'est dur. C'est pour ça que je comprends qu'ils aient des velléités de départ. C'est dur à supporter, mais je leur dis souvent de se faire à l'idée non de la pertinence de mes choix, parce qu'ils peuvent ne pas être d'accord, mais de leur honnêteté. Cela me suffit. Après, ils ne s'y font jamais, mais ils s'y font quand même et il faudra qu'ils continuent comme ça. Je leur ai dit, au mercato : "Si vous n'avez pas la force de tenir, il faut partir. Parce qu'il faut respecter les décisions. Et parce qu'il faut bien que quelqu'un les prenne, les décisions." »

L'OL a donc un effectif à rééquilibrer. Edmilson file au Barça, Dhorasoo à Milan, Carrière à Lens et, bientôt, Luyindula à Marseille. Ce dernier n'avait aucune intention de quitter Lyon. Il lui arrive simplement ce qui arrive aux joueurs lyonnais qui font l'objet de propositions au-dessus du prix du marché : ils sont transférés sans qu'on leur demande vraiment leur avis. Face aux 12 M€ proposés par l'OM, Jean-Michel Aulas n'hésite pas.

Paul Le Guen sait tout de cette logique et s'attache à la freiner quand le joueur l'appelle pour lui demander son avis : oui, il souhaite qu'il reste et compte toujours sur lui. Lorsqu'il prend son téléphone pour appeler Jean-Michel Aulas, Peguy Luyindula a même pris sa décision, longuement mûrie : il n'ira pas à Marseille. À la nuance que cette décision ne résiste pas au ton de la conversation avec son président qui lui lance, surpris et agacé : « Mais pourquoi veux-tu rester ? Non, il faut que tu partes !... » Le buteur lyonnais ne s'attendait pas à ça, vacille, accepte de partir, le cœur en berne, pour l'enfer le plus ensoleillé de sa jeune carrière. Enfin, avant son séjour espagnol à Levante...

C'est le mois d'août qui va participer à dessiner ce qui sera peut-être, en tous les cas à nos yeux, la plus belle équipe de l'OL, la plus empanachée, la plus attachante.

Cristiano Marques Gomes, dit Cris, est un défenseur qui donne envie d'en faire le tour. Son crâne rasé, ses muscles qui roulent et ses deux tatouages se joignent à un souvenir pour ébaucher le portrait-robot d'un défenseur à éviter : le 20 mai 2004, au Stade de France, à l'occasion du match du centenaire de la FIFA, il a commis une énorme faute sur Thierry Henry dans les dernières minutes de France-Brésil (0-0). Il en dira plus tard : « J'étais en retard. Et il allait très vite. Je ne l'ai pas fait exprès. » Ce n'est pas la seule image qui le précède : il y a aussi cette immense bagarre au Brésil, qui lui a valu une longue suspension nationale juste avant de partir.

Rien de ce qu'il va montrer à Lyon ne va réellement correspondre à ce sombre tableau : il est dur, il est fondamentalement défenseur, mais il commet peu de fautes.

Il a déjà connu une expérience en Europe, vivant (mal) le crépuscule de Leverkusen en 2002-03, arrivant juste avant le limogeage de l'entraîneur Klaus Topmöller mais c'est au Brésil, encore, que Bernard Lacombe est allé le chercher. Le conseiller du président décrit la genèse de l'affaire : « L'idée première, c'est Anderson, un autre défenseur central. Avec Marcelo, on va à São Paulo assister à Corinthians-Cruzeiro. Au stade, on arrive d'ailleurs en même temps que le bus, les joueurs en descendent quand on arrive à hauteur, et celui sur lequel on tombe nez à nez, c'est Anderson, justement celui qu'on est venus voir. Mais à la mi-temps je demande surtout à Marcelo qui est le chauve qui semble aimanter tous les ballons et qui domine tout le monde. Il me répond : "Bernard, c'est Cris, un des cinq joueurs qui étaient sur la liste que je t'avais envoyée !" Sauf qu'à l'époque, il avait encore des cheveux, ce qui explique que j'ai eu du mal à le reconnaître. Je demande à Marcelo combien il coûte, Cris. Il repère le président de Cruzeiro dans la tribune, va le voir et revient : "À 3 millions d'euros, il s'en va." On est revenus le voir une deuxième fois, puis une troisième ; et Anderson, lui, était moins bien. Alors j'appelle Paul Le Guen : "Paul, j'ai vu un défenseur qui me rappelle Ricardo." On savait que Cris avait une réputation de défenseur violent, mais il nous intéressait. En revanche, son dernier match, à Belo Horizonte face à Nilmar, est difficile ; Nilmar lui a tout fait, il a été extraordinaire. Je me suis un peu inquiété mais Marcelo m'a dit : "Tu sais, il a déjà un pied dans l'avion..."

« Donc, Cris signe chez nous. Après ce dernier match, on mange ensemble, Cris, sa femme, Marcelo et moi, dans un hôtel de Belo Horizonte. Devant Cris arrive une assiette avec un steak gigantesque et des frites qui débordent. Je me suis tourné vers Marcelo : "Tu lui dis deux choses. La première, c'est que, quand il sera à Lyon, le steak saignant et les frites après les matches, ça sera interdit, c'est mauvais pour la récupération. La deuxième, c'est qu'il peut compter sur moi : avant le 31 août, il sera à Lyon."

Le 22 août 2004, Cris était en France et le président l'a emmené dans son avion pour aller assister à Metz-Lyon, le match où Giovane Elber s'est blessé. J'étais dans la tribune et, au bout d'un moment, il m'a demandé : "Mais qui c'est, ce numéro 4, à Lyon ?" C'était Michael Essien. "Mike", il aura impressionné tout le monde mais, entre lui et Cris, il y avait quelque chose, un lien. Dans le placard de Cris, d'ailleurs, j'ai vu un jour qu'il y avait des photos d'Essien. »

La blessure d'Elber a une influence directe sur la suite du recrutement lyonnais. Pierre-Alain Frau était arrivé de Sochaux, mais le transfert de Luyindula et la fracture d'Elber nécessitent des mesures drastiques : avant la clôture des transferts, le 31 août, l'OL fait signer Sylvain Wiltord et le Brésilien Nilmar.

Car Bernard Lacombe n'a pas oublié Nilmar. « Je l'avais déjà vu jouer à Dubai, au Championnat du monde des moins de 20 ans. J'avais d'ailleurs été également marqué par un arrière droit, Daniel Alves, qui jouera ensuite à Séville. Je constate donc que Nilmar va vite, qu'il a de la qualité et des prises de balle remarquables. Puis je l'ai donc revu au Brésil faire des misères à Cris. D'ailleurs, Nilmar est arrivé à Lyon le jour du premier match de Cris, contre Lille (1-0). Il a suivi la rencontre avec moi dans la tribune et, après, on est descendus dans le vestiaire. Arrivé devant Cris, j'ai lancé : "Au fait, Cris, voilà Nilmar ! Maintenant tu peux le voir de près. Parce que l'autre fois, tu ne l'avais pas bien vu..." Nilmar n'a pas réellement réussi chez nous, mais je reste persuadé que c'est un très bon joueur. Quand il est retourné au Brésil, la première année il a marqué 25 buts ! »

Cris, jamais une goutte d'alcool, jamais un café, est devenu joueur aux Corinthians de São Paulo lorsque son père a compris que Rogerio, le frère aîné, ne deviendrait jamais professionnel. « Dans la famille, ce n'est pas moi qui devais être footballeur professionnel, avoue-t-il. Mon père avait décidé que ce serait mon frère aîné. Il avait parié sur lui. Puis, un jour, il m'a dit : "Puisque ça n'a pas marché avec ton frère, on va essayer avec toi. Il n'y a plus que toi." Il m'a emmené faire une détection aux Corinthians et, à partir de ce moment, il s'est occupé de tout. Et moi, j'ai eu de plus en plus de responsabilités. »

Après le recrutement de Cris, Bernard Lacombe a son podium au complet. En sa vingtième saison au club comme entraîneur, entraîneur adjoint, directeur sportif ou conseiller du président, il a en effet longuement réfléchi au tiercé de ses trois plus grandes réussites. Évidemment, Cris est dedans...

« Mon classement, sur le recrutement, est celui-ci : 1. Juninho ; 2. Cris ; 3. Mahamadou Diarra. Diarra, je l'avais vu la première fois en janvier 2002 à Bamako, à la Coupe d'Afrique des Nations. J'étais à l'hôtel *Le Mandé*, chez Salif Keita. Le premier match, c'était Mali-Algérie. Je n'avais pas ma valise, perdue à l'aéroport, et j'avais dû emprunter des affaires à Henri Émile. J'étais donc dans la tribune en survêtement, dans mon coin, à l'écart de la tribune présidentielle où Roger Milla voulait me faire venir. Je me souviens avoir appelé Jean-Michel Aulas pour lui dire : « J'ai vu Tigana, avec dix centimètres et quinze kilos de plus ! » Mais quand le président m'a demandé dans quel club il jouait, j'ai été incapable de le lui dire. Je me suis renseigné ensuite. D'abord auprès de Salif Keita, qui le connaissait bien, parce que "Djilla" était passé par son académie. Ensuite, je dîne au Casino et je tombe par hasard sur Henri Kasperczak et Cheikh Diallo, le sélectionneur du Mali et son adjoint. "Il joue à Vitesse Arnhem, mais il n'est pas fini", me dit Kasperczak. Avec Alain Olio, on est donc allés l'observer aux Pays-Bas lors d'un match contre l'Ajax. Il y avait tous les recruteurs d'Europe, dont Damien Comolli pour Arsenal. Au bout d'une demi-heure de jeu, Diarra n'avait toujours pas touché le ballon ! Je me suis dit : "Nanard, tu t'es trompé..." Mais, progressivement, il est revenu dans le match ; puis il a confirmé un peu plus tard, contre le PSV Eindhoven. Ah ! Djilla... »

Dans la foulée puissante de Cris, la défense est implacable. Le Championnat de France est une conquête linéaire, irrésistible. La question traditionnelle, « Lyon sera-t-il champion ? », a été déplacée par l'évidence : « À quel moment Lyon sera-t-il champion ? » Le suspense entoure la date du sacre, pas la réalité inéluctable du quatrième titre de l'OL, qui va rejoindre Saint-Étienne et l'OM dans cet enchaînement parfait de couronnes nationales. La clé du titre 2005, ce sera l'égalisation de Jérémy Clément, du sommet du crâne, en février à Monaco (1-1) à la 95e minute d'un match que le jeune milieu lyonnais ne devait même pas jouer.

Mais le suspense est ailleurs. Il tient au destin européen de l'OL, qui peut tout espérer, et au destin lyonnais de Paul Le Guen. Cette dernière question va s'étirer jusqu'au bout de la saison, mais c'est comme si l'entraîneur lyonnais ne lui avait pas laissé avoir la moindre influence sur le cours des événements. Au fil de l'automne, tout le monde sait qu'il est en fin de contrat et qu'il botte en touche sitôt que la question lui est posée en conférence de presse.

Mais, le 1er décembre 2004, la une de *L'Équipe* est barrée de ce titre : « Paul Le Guen va-t-il rester ? » Cette question et l'article qui tente d'y répondre sont le résultat d'une longue discussion qu'on a eue trois ou quatre semaines plus tôt avec l'entraîneur lyonnais de manière informelle, après une séance d'entraînement. À l'instant de dresser les avantages et les inconvénients d'une prolongation de contrat, Paul Le Guen a presque semblé faire pencher la balance en faveur d'un départ. Au point de nous pousser, avocat du diable, à émettre cet argument à deux sous : « Paul, c'est tellement difficile d'être le bon entraîneur, au bon endroit, au bon moment... » Il savait tout cela, bien sûr. Et bien d'autres choses. Ce sont les rumeurs de son futur départ qui précipitent la rédaction de l'article.

Jean-Michel Aulas, évidemment, fait comme s'il n'y avait pas de rumeurs et comme s'il n'avait aucune raison de croire un mot de l'article. Le même jour, le président lyonnais navigue entre les certitudes qu'il affiche et la pression qu'il veut tout de même mettre sur son entraîneur, au cas où. Il fixe une échéance : « Il faudra que cette décision soit prise à la trêve. Je ne suis pas inquiet, même si cela poserait un immense problème s'il fallait envisager un changement. Mais je ne pense pas que Paul soit dans cet état d'esprit. »

Concernant un éventuel départ, il dit encore en songeant à la suite de la saison : « Cela poserait un problème par rapport au groupe et à l'ensemble du club. J'ai trop vu les conséquences, à l'Euro, de l'annonce prématurée du départ de Jacques Santini. » Et sur sa propre inquiétude, enfin : « Je ne l'étais pas avant que vous me posiez ces questions ! Vous allez finir par me faire douter... Mais au fond, je suis confiant. J'ai pu m'inquiéter quand je ne connaissais pas son mode de raisonnement, mais ce n'est plus le cas. »

Moyennant quoi, le lendemain l'OL publie un communiqué

intitulé : « Paul Le Guen vers une prolongation ? » L'axe reste le même : calmer le jeu vis-à-vis de l'extérieur, resserrer la pression sur l'entraîneur à l'intérieur. L'OL annonce : « Jean-Michel Aulas et Paul Le Guen se rencontreront dans les prochains jours, comme cela était convenu depuis déjà plusieurs semaines, pour étudier la perspective de la prolongation du contrat de l'entraîneur général du club à la tête de l'Olympique Lyonnais. »

Mais pour une fois, Jean-Michel Aulas ne peut pas tout contrôler. Paul Le Guen ne veut pas donner sa réponse à la trêve, il veut attendre la fin de saison. Et condamne son président à attendre en retour.

Paradoxalement, cette incertitude ne pèse pas sur le club. L'ambiance du vestiaire est exceptionnelle. Évidemment, les victoires l'entretiennent. En tant qu'observateur, on traverse cette saison avec le sentiment prémonitoire d'un paradis perdu, ou du moins voué à disparaître. Les matches sont spectaculaires, il est facile de travailler, les conférences de presse européennes sont drôles et légères, et cette équipe a tout, en dehors d'un avant-centre idéal.

Plus que le départ de Paul Le Guen, c'est la Ligue des champions qui occupe l'arrière du décor. L'OL a une nouvelle fois franchi le tour de poules, comme un grand, en affichant la meilleure attaque de la compétition : 17 buts marqués au total, face à Manchester United (2-2, 1-2), Fenerbahçe (3-1, 4-2) et Sparta Prague (2-1, 5-0). Le spectacle de la première période face à MU est ébouriffant et, si Van Nistelrooy a égalisé avec l'aide de Cristiano Ronaldo qui a changé de côté au repos, l'OL a affiché une intensité de jeu remarquable. Essien, Diarra et Juninho forment ce qui est peut-être le meilleur milieu de terrain d'Europe, l'alliage parfait de la puissance et de la créativité technique.

Le vestiaire lyonnais est à son zénith, et Claudio Caçapa est l'un de ses personnages centraux. Ce qui lui arrive, le 30 octobre 2004 contre Strasbourg (1-0), cette fracture de la jambe sous l'assaut désordonné et trop agressif de Sidi Keita, participe à renforcer le groupe. Parce que tout le monde est infiniment triste pour le capitaine, qui a déjà traversé tant de galères, qui vient de se blesser en pleine négociation pour la prolongation de son contrat. Parce que, à l'égard de l'homme comme du groupe, Jean-Michel Aulas comprend très bien ce qui se joue, il adresse à Caçapa une promesse de prolongation sur sa civière, ou presque.

Le président lyonnais décrira, dans *France Football* : « Les Brésiliens sont redoutables sur le terrain, mais ils le sont aussi dans la gestion de leurs contrats. Ils sont redoutables et redoutés par moi. Cette saison-là, Claudio arrivait en fin de contrat, et ça faisait un mois et demi que j'essayais de lui faire signer une prolongation. Et Claudio, lui, vas-y que je négocie, vas-y que je te rajoute une clause, etc. Il m'avait énervé, mais vraiment énervé. Le jour où il s'est blessé, donc, Claudio n'avait toujours pas signé. Après le match, je descends dans le vestiaire et je le trouve sur la table de massage. Et là, je vois la détresse dans ses yeux. Immédiatement, j'ai voulu le sécuriser. Mais aussi, il faut être honnête, donner un signe fort, lui montrer sur son lit de douleur qu'il pouvait avoir confiance en moi. J'ai montré à tous les autres que j'étais capable, après avoir sué en vain pendant deux mois pour faire signer Claudio, d'avoir suffisamment d'humilité pour aller le voir, lui serrer la main et lui dire : "Ne te fais pas de souci, tu pourras signer à l'hôpital quand tu veux, ma proposition reste valable." C'est un geste qui s'est non seulement inscrit à jamais dans la tête de Claudio, mais aussi dans celle de tous les autres joueurs. »

Et lorsque la Ligue des champions revient au programme en février, avec les huitièmes de finale face au Werder Brême, Claudio Caçapa est redevenu un footballeur. Le vestiaire est assez important aux yeux de tous pour que Jean-Michel Aulas et Bernard Lacombe acceptent le veto de Paul Le Guen au sujet de la venue de Fernando Morientes, qui était d'accord pour rejoindre l'OL au mercato. L'entraîneur lyonnais tient au fragile équilibre et à la grande force de son groupe, puis Morientes ne pourrait pas jouer en Ligue des champions... Avec le recul, Jean-Michel Aulas atténue cette version : « Paul était d'accord pour que Fernando Morientes vienne, mais il était aussi d'accord pour qu'il ne vienne pas parce qu'il voulait protéger ses joueurs au maximum. Cela veut dire que, même si Morientes ne pouvait pas jouer en Ligue des champions, Paul avait une telle confiance en son groupe qu'il préférait le valoriser plutôt que de le faire douter. »

Wiltord et Nilmar sont les avants-centres lyonnais, ce que Giovane Elber n'est plus depuis qu'il a résilié son contrat à l'amiable, en janvier 2005. Il signera plus tard à Mönchengladbach, mais sa carrière est terminée. Humainement, il aura déçu le club en partant se soigner en Allemagne sans autorisation, en clamant l'incompétence des médecins lyonnais, à cause d'une obscure raison d'assurances, semble-t-il, alors que le professeur Bernard Moyen, un grand spécialiste du genou, avait interrompu ses vacances afin de venir le veiller à son retour de Metz en pleine nuit.

La sortie de l'hiver est une période de deuil pour l'OL, touché par la disparition de l'un de ses dirigeants historiques, Jean-Claude Morel, en février, puis par celle, peu après, de son ancien président Roger Michaux. Ces deux décès marquent profondément Jean-Michel Aulas et son entourage.

Pour affronter le Werder Brême, l'OL est prêt. Comme s'il attendait ça depuis toujours. Cette double confrontation va marquer l'Europe : 3-0 en Allemagne, 7-2 à Gerland. Les Lyonnais ne méritaient pas une telle avance au match aller car ils ont été parfois secoués, mais au retour, si.

Il reste à venir un grand rendez-vous et un mauvais souvenir, face au PSV Eindhoven en quarts de finale. À l'aller, Sidney Govou manque une énorme balle de 2-0 qui aurait sans doute plié l'affaire (1-1), et quelques largesses arbitrales épargnent à Marc Van Bommel un avertissement qui l'aurait suspendu au retour. Au retour, justement, l'OL livre un combat énorme, ouvre la marque par Wiltord, est rejoint sur un but d'Alex et s'embarque pour une prolongation irrespirable.

Le club lyonnais a là une vraie belle occasion de devenir populaire et de s'embarquer pour quelque chose qui ressemblerait enfin à une épopée : mais à la 117e minute, alors que Nilmar est arrivé sur le ballon avant Gomes, le gardien brésilien du PSV, et que ce dernier l'a fauché, l'arbitre danois M. Nielsen refuse à l'OL un penalty flagrant. Les Lyonnais vont « broder » longtemps sur l'amitié entre les nations de l'Europe du Nord et la familiarité aperçue, dans le vestiaire, entre Kim Milton Nielsen et Gus Hiddink, le technicien néerlandais.

La séance des tirs au but est cruelle et fatale (2-4), après les échecs d'Essien et d'Abidal. Jean-Michel Aulas juge : « Pour que ce soit un échec, il faudrait qu'on ait des choses à se reprocher. J'ai vu des choses litigieuses qui font que je suis assez inquiet pour l'UEFA. C'est dommage, on avait le potentiel pour gagner la Ligue des champions.» Il a longtemps été prétendu que, ce soir-là, Aulas avait paraphrasé Bernard Tapie déclarant au soir de la fameuse «main de Vata» qui privait l'OM de la finale de la C1 1990 : «Maintenant, j'ai compris…» Ce n'est pas tout à fait exact. La scène se passe dans l'absolue confusion d'une zone mixte installée dans un couloir. Et c'est la question qui est ainsi formulée : «Est-ce que, comme Bernard Tapie en 1990, vous avez envie de déclarer que, maintenant, vous avez compris ?…» C'était une perche tendue aux accusations de collusion, voire de corruption. Et si le président lyonnais a répondu à la question, il n'a pas repris intégralement la formulation.

Une somme de petits détails a fermé à l'OL la porte de ces demi-finales. Cela signifie qu'il doit augmenter sa marge. Mais il n'en reste pas moins que cette équipe-là était la plus spectaculaire des six couronnées d'un titre de champion de France, entre 2002 et 2007, la plus généreuse dans l'effort offensif, la plus impressionnante dans son impact physique.

C'est cette équipe-là que Paul Le Guen s'apprête à quitter. Jusqu'au bout, Jean-Michel Aulas croit que son entraîneur va rester. Il l'espère et il le croit. Un peu avant l'annonce officielle de la décision, Bernard Lacombe est un brin plus inquiet. Il expliquera pourquoi : «Paul n'était pas venu rencontrer des joueurs chez le président. Les années précédentes, il était toujours présent. Là, non. Ce n'était pas de Paul, cette absence. Il est tellement droit, tellement ordonné. J'ai dit au président qu'il n'allait pas rester…»

À deux journées de la fin, le titre officiellement en poche, l'OL convoque une conférence de presse. C'est un lundi après-midi. Dans la salle de presse surpeuplée du centre d'entraînement de l'OL, Paul Le Guen prend la parole : «J'ai décidé de ne pas prolonger mon contrat. Je pars fier de ce qui a été fait. Ce sont trois années exceptionnelles. Je me suis interrogé sur l'opportunité de trois ans de plus, j'ai considéré que c'était bien de s'arrêter là.»

Jean-Michel Aulas, ce jour-là, marque le coup. Il fait bonne figure mais il est patent qu'il a du mal à digérer d'être une nouvelle fois un président que l'on quitte.

Le lendemain à midi, pour les besoins d'une interview à *L'Équipe* on déjeune avec lui, en compagnie d'Olivier Blanc, son directeur de la communication, et de nos confrères Claude Chevally et Hervé Penot. Il est déjà un peu plus grinçant, a du mal à jongler entre la valorisation de son club et l'hommage à un entraîneur qui le quitte. Il est vexé et, l'affectif se mêlant au management, un peu blessé. La veille, à l'instant de se retourner sur trois années de vie commune, Paul Le Guen s'est souvenu du coup de fil présidentiel de soutien après l'élimination en Coupe de France à Libourne-Saint-Seurin, deux ans plus tôt. Cet hommage attire le lendemain cette saillie présidentielle : « S'il suffit de passer un coup de fil après une défaite, n'importe qui peut le faire !... » Il aurait aimé que son entraîneur lui reconnaisse d'autres mérites.

Mais le départ de Le Guen vers ce qui sera une année sabbatique à profiter de sa maison à Rennes, à commenter le football européen pour Canal + et à courir le marathon des Sables laisse une question en suspens, sans réponse claire : pourquoi ? Le seul entraîneur triple champion de France avec l'OL n'a jamais livré de réponse publique. Il n'en a jamais reparlé dans une interview. Il est vrai qu'il n'a pas donné beaucoup d'interviews non plus.

À l'évidence, à sa théorie sur l'usure du pouvoir s'ajoute la pression du duo Aulas-Lacombe. Le Guen n'en a jamais fait une affaire d'argent, il avait d'ailleurs refusé de prolonger son contrat et d'augmenter son salaire un an plus tôt. Mais la pression, oui, bien sûr. Entraîneur à Lyon ? Il faut gagner, évidemment. Et si c'est plus facile qu'ailleurs, c'est aussi plus indispensable. Il faut, aussi, répondre aux trois ou quatre coups de fil quotidiens de Jean-Michel Aulas, l'appeler soi-même, régulièrement, par exemple pour l'informer de la composition d'équipe, par politesse et prévenance, ou de tout autre événement du vestiaire. Allez, quatre coups de fil par jour. Multipliés par trois cent soixante, parce qu'il y a sûrement cinq jours dans l'année où le président est injoignable. Multipliés par trois ans. Près de quatre mille cinq cents coups de téléphone en trois ans : ce n'est pas la raison, sans doute, mais c'est une raison.

Malgré tout, forcément, ce modèle fait envie. Très vite, l'OL dessine le portrait du successeur et dresse une *short list* de trois noms : Gérard Houllier, Guy Lacombe et Raynald Denoueix. Les premières approches de Jean-Michel Aulas et le grand oral que les trois candidats passent auprès de Jérôme Seydoux dénouent l'affaire : Gérard Houllier sera le vingt-deuxième entraîneur de l'histoire du club. Il sort d'une année sabbatique à commenter le football anglais sur TPS, bouquet satellite à qui le sélectionneur Raymond Domenech a glissé le nom de Houllier pour être un peu plus sûr de ne pas le voir revenir à la DTN… Il sort, aussi, de six saisons à Liverpool et d'un grave accident cardiaque, une dissection de l'aorte à laquelle il a survécu par un enchaînement de petits miracles, un samedi après-midi de match à Anfield.

Jean-Michel Aulas expliquera : « On venait de vivre un traumatisme avec cette élimination injuste aux tirs au but face au PSV et j'ai pensé que Gérard correspondait mieux à la reconnaissance dont on avait besoin en Coupe d'Europe. À cet instant-là, à la tête d'une équipe truffée d'internationaux, c'était le meilleur candidat. Mais ça n'enlève rien à Guy Lacombe. Peut-être que si j'avais eu à choisir entre Paul Le Guen et Guy Lacombe trois ans plus tôt, j'aurais pris le second. Mais là, Gérard collait mieux à l'ambition qu'on souhaitait donner au club. C'était aussi l'avis de Jérôme Seydoux. »

Le président lyonnais rêve d'un rayonnement européen. Il engage donc un entraîneur qui a un rayonnement européen. Il sait que Gérard Houllier a ses entrées à l'UEFA. Cela fait partie de la séduction par le CV. Il y a donc une certaine logique, dans le droit-fil de la place grandissante que l'OL parvient à occuper au sein du G 14, que le club lyonnais a intégré en novembre 2002. Un G 14 que Jean-Michel Aulas sera appelé à présider au printemps 2007, décrivant dans *France Football* : « C'est un grand moment parce que j'ai toujours pensé qu'intégrer le groupement des grands clubs était une forme de reconnaissance du bon travail de Lyon. À l'époque, le principe de l'élargissement avait été acquis à quatre clubs et nous étions entrés avec Valence, Arsenal et Leverkusen. Au départ, j'allais régulièrement aux assemblées et j'écoutais surtout ce qui se disait pour comprendre et m'enrichir. Puis j'ai été nommé au *management committee* avant, récemment, d'accepter de prendre la présidence. Je n'étais pas candidat. Voyant que les autres présidents n'avaient peut-être pas la même position que moi dans leurs clubs, à savoir qu'ils n'en étaient pas tous propriétaires et que ça les mettait en porte-à-faux, j'ai accepté le poste afin de ne pas mettre en péril l'existence même du G 14. »

C'est que le président en poste, David Dein, n'était ni président d'Arsenal ni actionnaire principal, et venait de manquer une sorte d'OPA avec l'appui d'un nouvel actionnaire américain, et se voyait soudain contraint de quitter les Gunners et le G 14 en même temps.

Cette entrée dans le grand monde est également illustrée, en cet été 2005, par l'intensité des négociations autour du transfert de Michael Essien à Chelsea. Le président lyonnais a déjà rencontré son célèbre et mystérieux homologue, le Russe Roman Abramovitch, un soir de décembre 2004 à Courchevel. André Soulier raconte cette étonnante histoire : « C'était à Courchevel, la veille du Noël ou du Jour de l'an, je ne sais plus. Comme il ne parle pas un anglais parfait, Jean-Michel veut que je sois là pour rencontrer quelqu'un. À 20 heures, une voiture aux vitres fumées vient me chercher au pied de mon appartement, dans un chalet. Quand je monte, il y a Jean-Paul Révillon (membre du comité de gestion de l'OL, ami de Jean-Michel Aulas), mais aussi un commissaire de la DST et un fonctionnaire des RG. Nous allons dans le coin des chalets des milliardaires, chez Roman Abramovitch et sa femme. Le président de Chelsea était encore avec elle à l'époque. C'est là que Jean-Michel le rencontre pour la première fois. On passe une bonne heure à bavarder. Autour de nous des gardes du corps, et les vestes de leur costume semblent très lourdes… »

Jean-Michel Aulas confirme une partie de l'histoire. « C'est vrai que je l'ai rencontré pour la première fois un soir de réveillon, un 31 décembre. J'étais chez Jean-Paul Révillon, qui possède plusieurs chalets à Courchevel. Il me dit que Roman Abramovitch loue un chalet juste à côté, que des amis lui ont loué toute la logistique et qu'il va lui proposer de venir boire un verre à la maison, en début de soirée, le 31 décembre. Finalement, c'est Abramovitch qui nous invite à passer chez lui. Je pense effectivement qu'André Soulier est venu nous rejoindre, mais je vous assure qu'il ne parle pas beaucoup mieux l'anglais que moi *(sourires)*. On a passé deux heures avec Roman Abramovitch, sa femme, ses enfants et ses gardes du corps, mais il n'y avait pas Eugen Tannenbaum, son éminence grise. Ce jour-là, on lui a pré-vendu nos joueurs ! Il y avait un de ses gardes du corps que j'ai retrouvé plus tard sur un des bateaux où je suis allé négocier le transfert d'Essien. Un ancien légionnaire français qui parlait le russe et l'anglais, un type incroyable aux allures de Tarass Boulba. »

Par la suite, le président lyonnais a revu régulièrement le milliardaire russe. « C'est un homme qui mérite le respect. Il est d'une discrétion incroyable, d'une simplicité et d'une gentillesse qu'on n'imagine pas. Il ne correspond pas du tout à la caricature de l'oligarque russe. C'est un grand sportif, un vrai amateur de football qui me racontait qu'au début il allait tous les jours à l'entraînement de Chelsea. J'ai beaucoup de respect pour lui, pour ça. C'est un mécène incroyable et c'est devenu notre meilleur client... J'ai du respect et même de l'estime : je ne connais pas beaucoup d'hommes de sa réputation qui soient restés comme il est. C'est ce qui est passionnant dans le football, la rencontre des hommes... »

Jean-Michel Aulas dit l'avoir compris dès son entrée en scène il y a vingt ans, en 1987, à l'instant d'aller présenter ses hommages au patron, patriarche et arrangeant, du football professionnel de l'époque, Jean Sadoul. Il raconte : « Juste après ma nomination, il avait fallu que j'aille me présenter. La rencontre avait eu lieu dans un café, à côté de l'ancien siège de la Ligue, boulevard de Courcelles. Charles Mighirian était l'intermédiaire. On aurait dit une scène du *Parrain*. Il y avait Jean-Claude Darmon à sa droite, Jacques Thébault *(à l'époque directeur général de la Ligue)* à sa gauche, et c'est comme s'il fallait que j'embrasse son anneau... »

D'un parrain cévenol à un oligarque russe, le président lyonnais aura vu du pays.

20. 2005-2007 Après le beau temps, la pluie

L'ère Houllier commence par un cinquième titre et un quart de finale de C1 perdu à trois minutes de la fin à Milan.

Elle s'achève par un sixième titre, dans une confusion et dans un décor de crise sans précédent au cours des années de gloire.

Le révérend Moon est dans le couloir. Il a du mal à marcher et on dirait que la lévitation est en panne. Il a le teint jaune, vraiment, cireux, mais pas une ride, par l'opération du Saint-Esprit ou d'un chirurgien roi du lifting qui lui a tendu la peau comme un parchemin. Il semble avancer avec un déambulateur invisible. Les hommes de la sécurité sont partout, envisageant tous les risques, d'un attentat à une fracture du col du fémur.

Le révérend Moon voit dans les stades coréens ses nouvelles églises. Mais, à l'heure de la quête, pour une fois c'est lui qui paie. Aux yeux des dirigeants lyonnais, ce n'est pas exactement une quête spirituelle, alors qu'en ce mois de juillet 2005 l'OL est venu, pour la deuxième fois, disputer la Peace Cup dans les stades de la Coupe du monde 2002, à Séoul et à Busan. Dans *France Football*, Jean-Michel Aulas estime : « La Peace Cup est organisée par la secte

Moon ? C'est de l'anecdote. On n'a jamais eu de relation spirituelle avec les organisateurs. On ne fait pas la promotion de la secte Moon. On va juste faire un tournoi de football. C'est assez rémunérateur et on joue des matches devant près de 60 000 personnes. »

C'est en Corée du Sud que l'ère Houllier commence véritablement. Malgré l'année sabbatique dont il sort, il semble encore un peu à Liverpool, parfois. Parce que le club anglais, qu'il entraînait encore quatorze mois plus tôt, revient souvent dans son discours. Et parce que les années passées à exercer son anglais en conférence de presse lui font chercher, parfois, l'équivalent en français. Ainsi, un jour, juge-t-il une séance « un peu... *sloppy*. Comment dit-on en français ? "On dit un peu" molle »". Mais il le savait sûrement.

L'entraîneur lyonnais prend ses marques et constate rapidement, à l'occasion de deux ou trois dîners théoriquement très informels, que son président n'est jamais au repos, utilisant le moindre sujet de conversation, même le plus anodin, pour faire passer un message, mettre un peu de pression.

En Corée, par exemple, le président invite un soir son staff et la presse à retourner au restaurant italien de l'hôtel *Sheraton* de Séoul, là même où les Bleus étaient logés pendant la Coupe du monde 2002, là même où a été facturée sur la note de la chambre du président de la Fédération française, Claude Simonet, une bouteille de Romanée-Conti à un prix indécent. Et Jean-Michel Aulas fait même visiter la cave, à la recherche d'une petite sœur de la célèbre bouteille, par simple curiosité ou dérision.

Michael Essien, lui, traîne sa peine dans les couloirs de l'hôtel *Intercontinental*, à Séoul. Le Ghanéen n'est pas crédible en Cosette, mais il n'a pas amené ses éternels rires dans ses valises. Il a décidé de voyager léger, avec un seul modèle de bagage : le modèle renfrogné. Il est obsédé par la chance sportive et financière de sa vie : un transfert à Chelsea. Jean-Michel Aulas, lui, est obsédé par le montant de ce transfert. Il pariera avec nous, dans l'avion du retour, qu'il obtiendra 35 millions d'euros. On pariera qu'il fera affaire à 30 millions. Il a gagné.

En Corée, Essien partage sa chambre avec « Djilla » Diarra, qui prend l'air dans le hall pour ne pas être happé par les pensées monomaniaques de son ami africain. Diarra est drôle, il raconte sa première année à Lyon, son installation dans un appartement de la Croix-Rousse, sa difficulté à retenir l'adresse exacte, ses coups de fil à Dominique Cuperly, l'entraîneur adjoint, à l'instant d'indiquer la direction au chauffeur de taxi : « "Cup", j'habite où ? »

Essien traîne les pieds, mais la plus grosse cession de l'histoire de l'OL ne doit pas se voir sous un jour manichéen. Il n'y a pas de club gentil ni de club méchant. Il n'y a pas un Essien gentil quand il voulait rester à Lyon, ni méchant quand il a voulu en partir. Tout le monde est dans son rôle, c'est tout. Lyon utilise le joueur et l'éloignement de son stage en Corée pour augmenter l'impatience de Chelsea et le prix du transfert, en faisant passer le message, évidemment, qu'il n'a aucune envie de vendre l'un de ses meilleurs joueurs. Chelsea, de son côté, s'est mis d'accord avec Essien pour un salaire miraculeux et entretient la rébellion du joueur pour faire pression sur le club vendeur. Essien est au milieu et, comme il veut partir, la logique de Chelsea l'intéresse un peu plus, c'est tout.

Jean-Michel Aulas résumera dans *France Football*, à Laurent Campistron : « Dans cette affaire, j'ai vécu le côté pragmatique du président qui, à un moment donné, se trouve confronté à une réalité économique irréelle, parce que les sommes en jeu sont faramineuses. Avec Michael, j'ai aussi rencontré un certain nombre de déceptions sur le plan affectif. Je le revois à Séoul, pendant la Peace Cup… Il traînait les pieds, snobait ses partenaires, mais le plus terrible c'était son regard, celui d'un gosse déshérité ou qui a perdu ses parents. La négociation de son transfert avec Roman Abramovitch et son bras droit, en revanche, restera l'un des meilleurs moments de ma vie de président. Je suis allé deux fois sur le yacht d'Abramovitch, dont une en hélicoptère. Le lendemain, j'étais à la une d'un journal anglais ! Les paparazzi m'avaient mitraillé. Je sais, ça fait un peu cinéma mais, comme je suis assez joueur dans la vie, j'ai apprécié. C'était un film et, à l'arrivée, j'ai gagné au Loto. Le départ de Michael ne nous a pas empêchés de gagner un nouveau titre. Cela dit, Michael est également devenu champion avec Chelsea. Je suis parfois pour la beauté du geste. Faire un très gros transfert au-dessus de la valeur du marché et constater que, derrière, l'équipe acheteuse remporte le titre, c'est beau, parce qu'on ne vole personne. »

Lyon, au passage, rend 10 millions d'euros à Chelsea au moment de faire venir Tiago. C'est un profil différent, avec moins de puissance, car aucun joueur de haut niveau n'a à cette époque autant de puissance que Michael Essien, mais c'est une bonne pioche sur le plan technique et mental, et il reste la puissance, essentielle, de Mahamadou Diarra.

De Corée, les Lyonnais ramènent donc un peu d'argent, mais aussi la fracture au métatarse d'Éric Abidal. Ils ramènent enfin une orientation différente, car Gérard Houllier veut infléchir le style de l'équipe sans en modifier l'organisation. Il réclame plus de contrôle et s'appuie, comme souvent, sur les statistiques des phases finales des grandes compétitions pour avancer son idée, poussant la pédagogie jusqu'à la salle de presse de Tola-Vologe. Car, pour mieux faire passer son message, il a besoin des messagers. Le panache absolu des deux dernières années Le Guen, certes un peu vain parfois, ne sera bientôt qu'un souvenir.

Les résultats, surtout, permettent à Gérard Houllier de valider sa théorie : jusqu'à la trêve, tout se passe bien en Ligue 1, et l'OL prend 16 points sur 18 possibles en première phase de la Ligue des champions, dans un groupe fréquenté par le Real Madrid (3-0, 1-1), Rosenborg (1-0, 2-1) et Olympiakos (2-1, 4-1). À peine les Lyonnais affrontent-ils un léger vent de face en septembre 2005, après leur miraculeux match nul à Bordeaux (1-1), où Cris aurait dû être sanctionné d'un penalty énorme, au moins. Le lendemain, la une de *L'Équipe* provoque la colère des dirigeants lyonnais : « Lyon est-il protégé ? » Le club lyonnais est, au moins, protégé par son président, monté immédiatement au créneau pour éteindre un feu qu'il sentait venir. Mais au soir du match, en Gironde, Jean-Michel Aulas en fait un peu trop en se plaignant lui aussi de l'arbitre dans une tentative un peu vaine de contre-pied.

Près de deux ans plus tard, il en dira : « La responsabilité d'un président est de protéger son entraîneur et ses joueurs. S'il veut éviter qu'ils rencontrent l'ire de l'arbitre ou des institutions, il doit parfois monter au créneau. Il faut savoir être impopulaire. Aujourd'hui, je vais dans tous les stades de France et je me fais conspuer pendant le match à chaque fois qu'il y a faute contre Lyon. Il faut l'accepter. Il y a des présidents démagos qui n'iront jamais protéger leur équipe. Résultat, c'est leur entraîneur ou leurs joueurs qui se font insulter. Avec moi ils sont tranquilles, ce n'est jamais leur faute, c'est toujours la mienne. À Bordeaux, l'arbitre avait oublié de siffler plusieurs mains contre nous, et je sentais bien qu'on allait dire qu'on l'avait acheté ou qu'on était protégés. Du coup, j'ai détourné l'attention des médias et des instances sur ma personne en disant que l'arbitre aurait pu aussi expulser deux Bordelais. C'est aussi simple que ça. » Mais pas tant que ça, bien sûr.

Gérard Houllier, lui, imprime sa marque. Il a notamment modifié les habitudes à Tola-Vologe, le complexe d'entraînement de l'OL. Il y a vingt ans, il y avait un terrain engazonné, un terrain stabilisé et un terrain de hockey sur gazon. Les joueurs se changeaient à Gerland, traversaient la rue pour venir s'entraîner et, les jours de pluie ou de grande fatigue, montaient dans les voitures des journalistes pour revenir à Gerland.

Le complexe de Tola-Vologe s'étale maintenant sur 39 000 mètres carrés, sur un terrain mis à disposition gratuitement par la ville jusqu'en 2015. Il y a trois terrains en gazon, un petit synthétique destiné essentiellement au tennis-ballon mais aussi le siège du club, le siège du District du Rhône, le centre de formation, les vestiaires des professionnels et des équipes de jeunes, et un restaurant d'entreprise, une cantine où les employés du club retrouvent les joueurs après l'entraînement du matin, que Gérard Houllier a décalé afin de pousser les célibataires à manger sur place.

Il y a un parking rempli de voitures noires aux vitres teintées ; leur cylindrée dépend du statut du joueur. Et ce parking donne parfois la mesure des bouderies d'un joueur. Quand les négociations sont dures, on sait à quoi reconnaître les rebelles : ils viennent en Porsche.

Avant de rejoindre leur voiture, les joueurs passent parfois par la salle de presse : la conférence collective se tient au rez-de-chaussée, debout ; les confessions individuelles s'effectuent à l'étage, dans la mezzanine. En sortant de Tola-Vologe, les joueurs s'arrêtent le long des barrières qui contiennent les supporters, à l'entrée, pour signer des autographes. Puis ils sont rendus à la vie et à la sieste.

Puisque la Ligue 1 est un fleuve plus tranquille que le Rhône, la Saône et le beaujolais réunis, l'OL peut se tourner vers son obsession de la Ligue des champions. Hasard ou destin, à moins qu'il ne s'agisse de la même chose, l'OL tombe en huitièmes de finale sur le PSV Eindhoven, son bourreau contesté de la saison précédente. Mais le PSV s'est affaibli en perdant plusieurs joueurs, dont Marc Van Bommel, son capitaine et méchant préféré. Et l'OL est cette fois tout simplement trop fort (1-0, 4-0).

Deux mois plus tôt, on n'aurait pas parié sur deux titulaires de la défense alignée aux Pays-Bas. Quatrième joueur à revenir à l'OL après Marcel Nowak (1953-57, puis 1962-63), Daniel Ravier (1968-74, puis 1977-79) et Yves Chauveau (1966-75, puis 1978-82), Patrick Müller (2000-04), après un transfert à Majorque et quelques mois à Bâle, est revenu de Suisse en cet été 2005 pour 3,5 millions d'euros. François Clerc, lui, est revenu de nulle part, et pour beaucoup moins cher.

Formé au club, prêté la saison précédente à Toulouse, où il n'a disputé que sept matches de L1, le Bressan n'a pas le même salaire que les autres, pas la même voiture, ne figure pas dans la liste des professionnels donnée au sponsor du club en début de saison et n'a même pas de place de parking à son nom, comme les autres. En début de saison, il cherchait un club de L2, à un an de la fin de son contrat : « On m'avait fait comprendre que j'étais le troisième arrière droit, et encore… Derrière Anthony Réveillère et Lamine Diatta, Johann Truchet était encore là. » Ancien attaquant, Clerc avait été placé en défense par Gérard Drevet, le plus ancien entraîneur du centre de formation lyonnais, au cours d'un match de DH contre Culoz (6-0) en 2000. Dans la foulée de ses premiers pas, il avoue : « Au début, j'avais seulement le sentiment de l'intérim. Maintenant, je me dis qu'on verra bien. » Deux mois plus tard, il sera appelé par Raymond Domenech en équipe de France, signera un nouveau contrat et, dans l'enthousiasme, en signera même un autre pour l'OM.

Bon, évidemment, ce n'est pas aussi simple et ce n'est pas non plus une affaire à considérer légèrement : après une première proposition de Lyon pour un salaire de 20 000 € par mois, l'OM est arrivé à la charge. En fin de contrat cinq mois plus tard, François Clerc avait le droit de discuter, et même de signer. C'est ce qu'il a fait un beau jour à Bourg-en-Bresse, chez ses parents, en présence de Pape Diouf, le président marseillais. Ce n'était pas un contrat comme ceux que les clubs envoient à la Ligue pour homologation, c'était un simple contrat sous seing privé. C'est pour cette raison que, pris de remords et constatant que Lyon avait finalement la volonté de s'aligner sur la proposition marseillaise, François Clerc a prolongé son bail à l'OL.

Il avait l'excuse, au moins, de l'inexpérience. Il n'est pas le premier à qui cela arrive. Thierry Henry avait été ennuyé, en ses jeunes années monégasques, pour une histoire de double contrat, signant une promesse en faveur du Real Madrid au moment où il s'engageait à la Juventus.

Dans l'attente du grand rendez-vous contre l'AC Milan, en quarts de finale de la Ligue des champions, Gérard Houllier continue de faire passer ses messages, tant vers l'intérieur que vers l'extérieur. On peut trouver dans certaines des déclarations qu'il nous fait alors, le fondement des reproches à venir de Sidney Govou, un an plus tard, au cœur de la crise. Comme dans cette réponse à une question portant sur la « Juninho dépendance », dans un début d'année 2006 qui voit le Brésilien à la recherche de sa meilleure forme : « Toutes les équipes sont dépendantes des grands joueurs. C'est pour cela qu'il faut tout le temps protéger ses stars. Pour moi, "Juni" est indispensable à l'équipe, c'est une star, il produit du jeu, il travaille beaucoup, il a la classe sur et en dehors du terrain. En fonction de tout ça, il mérite beaucoup plus d'indulgence. Tous les grands joueurs ont besoin de ressentir cette forme de protection à l'intérieur du club. Ça commence par l'entraîneur. Les grands joueurs suscitent une telle attente qu'il faut accepter qu'ils ne donnent pas autant qu'eux-mêmes veulent donner. Et en attendant, "Juni" bosse beaucoup pour l'équipe, il donne du liant au jeu, du spectacle aussi. »

L'époque est marquée aussi par le retour d'Abidal, comme on l'a vu blessé au métatarse en juillet, victime d'une rechute en Martinique avec l'équipe de France en novembre et rappelé pour un match amical des Bleus contre la Slovaquie en février, alors qu'il vient seulement de reprendre en club et que la Ligue des champions est là. La passe d'armes entre le sélectionneur, Raymond Domenech, et son ancien club est brûlante. Deux jours avant la rencontre contre la Slovaquie, Abidal se présente – comme par hasard – devant la presse et étale clairement sa préférence : « Gérard Houllier m'a simplement dit avant la publication de la liste que, si jamais j'étais sélectionné, je ne partirais pas. Je lui ai dit : "Ouais, ouais..." Et résultat, je suis là. Il avait son idée en tête, j'ai la mienne. Je comprends que pour un club il est toujours difficile de perdre un joueur. Mais il est difficile aussi, pour un joueur, de ne pas pouvoir faire son métier comme il faut.»

En dehors du terrain, Gérard Houllier mène d'autres combats. Il a commencé de marquer un territoire qu'il aimerait plus étendu. Comme son équipe, il recherche le contrôle et il est fondamentalement un homme de pouvoir. Lyon est un bon club pour exercer ce goût, mais pas l'endroit idéal pour le conquérir. Le pouvoir, à l'OL, appartient d'abord à Jean-Michel Aulas, ensuite à Bernard Lacombe, davantage qu'aux entraîneurs de passage. En arrivant, tous les entraîneurs savent qu'ils n'auront les pleins pouvoirs que sur le plan technique, à l'instant d'organiser leur équipe et d'effectuer leurs choix. Mais ils rêvent tous d'aller plus loin. Presque tous, car Paul Le Guen avait peu de goût pour ce genre de combat et de conquête. Gérard Houllier, lui, veut «faire le match». Il ne sait pas encore qu'il le perdra, que tous les entraîneurs, sans exception jusque-là, l'ont perdu. Parce que c'est ce mode de fonctionnement qui a accompagné la montée en puissance du club lyonnais.

Marqué par le fond de paranoïa qui escorte chaque entraîneur de haut niveau, par le fonctionnement qu'il a connu à Liverpool et le repli sur soi de chaque club anglais, Houllier a mis un peu plus de distance entre les joueurs lyonnais et les médias, interdisant par exemple les interviews sur le parking. Jadis, les plaintes des joueurs ne faisaient pas de vagues à la surface, se digéraient «à la lyonnaise». Elles n'en seront que plus amplifiées, un an plus tard.

Mais en cette première année qui est celle de la séduction et de la conquête, Gérard Houllier joue sur du velours. Il connaît les recettes. Il se trompe seulement, peut-être, sur leur durée de vie. En cette saison 2005-06, quand il sent que Sylvain Wiltord est mécontent de sortir au bout d'une heure de jeu contre Nantes (3-1), il glisse en conférence de presse, sans qu'on lui pose la question : «Wiltord a fait un grand match.» La première année, cela passe pour de l'habileté. La seconde, il ne dupera plus personne parce qu'il le fera avec chaque joueur majeur sorti un peu plus tôt qu'à l'habitude. Répéter que chaque adversaire a fait un grand match afin de valoriser sa propre équipe est un autre gimmick qui a fait les délices de l'émission *Match retour*, de Vincent Couëffé, le lundi soir sur L'Équipe TV.

Dès cette première saison, les rapports peuvent être compliqués avec l'environnement du club. Gérard Houllier continue d'avoir des réflexes de manager qui se heurtent au schéma traditionnel de l'OL. Jean-Michel Aulas nous affirme alors, selon une dialectique certes diplomatique mais qui penche nettement vers le statu quo : « Il y a des échanges. Gérard n'est pas un entraîneur de 30 ans. Il a 58 ans, soit un peu plus que moi *(sourire)*, et il parvient à nous amener tout ce qu'on est allés chercher chez lui, quelquefois même plus. Je n'hésite pas à discuter avec lui et à m'enrichir de ses idées. Parfois, il n'arrive pas à me convaincre, parfois si. Par rapport à son rôle à Liverpool, je ne nie pas qu'il a eu un effort considérable à faire. Je lui suis reconnaissant de s'être adapté. Il m'arrive de faire comme si je ne m'en rendais pas compte mais je sais que, pour rentrer dans le costume, il a maigri de deux tailles. Qui sait si ce n'est pas la clé du succès ici ? »

Dans ce rapport président entraîneur, Jean-Michel Aulas avance même, dans une interview qu'il nous a accordée, pour *L'Équipe*, avec Sébastien Tarrago : « Mon surnom, c'est "burette d'huile"... Si vous avez entendu un autre surnom, ce n'est pas le bon *(sourire)*. Moi, à la base, je suis consensuel. »

Si l'OL avait remporté la Ligue des champions 2005-06 au Stade de France, comme les Lyonnais en avaient nourri le rêve, Gérard Houllier serait-il parvenu à renverser la tendance ? On ne le saura jamais : l'OL s'est incliné en quarts de finale face à l'AC Milan (0-0, 1-3). On peut répéter bien sûr que le plus fort est toujours celui qui gagne. Sauf que l'OL était sans doute supérieur à ce Milan-là, contre lequel il a eu le tort de faire le jeu et les fautes, payant lourdement par ailleurs la suspension de Juninho au match aller et celle de Tiago au match retour. À domicile, les coups de pied arrêtés du Brésilien sont essentiels. Le Portugais, lui, avait été le meilleur joueur lyonnais de cette campagne européenne.

À 1-1 à trois minutes de la fin du match retour, l'OL tenait sa première demi-finale. Trois minutes : assez peu pour avancer la thèse de la malchance en fin de match. Mais il est impossible de nier, non plus, que le vent avait tourné après les deux changements de Gérard Houllier... L'entraîneur lyonnais s'était adapté à l'absence de Tiago (et aux intermittences de Benoît Pedretti) en alignant un 4-4-2, hypothèse avancée par Bernard Lacombe dans les jours précédents, avec Sylvain Wiltord dans la zone de Pirlo. Mais le remplacement de Fred, qui avait perdu le ballon sur le premier but milanais, par John Carew, fut une catastrophe. L'attaquant norvégien défendant au ralenti, comme indifférent à l'enjeu, Lyon n'avait plus de premier rideau. Un autre rideau tombera sur la carrière lyonnaise de Carew. À l'entrée sur le côté gauche de Paolo Maldini, 38 ans, qui poussait Serginho au centre, Houllier répondit en lançant Anthony Réveillère pour épauler François Clerc, plutôt que de faire glisser Wiltord. Et c'est du flanc gauche de l'attaque italienne que vinrent les problèmes.

Mais le coaching de l'entraîneur lyonnais, même malheureux (raisonnement assez logique, effets franchement mauvais), a autant pesé sur le deuxième but milanais, le but de la qualification, que l'erreur d'Éric Abidal, lobé par un ballon que Claudio Caçapa semblait avoir dévié au passage. Mais qu'il ait été lobé ou non n'était pas le fondement de l'erreur de l'arrière gauche lyonnais : il aurait dû s'intéresser à Andreï Chevtchenko dans son dos, seulement à Chevtchenko. Le troisième but de Milan, sur une erreur de François Clerc, était anecdotique, juste une cruauté supplémentaire alors que l'élimination était entérinée.

Éric Abidal est un mystère. Transféré en juin 2007 pour 15 millions d'euros à Barcelone, il fait assez peu de doute qu'il est devenu le meilleur arrière gauche du monde. Personne ne va aussi vite que lui et, même s'il lui arrive de consentir des courses spectaculaires pour compenser les défaillances de son placement ou de sa concentration, il n'a pas de rival qui soit aussi complet et aussi rapide que lui. De plus, il est beaucoup plus défenseur, fondamentalement, qu'un Roberto Carlos au sommet de sa gloire.

En même temps, ses statistiques sont terribles : à Lyon comme en équipe de France, sa responsabilité est régulièrement engagée sur les buts encaissés. C'est ce qu'on avait voulu dire, sans doute un peu maladroitement, en lâchant un jour dans *Match retour*, sur L'Équipe TV, qu'à ce train-là Éric Abidal allait bientôt devenir le Bernard Mendy de Lyon. À la limite, c'était surtout inconvenant à l'égard du défenseur parisien. Abidal en a été fâché pendant de longs mois et, aux dernières nouvelles, il le serait encore. C'était juste une manière un peu lapidaire de rappeler qu'un défenseur est d'abord jugé sur ses fautes. Parce que, pour le reste, autant être clair : si Fabio Grosso apporte autant qu'Abidal à Lyon, le transfert de l'Italien sera un triomphe.

En ce printemps 2006, c'est parce que l'OL est tombé à Milan qu'il s'incline une semaine plus tard face à l'OM (1-2) à Gerland, en quarts de finale de Coupe de France. Un soir où Ribéry, placé dans l'axe par Jean Fernandez, dynamite à lui tout seul la défense lyonnaise. Ce soir-là, les Lyonnais portent encore le deuil de leurs illusions européennes. Le poids de leur chagrin, à l'évidence, est encore beaucoup trop fort.

Il reste des deux derniers mois de la saison 2005-06 le souvenir d'une joie collective et quasi enfantine, qui dessine en creux tout ce que l'OL ne sera plus un an après. La veille de Paris-SG–Lyon, le 15 avril, avant même de disputer la trente-cinquième journée, l'OL fête son cinquième titre de champion de France dans les couloirs de l'hôtel *Radisson* de Boulogne-Billancourt, porte de Saint-Cloud, à deux pas du Parc des Princes. Leaders affectifs, Mahamadou Diarra et Claudio Caçapa sont des acteurs essentiels de la sarabande qui va bloquer la circulation en pleine après-midi, route de la Reine. Mais ils ne sont pas les seuls. Est-ce seulement parce que le Malien est parti au Real Madrid et que le Brésilien ne jouait plus un an plus tard que l'atmosphère aura autant changé ? Ce n'est qu'un des multiples aspects de la question.

Ce soir-là même Sylvain Wiltord, qui ne parle jamais après un match, ni avant d'ailleurs, ouvre la bouche : « C'est vrai, je ne parle pas. Je préfère le terrain mais au bout de la saison, quand le travail a été aussi bien fait, j'aime exprimer toute ma joie. J'ai envie de la partager avec tout le monde, de dire aussi que Lyon est une belle équipe. Tout au long de l'année, en Championnat, on cherche sans cesse à conserver la régularité, à gagner le match qui suit. Alors, quand c'est fini, je me lâche. » Bien sûr, la tentation est grande d'ajouter qu'il se lâche aussi quand ce n'est pas fini. Mais Wiltord, pendant les deux premières de ses trois années lyonnaises, a été un grand joueur, dont le comportement à l'entraînement, l'intelligence de jeu et l'efficacité devant le but ont marqué ses entraîneurs et ses coéquipiers.

Le lendemain, au moment de la causerie à l'hôtel, c'est Cris qui est debout, devant le *paper board*. Il imite Gérard Houllier, fait pleurer de rire ses coéquipiers, se frotte les mains, reprend la théorie de son entraîneur sur les étapes : « Maintenant, Paris. Après, Saint-Étienne ; ça, c'est derby, il faut gagner… Après, Saint-Tropez ! Bon, le match ce soir : pas prendre de but, toujours une chance ! » Un an après, Cris aura déjà un peu moins envie de rire.

Dans la coulisse le cinquième titre, qui permet à l'OL de dépasser l'OM et Saint-Étienne dans l'histoire des plus longues séries de victoires en Championnat de France, n'éteint pas les combats annexes. Gérard Houllier avoue sa fierté ? Jean-Michel Aulas aussi : « On peut changer d'entraîneur et être champion quand même. Ce qui est fort, aussi, c'est que Paul *(Le Guen)* ait été champion dès sa première année au club et que Gérard *(Houllier)* ait réussi la même chose, alors que tous deux sortaient d'une année sabbatique. Cela veut dire que le structurel prend le pas sur l'opérationnel. »

C'est la défaite à Lille (0-4) avec une équipe remaniée, dans une fin de saison qui voit l'OL garder sa concentration à Gerland et l'abandonner volontiers dans le Nord, qui provoque l'esquisse d'un schisme. Sur le fond, les Lyonnais veulent peut-être surtout se défendre de favoriser les desseins lillois et éteindre l'accusation d'une logique familiale impliquant Jérôme Seydoux, le deuxième actionnaire de l'OL, et Michel Seydoux, le président de Lille.

Au départ, Gérard Houllier s'agace des allusions : « Si on regarde le résultat de Lyon ici la saison dernière (1-2), il n'y a rien de changé. *(Ironique.)* L'OL n'a pas l'habitude de gagner à Lille. Et ce soir, j'ai aligné de nombreux internationaux. Ce n'était quand même pas l'équipe de CFA de Marseille ! Avec l'équipe type, j'aurais peut-être perdu plus largement… » Puis, un peu plus tard : « Vous ne voulez pas que je pleure parce que Lille nous a battus ? » Mais en quittant le stade, Jean-Michel Aulas, furieux, lâche une phrase qui ressemble à une pierre dans le jardin de son entraîneur : « Je regrette qu'on n'ait pas forcément fait les bons choix. »

La semaine suivante, l'OL part à Saint-Tropez, pour fêter ce cinquième titre. Et dans une longue interview, sous le soleil du stade de Saint-Trop', alors que Fred est gardien, que Juninho et Cris sont coachs et que Patrice Bergues, sur le plateau d'OL TV installé derrière un but, tient le pari du délire pendant une demi-heure sans jamais tomber du fil de l'absurde, Gérard Houllier fait passer son message. On lui demande, bien sûr, s'il est difficile de travailler avec Jean-Michel Aulas. Et il pense tout de suite au match de Lille et à la petite phrase présidentielle : « C'est complètement différent de ce que j'ai eu l'habitude de vivre. C'est compliqué. En fait, par moments, c'est très, très facile ; et, par moments, c'est moins facile. C'est vraiment une méthode de travail différente. Mais la méthode marche. Ce que je n'aime pas *(il hésite)*... ce que je n'aime pas, ce sont ses réactions dans la presse. Quand il déclare qu'il regrette mes choix à Lille, je ressens une forme d'abandon alors que nous sommes champions de France avec plus de 80 points. C'est comme un chef d'entreprise qui ne soutient pas ses cadres. »

Mais les trois jours de fête à Saint-Tropez ne sont pas tendus. Il en émane une sensation de force collective, de ciment profond. Au cœur de la nuit, un joueur sur le départ nous glisse : « Cela me fait mal au cœur de partir. Quand je pense que je vais quitter ces mecs... » Bien sûr, les serments nocturnes une bière à la main ne passent pas toujours le cap du petit déjeuner mais il n'y a pas de doute : à ce moment-là de son histoire, l'OL est un groupe exceptionnel et une équipe aux ressorts collectifs considérables. En vacances dans la région, Michael Essien passe même dire bonjour, s'installant dans un coin de terrasse de la boîte de nuit que l'OL a louée ; mais son transfert agité à Chelsea, un an plus tôt, a laissé des traces et, si la majeure partie des joueurs viennent le saluer, le Ghanéen ne se mêle pas à la fête.

Réécrire l'histoire, forcément, pousse à quêter des signes. À partir de quand les choses sont-elles parties de travers ? Ce n'est pas pendant l'été 2006, a priori. L'OL fait son habituel marché français : Jérémy Toulalan (Nantes), Kim Källström (Rennes), Sébastien Squillaci (Monaco) et Alou Diarra (Lens) débarquent. Gérard Houllier est déjà perplexe sur ce dernier, recruté en dernière minute pour pallier le départ de Mahamadou Diarra au Real, au terme d'un feuilleton qui anime l'été. Le coach demande autour de lui : « Tu en penses quoi, d'Alou Diarra ? » Quand il pose la question, c'est pour valoriser son interlocuteur, éventuellement pour avoir son avis, définitivement pour faire passer le message de son scepticisme. Donc, il n'en voulait pas. Donc, c'est Bernard Lacombe qui était favorable à la venue du finaliste de la Coupe du monde.

Comme un an plus tôt, la première partie de la saison est une conquête. En Ligue 1, l'OL écrase le suspense et ses adversaires en prenant 46 points sur 54 possibles au cours des dix-huit premières journées. En Ligue des champions, après avoir tordu le Real (3-0) au bout de l'une des meilleures premières mi-temps de son histoire européenne, le club lyonnais bascule en tête de son groupe, invaincu. Il n'y a pas de nuages. Et s'il y en a, de jolis paravents les cachent, avec des soleils dessinés dessus.

Dans tout ce qui a provoqué la dégringolade du jeu, de l'ambiance et parfois des résultats, le mercato de l'hiver 2006-07 apparaît comme une explication recevable. Gérard Houllier agace le vestiaire en réclamant l'attaquant stéphanois Frédéric Piquionne et en obtenant finalement le Tchèque Milan Baros, échangé contre Carew avec Aston Villa. Pour faire face à la blessure d'Alou Diarra, il réclame un autre milieu défensif, et le Brésilien Fabio Santos débarque. Tout partirait de là ? Cela demeure difficile à croire. Mais il y a sans doute quinze explications à la chute, toutes valables à parts égales.

Les autres attaquants aimaient John Carew, et on les comprend : en dehors de son match stratosphérique à Madrid (2-2), où il a dansé sur le ventre de Fabio Cannavaro pendant quatre-vingt-dix minutes, faisant passer le Ballon d'Or 2006 pour un petit garçon, il n'était un concurrent pour personne, heureux de vivre, heureux de son statut de remplaçant et de ses progrès… au golf ! L'échange n'était pas illogique, loin de là, mais c'est sans doute le discours qui a davantage agacé le groupe.

Pourtant le vestiaire n'a pas, non plus, toujours raison. Et une partie des problèmes, aggravés par un mois de janvier 2007 difficile, sont partis du vestiaire lui-même, sans aide extérieure. La tristesse de Caçapa, en fin de contrat et écarté, a privé l'OL d'un leader, d'un capitaine. Les rapports des uns et des autres ont évolué ; la désunion progressive du clan brésilien n'a rien arrangé.

Alors, la raison principale vient peut-être de ce que les Lyonnais ont baissé leur garde. Ils ne s'attendaient pas à ce qui leur arrive, après leur défaite à Toulouse (0-2) le 13 janvier, refusant la réalité de leurs échecs après deux autres défaites, contre Bordeaux (1-2) et, en huitièmes de la Coupe de France, à Marseille (1-2). Le revers à Troyes (0-1), le 4 février, déclenche l'alarme : Lyon vient de perdre quatre fois en vingt-trois jours, après avoir perdu une seule fois en cinq mois de compétition. C'est le jour et la nuit. Et Lyon est au cœur de la nuit.

Mais l'alarme n'est pas nationale : l'OL a toujours 11 points d'avance. Simplement, le club lyonnais, avec le temps et les victoires, semble considérer la défaite sous un jour différent : il la voit comme un accident plutôt que comme une sanction et cite essentiellement des éléments exogènes – arbitrage, dureté du jeu de l'adversaire, qualité du terrain, manque de réussite – pour l'expliquer.

Lorsque le huitième de finale de C1 contre l'AS Roma (0-0, 0-2) arrive, l'OL n'a résolu aucun de ses problèmes. Trois jours avant le match retour, les Lyonnais ont joué cinquante minutes de haut niveau à Saint-Étienne (3-1), ce qui n'est sans doute pas une bonne idée. La défaite du stade Gerland (0-2) est une gifle considérable et absolue.

Après plusieurs saisons idylliques, le groupe rare que possédait l'OL a cessé de produire une équipe en ces semaines hivernales qui l'ont confronté à la défaite et à ses fragilités. Le désordre de son jeu et des intentions est le signe d'un désordre plus général et, probablement, de l'absence d'un pouvoir fédérateur dans le vestiaire comme sur le terrain.

Cette érosion de l'âme d'une équipe, face à l'usure du pouvoir et à l'émergence de stratégies individuelles, voire individualistes, était peu soupçonnable à l'automne 2006. Est-ce que ces problèmes ont provoqué les défaites, ou est-ce que ces défaites les ont révélés ? Le cas Cris est révélateur. Le défenseur brésilien est énervé, sort de ses gonds et de son rôle. Ses rapports avec Gérard Houllier sont difficiles. Il est l'un des premiers à lâcher mentalement face à la Roma, provoquant le déséquilibre et la désorganisation.

Après l'élimination européenne survient un autre échec, une autre déception, la finale de la Coupe de la Ligue perdue face à Bordeaux (0-1) au Stade de France. L'OL n'était pas redevenu une équipe dans l'intervalle. Et Cris, à la fin de la finale, va s'asseoir, vert de rage, sur son banc dans le vestiaire en lâchant : « Cette fois, je m'en vais ! Cela n'a rien à voir avec la défaite, mais je pars... » Lyon ne peut pas continuer comme ça.

Pendant toute cette période, Jean-Michel Aulas tient un discours positif et même positiviste. Parce qu'il est obsédé par l'entrée en Bourse ? Alors que son équipe peine sur le terrain, le président lyonnais gagne, lui, le grand combat économique de son mandat en accédant enfin au marché boursier.

Il avoue dans *France Football* : « Pour l'OL, entrer en Bourse équivalait à se donner les moyens d'avoir les mêmes possibilités que les grands clubs étrangers. Abramovitch a investi près de 500 millions d'euros à Chelsea. Dernièrement, Jean-Claude Blanc, le directeur général de la Juventus, me disait que la famille Moratti avait investi à l'Inter de Milan plus de 650 millions d'euros ces dernières années. Moi, je ne suis ni Abramovitch ni Moratti. En revanche, j'ai été élevé dans une famille d'enseignants qui a toujours eu le respect de l'argent et qui a toujours essayé de bien vivre, mais par elle-même. Or la meilleure façon de créer de la richesse, sans devoir rien à personne, c'est d'une part d'être performant économiquement, d'autre part d'accéder aux marchés financiers. La Bourse, c'était donc la condition sine qua non pour que l'OL puisse poursuivre. Il a fallu batailler et j'y ai passé cinq ans de ma vie. »

Au même moment, s'ébauche le projet d'« OL Land », un nouveau stade à construire dans la proche banlieue lyonnaise, à Décines. Ce complexe ultra moderne est officiellement présenté par Jean-Michel Aulas et Gérard Collomb, le maire de Lyon, le 20 septembre 2007 : ligne élégante et futuriste, 60 000 places, 35 manifestations par an (matches, concerts), un centre d'entraînement, un centre de loisirs, deux hôtels, des immeubles de bureau, le tout sur 50 hectares et pour 300 millions d'euros. Un bijou dont la date de livraison reste hypothétique, en raison de l'hostilité que lui vouent les riverains, mais surtout un projet qui définit une autre logique. « Tous les clubs qui gagnent la Coupe d'Europe sont propriétaires de stades de 40 000 à 90 000 places, plaide Aulas. Avec Gerland, on a un joli stade, qui a été restauré pour la Coupe du monde 1998, mais il est situé en zone Seveso, et les VIP mettent deux heures pour le quitter en voiture les soirs de match. Il nous faut donc un grand stade, moderne et fonctionnel. Je rêve quand je vois les enceintes anglaises. Je rêve aussi quand j'assiste au Mondial 2006 en Allemagne et que je découvre que leurs nouveaux stades ont permis aux clubs de passer de 20 000 à 40 000 spectateurs de moyenne. Si demain j'ai ce stade de 60 000 places dont je suis propriétaire, qui sera un monument fantastique, je renverrai forcément l'ascenseur à mon maire, président de la communauté urbaine, parce que le bijou se verra du monde entier. Je rendrai aussi service à l'OL qui pourra prétendre, au même titre que tous les grands clubs européens, à la victoire en Ligue des champions. Quand j'ai parlé de la Bourse il y a quelques années, on m'a dit non. Mais j'ai fini par y aller. Là, j'ai dit qu'il nous fallait un grand stade et on va le construire à l'endroit prévu, à Décines, même si certains laissent penser qu'on n'y arrivera pas. On aura peut-être du retard, mais il n'y a aucune raison de penser qu'on ne pourra pas inaugurer ce nouveau stade en juillet 2010. Concrétiser un projet de cette taille-là, c'est un combat de trois ans. J'ai mené un combat de cinq ans pour aller en Bourse et j'y suis arrivé en temps et en heure. Avis à ceux qui voudraient se mettre en travers de mon chemin ! »

La conclusion lui ressemble. Tout lui ressemble. Le discours est bien construit, séduisant, mais la dernière phrase ne laisse qu'une trace grinçante qui efface le reste. Il s'en fiche, sûrement.

Étrange concomitance : au moment où son rêve prend forme, le jeu et l'esprit de son équipe s'effondrent. Car très vite, dans la seconde partie de cette saison 2006-07, il suffit d'écouter ce qui se dit dans le vestiaire et dans sa proche région pour comprendre que Gérard Houllier ne pourra pas rester à la tête de l'OL. Le mauvais début d'année 2007 de l'équipe, des rapports difficiles avec la majeure partie de l'effectif et de son propre staff, ont contribué à l'isoler.

Dans les éléments à charge ne figurent pas, en revanche, les incidents qui l'ont opposé à Alou Diarra. Car dans cette affaire, l'entraîneur lyonnais est dans son rôle, et même dans son bon droit. Le premier incident survient pendant la causerie avant la finale de la Coupe de la Ligue. Constatant qu'il n'est pas dans le groupe, le finaliste du dernier Mondial renverse de rage le *paper board*, qui tombe dans un énorme vacarme. Le second incident, une semaine plus tard, survient lorsque Diarra refuse devant le reste du groupe de jouer en CFA. Houllier finit par lui lancer : « Tu peux chercher un club… » Et Diarra rétorque : « Ce n'est pas votre problème… »

Pendant la mise au vert qui suit, à Valenciennes, les joueurs ne parlent que de ça. Le soir du match nul à Nungesser (0-0), le samedi 7 avril, Jean-Michel Aulas cherche à savoir d'où est venue l'information, en vain, puis il évoque un article du jour portant sur l'avenir de l'entraîneur lyonnais, sujet sur lequel on ne l'avait pas fait intervenir : « La prochaine fois, appelez-moi, je vous dirai ce qu'il en est ! » Face à l'instabilité du vestiaire et aux rumeurs, le président veut faire passer, comme toujours, le message de la stabilité et valoriser le sixième titre à venir.

Une semaine plus tard, les relations sont plus tendues encore dans le vestiaire lyonnais. C'est ce qu'essayera d'exprimer Sidney Govou beaucoup plus tard, dans une interview à *Lyon Mag*, en regrettant que le club et Gérard Houllier aient décidé de starifier Juninho au détriment du groupe et en confirmant ce que le terrain montrait, à savoir que Lyon avait cessé d'être une équipe au sein de laquelle chacun faisait l'effort pour l'autre.

Et dans le staff, cela ne s'arrange pas. Deux longues réunions donnent une mesure du fossé qui s'est creusé. Dans la première, qui dure trois heures, les autres membres du staff expriment enfin ce qui ne va pas, reprochent à l'entraîneur lyonnais ses absences – après la défaite à Troyes (0-1), un dimanche soir, il n'est revenu à Lyon que le jeudi après-midi suivant –, pointent le manque de travail tactique, entre autres amabilités.

Gérard Houllier encaisse le coup, le temps de digérer. Il ne digère pas vraiment ; le lendemain il convoque tout le monde, crie à la trahison, s'adresse à ses adjoints, un par un : « Toi, je t'ai embauché… Toi, tu as prolongé ton contrat grâce à moi… » C'est son ami de collège, Patrice Bergues, qui finit par l'interrompre : « Gérard, arrête, ce sont de super mecs. S'ils avaient voulu te poignarder, ils l'auraient fait depuis longtemps… »

Mais, face à tous ces éléments, il est plus évident que jamais que Gérard Houllier ne pourra pas rester. C'est ce qu'on s'apprête à écrire, en détaillant dans la mesure du possible les raisons de cette impasse. Le matin même, à Tola-Vologe, en compagnie de Claude Chevally, on sonde l'entraîneur lyonnais sur le sujet en le prévenant du papier à venir, et d'une rumeur : son président aurait pris contact avec Alain Perrin.

Jean-Michel Aulas ayant promis de répondre sur le sujet, on le contacte via Olivier Blanc, le directeur de la com'. Le président nous rappelle et c'est un monument de communication ! Il faut toujours nier, c'est bien connu. Alors il évoque « des allégations invérifiables ». « Si je devais choisir entre Gérard Houllier et ceux qui parlent, mon choix serait vite fait ! Soit ceux qui parlent, dans le club, ne disent pas la vérité, soit vous interprétez ce qui se passe. Je ne crois pas ce que vous avancez. »

Quand on lui rétorque qu'on le soupçonne de vouloir maintenir le calme avant la fête du sixième titre, il répond : « Ce n'est pas le cas. Je vous assure que vous n'exprimez pas la réalité. C'est comme avec les joueurs. Qu'un certain nombre d'entre eux vivent mal le fait d'être sur le banc ou dans les tribunes, c'est normal. Mais de là à dire que le problème dépasse la normalité de tout club, je le conteste ! Je suis à l'intérieur, je sais ce qui se passe. » Il sait qu'il ment, mais cela lui est égal.

Gérard Houllier sera-t-il l'entraîneur de Lyon la saison prochaine ? » Bien évidemment ! Il sera toujours au club la saison prochaine. Je ne voudrais pas que vous laissiez planer l'ombre d'un doute. Ce que je vous dis est la réalité. Comment faut-il que je le dise ? J'engage mon honneur et ma responsabilité sur le fait qu'il soit là la saison prochaine et que le club continue à fonctionner comme on le fait depuis vingt ans. »

L'honneur et la responsabilité d'un président consistent, à ses yeux, à défendre l'institution au prix d'un mensonge. Ce jour-là, on l'interroge même sur des contacts qu'il aurait pris avec Alain Perrin et il répond : « C'est Gérard lui-même qui m'en a parlé. Quand il me l'a dit, je n'ai pas compris, j'ai pensé qu'il me parlait du Perrin de Saint-Étienne et je ne comprenais rien ! Pourquoi voudriez-vous que j'appelle un entraîneur alors que Gérard Houllier sera l'entraîneur de Lyon la saison prochaine ? Je n'ai même pas l'ombre d'une incertitude. Changer d'entraîneur maintenant ne serait pas dans le sens de l'histoire ni de nos habitudes. »

Évidemment, il va changer d'entraîneur. Évidemment, Perrin va arriver.

Il y a les menteurs à la petite semaine, les menteurs de peu d'imagination, les mesquins. Puis il y a Jean-Michel Aulas, menteur empanaché. Dans le mensonge, il y a longtemps que le président lyonnais a le niveau de la Ligue des champions. Mais si l'épisode confirme qu'il n'est jamais à un mensonge près, cela révèle aussi que Houllier a pris son téléphone pour l'appeler, immédiatement après nous avoir quittés, et le prévenir de ce qui se passait.

Ce n'est pas la première fois que Jean-Michel Aulas ment, même de bonne foi. Nous reviendrons ensemble sur cette histoire dans les premiers jours de juillet 2007, dans l'effervescence d'une alerte boursière autour de sa société, la Cegid, dont la cotation est suspendue face aux rumeurs de vente. Le rendez-vous avait été pris dans le cadre de la rédaction de cet ouvrage, le président lyonnais s'y tient, mais il lui faut alors être un maître du cloisonnement des métiers et de l'esprit pour se replonger dans les anecdotes de vingt années de présidence au moment où le marché s'affole.

Il se souvient parfaitement de cette intervention, la plus récente. « Je ne savais pas que Gérard allait partir. Ce que je pressentais, c'était que nous aurions une discussion financière, éventuellement. Mais je ne savais pas ce qui se passait dans le détail. » Il le savait et il le sait toujours à ce moment-là, bien sûr.

Il a seulement été surpris d'être entraîné dans la tourmente des six mois les plus inattendus de ses années de gloire. « C'était nouveau pour moi, avoue-t-il. Je crois que nous avons bien repris en main la situation, alors que bien peu l'auraient reprise en main. C'était une crise de croissance, pas si anodine. Il faut nous en servir pour rebondir vraiment si on l'a bien digérée, ce que je crois. »

Sur cet élan, c'est l'ensemble de la fin de saison lyonnaise qui est étrange et lourd. Il y a, bien sûr, l'affaire de Rennes. Le soir du match en retard contre l'équipe bretonne (0-0), les Lyonnais ont l'occasion de décrocher mathématiquement ce sixième titre de champions qui ne peut plus leur échapper ; ils la laissent filer, livrant un match affligeant du début à la fin, s'offrant aux sifflets, que Gérard Houllier ne digère pas, positivant ce résultat en levant les bras, serrant les poings comme si le titre venait d'être validé. Ce qui était faux, car seulement virtuel.

Dans les deux ou trois jours qui suivent émerge la rumeur. Il faudra attendre huit à dix jours pour connaître l'exacte vérité : la veille de ce Lyon-Rennes, dans les murs mêmes de l'hôtel *Sofitel* où ils étaient au vert, plusieurs joueurs lyonnais ont fait la fête et beaucoup de bruit jusqu'à une heure avancée de la nuit ; les voisins se sont plaints, notamment un diamantaire belge qui, ne parvenant pas à trouver le sommeil et n'obtenant pas la moindre réponse en frappant à la porte, a fait monter le concierge pour ouvrir avec un passe la porte de la chambre concernée et découvrir le chantier. On ne se voit pas avoir le moindre jugement moral sur l'affaire. Mais sportivement, la veille d'un match très attendu par le public, au cœur d'une saison devenue bancale, l'idée n'était pas fameuse. Détail croustillant : la suite en question avait été retenue par Sylvain Wiltord auprès d'OL Voyages... C'est cet élément qui vaudra à l'attaquant lyonnais une convocation et une mise à pied, plus tard. Le club cherchera à l'isoler sur cet incident, avec l'arrière-pensée d'une procédure de licenciement. Mais quelques joueurs, dont Sidney Govou, seront assez collectifs pour monter au créneau et en partager la responsabilité.

Compte tenu de ces circonstances, la nuit du sacre, le samedi 21 avril (33e journée) dans les salons de l'hôtel *Mercure* à Auxerre, est parfaitement loufoque. L'équipe lyonnaise ne doit jouer que le lendemain mais elle est mathématiquement sacrée devant la télévision par la défaite de Toulouse à Rennes (2-3). Et tout se voit. Les regards, les sourires, les fuites, les clans. Tout comme le considérable isolement de Gérard Houllier. Lorsque l'entraîneur demande aux journalistes cinq minutes de plus pour que son groupe puisse fêter cet accomplissement dans l'intimité, le seul cri qui accompagne le bruit des bouchons de champagne est un « bonne année ! » plein de dérision.

Après l'ouverture des portes du salon, Gérard Houllier, devant les caméras, porte ce toast amer : « On apprécie d'autant mieux ce titre qu'on a perdu 5-0 contre Rennes et qu'on était reléguables... » Puis, plus tard : « Si cela n'avait été que de moi, cela aurait été plus intime encore. Le titre, on l'a gagné mercredi dernier contre Rennes, mais les supporters n'en ont pas voulu. Le titre, on l'avait gagné à l'hôtel l'an passé. Cette saison, on l'a gagné sous les sifflets. » C'est sûr, cette saison ce n'était pas à l'hôtel, en tout cas pas au *Sofitel* la veille de Lyon-Rennes...

Le reste de la soirée est tout aussi étrange. On va passer plus de deux heures avec Gérard Houllier au bar, à refaire le monde et la saison lyonnaise : en cette soirée qui devrait être une fête, deux membres seulement de la délégation lyonnaise viendront le voir. L'entraîneur est toujours un homme seul. Un entraîneur isolé est deux fois plus seul.

Lyon est champion 2007, il ne reste plus qu'à attendre l'annonce du départ de Gérard Houllier. Elle survient le 25 mai, la veille de la dernière journée. Les hommages son réciproques, comme toujours. La capacité d'oubli fera le reste.

Trois mois plus tôt, Jean-Michel Aulas avait reconnu : « Avec les entraîneurs, je n'ai jamais rien fait dans la facilité. J'ai eu Raymond Domenech, qui a inspiré la politique lyonnaise, et j'en ai gardé de nombreux points de référence. J'ai eu Jean Tigana, avec lequel j'ai gardé de bonnes relations. Je suis même allé à Londres pour le défendre dans son procès avec Al-Fayed. J'ai eu Jacques Santini, qui nous a amené les premiers titres. J'ai eu Paul Le Guen, qui n'avait pas aussi bien réussi avant Lyon, ni après, mais qui peut faire revenir Paris au premier plan et j'en suis heureux. Ils ont tous des personnalités fortes. Si vous voulez être ambitieux, vous ne pouvez pas travailler avec des demi-tièdes. Plus vous prenez des risques sur ce plan, plus vous courez celui que cela ne dure pas longtemps. Mais je suis un pragmatique : j'essaie de mener mon projet avec les gens les plus compétents à l'instant donné. »

Au moment de fêter ses vingt ans de présidence, Jean-Michel Aulas a choisi, en concertation avec Jérôme Seydoux, son nouvel entraîneur, Alain Perrin. Celui qu'il confondait un peu plus tôt avec le milieu de terrain de Saint-Étienne, Loïc. Il a vendu ses quatre finalistes de la Coupe du monde (Éric Abidal à Barcelone, Florent Malouda à Chelsea, Alou Diarra à Bordeaux, Sylvain Wiltord à Rennes), un joueur majeur (Tiago à la Juventus), laissé partir son ancien capitaine qui ne jouait plus (Claudio Caçapa, à Newcastle), des joueurs formés au club en mal de temps de jeu (Jérémy Berthod à Monaco, Rémy Riou à Auxerre, Grégory Bettiol à Troyes). Les recrutements de Fabio Grosso, Nadir Belhadj, Mathieu Bodmer et Kader Keita dessinent un autre cycle. Les blessures longue durée de Grégory Coupet et de Cris rappellent qu'à ce point de l'histoire, la permanence de la conquête n'est pas automatique. Et les deux déroutes 0-3 de l'automne 2007, à Barcelone puis contre les Glasgow Rangers, inédites en Ligue des champions, sont là pour le rappeler.

Cela ne modifie pas la logique du club : au début, au milieu ou à la fin du cycle, l'OL doit au moins être champion de France. La Ligue des champions, c'est autre chose. C'est une quête. Et il arrive que les quêtes n'aient pas de fin.

ANNEXES

I. Palmarès de l'OL

Au 1er juillet 2007

CHAMPIONNAT DE FRANCE PROFESSIONNEL (D1 puis L1)

6 fois vainqueur : 2002, 2003, 2004, 2005, 2006, 2007.
2 fois deuxième : 1995, 2001.
4 fois troisième : 1974, 1975, 1999, 2000.

COUPE DE FRANCE

3 fois vainqueur : 1964, 1967, 1973.
3 fois finaliste : 1963, 1971, 1976.
2 fois demi-finaliste : 1956, 1998.
5 fois quart-finaliste : 1959, 1974, 2000, 2001, 2006.

COUPE DE LA LIGUE

1 fois vainqueur : 2001.
2 fois finaliste : 1996, 2007.

TROPHÉE DES CHAMPIONS

7 fois vainqueur : 1973, 2002, 2003, 2004, 2005, 2006, 2007.

CHAMPIONNAT DE FRANCE DE DEUXIÈME DIVISION (D2 puis L2)

3 fois vainqueur : 1951, 1954, 1989.

COUPES D'EUROPE

C1 – 3 fois quart-finaliste : 2004, 2005, 2006.
C2 – 1 fois demi-finaliste : 1964 ; 1 fois quart-finaliste : 1967.
C3 – 1 fois quart-finaliste : 1999.

HISTORIQUE DES ENTRAÎNEURS

Oscar HEISSERER (1950 à 1954)
Julien DARUI (1954)
Lucien TROUPEL (1955 à 1959)
Gaby ROBERT (1959 à 1961)
Manu FERNANDEZ (1961-62)
Lucien JASSERON (1962 à 1966)
Louis HON (1966 à 1968)
Aimé MIGNOT (1968 à 1976)
Aimé JACQUET (1976 à 1980)
Jean-Pierre DESTRUMELLE (1980-81)
Vladimir KOVACEVIC (1981-82)
Robert HERBIN (1982 à 1985)
Robert NOUZARET (1985 à 1987)
Denis PAPAS (1987-88)
Marcel LE BORGNE (1988)
Raymond DOMENECH (1988 à 1993)
Jean TIGANA (1993 à 1995)
Guy STÉPHAN (1995-96)
Bernard LACOMBE (1996 à 2000)
Jacques SANTINI (2000 à 2002)
Paul LE GUEN (2002 à 2005)
Gérard HOULLIER (2005 à 2007)
Alain PERRIN (2007 à ?)

HISTORIQUE DES PRÉSIDENTS

Armand GROSLEVIN (1950 à 1959)
Ferdinand MAILLET (1959 à 1965)
Édouard ROCHET (1965 à 1977)
Roger MICHAUX (1977 à 1981)
Jean PERROT (janvier 1981 à mai 1982)
Raymond RAVET (mai 1982 à janvier 1983)
Charles MIGHIRIAN (janvier 1983 à juin 1987),
Jean-Michel AULAS (1987 à ?)

II. L'OL en Championnats de France (D1 et L1, D2)

Chiffres arrêtés au 1er juillet 2007

1950-51

D2 : 1er sur 18 et champion de France (32 m., 50 pts, 23 g., 4 n., 5 p., 75 bp, 41 bc, +34).

ENTRAÎNEUR : Oscar Heisserer.

JOUEURS UTILISÉS : Dupraz (32 matches), Woehl (32), Grimonpont (31), Calligaris (30), Lergenmuller (30), Rolland (29), Tichy (29), Juillard (25), Stekiw (25), Jurilli (21), A. Rodriguez (20), Deligny (12), Scallon (11), Friedrich (9), Hatron (4), Maschio (4), Azzouz (3), Pajan (2), Marin (2), Heisserer (1).

BUTEURS : Dupraz (20 buts), Rolland (13), A. Rodriguez (10), Scallon (6), Woehl (5), Tichy (5), Stekiw (4), Calligaris (3), Friedrich (3), Juillard (2), Maschio (1). Buts c.s.c. (3).

1951-52

D1 : 17e sur 18 (20 pts, 34 m., 7 g., 6 n., 21 p., 38 bp, 78 bc, -40).

ENTRAÎNEUR : Oscar Heisserer.

JOUEURS UTILISÉS : Flamion (32 matches), Dupraz (31), Rolland (30), Grillon (29), S. Rodriguez (29), Bonvin (27), Lergenmuller (25), Juillard (25), Woehl (22), Ninel (21), L. Genet (16), Tichy (15), Lerond (14), A. Jurilli (14), Marin (9), A. Rodriguez (8), Friedrich (7), Ditto (5), Sarrin (5), E. Jurilli (4), Mattei (2), Heisserer (2), Calligaris (2).

BUTEURS : Dupraz (11 buts), Woehl (6), Flamion (5), Genet (5), Juillard (3), Grillon (2), S. Rodriguez (1), Rolland (1), Lerond (1), A. Rodriguez (1), Heisserer (1). But c.s.c. (1).

1952-53

D2 : 8e sur 18 (33 pts, 34 m., 12 g., 9 n., 13 p., 41 bp, 54 bc, -13).

ENTRAÎNEUR : Oscar Heisserer.

JOUEURS UTILISÉS : Bonvin (34 matches), Ninel (32), Schultz (32), Christiansen (30), Duval (29), Lerond (29), Cappon (27), A. Jurilli (25), L. Genet (22), Dewaquez (21), P.

Martinez (17), Miziazek (15), Samuel (14), J. Banguillot (11), Walter (8), Ch. Banguillot (7), Chérif (6), Marin (5), Sarrin (5), Tichy (3), Bossy (1), Marchangeli (1).
BUTEURS : Schultz (13 buts), Genet (5), Cappon (4), Christiansen (4), Martinez (4), Dewaquez (3), Sarrin (3), Bonvin (2), Ch. Banguillot (1), J. Banguillot (1), Walter (1).

1953-54

D2 : 1er sur 20 et champion de France (58 pts, 38 m., 25 g., 8 n., 5 p., 108 bp, 44 bc, +64).
ENTRAÎNEUR : Oscar Heisserer.
JOUEURS UTILISÉS : Duval (38 matches), Bonvin (37), Jensen (33), Schultz (32), Nowak (32), Lerond (27), Ninel (27), Hjalmarsson (26), Piatek (20), Habera (20), Dutto (19), Monnet (18), Palluch (17), Belver (11), Christiansen (11), Dechoux (11), Miziazek (10), Konrady (9), Genet (7), Manairaud (7), Sarrin (6).
BUTEURS : Schultz (23 buts), Jensen (14), Hjalmarsson (14), Habera (11), Christiansen (8), Dechoux (6), Palluch (6), Konrady (5), Sarrin (5), Ninel (3), Belver (3), Manairaud (3), Nowak (2), Monnet (2), Genet (2), Bonvin (1).

1954-55

D1 : 12e sur 18 (33 pts, 34 m., 12 g., 9 n., 13 p., 54 bp, 63 bc, -9).
ENTRAÎNEURS : Oscar Heisserer (19 matches), puis Julien Darui (15 m.).
JOUEURS UTILISÉS : Lerond (34 matches.), Bonvin (34), Ninel (32), Jensen (31), Fatton (29), Hjalmarsson (25), Nowak (23), Schultz (23), Farmanian (19), Knayer (19), Duval (17), Alberto (16), Nunge (12), Konrady (12), Ramon (10), Antonio (9), Dutto (8), Mihoubi (8), Sarrin (5), Monnet (3), J. Maneiro (2), L. Genet (1), Marin (1), Pi. Sinibaldi (1).
BUTEURS : Fatton (14 buts), Schultz (10), Hjalmarsson (9), Jensen (6), Farmanian (3), Nowak (2), Ramon (2), Ninel (1), Konrady (1), Antonio (1), Sarrin (1), Genet (1). Buts c.s.c. (3).

1955-56

D1 : 8e sur 18 (37 pts, 34 m., 15 g., 7 n., 12 p., 50 bp, 49 bc, +1).
ENTRAÎNEUR : Lucien Troupel.
JOUEURS UTILISÉS : Alberto (34 matches), Knayer (33), Schultz (33), Mouynet (32), Antonio (31), Fatton (31), Lerond (30), Nowak (30), Ramon (27), Konrady (23), Ninel (23), Kermali (18), Farmanian (16), Mignot (9), Kotula (1), Monnet (1), Salem (1), Sarrin (1).
BUTEURS : Schultz (15 buts), Fatton (11), Antonio (7), Ramon (7), Kermali (3), Konrady (2), Knayer (2), Lerond (1), Ninel (1), Farmanian (1).

1956-57

D1 : 12e sur 18 (30 pts, 34 m., 13 g., 4 n., 17 p., 45 bp, 53 bc, -8).
ENTRAÎNEUR : Lucien Troupel.
JOUEURS UTILISÉS : Antonio (33 matches), Knayer (32), Schultz (32), Mouynet (31), Mignot (31), Beetschen (28), Cossou (27), Fatton (23), Nowak (22), Kermali (22), Ninel (19), Costantino (17), Daniel (13), Lerond (13), Moresco (12), Salem (11), Solakian (6), Le Borgne (1), Hernandez (1).
BUTEURS : Schultz (10 buts), Cossou (9), Fatton (8), Moresco (3), Antonio (3), Knayer (2), Nowak (2), Costantino (2), Salem (1), Kermali (1), Daniel (1), Mouynet (1). Buts c.s.c. (2).

1957-58

D1 : 8e sur 18 (35 pts, 34 m., 13 g., 9 n., 12 p., 51 bp, 53 bc, -2).

ENTRAÎNEUR : Lucien Troupel.

JOUEURS UTILISÉS : Mignot (32 m.), Mouynet (32), Antonio (31), Levandowicz (30), Cossou (29), Beetschen (28), Costantino (27), Lerond (27), Moresco (25), Kermali (25), Dutto (25), Ninel (21), Salem (14), Monnet (9), Abderrazak (8), Hugues (6), Le Borgne (4), Daniel (1).

BUTEURS : Moresco (10), Cossou (10), Kermali (9), Levandowicz (8), Abderrazak (4), Salem (3), Antonio (2), Mouynet (2), Costantino (2). But c.s.c. (1).

1958-59

D1 : 9e sur 20 (39 pts, 38 m., 16 g., 7 n., 15 p., 62 bp, 68 bc, -6).

ENTRAÎNEUR : Lucien Troupel.

JOUEURS UTILISÉS : Mignot (36 m.), Cossou (35), Lerond (35), Mouynet (34), Costantino (33), Levandowicz (30), Daniel (30), Ninel (29), Dalla Cieca (28), Antonio (22), Le Borgne (20), Beetschen (18), Manolios (15), Dutto (14), Salen (10), Steibel (9), L. Gardon (7), J. Djorkaeff (5), Sabathier (5), R. Gardon (3).

BUTEURS : Cossou (16), Costantino (10), Levandowicz (10), Dalla Cieca (5), Salen (4), L. Gardon (4), J. Djorkaeff (3), Steibel (2), Antonio (2), Mouynet (1), Ninel (1), Daniel (1). Buts c.s.c. (3).

1959-60

D1 : 16e sur 20 (31 pts, 38 m., 10 g., 11 n., 17 p., 41 bp, 52 bc, -11).

ENTRAÎNEUR : Gaby Robert.

JOUEURS UTILISÉS : Grobarcik (38 m.), Mignot (35), Ninel (35), Antonio (34), Daniel (33), Salen (31), Hugues (30), Dalla Cieca (25), Sbroglia (29), Bossy (24), Njo Lea (22), J. Djorkaeff (16), Marteleur (11), Devlaeminck (10), Solas (9), Le Borgne (9), Beetschen (8), Combin (6), L. Gardon (4), Dutto (3), R. Gardon (1), Rivoire (1).

BUTEURS : Njo Lea (9), Salen (8), Daniel (5), J. Djorkaeff (4), Antonio (3), Dalla Cieca (3), Marteleur (2), Devlaeminck (2), L. Gardon (2), Combin (1). Buts c.s.c. (2).

1960-61

D1 : 15e sur 20 (34 pts, 38 m., 13 g., 8 n., 17 p., 60 bp, 71 bc, -11).

ENTRAÎNEUR : Gaby Robert.

JOUEURS UTILISÉS : Mignot (38 m.), Grobarcik (38), Roubaud (37), Combin (36), Camilla (33), Desgeorges (33), Daniel (32), Hugues (27), Njo Lea (27), A. Rambert (26), Solas (23), Aubour (11), Viala (10), Ninel (8), Di Nallo (7), Salen (7), Cristobal (6), J. Djorkaeff (5), R. Gardon (5), Bossy (4), Duffez (2), L. Gardon (2), Rivoire (1).

BUTEURS : Combin (15), Njo Lea (14), A. Rambert (10), Roubaud (7), Daniel (7), Desgeorges (2), Di Nallo (1), J. Djorkaeff (1), Salen (1). Buts c.s.c. (2).

1961-62

D1 : 16e sur 20 (33 pts, 38 m., 13 g., 7 n., 18 p., 57 bp, 62 bc, -5).

ENTRAÎNEUR : Manu Fernandez.

JOUEURS UTILISÉS : A. Rambert (37 m.), Duffez (37), Mignot (36), Le Borgne (35), Di Nallo (34), Desgeorges (34), Hugues (32), Combin (31), Salen (26), Hatchi (22), Viala (21), T. Polak (20), Rivoire (15), Roubaud (15), J. Djorkaeff (14), Sabathier (3), Beetschen (2), Camilla (2), Aubour (1), Njo Lea (1).

BUTEURS : Di Nallo (18), Combin (13), Rambert (10), Hatchi (4), Rivoire (3), Desgeorges (2), J. Djorkaeff (2), Salen (1), Roubaud (1). Buts c.s.c. (3).

1962-63

D1 : 5e sur 20 (43 pts, 38 m., 15 g., 13 n., 10 p., 52 bp, 41 bc, +11).
ENTRAÎNEUR : Lucien Jasseron.
JOUEURS UTILISÉS : Aubour (37 m.), Desgeorges (37), Mignot (37), Novak (37), T. Polak (34), Hatchi (31), Combin (30), Di Nallo (30), Le Borgne (30), A. Rambert (30), J. Djorkaeff (23), Nurenberg (20), Linder (17), Rivoire (10), Akelian (4), Bossy (4), Duffez (4), Viala (2), Beetschen (1).
BUTEURS : Combin (16), Di Nallo (10), Rambert (5), Nurenberg (4), J. Djorkaeff (3), Novak (3), Rivoire (3), Desgeorges (2), Hatchi (2), Le Borgne (1), Linder (1), T. Polak (1).

1963-64

D1 : 4e sur 18 (39 pts, 34 m., 15 g., 9 n., 10 p., 58 bp, 53 bc, +5).
ENTRAÎNEUR : Lucien Jasseron.
JOUEURS UTILISÉS : Mignot (34 m.), T. Polak (33), Aubour (32), J. Djorkaeff (30), Combin (28), Hatchi (28), A. Rambert (28), Le Borgne (27), Desgeorges (23), Di Nallo (23), Dumas (22), Taberner (21), Rivoire (15), Bossy (12), Duffez (6), Moundi (5), Glyzinski (3), Beetschen (2), Pélisson (1), Viala (1).
BUTEURS : Combin (23), Di Nallo (10), Dumas (9), A. Rambert (6), Hatchi (3), Taberner (3), Rivoire (2), Moundi (1), Le Borgne (1).

1964-65

D1 : 6e sur 18 (36 pts , 34 m., 13 g., 10 n., 11 p., 46 bp, 50 bc, -4).
ENTRAÎNEUR : Lucien Jasseron.
JOUEURS UTILISÉS : Aubour (34 m.), Di Nallo (34), Mignot (34), T. Polak (33), A. Rambert (32), J. Djorkaeff (31), Hatchi (30), Le Borgne (29), Margottin (28), Desgeorges (27), Bruey (20), Rivoire (11), Glycinski (9), Nouzaret (9), Traba (8), Dumas (3), Revillard (2).
BUTEURS : Di Nallo (13), Bruey (9), Hatchi (5), A. Rambert (5), Margottin (4), J. Djorkaeff (3), Dumas (3), Le Borgne (2), Nouzaret (1), Rivoire (1). But c.s.c. (1).

1965-66

D1 : 16e sur 20 (33 pts, 38 m., 12 g., 9 n., 17 p., 43 bp, 56 bc, -13).
ENTRAÎNEUR : Lucien Jasseron.
JOUEURS UTILISÉS : Aubour (38 m.), Di Nallo (37), A. Rambert (37), Mignot (36), T. Polak (36), J. Djorkaeff (31), Teisseire (31), Le Borgne (29), Traba (27), Margottin (25), Bruey (24), Desgeorges (24), Nouzaret (20), Glycinski (9), Dumas (6), Moundi (4), Prost (2), G. Bernard (1), Pistilli (1).
BUTEURS : Di Nallo (15), Traba (10), A. Rambert (6), Margottin (4), J. Djorkaeff (2), Bruey (1), Dumas (1), Le Borgne (1), Prost (1), Teisseire (1). But c.s.c. (1).

1966-67

D1 : 15e sur 20 (34 pts, 38 m., 10 g., 14 n., 14 p., 40 bp, 56 bc, -16).
ENTRAÎNEUR : Louis Hon.
JOUEURS UTILISÉS : Di Nallo (37 m.), Maison (36), Perrin (34), Glycinski (31), A. Rambert (31), Rocco (31), Schwinn (25), Nouzaret (24), Le Borgne (24), Desgeorges (23), Lhomme (22), Zewulko (19), Chauveau (19), Pin (13), R. Blanc (11), Kuffer (11), Palka

(8), T. Polak (7), Navacchi (4), Moundi (3), Mignot (3), Lavorel (2).
BUTEURS : Di Nallo (14), Perrin (8), A. Rambert (4), Maison (4), Schwinn (2), Pin (2), Le Borgne (2), R. Blanc (1), Nouzaret (1). Buts c.s.c. (2).

1967-68

D1 : 12e sur 20 (36 pts, 38 m., 12 g., 12 n., 14 p., 53 bp, 51 bc, +2).
ENTRAÎNEUR : Louis Hon.
JOUEURS UTILISÉS : Di Nallo (37 m.), A. Rambert (37), Guy (35), Schwinn (34), Rocco (32), Chauveau (32), Le Borgne (30), Kuffer (27), Maison (27), Nouzaret (24), Pin (21), Lhomme (21), Desgeorges (21), Lekkak (20), Flohic (15), Glycinski (13), Żewulko (6), Prost (5), Bouassa (2).
BUTEURS : Di Nallo (18), Guy (16), A. Rambert (6), Lekkak (5), Pin (3), Schwinnn (1), Maison (1). Buts c.s.c. (3).

1968-69

D1 : 9e sur 18 (32 pts, 34 m., 13 g., 6 n., 15 p., 53 bp, 51 bc, +2).
ENTRAÎNEUR : Aimé Mignot.
JOUEURS UTILISÉS : Chauveau (34 m.), A. Rambert (30), Guy (30), Lekkak (30), Lhomme (28), Perrin (28), Maison (27), Nouzaret (27), Le Borgne (25), Lycinski (25), Flohic (22), Desgeorges (21), Popluhar (19), Félix (12), Kuffer (11), Prost (9), Di Nallo (4), Thomas (2), Ravier (1).
BUTEURS : Guy (25), Lekkak (12), Perrin (7), Maison (2), Félix (2), A. Rambert (1), Prost (1), Desgeorges (1), Glycinski (1). But c.s.c. (1).

1969-70

D1 : 15e sur 18 (28 pts, 34 m., 12 g., 4 n., 18 p., 57 bp, 78 bc, -21).
ENTRAÎNEUR : Aimé Mignot.
JOUEURS UTILISÉS : Chiesa (32 m.), Perrin (31), Chauveau (30), A. Rambert (28), Ravanello (28), Prost (28), N. Rambert (27), Guy (27), Popluhar (27), Baeza (26), Di Nallo (22), Lhomme (22), Flohic (12), Ravier (11), Valette (10), Yacoubian (7), Chevat (6), Lacombe (5), Conrath (4), Felix (2), Izquierdo (1), Mujica (1).
BUTEURS : Guy (17), Di Nallo (13), N. Rambert (9), Guy (5), Perrin (4), A. Rambert (3), Baeza (1), Lhomme (1), Lacombe (1), Popluhar (1), Prost (1), Ravier (1).

1970-71

D1 : 7e sur 20 (40 pts, 38 m., 14 g., 12 n., 12 p., 51 bp, 51 bc, 0).
ENTRAÎNEUR : Aimé Mignot.
JOUEURS UTILISÉS : Chauveau (38 m.), R. Domenech (37), Baeza (37), Di Nallo (36), A. Perrin (36), Mihajlovic (35), Chiesa (33), Ravier (33), Prost (30), Lhomme (28), Coluna (19), Guy (18), Félix (17), Valette (14), Clopin (7), Cacchioni (4), Lacombe (3), Ravanello (1), Thiry (1).
BUTEURS : Di Nallo (21), Guy (6), Chiesa (6), Ravier (4), Félix (3), Baeza (3), Coluna (2), R. Domenech (2), A. Perrin (2), Prost (1). But c.s.c. (1).

1971-72

D1 : 5e sur 20 (45 pts , 38 m., 18 g., 9 n., 11 p., 58 bp, 45 bc, +13).
ENTRAÎNEUR : Aimé Mignot.
JOUEURS UTILISÉS : Chauveau (38 m.), Di Nallo (38), Chiesa (37), Mihajlovic (37), Ravier

(36), Lacombe (36), Baeza (33), R. Domenech (32), Prost (28), Trivic (26), Lhomme (26), Cacchioni (21), Valette (12), Ravanello (9), A. Domenech (8), Maillard (6), Thiry (3), Crolle (2).
BUTEURS : Lacombe (19), Di Nallo (17), Chiesa (7), Prost (4), Ravier (3), Trivic (2), Baeza (2), Valette (1), R. Domenech (1), Lhomme (1). But c.s.c. (1).

1972-73

D1 : 13e sur 20 (35 pts, 38 m., 14 g., 7 n., 17 p., 62 bp, 67 bc, -5).
ENTRAÎNEUR : Aimé Mignot.
JOUEURS UTILISÉS : Chauveau (38 m.), R. Domenech (38), Ravier (37), Lacombe (35), Lhomme (35), Mihajlovic (35), Di Nallo (33), Chiesa (32), Baeza (30), Trivic (29), Prost (25), Cacchioni (23), Thiry (22), Maillard (8), A. Domenech (2), Baldassara (2), Crolle (2), Valette (2), Berger (1).
BUTEURS : Lacombe (23), Di Nallo (17), Chiesa (6), Ravier (5), Baeza (3), Maillard (3), Berger (2), Thiry (1), Prost (1). But c.s.c. (1).

1973-74

D1 : 3e sur 20 (55 pts dont 8 de bonus, 38 m., 18 g., 11 n., 9 p., 64 bp, 51 bc, +13).
ENTRAÎNEUR : Aimé Mignot.
JOUEURS UTILISÉS : Chauveau (38 m.), Chiesa (35), Mariot (35), Baeza (34), Di Nallo (32), Lacombe (31), Lhomme (31), Ravier (31), Mihajlovic (28), R. Domenech (27), Cacchioni (25), I. Maneiro (23), Jacquet (15), Maillard (13), Valette (13), A. Domenech (13), Thiry (4), Berger (3), Asnar (2), Garradier (2).
BUTEURS : Chiesa (15), Di Nallo (13), Lacombe (13), Maillard (5), Maneiro (5), Mariot (5), Ravier (3), Jacquet (2), A. Domenech (1), Cacchioni (1). But c.s.c. (1).

1974-75

D1 : 3e sur 20 (48 pts dont 5 de bonus, 38 m., 16 g., 11 n., 11 p., 64 bp, 53 bc, +11).
ENTRAÎNEUR : Aimé Mignot.
JOUEURS UTILISÉS : Chauveau (38 m.), Cacchioni (38), Mihajlovic (36), I. Maneiro (36), R. Domenech (35), Chiesa (31), Bernad (30), Maillard (30), Valette (30), Lacombe (27), Lhomme (27), Mariot (24), A. Domenech (22), Di Nallo (9), Jacquet (7), Baldassara (6), B. Ferrigno (5), Thiry (2), Chazal (1), Zuang (1).
BUTEURS : Lacombe (17), Chiesa (14), Maillard (7), Bernad (5), Mariot (5), I. Maneiro (4), Valette (3), R. Domenech (3), Cacchioni (2), Di Nallo (2), B. Ferrigno (1). But c.s.c. (1).

1975-76

D1 : 16e sur 20 (37 pts dont 4 de bonus, 38 m., 13 g., 7 n., 18 p., 55 bp, 61 bc, -6).
ENTRAÎNEURS : Aimé Mignot (23 m.), puis Aimé Jacquet (15 m.).
JOUEURS UTILISÉS : R. Domenech (36 m.), Chiesa (36), Jodar (34), Mariot (33), Cacchioni (32), Bernad (29), I. Maneiro (26), Garrigues (25), Valette (25), Mihajlovic (24), Maillard (24), Chemier (23), Baldassara (20), Lacombe (16), De Rocco (15), Delestre (13), Lanthier (11), B. Ferrigno (7), Paillot (5), Lhomme (4).
BUTEURS : Chiesa (18), Maillard (11), Bernad (5), Lacombe (5), Mariot (4), I. Maneiro (4), B. Ferrigno (4), Baldassara (2), Delestre (2).

1976-77

D1 : 6e sur 20 (44 pts, 38 m., 17 g., 10 n., 11 p., 54 bp, 47 bc, +7).
ENTRAÎNEUR : Aimé Jacquet.
JOUEURS UTILISÉS : Chiesa (38 m.), De Rocco (38), Mihajlovic (38), Lacombe (36), R. Domenech (34), Paillot (33), Jodar (28), Bernad (28), Cacchioni (28), Broissart (27), Marais (22), Mariot (22), Spiegel (18), Olio (16), Delestre (14), Maroc (11), Garrigues (10), G. Genet (6), Lanthier (5), Cornet (2), Pilloud (1).
BUTEURS : Lacombe (21), Chiesa (13), Bernad (5), Spiegel (5), Broissart (3), Mariot (2), R. Domenech (2), Genet (1), Olio (1), Mihajlovic (1). But c.s.c. (1).

1977-78

D1 : 17e sur 20 (31 pts, 38 m., 12 g., 7 n., 19 p., 56 bp, 59 bc, -3).
ENTRAÎNEUR : Aimé Jacquet.
JOUEURS UTILISÉS : Jodar (37 m.), Chiesa (37), De Rocco (34), Olio (33), Lacombe (33), J. Gallice (30), Ravier (29), J.-M. Martinez (27), Desbouillons (27), Spiegel (25), Aleksic (24), Paillot (22), Marais (21), Broissart (16), Garrigues (16), G. Genet (11), Xuereb (10), Bernad (9), Russail (8), R. Domenech (7), Maroc (6), Attar (5), Gibert (4), Baldassara (3).
BUTEURS : Lacombe (23), Chiesa (10), J. Gallice (6), Spiegel (4), Aleksic (2), Broissart (2), Bernad (2), Attar (1), Jodar (1), Marais (1), Martinez (1), Olio (1), Ravier (1), Xuereb (1).

1978-79

D1 : 7e sur 20 (40 pts, 38 m., 15 g., 10 n., 13 p., 53 bp, 56 bc, -3).
ENTRAÎNEUR : Aimé Jacquet.
JOUEURS UTILISÉS : Chauveau (37 m.), Chiesa (36), Tigana (36), Jodar (35), J. Gallice (34), Maroc (31), Valadier (30), Desbouillons (29), Aleksic (28), Olio (27), G. Genet (25), Xuereb (24), Marais (22), Carrié (20), Paillot (18), Garrigues (17), Ravier (10), B. Ferrigno (9), J.-M. Martinez (6), De Rocco (1).
BUTEURS : Chiesa (9), Maroc (8), Valadier (6), J. Gallice (6), Xuereb (4), G. Genet (4), Carrié (3), Tigana (3), Olio (2), Martinez (2), Desbouillons (1), B. Ferrigno (1), Jodar (1). Buts c.s.c. (3).

1979-80

D1 : 18e sur 20 (29 pts, 38 m., 10 g., 9 n., 19 p., 43 bp, 65 bc, -22).
ENTRAÎNEUR : Aimé Jacquet.
JOUEURS UTILISÉS : Chauveau (38 m.), J. Muller (37), Desbouillons (34), Tigana (33), Olio (33), Chiesa (29), Valadier (28), Xuereb (28), Zivaljevic (28), Paillot (27), Marais (26), J.-M. Martinez (24), Monteilh (20), Lubin (17), Bruno (16), Bandera (15), Amouret (14), G. Genet (14), Carrié (5), O. Roussey (1).
BUTEURS : Xuereb (10), Valadier (8), Tigana (5), Zivaljevic (4), Martinez (3), Bandera (3), Desbouillons (3), Chiesa (2), Amouret (1), Carrié (1), J. Muller (1), Olio (1). Buts c.s.c. (2).

1980-81

D1 : 6e sur 20 (41 pts, 38 m., 14 g., 13 n., 11 p., 70 bp, 54 bc, +16).
ENTRAÎNEUR : Jean-Pierre Destrumelle.
JOUEURS UTILISÉS : Chauveau (38 m.), Furlan (38), Chiesa (36), A. Ferri (35), Moizan (35), Tigana (35), Nikolic (34), Xuereb (33), Marais (29), Olio (25), Lubin (23), J.

Muller (19), Maroc (17), Fournier (15), Bruno (8), Vargoz (6), Desbouillons (5), Ph. N'Dioro (2), Solomenko (2).
BUTEURS : Nikolic (21), Chiesa (9), Maroc (9), Xuereb (7), Tigana (7), Moizan (7), Lubin (5), Olio (2), Desbouillons (1), A. Ferri (1), Marais (1).

1981-82

D1 : 16e sur 20
(32 pts, 38 m., 13 g., 6 n., 19 p., 38 bp, 46 bc, -8).
ENTRAÎNEURS : Jean-Pierre Destrumelle (19 m.), puis Vladimir Kovacevic (19 m.).
JOUEURS UTILISÉS : Furlan (38 m.), Boissier (36), Chiesa (36), Olio (36), Topalovic (36), Nikolic (35), A. Ferri (33), Lubin (32), Moizan (32), Vargoz (30), Émon (30), Desvignes (21), Fournier (17), Gianetta (15), Spadiny (7), Monteilh (5), Ph. N'Dioro (5), Fréchet (3), Chauveau (2), Bruno (1), Solomenko (1).
BUTEURS : Nikolic (14), Lubin (5), Émon (5), Moizan (3), Chiesa (3), Gianetta (2), Boissier (1), Monteilh (1), Ph. N'Dioro (1), Olio (1), Spadiny (1). But c.s.c. (1).

1982-83

D1 : 19e sur 20 et relégué (28 pts, 38 m., 11 g., 6 n., 21 p., 57 bp, 77 bc, -20).
ENTRAÎNEURS : Vladimir Kovacevic (25 m.), puis Robert Herbin (13 m.).
JOUEURS UTILISÉS : Domergue (38 m.), Topalovic (36), A. Ferri (35), Millot (33), Olio (33), Zambelli (33), Fournier (32), Bocchi (30), Émon (30), Nikolic (30), Pasqualetti (30), Chiesa (27), Ph. N'Dioro (21), Vargoz (19), Desvignes (16), Spadiny (14), Gagneux (2), Raymond (2).
BUTEURS : Émon (12), Domergue (8), Nikolic (8), N'Dioro (5), Fournier (4), Olio (4), A. Ferri (3), Chiesa (3), Bocchi (1), Millot (1), Pasqualetti (1), Zambelli (1). Buts c.s.c. (6).

1983-84

D2, groupe A : 3e sur 19 (47 pts, 36 m., 17 g., 13 n., 6 p., 55 bp, 26 bc, +29).
ENTRAÎNEUR : Robert Herbin.
JOUEURS UTILISÉS (*) : A. Ferri (37 m.), L. Fournier (37), Boucher (36 m.), Olio (36), Topalovic (36), Zambelli (36), Bocchi (32), Nikolic (32), Ph. N'Dioro (31), Fréchet (29), Spadiny (23), O. Bernard (19), Pasqualetti (18), Philip (14), Gagneux (8), Nono (6), Raymond (1), Vargoz (1).
BUTEURS (*) : Nikolic (19), N'Dioro (9), Spadiny (8), Fréchet (5), L. Fournier (4), Zambelli (3), A. Ferri (2), O. Bernard (1), Bocchi (1), Olio (1), Pasqualetti (1), Nono (1). But c.s.c. (1).
(*) Ces chiffres tiennent compte du barrage Racing CP - Lyon (3-1, a.p.)

1984-85

D2, groupe B : 7e sur 18 (35 pts, 34 m., 13 g., 9 n., 12 p., 40 bp, 38 bc, +2).
ENTRAÎNEURS : Robert Herbin (27 m.), puis Robert Herbin et André Ferri (7 m.).
JOUEURS UTILISÉS : Bocchi (34 m.), A. Ferri (33), Zambelli (32), L. Fournier (31), Boucher (29), Larios (27), Nono (26), Rouyer (25), Fréchet (23), Lacuesta (22), Nikolic (20), Spadiny (20), Topalovic (20), F. Durix (15), Raymond (14), Sevcenko (8), Bex (6), Canton (4), Philip (4), O. Bernard (3), Decruz (2), Génésio (2), Garde (1), C. Polak (1).

BUTEURS : Nikolic (6), Bocchi (5), F. Durix (5), Fournier (4), Spadiny (4), Rouyer (4), Nono (3), Lacuesta (2), Fréchet (2), Zambelli (2), Larios (1), A. Ferri (1), Sevcenko (1).

1985-86

D2, groupe A : 3e sur 18 (40 pts, 34 m., 14 g., 12 n., 8 p., 47 bp, 31 bc, +16).
ENTRAÎNEUR : Robert Nouzaret.
JOUEURS UTILISÉS (*) : F. Durix (35 m.), L. Fournier (34), Sadi Wa (33), Topalovic (34), Boucher (31), Nono (31), A. Ferri (29), Fréchet (26), Olio (26), Spadiny (24), Rouyer (20), Sevcenko (19), Philip (15), Bocchi (15), Goursat (13), Génésio (10), Fugier (6), Squaglia (6), Constantinian (3), Guichard (3), Benstiti (1), Breton (1), Gauge (1), Solomenko (1).
BUTEURS (*) : Durix (11), Sadi Wa (10), Spadiny (9), Rouyer (6), A. Ferri (4), L. Fournier (4), Fréchet (2), Bocchi (1), Sevcenko (1).
(*) Ces chiffres tiennent compte du barrage Mulhouse-OL (2-1).

1986-87

D2, groupe B : 2e sur 18 (48 pts, 34 m., 19 g., 10 n., 5 p., 71 bp, 28 bc, +43).
ENTRAÎNEUR : Robert Nouzaret.
JOUEURS UTILISÉS (*) : Orts (36 m.), Fréchet (35), N'Domba (35), L. Fournier (34), Remark (34), F. Durix (34), Robin (34), Priou (33 dont 1 comme gardien), Fugier (32), Nono (28), Bajeot (29), Topalovic (21), Havet (16), Goursat (15), Breton (15), A. Ferri (6), Génésio (5), Sevcenko (3), Sadi Wa (2), Constantinian (2).
BUTEURS (*) : Orts (21), Priou (12), Remark (10), F. Durix (10), N'Domba (6), L. Fournier (4), Goursat (3), Fréchet (3), Bajeot (3), Fugier (2), Nono (2).
(*) Ces chiffres tiennent compte des barrages OL-Mulhouse (4-3) et Cannes-OL (1-0, 1-1).

1987-88

D2, groupe A : 2e sur 18 (44 pts, 34 m., 18 g., 8 n., 8 p., 65 bp, 44 bc, +21).
ENTRAÎNEURS : Robert Nouzaret (13 m.), puis Denis Papas (12 m.), puis Marcel Le Borgne (9 m.).
JOUEURS UTILISÉS (*) : Orts (36 m.), Valke (35), Zago (34), Lemasson (32), Fugier (30), Cabanel (30), Kabongo (30), Corian (29), L. Fournier (29), N'Domba (28), Priou (25), Fréchet (26), F. Durix (20), Havet (17), Bajeot (15), Alliel (12), Nono (10), Breton (5), Gauge (2), Sevcenko (2), Benstiti (1), Garde (1), Ngotty (1).
BUTEURS (*) : Orts (20), Kabongo (17), N'Domba (7), Priou (6), F. Durix (5), Valke (4), Zago (3), L. Fournier (2), Fréchet (2), Cabanel (1). Buts c.s.c. (2).
(*) Ces chiffres tiennent compte des barrages OL-Mulhouse (4-0) et OL-Caen (2-1, 0-2).

1988-89

D2, groupe B : 1er sur 18 et champion de France (68 pts, 34 m., 19 g., 11 n., 4 p., 66 bp, 22 bc, +44).
ENTRAÎNEUR : Raymond Domenech.
JOUEURS UTILISÉS (*) : Fugier (36 m.), Lemasson (36), Bouafia (34), Colin (34), Garde (34), Génésio (33), Garcia (32), Ngotty (32), Kabongo (30), Zago (25), Knapp (23), Lassagne (21), Benstiti (15), Roche (15), Fréchet (12), Corian (10), Cabanel (8), Benyahia (7), Guichard (4), D. Durix (3).
BUTEURS (*) : Kabongo (22), Garcia (11), Bouafia (10), Colin (7), Garde (6), Roche (3), Benyahia (2), Génésio (2), Benstiti (1), Fugier (1), Guichard (1), Ngotty (1), Zago (1). Buts c.s.c. (2).
(*) Ces chiffres tiennent compte de la finale de D2 contre Mulhouse (2-1, 2-1).

1989-90

D1 : 8e sur 20 (39 pts, 38 m., 14 g., 11 n., 13 p., 43 bp, 41 bc, +2).
ENTRAÎNEUR : Raymond Domenech.
JOUEURS UTILISÉS : Fugier (38 m.), Lemasson (37), Génésio (35), Bes (34), Bouafia (32), Garde (31), Lassagne (28), Ngotty (28), F. Brisson (28), Colin (28), Garcia (27), Kabongo (26), Roche (21), Corian (20), Baré (17), Knapp (11), Mc Carthy (10), Billong (6), Debrosse (4), Ferez (1), Forêt (1), J. Sutter (1).
BUTEURS : Kabongo (12), Brisson (7), Génésio (5), Bouafia (5), Garcia (4), Garde (3), Baré (3), Billong (1), Colin (1), Fugier (1), Mc Carthy (1).

1990-91

D1 : 5e sur 20 (41 pts, 38 m., 15 g., 11 n., 12 p., 39 bp, 44 bc, -5).
ENTRAÎNEUR : Raymond Domenech.
JOUEURS UTILISÉS : Rousset (38 m.), Ngotty (37), Bouafia (37), Génésio (36), Fugier (34), Colin (30), Knapp (30), Masson (28), Billong (27), Garde (24), Cabanas (24), Bouderbala (21), Lassagne (20), Roche (20), Corian (19), Bursac (17), Debrosse (12), Bes (7), Taborda (7), Ferez (2), Chavrondier (1).
BUTEURS : Cabanas (9), Masson (5), Bouderbala (4), Bouafia (4), Garde (3), Génésio (3), Ngotty (2), Roche (2), Debrosse (2), Bursac (2), Colin (1). Buts c.s.c. (2).

1991-92

D1 : 16e sur 20 (31 pts, 38 m., 10 g., 11 n., 17 p., 25 bp, 39 bc, -14).
ENTRAÎNEUR : Raymond Domenech.
JOUEURS UTILISÉS : Fugier (37 m.), Ngotty (36), Fernandez Leal (34), Bouderbala (33), Rousset (31), Génésio (29), Billong (28), Bouafia (25), Garde (24), Bursac (24), Debrosse (24), Masson (19), Lassagne (16), Roche (16), Knapp (15), Deplace (14), Baré (14), Ben Mabrouk (13), Pfannkuch (11), Breton (7), Bes (7), Rivenet (6), Chavrondier (4), Cabanas (3), Anselmini (1).
BUTEURS : Bouderbala (6), Bouafia (5), Bursac (3), Roche (2), Billong (2), Fernandez Leal (2), Rivenet (1), Ngotty (1), Masson (1), Génésio (1), Garde (1).

1992-93

D1 : 14e sur 20 (33 pts, 38 m., 9 g., 15 n., 14 p., 40 bp, 45 bc, -5).
ENTRAÎNEUR : Raymond Domenech.
JOUEURS UTILISÉS : L. Delamontagne (37 m.), Gava (37), Ngotty (36), Garde (33), Deplace (30), Debbah (29), Flachez (29), Rousset (29), Péan (27), Rivenet (26), Fugier (25), Billong (25), Abou (23), P. Ferri (15), Maurice (13), Masson (12), Breton (9), Debrosse (9), Génésio (7), Anselmini (4), Bes (4), Fernandez Leal (4), Moulin (3), Colacicco (2), Bardon (1).
BUTEURS : Garde (9), Debbah (8), Gava (8), L. Delamontagne (4), Ngotty (3), Billong (2), Abou (1), Flachez (1), Fugier (1), Maurice (1). Buts c.s.c. (2).

1993-94

D1 : 8e sur 20
(42 pts, 38 m., 17 g., 8 n., 13 p., 38 bp, 40 bc, -2).
ENTRAÎNEUR : Jean Tigana.
JOUEURS UTILISÉS : Gava (36 m.), Ngotty (36), Olmeta (36), Roy (36), Amoros (34), Deplace (34), Debrosse (33), Abedi Pelé (29), Maurice (28), Abou (27), L. Delamontagne (26), Debbah (22), Marcelo (21), Flachez (18), Billong (16), Rivenet

(14), Roche (12), Laville (8), Chavrondier (4), Bes (3), Breton (3), Moulin (3), Colacicco (2).
BUTEURS : Maurice (7), Debbah (5), Roche (4), Roy (3), Abedi Pelé (3), Abou (3), Gava (2), Rivenet (1), Flachez (1), Deplace (1), L. Delamontagne (1), Amoros (1), Marcelo (1). Buts c.s.c. (2).

1994-95

D1 : 2e sur 20 (69 pts, 38 m., 19 g., 12 n., 7 p., 56 bp, 38 bc, +18).
ENTRAÎNEUR : Jean Tigana.
JOUEURS UTILISÉS : Olmeta (37 m.), Roy (37), Deplace (36), Gava (35), Ngotty (35), Maurice (34), Sassus (33), Amoros (32), Roche (30), Debbah (29), Laville (28), L. Delamontagne (23), Marcelo (19), Paille (16), Rivenet (14), Bardon (12), Anselmini (9), Flachez (8), Giuly (8), Abou (7), Billong (5), Breton (1), Génésio (1).
BUTEURS : Maurice (15), Gava (9), Debbah (6), Roche (6), Paille (4), Roy (3), Ngotty (3), Amoros (2), Bardon (2), L. Delamontagne (2), Rivenet (2), Sassus (1). But c.s.c. (1).

1995-96

D1 : 11e sur 20 (48 pts, 38 m., 10 g., 18 n., 10 p., 41 bp, 41 bc, 0).
ENTRAÎNEUR : Guy Stéphan.
JOUEURS UTILISÉS : Roy (38 m.), Olmeta (36), Maurice (36), Giuly (36), Sassus (34), Marcelo (33), Deplace (33), Assadourian (30), Laville (28), Roche (23), Deguerville (22), Anselmini (22), Bardon (18), Devaux (17), Casanova (15), Chavrondier (14), Bak (13), Gava (13), Rivenet (13), Moulin (11), Patouillard (9), Fouret (5), Bellisi (3), Breton (3), Abou (1).
BUTEURS : Maurice (19), Giuly (4), Roche (3), Roy (3), Assadourian (2), Chavrondier (2), Gava (2), Bellisi (1), Casanova (1), Fouret (1), Patouillard (1). Buts c.s.c. (2).

1996-97

D1 : 8e sur 20 (60 pts, 38 m., 16 g., 12 n., 10 p., 59 bp, 50 bc, +9).
ENTRAÎNEURS : Guy Stéphan (14 m.), puis Bernard Lacombe (24 m.).
JOUEURS UTILISÉS : Giuly (37 m.), Marcelo (35), Gava (34), Deplace (33), Bak (33), Caveglia (32), Anselmini (31), Cocard (30), Deguerville (28), Bardon (28), Laville (27), Patouillard (23), Olmeta (22), Devaux (22), Sassus (21), Linares (16), Coupet (15), Maurice (14), Fouret (13), Casanova (12), Bellisi (3), Charpenet (2), Fiorèse (2), Breton (1), Bassila (1).
BUTEURS : Caveglia (19), Giuly (16), Gava (8), Bardon (6), Cocard (4), Maurice (3), Deplace (1), Laville (1), Fouret (1).

1997-98

D1 : 6e sur 18 (53 pts, 34 m., 16 g., 5 n., 13 p., 39 bp, 37 bc, +2).
ENTRAÎNEUR : Bernard Lacombe.
JOUEURS UTILISÉS : Delmotte (32 m.), Cocard (31), Coupet (31), Laville (29), Violeau (29), Caveglia (28), Linares (26), Anselmini (25), Bardon (24), Carteron (22), Job (22), Bassila (21), Uras (20), Bak (19), Giuly (19), Kanouté (18), Pedros (15), Bravo (14), Fouret (11), H. Fournier (11), Nadon (5), Charpenet (4), Roche (3), Malbranque (2), Bellisi (1), Morestin (1), M. Senoussi (1).
BUTEURS : Caveglia (10), Kanouté (6), Job (5), Bravo (4), Bardon (3), Cocard (3), Carteron (2), Pedros (2), Bassila (1), Delmotte (1), Fouret (1), Giuly (1).

1998-99

D1 : 3e sur 18 (63 pts, 34 m., 18 g., 9 n., 7 p., 51 bp, 31 bc, +20).

ENTRAÎNEUR : Bernard Lacombe.

JOUEURS UTILISÉS : Coupet (34 m.), Dhorasoo (34), Carteron (31), Violeau (30), Caveglia (29), Delmotte (29), Laville (29), Linares (28), H. Fournier (27), Cocard (26), Bak (25), Grassi (24), Bassila (22), Malbranque (21), Job (19), Bréchet (15), Uras (15), Kanouté (9), S. Blanc (5), Devaux (5), Hellebuyck (2), Ouerdi (1).

BUTEURS : Caveglia (17), Grassi (6), Job (6), Cocard (4), Linares (3), Violeau (3), Bak (2), Dhorasoo (2), Kanouté (2), Bassila (1), Carteron (1), Delmotte (1). Buts c.s.c. (3).

1999-2000

D1 : 3e sur 18 (56 pts, 34 m., 16 g., 8 n., 10 p., 45 bp, 42 bc, +3).

ENTRAÎNEUR : Bernard Lacombe.

JOUEURS UTILISÉS : Coupet (34 m.), Vairelles (33), S. Anderson (32), Dhorasoo (32), Carteron (31), Violeau (31), Laville (28), Linares (28), Malbranque (28), Delmotte (26), S. Blanc (24), H. Fournier (20), Bak (18), Laigle (18), Bréchet (16), Uras (16), Caveglia (13), Devaux (13), Kanouté (13), Govou (4), Hellebuyck (1), A. Hugues (1).

BUTEURS : S. Anderson (23), Vairelles (6), Malbranque (3), S. Blanc (2), Carteron (2), Delmotte (2), Laigle (2), Bak (1), Caveglia (1), Kanouté (1), Violeau (1). But c.s.c. (1).

2000-2001

D1 : 2e sur 18 (64 pts, 34 m., 17 g., 13 n., 4 p., 57 bp, 30 bc, +27).

ENTRAÎNEUR : Jacques Santini.

JOUEURS UTILISÉS : Coupet (32 m.), Violeau (32), Marlet (31), P. Müller (30), S. Anderson (29), Govou (28), Bréchet (27), Dhorasoo (27), Chanelet (26), Malbranque (26), Foe (25), Laigle (25), Edmilson (24), Linares (23), Deflandre (20), Delmotte (18), Vairelles (15), Laville (9), S. Blanc (6), Caçapa (6), Bak (5), A. Hugues (3), Loko (2), Ribeiro (1).

BUTEURS : S. Anderson (22), Marlet (12), Govou (5), Dhorasoo (3), Vairelles (3), Delmotte (2), Malbranque (2), Caçapa (1), Chanelet (1), Edmilson (1), Foe (1), Laigle (1), P. Müller (1), Violeau (1). But c.s.c. (1).

2001-2002

D1 : 1er sur 18 et champion de France (66 pts, 34 m., 20 g., 6 n., 8 p., 62 bp, 32 bc, +30).

ENTRAÎNEUR : Jacques Santini.

JOUEURS UTILISÉS : Coupet (34 m.), Violeau (34), P. Müller (30), Govou (29), Juninho (29), Bréchet (28), Carrière (27), Laigle (27), Linares (27), Delmotte (26), S. Anderson (25), Luyindula (21), Deflandre (21), Chanelet (19), Foe (18), Née (18), Edmilson (18), Caçapa (15), Laville (13), Marlet (5), Bak (1), Bergougnoux (1), Hauw (1).

BUTEURS : S. Anderson (14), Govou (10), Luyindula (6), Delmotte (5), Juninho (5), Violeau (4), Carrière (3), Foe (2), Laigle (2), Née (2), Bak (1), Chanelet (1), Marlet (1). Buts c.s.c. (6).

2002-2003

L1 : 1er sur 20 et champion de France (68 pts, 38 m., 19 g., 11 n., 8 p., 63 bp, 41 bc, +22).

ENTRAÎNEUR : Paul Le Guen.

JOUEURS UTILISÉS : Carrière (37 m.), Dhorasoo (37), Caçapa (36), Coupet (35), P. Müller (35), Luyindula (33), Bréchet (31), Juninho (31), Violeau (31), Govou (29), M. Diarra

(28), Edmilson (26), S. Anderson (24), Deflandre (22), Delmotte (18), Vairelles (15), Chanelet (14), Balmont (9), Née (8), Laville (5), Hauw (3), Puydebois (2), Touré (2), Vercoutre (2), Montoya (1).
BUTEURS : Juninho (13), S. Anderson (12), Luyindula (11), Govou (7), Carrière (6), Dhorasoo (2), Vairelles (2), Caçapa (2), Laville (1), Née (1), Chanelet (1), Delmotte (1), M. Diarra (1), Violeau (1).

2003-2004

L1 : 1er sur 20 et champion de France (79 pts, 38 m., 24 g., 7 n., 7 p., 64 bp, 26 bc, +38).
ENTRAÎNEUR : Paul Le Guen.
JOUEURS UTILISÉS : Luyindula (37 m.), Edmilson (36), P. Müller (36), Coupet (35), Malouda (35), Essien (34), Juninho (32), Dhorasoo (31), Réveillère (31), Carrière (28), Deflandre (27), M. Diarra (27), Elber (27), Berthod (26), Govou (26), Caçapa (15), Viale (12), Bergougnoux (11), Gomez (6), Sartre (3), Clément (2), Puydebois (2), Vercoutre (2), Delmotte (1).
BUTEURS : Luyindula (16), Elber (10), Juninho (10), Dhorasoo (4), Malouda (4), Essien (3), Govou (3), Carrière (2), Edmilson (2), P. Müller (2), Réveillère (1), M. Diarra (1), Caçapa (1), Viale (1).

2004-2005

L1 : 1er sur 20 et champion de France (79 pts, 38 m., 22 g., 13 n., 3 p., 56 bp, 22 bc, +34).
ENTRAÎNEUR : Paul Le Guen.
JOUEURS UTILISÉS : Essien (37 m.), Malouda (37), Govou (36), Cris (33), M. Diarra (33), Réveillère (33), Frau (32), Juninho (32), Nilmar (32), Coupet (31), Abidal (29), Wiltord (25), Bergougnoux (24), Berthod (22), Caçapa (21), Diatta (19), Clément (18), Ben Arfa (9), Puydebois (7), Benzema (6), Elber (3), Balmont (2), Viale (2).
BUTEURS : Juninho (13), Govou (8), Frau (7), Malouda (5), Essien (4), Bergougnoux (4), Vris (3), Wiltord (3), Nilmar (2), M. Diarra (2), Balmont (1), Clément (1), Caçapa (1).

2005-2006

L1 : 1er sur 20 et champion de France (84 pts, 38 m., 25 g., 9 n., 4 p., 73 bp, 31 bc, +42).
ENTRAÎNEUR : Gérard Houllier.
JOUEURS UTILISÉS : Coupet (37 m.), Cris (36), Govou (35), Wiltord (35), Juninho (32), Fred (31), Malouda (31), M. Diarra (31), Tiago (29), Carew (26), Caçapa (26), Pedretti (21), Réveillère (20), Monsoreau (19), Berthod (16), Clément (15), Abidal (14), Clerc (14), Diatta (13), Benzema (13), P. Müller (12), Ben Arfa (12), Frau (4), Vercoutre (2).
BUTEURS : Fred (14), Wiltord (12), Juninho (9), Carew (8), Malouda (6), Govou (5), Tiago (5), Cris (3), M. Diarra (3), Pedretti (2), Caçapa (2), Berthod (1), Benzema (1), P. Müller (1).

2006-2007

L1 : 1er sur 20 et champion de France (81 pts, 38 m., 24 g., 9 n., 5 p., 63 bp, 27 bc, +36).
ENTRAÎNEUR : Gérard Houllier.
JOUEURS UTILISÉS : Malouda (35 m.), Abidal (33), Coupet (33), Källström (33), Cris (32), Toulalan (32), Juninho (31), Réveillère (30), Govou (28), Squillaci (28), Tiago

(27), Wiltord (22), Benzema (21), Clerc (21), Fred (20), A. Diarra (15), Ben Arfa (13), Baros (12), Berthod (10), P. Müller (10), Carew (9), Fabio Santos (8), Caçapa (6), Rémy (6), Vercoutre (5), Bettiol (4), M. Diarra (2).
BUTEURS : Fred (11), Malouda (10), Juninho (10), Benzema (5), Wiltord (5), Baros (4), Cris (4), Tiago (4), Källström (3), Squillaci (3), Ben Arfa (1), Carew (1), A. Diarra (1), Govou (1). But c.s.c. (1).

Ils ont joué avec le FC Lyon en 1933-34, première équipe lyonnaise en Championnat de France professionnel (D2) :

BETCHLICH Jacques, BOLLIET Émile, BUGNONE Jean, DELAUNEY, FERLAY, GALLOS Lajos, GARIN Antoine, GONZALES Benedicto, HUET Ernest, LIMBECK Jules, MAAMAR, NEGRO, REYNAUD Casimir, TOTH, VOVARD Émile.

Ils ont joué avec une équipe Lyonnaise (FC Lyon, LOU ou Lyon-Lyonnais) en Championnat de France professionnel entre 1942 et 1950, soit avant la naissance de l'OL :

AYLAGUAS Félicien (ESP, 1944 à 1948 et 1949-50), AZZOUZ Mohamed (1945 à 1950), BASSON Louis (1948 à 1950), BELVER Jean (1942 à 1947), BERBETTE Roland (1946-47), BLANC (1942-43), BOITOUT Henri (1942-43 et 1947 à 1950), BOSSERT Frédéric (1945-46), BRUHIN Ferdinand (SUI, 1942-43), BRUNET Louis (1946-47), CALLIGARIS Aridex (ITA, 1942 à 1944 et 1945-46), CÉDRAN (1942-43), CHAPUIS (1942 à 1944 et 1949-50), CIONINI Georges (1944-45), CROLLE Eugène (1945 à 1947), DANKO Imre (HON, 1947-48), DE CECCO Jean (1945-46 et 1947 à 1950), DE CECCO Walter (1944-45 et 1948-49), DELÉGLISE Roger (1944 à 1946), DEWAQUEZ Raymond (1948-49), DUHAMEL Jean (1947 à 1949) DUPRAZ Georges (1949-50), FERRAND Gilbert (1946 à 1948), FERRIER Pierre (1948 à 1950), FLAMANG Christophe (1942-43 et 1944-45), FRANCESCHI Dominique (1947 à 1949), FUCHS Philippe (SUI, 1945-46), GARREC (1942-43), GENTILIN (1948-49), GÉRARD Alfred (1943 à 1947), GORENSTEIN Abraham (ROU, 1949-50), GRIMONPONT Jacques (1948 à 1950), HATRON Georges (1949-50), HEISSERER Oscar (1949-50), JARRETT James (ANG, 1942-43 et 1944-45), JELINEK Joseph (AUT, 1946 à 1948), KAUCSAR Alfred (ROU, 1942 à 1946 et 1948-49), KELLER Curt (1947 à 1949), LAUER Jean (1949-50),LECLERC (1942-43), LORIOS Pierre (1944 à 1948), LORRAIN Robert (1944-45), LOUIS Xercès (1947 à 1949), LOZIA René (1947 à 1949), MANOLA Pierre (YOU, 1946-47), MARIN Paul (1948 à 1950), MASCHIO Virginio (ESP, 1948 à 1950), MEYNIEU Guy (1947 à 1949), MUSIAL Stanis (1947-48), PERSINI Gianco (1948-49), PILETTE Maurice (1949-50), POLLACK Gustave (1942-43), RUFF Dominique (1942-43 et 1948-49), RUFFINO (1942-43), SCALLON Hector (1949 à 1951), SCHMITT Roland (1942 à 1946), SCHWARTZ Elek (ROU, 1942-43), STRASS (1942-43), STROZYK Joseph (1942 à 1946), SUPRINA Yvan (YOU, 1944-45 et 1946-47), TAMINI Jean (SUI, 1942-43 et 1944-45), THUASNE Jean (1948-49), TICHY Anton (TCH, 1949-50), VAN DEN ABELLE Robert (1945-46), VASSEUR André (1945-46), VÉNÉZIANO Jean (1945-46), VIORA Édouard (1947-48), WIERZBOLEWICZ Pierre (1946-47), WIESCHALLER Roch (1945 à 1948), WYFFELS Jacques (1945 à 1947), ZOCCA Albert (1944 à 1948).

III. L'OL en Coupes nationales

Chiffres arrêtés au 1er septembre 2007

L'OL EN COUPE DE FRANCE

1950-51

7e tour : LYON – Vichy : 2-1 (Pajan [2]).
32es : Toulon – LYON : 2-0.

1951-52

32es : LYON – Besançon : 2-0 (Calligaris [2]).
16es : Strasbourg – LYON : 1-1, a.p. (Woehl) ;
16e rejoué : Strasbourg – LYON : 6-1 (Dupraz).

1952-53

7e tour : LYON – Châteauroux : 3-1 (Bonvin, Banguillot, Cappon).
32es : LYON – Saint-Malo : 7-0 (Schultz [4], Genet [2], Dewaquez).
16es : LYON – Draguignan : 0-0, a.p. ;
16e rejoué : LYON – Draguignan : 6-0 (Dewaquez [2], Cappon, Christiansen, Bonvin, Martinez).
8es : Grenoble – LYON : 2-1 (Bonvin).

1953-54

7e tour : LYON – Ajaccio : 10-0 (Schultz [4], Sarrin [2], Habera [2], Christiansen, Hjalmarsson).
32es : LYON – Saint-Étienne : 3-0 (Genet, Ninel, Belver).
16es : Troyes – LYON : 5-2 (Jensen [2]).

1954-55

32es : LYON – Cannes : 3-2 (Fatton [2], Sarrin).
16es : LYON – Sedan : 0-0, a.p. ;
16e rejoué : LYON – Sedan : 2-1 (Fatton, Jensen).
8es : Nice – LYON : 5-3 (Jensen, Ramon, Hjalmarsson).

1955-56

32es : LYON – Delle : 10-0 (Schultz [2], Fatton [2], Ramon [2], Konrady [2], Antonio [2]).

16es : LYON – Red Star : 1-0 (Schultz).
8es : LYON – AS Brest : 5-1 (Schultz [2], Novak, Ramon, Mouynet).
1/4 : LYON – Nice : 3-0 (Schultz, Kermali [2]).
1/2 : Sedan – LYON : 1-0.

1956-57
32es : LYON – Giraumont : 5-1 (Schultz [2], Moresco [2], Fatton).
16es : LYON – Nantes : 2-2, a.p. (Schultz [2]);
16e rejoué : LYON – Nantes : 4-1 (Cossou, Constantino, Fatton).
8es : Nice – LYON : 1-0.

1957-58
32es : LYON – Blénod : 3-1 (Antonio, Moresco, Lewandowicz).
16es : LYON – Lille : 2-1 (Kermali, Cossou).
8es : Reims – LYON : 2-0.

1958-59
32es : LYON – La Voulte : 4-0 (Lewandowicz [3], Constantino).
16es : LYON – Bully-les-Mines : 4-0 (Cossou [2], Dalla Cieca, Constantino).
8es : LYON – Reims : 3-1 (Cossou [2], Dalla Cieca).
1/4 : Rennes – LYON : 3-2 (Dalla Cieca, Cossou).

1959-60
32es : LYON – Sochaux : 4-0 (Daniel, Marteleur, Dalla Cieca, Njo Lea).
16es : Monaco – LYON : 2-1 (Salem).

1960-61
32es : LYON – Grenoble : 2-1 (Grobarcik, Njo Lea).
16es : LYON – Angers : 1-1, a.p. (J. Djorkaeff) ;
16e rejoué : LYON – Angers : 4-2 (Combin [2], A. Rambert, Degeorges).
8es : RC Paris – LYON : 3-1 (Njo Lea).

1961-62
32es : LYON – Revel : 3-2 (Di Nallo [2], Polak).
16es : Béziers – LYON : 1-0, a.p.

1962-63
32es : LYON – Épinal : 4-0 (Degeorges, Novak, J. Djorkaeff, Nurenberg).
16es : LYON – Stade Français : 2-1, a.p. (Di Nallo, Nurenberg).
8es : LYON – OM : 2-1 (Polak, Di Nallo).
1/4 : LYON – Sedan : 1-0 (Di Nallo).
1/2 : LYON – Toulon : 3-1 (Combin [2], Di Nallo).
Finale : Monaco – LYON : 0-0, a.p. ;
F. rejouée : Monaco – LYON : 2-0.

1963-64
32es : LYON – Nîmes : 2-1 (Combin, Di Nallo).
16es : LYON – Forbach : 2-0 (Combin [2]).
8es : LYON – Cherbourg : 3-0 (A. Rambert [2], Combin).
1/4 : LYON – Lens : 2-1 (Combin, Di Nallo).
1/2 : LYON – Valenciennes : 2-0 (Combin, Di Nallo).

Finale : LYON – Bordeaux : 2-0 (Combin [2]).

1964-65

32es : Toulon – LYON : 1-0.

1965-66

32es : LYON – Blois : 3-2 (Bruey [2], Dumas).
16es : LYON – Besançon : 0-0, a.p. ;
16e rejoué : LYON – Besançon : 1-1, a.p. (Dumas) ;
16e rejoué : LYON – Besançon : 1-0 (Traba).
8es : Toulouse – LYON : 2-0.

1966-67

32es : LYON – Saint-Dizier : 3-1 (Perrin, Maison, Glyzinski).
16es : LYON – Saint-Étienne : 2-0 (Di Nallo, A. Rambert).
8es : LYON – Rouen : 1-0 (Glyzinski).
1/4 : LYON – Angers : 1-0 (Rocco).
1/2 : LYON – Angoulême : 3-3, a.p. (Di Nallo [2], Palka) ;
1/2 rejouée : LYON – Angoulême : 1-1, a.p. (A. Rambert) ;
1/2 rejouée : LYON – Angoulême : 1-1, a.p. (Di Nallo) ;
LYON qualifié au tirage au sort.
Finale : LYON – Sochaux : 3-1 (A. Rambert, Perrin, Di Nallo).

1967-68

32es : LYON – Sète : 1-0 (Guy).
16es : LYON – Toulon : 1-0 (Di Nallo).
8es : Quevilly – LYON : 1-0.

1968-69

32es : LYON – Nancy : 2-0 (A. Rambert, Redin c.s.c.).
16es : LYON – Valenciennes : 3-1 (Guy, Lhomme, Perrin).
8es : Angers – LYON : 1-0 ;
LYON – Angers : 2-1 (Guy [2]) ;
M. d'appui : Angers – LYON : 3-1 (Guy).

1969-70

32es : LYON – Aix-en-Provence : 1-0 (Guy).
16es : LYON – Champigny-Coeuilly : 3-0 (Guy [3]).
8es : Rennes – LYON : 3-2 (Ravier, Guy) ;
LYON – Rennes : 1-1 (Guy).

1970-71

32es : LYON – Bourges : 1-0, a.p. (Di Nallo).
16es : LYON – Cuiseaux-Louhans : 2-1 (Perrin, Di Nallo).
8es : Saint-Étienne – LYON : 2-0 ;
LYON – Saint-Étienne : 3-0 (Di Nallo [3]).
1/4 : LYON – Dunkerque : 3-1 (Félix [2], Di Nallo) ;
Dunkerque – LYON : 2-3 (Félix [2], Di Nallo).
1/2 : Sochaux – LYON : 0-1 (Ravier) ;
LYON – Sochaux : 1-1 (Félix).
Finale : Rennes – LYON : 1-0.

1971-72

32es : Stade Brestois – LYON : 2-0.

1972-73

32es : LYON – Noeux-les-Mines : 3-1 (Lacombe [2], Chiesa).
16es : LYON – RC Paris : 2-1 (Di Nallo, Lacombe).
8es : LYON – Bordeaux : 3-0 (Lacombe, Trivic, Di Nallo) ;
Bordeaux – LYON : 3-1 (Di Nallo).
1/4 : Marseille – LYON : 1-0 ;
LYON – Marseille : 4-0 (Lacombe [2], Baeza, Chiesa).
1/2 : Avignon – LYON : 1-0 ;
LYON – Avignon : 4-1 (Lhomme, Baeza, Trivic, Lacombe).
Finale : LYON – Nantes : 2-1 (Trivic, Lacombe).

1973-74

32es : LYON – Chalon/Saône : 4-1 (Jacquet, Maneiro, Lacombe [2])
16es : Troyes – LYON : 2-2 (Mariot, Maneiro) ;
LYON – Troyes : 2-0 (Chiesa [2]).
8es : Cannes – LYON : 1-2 (Lacombe, Domenech) ;
LYON – Cannes : 5-1 (Di Nallo, Cacchioni, Maneiro, Mariot, Baeza).
1/4 : LYON – Sochaux : 4-2 (Maillard [2], Ravier, Di Nallo) ;
Sochaux – LYON : 2-0.

1974-75

32es : Reims – LYON : 2-1, a.p. (Lacombe).

1975-76

32es : LYON – Saint-Symphorien : 9-0 (Jodar [2], Chiesa [2], Lacombe [2], Maillard, Cacchioni, Delestre).
16es : LYON – Brest : 0-3 (Chiesa [2], Maneiro) ;
Brest – LYON : 2-1 (Mariot).
8es : Lille – LYON : 0-2 (Lacombe [2]) ;
LYON – Lille : 4-0 (Lacombe [2], Bernad [2]).
1/4 : Paris-SG – LYON : 1-1 (Lacombe) ;
LYON – Paris-SG : 2-0 (Chiesa, Lacombe).
1/2 : LYON – Metz : 2-0 (Chiesa, Bernad).
Finale : Marseille – LYON : 2-0.

1976-77

32es : Gueugnon – LYON : 1-0.

1977-78

32es : Gazéléc Ajaccio – LYON : 0-0, 3-1 t.a.b..

1978-79

32es : LYON – Cannes : 3-0 (Tigana, Chiesa [2]).
16es : LYON – Montpellier : 1-1 (Carrié) ;
Montpellier – LYON : 3-0.

1979-80

32es : Angoulême – LYON : 0-0, 4-2 t.a.b..

1980-81

32es : Martigues – LYON : 1-1, 5-4 t.a.b. (Tigana).

1981-82

32es : LYON – Strasbourg : 1-0 (Chiesa).

16es : Saint-Brieuc – LYON : 0-2 (Nikolic, Olio) ;
LYON – Saint-Brieuc : 4-2 (Nikolic [3], Moizan).
8es : Bastia – LYON : 2-0 ;
LYON – Bastia : 3-2 (Furlan, Émon, Nikolic).

1982-83

32es : LYON – Sochaux : 3-2 (Bocchi, N'Dioro, Nikolic).
16es : RC Paris – LYON : 0-0 ;
LYON – RC Paris : 3-0 (Nikolic, Émon, Pasqualetti).
8es : Tours – LYON : 2-0 ;
LYON – Tours : 3-2 (Fournier, Nikolic, Domergue).

1983-84

7e tour : Norcap Grenoble – LYON : 1-2, a.p. (Nikolic, Pasqualetti).
8e tour : Vauban – LYON : 0-2 (Fournier, Spadiny).
32es : LYON – Red Star : 2-1 (Nikolic, Pasqualetti).
16es : Thonon – LYON : 1-1 (N'Dioro) ;
LYON – Thonon : 1-0 (Fournier).
8es : Nantes – LYON : 0-0 ;
LYON – Nantes : 4-4 (Fournier, N'Dioro, Fréchet, A. Ferri).

1984-85

7e tour : LYON – L'Étrat : 5-0 (Sevcenko, Durix [2], Spadiny, Rouyer).
8e tour : Sundhoffen – LYON : 0-4 (Bocchi, Durix [2], Lacuesta).
32es : Brest – LYON : 3-1 (Larios).

1985-86

7e tour : Givors – LYON : 0-9 (Spadiny [5], Rouyer, Durix, Sadi Wa, Favetta c.s.c.).
8e tour : LYON – Alès : 3-4, a.p. (Génésio, A. Ferri, Nono).

1986-87

7e tour : LYON – Romans : 5-2 (Fréchet, Goursat, Orts [2], Priou).
8e tour : LYON – Grenoble : 3-1 (Durix, Priou, Remark).
32es : LYON – Moulins : 5-1 (Goursat, Orts, Priou, Durix, Fournier).
16es : Angers – LYON : 2-3 (Fréchet, Durix, Orts) ;
LYON – Angers : 3-2 (Priou, Fournier, Orts).
8es : Marseille – LYON : 3-0 ;
LYON – Marseille : 2-2 (Remark, N'Domba).

1987-88

7e tour : Feyzin – LYON : 1-5 (Priou, Orts, Zago, Sevcenko, Kabongo).
8e tour : LYON – Rillieux : 2-0 (Kabongo [2]).
32es : LYON – Grenoble : 5-0 (N'Domba, Kabongo, Valke, Orts [2]).
16es : Toulouse – LYON : 3-1 (Corian) ;
LYON – Toulouse : 1-0 (Orts).

1988-89

7e tour : Lapalisse – LYON : 1-4 (Kabongo [2], Colin, Bouafia).
8e tour : LYON – Fréjus : 4-0 (Kabongo [2], Fugier, Garcia).
32es : LYON – Alès : 6-1 (Kabongo [5], Benyahia).
16es : La Roche-sur-Yon – LYON : 1-0 ;
LYON – La Roche-sur-Yon : 2-0, a.p. (Colin, Zago).

8es : Sochaux-LYON : 1-0 ;
LYON-Sochaux : 1-1 (Kabongo).

1989-90
32es : Nîmes-LYON : 1-0.

1990-91
32es : Angers-LYON : 2-0.

1991-92
32es : Istres-LYON : 1-1, 4-3 t.a.b. (Bouafia).

1992-93
32es : Pont-Saint-Esprit-LYON : 1-0.

1993-94
32es : LYON-Nîmes : 2-0 (Maurice, Gava).
16es : Laval-LYON : 1-1, 3-1 t.a.b. (Roche).

1994-95
32es : Trélissac-LYON : 0-4 (Debbah, Amoros, Giuly, Rivenet).
16es : LYON-Angers : 1-3 (Debbah).

1995-96
32es : LYON-Auxerre : 0-1.

1996-97
32es : Vitré-LYON : 1-3 (Deguerville, Caveglia, Bardon).

16es : Lille-LYON : 1-0.

1997-98
32es : Saint-Denis-Saint-Leu-LYON : 0-2 (Carteron, Cocard).
16es : Angoulême-LYON : 0-2 (Caveglia, Bardon).
8es : Istres-LYON : 0-1, a.p. (Fouret).
1/4 : LYON-Bourg-Péronnas : 1-0 (Carteron).
1/2 : Lens-LYON : 2-0.

1998-99
32es : Châteauroux-LYON : 1-0.

1999-2000
32es : Tours-LYON : 0-1, a.p. (Malbranque).
16es : LYON-Troyes : 1-0 (Vairelles).
8es : Red Star-LYON : 1-2 (Govou [2]).
1/4 : LYON-Monaco : 1-3 (Laigle).

2000-01
32es : LYON-Caen : 3-2 (P. Müller, S. Anderson [2]).
16es : LYON-Saint-Étienne : 1-1, 4-3 t.a.b. (Loko).
8es : Fontenay-le-Comte-LYON : 2-2, 4-5 t.a.b.
(Govou, Delmotte).
1/4 : Strasbourg-LYON : 3-0.

2001-02
32es : Saint-Malo - LYON : 0-6 (Violeau, Luyindula [2], S. Anderson, Née [2]).
16es : LYON - Châteauroux : 0-2.

2002-03
32es : Libourne-Saint-Seurin - LYON : 1-0.

2003-04
32es : Aire-sur-la-Lys - LYON : 0-4 (Juninho, Malouda, Elber, Bergougnoux).
16es : Bourg-Péronnas - LYON : 0-5 (Govou [2], Juninho, Malouda, Lopez c.s.c.).
8es : Monaco - LYON : 4-1 (Elber).

2004-05
32es : Viry-Châtillon - LYON : 0-2 (Juninho, Nilmar).
16es : Toulouse - LYON : 1-2 (Wiltord, M. Diarra).
8es : Clermont - LYON : 1-1, 4-3 t.a.b. (Wiltord).

2005-06
32es : Grenoble - LYON : 0-4 (Benzema [2], Ben Arfa, M. Diarra).
16es : Ajaccio - LYON : 1-2, a.p. (Cris, Govou).
8es : LYON - Bastia : 1-0 (Juninho).
1/4 : LYON - Marseille : 1-2 (Fred).

2006-07
32es : Bayonne - LYON : 1-2 (Juninho, Degoul c.s.c.).
16es : Laon - LYON : 1-3 (Clerc, Fred [2]).
8es : Marseille - LYON : 2-1 (Cris).

Les 6 finales de l'OL

De 1950 à 2007, l'Olympique Lyonnais a disputé six finales de Coupe de France, mais... sept matches, la finale 1963 ayant été rejouée.

1963 : Monaco - LYON : 0-0.
Le 12 mai, à Colombes. 32 923 spectateurs. Arbitre : M. Schwinte.
LYON : Aubour - Novak, Mignot (cap.), Degeorges, Polak - Le Borgne, Nurenberg - Di Nallo, Combin, Linder, A. Rambert. Entraîneur : A. Jasseron.

1963 (finale rejouée) : Monaco - LYON : 2-0.
Le 23 mai, au Parc des Princes. 24 910 spectateurs. Arbitre : M. Schwinte.
Buts : Cossou (56e), Casolari (84e).
LYON : Aubour - Novak, Mignot (cap.), Degeorges, Polak - Le Borgne, Nurenberg - Hatchi, Combin, Linder, A. Rambert. Entraîneur : A. Jasseron.

1964 : LYON - Bordeaux : 2-0.
Le 10 mai, à Colombes. 32 777 spectateurs Arbitre : M. Faucheux.
Buts : Combin (12e, 26e).
LYON : Aubour - J. Djorkaeff, Mignot (cap.), Degeorges, Polak - Le Borgne, Dumas - Hatchi, A. Rambert, Di Nallo, Combin. Entraîneur : A. Jasseron.

1967 : LYON - Sochaux : 3-1.
Le 22 mai, au Parc des Princes. 32 523 spectateurs. Arbitre : M. Lacoste. Buts : Rambert (22e), Perrin (81e), Di Nallo (89e), pour Lyon ; Leclerc (33e), pour Sochaux.
LYON : Zewulko - Kuffer, Le Borgne, Glyzinski, Degeorges - Maison, Rocco - Nouzaret, Perrin, Di Nallo (cap.), A. Rambert. Entraîneur : L. Hon.

1971 : Rennes-LYON : 1-0.
Le 20 juin, à Colombes . 46 801 spectateurs. Arbitre: M. Vigliani. But : Guy (63e s.p.).
LYON : Chauveau - R. Domenech, Mihajlovic, Baeza, Valette (Lhomme, 79e) - Perrin, Prost - Chiesa, Félix, Di Nallo (cap.), Ravier. Entraîneur : A. Mignot.

1973 : LYON - Nantes : 2-1.
Le 17 juin, au Parc des Princes. 45 734 spectateurs. Arbitre : M. Wurtz. Buts : Trivic (29e s.p.), Lacombe (63e), pour Lyon ; Couecou (85e), pour Nantes.
LYON : Chauveau - R. Domenech, Mihajlovic, Cacchioni, Lhomme - Prost, Trivic - Chiesa, Lacombe, Di Nallo (cap.), Ravier. Entraîneur : A. Mignot.

1976 : Marseille - LYON : 2-0.
Le 12 juin, au Parc des Princes . 45 661 spectateurs. Arbitre : M. Wurtz .
Buts : Nogues (67e), Boubacar (84e).
LYON : De Rocco - Garrigues, Mihajlovic, Jodar, R. Domenech (cap.) - Cacchionni, Maneiro (Valette, 74e), Bernad - Chiesa, Lacombe, Ferrigno. Entraîneur : A. Jacquet.

Les 140 buteurs de l'OL en Coupe de France

27 buts : Di Nallo.
20 buts : Lacombe.
18 buts : Schultz.
14 buts : Kabongo.
13 buts : Chiesa.
12 buts : Combin.
11 buts : Guy.
10 buts : Nikolic.
9 buts : Orts.
8 buts : Durix.
7 buts : Cossou, Fatton, A. Rambert, Spadiny.
6 buts : Fournier, Govou.
5 buts : Félix, Juninho, Priou.
4 buts : Jensen, Ramon, Lewandowicz, Dalla Cieca, Perrin, Maneiro.
3 buts : S. Anderson, Bonvin, Genet, Dewaquez, Sarrin, Antonio, Kermali, Moresco, Constantino, Njo Lea, Ravier, Trivic, Baeza, Mariot, Maillard, Bernad, Pasqualetti, N'Dioro, Fréchet, Fred.
2 buts : Habera, Pajan, Benzema, Calligaris, Cappon, Christiansen, M. Diarra, Hjalmarsson, Konrady, Novak, J. Djorkaeff, Degeorges, Polak, Nurenberg, Bruey, Dumas, Glyzinski, Lhomme, Cacchioni, Jodar, Tigana, Émon, Bocchi, Ferri, Sevcenko, Rouyer, Goursat, Remark, N'Domba, Zago, Colin, Bouafia, Debbah, Caveglia, Bardon, Carteron, Luyindula, Née, Malouda, Elber, Wiltord, Cris.
1 but : Woehl, Dupraz, Ninel, Belver, Banguillot, Martinez, Mouynet, Daniel, Marteleur, Salen, Grobarcik, Traba, Maison, Rocco, Palka, Jacquet, A. Domenech, Delestre, Carrie, Olio, Moizan, Furlan, Domergue, Lacuesta, Larios, Sadi Wa, Génésio, Nono, Valke, Corian, Fugier, Garcia, Benyahia, Maurice, Gava, Roche, Amoros, Giuly, Rivenet, Deguerville, Cocard, Fouret, Malbranque, Vairelles, Laigle, P. Müller, Loko, Delmotte, Violeau, Bergougnoux, Nilmar, Clerc, Ben Arfa.

L'OL EN COUPE DE LA LIGUE

1995
16es : Cannes – LYON : 2-3 (Roy, Roche, Maurice).
8es : Paris-SG – LYON : 2-1 (Deplace).

1996
16es : Angers – LYON : 0-3 (Giuly [2], Roche).
8es : LYON – Amiens : 3-1 (Roy [2], Maurice).
1/4 : LYON – Monaco : 1-0 (Maurice).
1/2 : LYON – Cannes : 1-0 (Giuly).
Finale : Metz – LYON : 0-0, 4-5 t.a.b..

1997
16es : LYON – Paris-SG : 2-1 (Gava, Patouillard).
8es : Rennes – LYON : 4-3 (Gava, Giuly, Caveglia).

1998
16es : Paris-SG – LYON : 1-0.

1999
16es : LYON – Montpellier : 0-2.

2000
16es : LYON – Amiens : 3-1 (Anderson [2], Vairelles).
8es : LYON – Bordeaux : 1-0 (Vairelles).
1/4 : LYON – Bastia : 0-1.

2001
16es : Sedan – LYON : 1-2 (Anderson, Govou).
8es : Lens – LYON : 1-3 (Edmilson, Laigle, Marlet).
1/4 : Amiens – LYON : 0-2 (Malbranque [2]).
1/2 : LYON – Nantes : 3-2 (Laigle [2], S. Anderson).
Finale : LYON – Monaco : 2-1 (Caçapa, Muller).

2002
16es : LYON – Sochaux : 1-1, 4-3 t.a.b. (P. Müller).
8es : Bordeaux – LYON : 1-1, 4-2 t.a.b. (Luyindula).

2003
16es : LYON – Bastia : 2-0 (Luyindula [2]).
8es : Sochaux – LYON : 3-3, 5-3, t.a.b. (Govou [2], Luyindula).

2004
16es : Lens – LYON : 1-1, 4-3 t.a.b. (Luyindula).

2005
16es : Lille – LYON : 3-2 (Abidal, Ben Arfa).

2006
16es : Nantes – LYON : 1-1, 4-3 t.a.b. (Govou).

2007

8es : LYON – PSG : 2 - 1 (Wiltord [2]).
1/4 : LYON – Nancy : 3-1 (Malouda, Govou, A. Diarra).
1/2 : LYON – Le Mans : 1-0 (Abidal).
Finale : Bordeaux – LYON : 1-0.

LES 23 BUTEURS DE L'OL EN COUPE DE LA LIGUE

5 buts : Luyindula, Govou.
4 buts : S. Anderson, Giuly.
3 buts : Laigle, Roy, Maurice.
2 buts : Abidal, P. Müller, Malbranque, Vairelles, Gava, Roche, Wiltord.
1 but : A. Diarra, Edmilson, Marlet, Caçapa, Malouda, Patouillard, Caveglia, Deplace, Ben Arfa.

IV. L'OL en Coupes d'Europe (D1 et L1, D2)

Chiffres arrêtés au 1er septembre 2007

BILAN GÉNÉRAL

TOTAL* : 138 matches (69 victoires, 25 nuls, 44 défaites) ; 221 buts marqués, 180 buts encaissés (différence : + 41).
LIGUE DES CHAMPIONS : 62 matches (32 victoires, 14 nuls, 16 défaites) ; 103 buts marqués, 63 buts encaissés (différence : + 40). Plus 4 matches de tour préliminaire (2 victoires, 2 défaites, 4 buts marqués, 5 encaissés, différence -1).
COUPE DES VAINQUEURS DE COUPE : 22 matches (9 victoires, 5 nuls, 8 défaites) ; 31 buts marqués, 28 buts encaissés (différence : + 3).
COUPE DE L'UEFA : 50 matches (26 victoires, 6 nuls, 18 défaites) ; 83 buts marqués, 84 buts encaissés (différence : - 1).

* Ces statistiques ne tiennent pas compte des 8 matches de Coupe Intertoto disputés en 1997 (7 victoires, 1 défaite ; 21 buts marqués, 7 buts encaissés, différence + 14).

LES 138 MATCHES DE L'OL EN COUPES D'EUROPE

1958-60 (C3, Coupe des villes de Foire)
32es : Inter Milan (ITA) – LYON : 7-0 ;
LYON – Inter Milan : 1-1 (Cossou).

1960-61 (C3, Coupe des villes de Foire)
32es : LYON – Sélection Cologne (RFA) : 1-3 (Roubaud) ;
Sélection Cologne – LYON : 1-2 (L. Gardon, N'Jo Lea).

1961-62 (C3, Coupe des villes de Foire)
32es : LYON – Sheffield Wed. (ANG) : 4-2 (A. Rambert, Combin, N'Jo Lea [2]) ;
Sheffield Wednesday – LYON : 5-2 (Salen, J. Djorkaeff).

1963-64 (C2, Coupe des Coupes)
16es : LYON-B 1913 Odense (DAN) : 3-1 (Combin, Di Nallo, Taberner) ;
B 1913 Odense-LYON : 1-3 (Combin [2], Di Nallo).
8es : LYON-Olympiakos (GRE) : 4-1 (Combin [3], Le Borgne) ;
Olympiakos-LYON : 2-1 (Combin).
1/4 : Hambourg (RFA)-LYON : 1-1 (Mignot) ;
LYON-Hambourg : 2-0 (Combin [2]).
1/2 : LYON-Sporting Portugal (POR) : 0-0 ;
Sporting Portugal-LYON : 1-1 (Combin) ;
Match d'appui :
Sporting Portugal-LYON : 1-0.

1964-65 (C2, Coupe des Coupes)
16es : FC Porto (POR)-LYON : 3-0 ;
LYON-FC Porto : 0-1.

1967-68 (C2, Coupe des Coupes)
16es : Aris Bonnevoie (LUX)-LYON : 0-3 (Di Nallo [2], Pin) ;
LYON-Aris Bonnevoie : 2-1 (Pin, Maison).
8es : LYON-Tottenham (ANG) : 1-0 (Di Nallo) ;
Tottenham-LYON : 4-3 (Di Nallo, A. Rambert, Bouassa).
1/4 : Hambourg (RFA)-LYON : 2-0 ;
LYON-Hambourg : 2-0, a.p. (Di Nallo [2]) ;
Match d'appui : Hambourg-LYON : 2-0.

1968-69 (C3, Coupe de l'UEFA)
32es : LYON-Academica Coimbra (POR) : 1-0 (Guy) ;
Academica Coimbra-LYON : 1-0, a.p. ;
LYON qualifié au tirage au sort.
16es : Vitoria Setubal (POR)-LYON : 5-0 ;
LYON-Vitoria Setubal : 1-2 (Félix).

1973-74 (C2, Coupe des Coupes)
16es : Reipas Lathi (FIN)-LYON : 0-0 ;
LYON-Reipas Lathi : 2-0 (Di Nallo [2]).
8es : LYON-PAOK Salonique (GRE) : 3-3 (Lacombe, Di Nallo, Ravier) ;
PAOK Salonique-LYON : 4-0.

1974-75 (C3, Coupe de l'UEFA)
32es : LYON-Differdange (LUX) : 7-0 (Lacombe [3], Maillard [3], Maneiro) ;
Differdange-LYON : 1-4 (R. Domenech [2], Mariot, Lacombe).
16es : Mönchengladbach (RFA)-LYON : 1-0 ;
LYON-Mönchengladbach : 2-5 (Valette, R. Domenech).

1975-76 (C3, Coupe de l'UEFA)
32es : LYON-FC Bruges (BEL) : 4-3 (Maillard [2], Jodar, Mihajlovic) ;
FC Bruges-LYON : 3-0.

1991-92 (C3, Coupe de l'UEFA)

32es : LYON - Öster Växjö (SUE) : 1-0 (Garde);
Öster Växjö - LYON : 1-1 (Roche).
16es : LYON - Trabzonspor (TUR) : 3-4 (Bouderbala, Bursac, Fernandez Leal);
Trabzonspor - LYON : 4-1 (Bursac).

1995-96 (C3, Coupe de l'UEFA)

32es : Farense (POR) - LYON : 0-1 (Giuly);
LYON - Farense : 1-0 (Sassus).
16es : LYON - Lazio Rome (ITA) : 2-1 (Devaux, Deplace);
Lazio Rome - LYON : 0-2 (Maurice, Assadourian).
8es : Nottingham Forest (ANG) - LYON : 1-0;
LYON - Nottingham Forest : 0-0.

1997-98 (C3, Coupe de l'UEFA)

32es : LYON - Brondby (DAN) : 4-1 (Kanouté, Linares, Carteron, Giuly);
Brondby - LYON : 2-3 (Giuly, Job, Bardon).
16es : Inter Milan (ITA) - LYON : 1-2 (Giuly, Caveglia);
LYON - Inter Milan : 1-3 (Bak).

1998-99 (C3, Coupe de l'UEFA)

32es : Blackburn (ANG) - LYON : 0-1 (Bak);
LYON - Blackburn : 2-2 (Caveglia, Grassi).
16es : Étoile Rouge Belgrade (SER) - LYON : 1-2 (Grassi, Kanouté);
LYON - Étoile Rouge Belgrade : 3-2 (Caveglia [2], Cocard).
8es : LYON - FC Bruges (BEL) : 1-0 (Bak);
FC Bruges - LYON : 3-4 (Caveglia [3], Dhorasoo).
1/4 : Bologne (ITA - LYON : 3-0;
LYON - Bologne : 2-0 (Caveglia, Job).

1999-2000 (C1, Ligue des Champions)

3e tour qualificatif :
LYON - Maribor Teatanic (SLN) : 0-1;
Maribor Teatanic - LYON : 2-0.

(C3, Coupe de l'UEFA)

32es : HJK Helsinki (FIN) - LYON : 0-1 (T. Vairelles);
LYON - HJK Helsinki : 5-1 (S. Anderson, S. Blanc, Linares, T. Vairelles [2]).
16es : LYON - Celtic Glasgow (ECO) : 1-0 (S. Blanc);
Celtic Glasgow - LYON : 0-1 (T. Vairelles).
8es : LYON - Werder Brême (ALL) : 3-0 (S. Anderson [2], T. Vairelles);
Werder Brême - LYON : 4-0.

2000-01 (C1, Ligue des Champions)

3e tour qualificatif :
Inter Bratislava (SLQ) - LYON : 1-2 (S. Anderson, Delmotte);
LYON - Inter Bratislava : 2-1 (Marlet, Malbranque).
1ère phase de poules :
LYON - Heerenveen (HOL) : 3-1 (S. Anderson, Marlet, c.s.c.);
Olympiakos (GRE) - LYON : 2-1 (Foé);

FC Valence (ESP) – LYON : 1-0 ;
LYON – FC Valence : 1-2 (Marlet) ;
Heerenveen – LYON : 0-2 (Malbranque, Marlet) ;
LYON – Olympiakos : 1-0 (Laigle).
Classement groupe C : 1. Valence, 13 pts ; 2. LYON, 9 pts ; 3. Olympiakos, 9 pts ; 4. Heerenveen, 4 pts.
2e phase de poules :
Bayern Munich (ALL) – LYON : 1-0 ;
LYON – Spartak Moscou (RUS) : 3-0 (S. Anderson [2], Marlet) ;
LYON – Arsenal (ANG) : 0-1 ;
Arsenal – LYON : 1-1 (Edmilson) ;
LYON – Bayern Munich : 3-0 (Govou [2], Laigle) ;
Spartak Moscou – LYON : 1-1 (S. Anderson).
Classement groupe C : 1. Bayern Munich, 13 pts ; 2. Arsenal, 8 pts ; 3. LYON, 8 pts ; 4. Spartak Moscou, 4 pts.

2001-02 (C1, Ligue des Champions)
1ère phase de poules :
LYON – Bayer Leverkusen (ALL) : 0-1 ;
Fenerbahçe (TUR) – LYON : 0-1 (Delmotte) ;
Barcelone (ESP) – LYON : 2-0 ;
LYON – Fenerbahçe : 3-1 (Govou, Carrière, Delmotte) ;
LYON – Barcelone : 2-3 (Luyindula, Carrière) ;
Bayer Leverkusen – LYON : 2-4 (Carrière [2], Née, Govou).
Classement groupe F : 1. Barcelone, 15 pts ; 2. Leverkusen, 12 pts ; 3. LYON, 9 pts ; 4. Fenerbahçe, 4 pts.

2001-02 (C3, Coupe de l'UEFA)
16es : FC Bruges (BEL) – LYON : 4-1 (Luyindula) ;
LYON – FC Bruges : 3-0 (S. Anderson [3]).
8es : LYON – Slovan Liberec (RTC) : 1-1 (Govou) ;
Slovan Liberec – LYON : 4-1 (P. Müller).

2002-03 (C1, Ligue des Champions)
1ère phase de poules :
Ajax Amsterdam (HOL) – LYON : 2-1 (S. Anderson) ;
LYON – Rosenborg (NOR) : 5-0 (Carrière, T. Vairelles [2], S. Anderson, Luyindula) ;
Inter Milan (ITA) – LYON : 1-2 (Govou, S. Anderson) ;
LYON – Inter Milan : 3-3 (S. Anderson [2], Carrière) ;
LYON – Ajax Amsterdam : 0-2 ;
Rosenborg – LYON : 1-1 (Govou).
Classement groupe D : 1. Inter Milan, 11 pts ; 2. Ajax, 8 pts ; 3. LYON, 8 pts ; 4. Rosenborg, 4 pts.

(C3, Coupe de l'UEFA)
16es : Denizlispor (TUR) – LYON : 0-0 ;
LYON – Denizlispor : 0-1.

2003-04 (C1, Ligue des Champions)

Phase de poules :
LYON-Anderlecht (BEL) : 1-0 (Juninho) ;
Celtic Glasgow (ECO)-LYON : 2-0 ;
LYON-Bayern Munich (ALL) : 1-1 (Luyindula) ;
Bayern Munich-LYON : 1-2 (Juninho, Elber) ;
Anderlecht-LYON : 1-0 ;
LYON-Celtic Glasgow : 3-2 (Elber, Juninho [2]).
Classement groupe A : 1. LYON, 10 pts ; 2. Bayern Munich, 9 pts ; 3. Celtic Glasgow, 7 pts ; 4. Anderlecht, 7 pts.
8es : Real Sociedad (ESP)-LYON : 0-1 (Schuller c.s.c.) ;
LYON-Real Sociedad : 1-0 (Juninho).
1/4 : Porto (POR)-LYON : 2-0 ;
LYON-Porto : 2-2 (Luyindula, Elber).

2004-05 (C1, Ligue des Champions)

Phase de poules :
LYON-Manchester United (ANG) : 2-2 (Cris, Frau) ;
Sparta Prague (RTC)-LYON : 1-2 (Essien, Wiltord) ;
Fenerbahçe (TUR)-LYON : 1-3 (Juninho, Cris, Frau) ;
LYON-Fenerbahçe : 4-2 (Essien, Malouda, Nilmar 2) ;
Manchester United-LYON : 2-1 (Ma. Diarra) ;
LYON-Sparta Prague : 5-0 (Essien, Malouda, Nilmar [2]).
Classement groupe C : 1. LYON, 13 pts ; 2. Manchester Utd, 11 pts ; 3. Fernerbahçe, 9 pts ; 4. Sparta Prague, 1 pt).
8es : Werder Brême (ALL)-LYON : 0-3 (Wiltord, Ma. Diarra, Juninho) ;
LYON-Werder Brême : 7-2 (Wiltord [3], Essien [2], Malouda, Berthod).
1/4 : LYON-PSV Eindhoven (HOL) : 1-1 (Malouda) ;
PSV Eindhoven-LYON : 1-1, 4-2 t.a.b. (Wiltord).

2005-06 (C1, Ligue des Champions)

Phase de poules :
LYON-Real Madrid (ESP) : 3-0 (Carew, Juninho, Wiltord) ;
Rosenborg (NOR)-LYON : 0-1 (Cris) ;
LYON-Olympiakos (GRE) : 2-1 (Juninho, Govou) ;
Olympiakos-LYON : 1-4 (Juninho, Carew [2], Ma. Diarra) ;
Real Madrid-LYON : 1-1 (Carew) ;
LYON-Rosenborg : 2-1 (Benzema, Fred).
Classement groupe F : 1. LYON, 16 pts ; 2. Real Madrid, 10 pts ; 3. Rosenborg, 4 pts ; 4. Olympiakos, 4 pts.
8es : PSV Eindhoven (HOL)-LYON : 0-1 (Juninho) ;
LYON-PSV Eindhoven : 4-0 (Tiago [2], Wiltord, Fred).
1/4 : LYON-AC Milan (ITA) : 0-0 ;
AC Milan-LYON : 3-1 (Ma. Diarra).

2006-07 (C1, Ligue des Champions)

Phase de poules :
LYON-Real Madrid (ESP) : 2-0 (Fred, Tiago) ;
Steaua Bucarest (ROU)-LYON : 0 3 (Fred, Tiago, Benzema) ;

Dynamo Kiev (UKR) – LYON : 0-3 (Juninho, Källström, Malouda) ;
LYON – Dynamo Kiev : 1-0 (Benzema) ;
Real Madrid – LYON 2-2 (Carew, Malouda) ;
LYON – Steaua Bucarest : 1-1 (Al. Diarra).

Classement groupe E : 1. LYON, 14 pts ; 2. Real Madrid, 11 pts ; 3. Steaua Bucarest, 5 pts ; 4. Dynamo Kiev, 2 pts.

8es : Roma (ITA) – LYON 0-0 ;
LYON – Roma : 1-3 (Ma. Diarra).

LES 179 JOUEURS DE L'OL EN COUPES D'EUROPE

83 matches : Coupet.
52 m. : Govou.
50 m. : Juninho.
47 m. : Violeau.
42 m. : P. Müller.
41 m. : Dhorasoo.
37 m. : Delmotte.
36 m. : Edmilson, Malouda.
35 m. : S. Anderson, Ma. Diarra, Laville.
34 m. : Linares.
31 m. : Bréchet.
29 m. : Caçapa, Réveillère.
27 m. : Deflandre.
26 m. : Cris.
24 m. : Wiltord.
23 m. : Luyindula, A. Rambert.
22 m. : Carrière, Laigle.
21 m. : Bak, Di Nallo, T. Vairelles.
20 m. : Abidal.
19 m. : Chauveau, Foé, Malbranque.
18 m. : Essien, Le Borgne.
17 m. : Carteron, Mignot.
16 m. : Caveglia, Tiago.
14 m. : Fred.
13 m. : Berthod, Marlet.
12 m. : Carew, Combin, Desgeorges, J. Djorkaeff, Lhomme.
11 m. : Aubour, Chanelet, V. Clerc, Kanouté.
10 m. : Clément, Fournier, Giuly, Hatchi, Maison, Polak, Uras.
9 m. : Chiesa, R. Domenech, Dumas, Elber, Flohic, Mihajlovic, Née, Nilmar.
8 m. : Bassila, Cocard, Devaux, Diatta, Frau, Källström, Kuffer, B. Lacombe, Mariot, Roche.
7 m. : Bardon, S. Blanc, Glyczinski, A. Guy, Lekkak, Nouzaret, Toulalan.
6 m. : Ben Arfa, Cacchioni, Deplace, Maneiro, Marcelo, Lyonmeta, Rivoire, Rocco, É. Roy, Schwinn,Valette.
5 m. : Assadourian, Benzema, Deguerville, Al. Diarra, Duffez, Maillard, Maurice, Pedretti, Pin, Sassus, Squillaci.
4 m. : Baeza, Bernad, Billong, Bouderbala, Fugier, Génésio, Grassi, Jacquet,

Job, N'Gotty, Puydebois, Ravier, Rousset, Taberner.

3 m. : Anselmini, Baré, Bergougnoux, Bes, Bursac, Chavrondier, Chemier, Debrosse, A. Domenech, Félix, Fernandez Leal, R. Gardon, Loko, Ninel, L. Perrin, Rivenet, Roubaud, Vercoutre.

2 m. : Antonio, Baldassara, Ben Mabrouk, Bouassa, Camilla, Constantino, Cossou, Daniel, Garde, Gava, Grobarcik, Hugues, Jodar, Knapp, Laurent, Lewandowitz, Margottin, Masson, Monsoreau, Moulin, Mouynet, L. Remy, Sabathier, Salen, Zuang.

1 m. : Abbes, Baros, Bettiol, Bossy, Braizat, Bruey, Charpenet, Dalla Cieca, Ferrigno, Fouret, L. Gardon, Gomez, Idangar, Manolios, Morestin, Patouillard, Thiry, Sartre, Truchet, Viala.

LES 78 BUTEURS DE L'OL EN COUPES D'EUROPE

16 buts : S. Anderson.
12 buts : Juninho.
11 buts : Combin, Di Nallo.
8 buts : Caveglia, Govou, Wiltord.
7 buts : T. Vairelles.
6 buts : Carrière.
5 buts : B. Lacombe, Maillard, Marlet, Luyindula, Essien.
4 buts : Giuly, Nilmar, Carew, Fred, Tiago, Malouda.
3 buts : Bak, Benzema, Cris, Delmotte, Ma. Diarra, R. Domenech, N'Jo Lea, Elber.
2 buts : S. Blanc, Bursac, Grassi, Job, Kanouté, Laigle, Linares, Malbranque, Pin, Rambert.
1 but : Assadourian, Bardon, Bergougnoux, Berthod, Bouassa, Bouderbala, Carteron, Cocard, Cossou, Deplace, Devaux, Dhorasoo, J. Djorkaeff, Edmilson, Félix, Fernandez Leal, Foé, Frau, Garde, Gardon, A. Guy, Idangar, Jodar, Källström, Le Borgne, Maison, Maneiro, Mariot, Maurice, Mignot, Mihajlovic, Née, Ravier, Roche, Roubaud, Salen, Sassus, Taberner, Valette, Müller.
Contre son camp : 2 buts.

Merci à tous ceux, joueurs, entraîneurs, dirigeants de l'Olympique Lyonnais, journalistes, qui m'ont accordé un peu – ou beaucoup – de leur temps pour revenir sur cette longue histoire et confronter leurs souvenirs. Par ordre d'apparition, dans ce livre :
André Lerond, à Genas, dans son vaste bureau de patron de Paredes ; Fleury Di Nallo, chez *Argenson*, en face de Gerland, le quartier de sa vie ; Robert Nouzaret, un jour de pétanque, à l'ombre d'un platane ; André Soulier, à la cité internationale, au bord du Rhône ; Yves Chauveau, à Viriat, un jour de pétanque, de grenouilles et de fête de la musique ; Georges Prost, dans les locaux de la section amateurs de l'OL ; Bernard Lacombe, une après-midi entière, dans son bureau, à l'étage, au siège ; Jean-François Chevat, sur les fairways de Bouvent, les jours sans slice ; Georges Halatas, au centre Vendôme ; Raymond Domenech, en direct de l'île de Ré ; Claude Chevally, au *Français*, à Bourg-en-Bresse ; Jean Perrot, sur une terrasse ensoleillée, à Sainte-Maxime ; Laurent Fournier et ses archives complètes, à Feucherolles ; Jean-Michel Aulas, un mardi matin agité, dans son bureau présidentiel à la Cegid ; Rémi Garde, chez *Argenson* ; Florian Maurice, en bord de Saône ; Olivier Blanc, au téléphone, souvent.

Je n'oublie pas mes visites chez le pionnier, Roger Ébrard, dans son appartement, près des quais du Rhône, à la fin des années 1980 et au début des années 1990.

Je n'oublie pas la confiance de Claude Garbit, à Bourg, en 1982 ; d'André Chêne, à Lyon, en 1987 ; de Jérôme Bureau et de Gérard Ejnès, à Paris, en 1995.

À Marie, Thomas, Julie et Jean-Baptiste. Pour la patience et pour le reste.

Dans la même collection :

La Grande Histoire de l'OM

par Alain Pécheral

Impression réalisée sur CAMERON par

CPI
Brodard & Taupin
La Flèche

en novembre 2007

Imprimé en France
Dépôt légal : novembre 2007
N° d'impression : 44153